W0204337

Gesundheit

Politik – Gesellschaft – Wirtschaft

Herausgegeben von
E.-W. Luthe, Wolfenbüttel/Oldenburg, Deutschland
J. N. Weatherly, Berlin, Deutschland

Der Gesundheitssektor ist in politischer, ökonomischer und gesellschaftlicher Hinsicht eine einzige Herausforderung. In entwickelten Gesellschaften wird er zunehmend zum eigentlichen Motor für wirtschaftliches Wachstum, enthält er als Kostentreiber gleichzeitig viel politischen Sprengstoff und ist er für die Zukunft einer alternden Gesellschaft schlechthin konstitutiv. Vor allem aber ist der Gesundheitssektor viel mehr als bloße Krankenbehandlung: als *Prävention, Rehabilitation* und *Pflege* verweist er auf den gesamten ihn umgebenden sozialen Kontext, als *Organisation* auf ein in steter Veränderung begriffenes System der Koordination und Vernetzung von Behandlungsleistungen und als *medizinisches Experimentierfeld* auf die Grenzen dessen, was von Politik und Gesellschaft noch verantwortet werden kann. Der Gesundheitssektor ist nach allem ein Thema, das nicht nur Medizinern vorbehalten sein kann und zweifellos auch Politiker, Juristen, Betriebs- und Volkswirte, Sozialwissenschaftler sowie zahlreiche weitere Disziplinen betrifft. Mit wachsender Einsicht in die Komplexität des Gegenstandes aber ist mittlerweile deutlich geworden, dass auch dies nicht reicht. Wer den Gesundheitssektor verstehen und hier wirksam handeln will, für den ist der isolierte Blickwinkel einer einzigen Fachdisziplin grundsätzlich unzureichend. Mehr denn je ist der kombinierte Sachverstand gefragt. Dies ist für die neue Buchreihe tonangebend. Leitbild ist der *interdisziplinäre Diskurs* auf der Suche nach Lösungen für einen in der Gesamtheit seiner Strukturen und Prozesse nur noch schwer zu durchdringenden Gesellschaftsbereich. In dieser Hinsicht wäre bereits viel gewonnen, wenn es gelänge, einen Blick über den eigenen Tellerrand zu werfen und divergierende Perspektiven zusammenzuführen.
Ein Dankesgruß in die Zukunft sei bereits jetzt an alle Leser und Autoren gerichtet, die mit konstruktiver Kritik, Anregungen, Verbesserungsvorschlägen und natürlich eigenen Publikationen einen persönlichen Beitrag zum Gelingen der Buchreihe und damit letztlich zur Fortentwicklung des Gesundheitssektors leisten wollen.

Herausgegeben von
Prof. Dr. Ernst-Wilhelm Luthe
Institut für angewandte Rechts- und Sozialforschung (IRS)
Ostfalia Hochschule und Universität Oldenburg
Wolfenbüttel/Oldenburg, Deutschland

Dr. John N. Weatherly
NEWSTAND Management Akademie
Berlin, Deutschland

John N. Weatherly
(Hrsg.)

Versorgungsmanagement in der Praxis des Deutschen Gesundheitswesens

Konkrete Projekte, Theoretische Aufarbeitung

Springer VS

Herausgeber
John N. Weatherly
Berlin, Deutschland

Gesundheit
ISBN 978-3-658-11730-6 ISBN 978-3-658-11731-3 (eBook)
DOI 10.1007/978-3-658-11731-3

Die Deutsche Nationalbibliothek verzeichnet diese Publikation in der Deutschen Nationalbibliografie; detaillierte bibliografische Daten sind im Internet über http://dnb.d-nb.de abrufbar.

Springer VS
© Springer Fachmedien Wiesbaden 2017
Das Werk einschließlich aller seiner Teile ist urheberrechtlich geschützt. Jede Verwertung, die nicht ausdrücklich vom Urheberrechtsgesetz zugelassen ist, bedarf der vorherigen Zustimmung des Verlags. Das gilt insbesondere für Vervielfältigungen, Bearbeitungen, Übersetzungen, Mikroverfilmungen und die Einspeicherung und Verarbeitung in elektronischen Systemen.
Die Wiedergabe von Gebrauchsnamen, Handelsnamen, Warenbezeichnungen usw. in diesem Werk berechtigt auch ohne besondere Kennzeichnung nicht zu der Annahme, dass solche Namen im Sinne der Warenzeichen- und Markenschutz-Gesetzgebung als frei zu betrachten wären und daher von jedermann benutzt werden dürften.
Der Verlag, die Autoren und die Herausgeber gehen davon aus, dass die Angaben und Informationen in diesem Werk zum Zeitpunkt der Veröffentlichung vollständig und korrekt sind. Weder der Verlag noch die Autoren oder die Herausgeber übernehmen, ausdrücklich oder implizit, Gewähr für den Inhalt des Werkes, etwaige Fehler oder Äußerungen.

Lektorat: Katrin Emmerich, Stefanie Loyal

Gedruckt auf säurefreiem und chlorfrei gebleichtem Papier

Springer VS ist Teil von Springer Nature
Die eingetragene Gesellschaft ist Springer Fachmedien Wiesbaden GmbH

Inhalt

II. Kapitel
Versorgungsmanagement – Wo sollte es Anwendung finden?
Exemplarische Beispiele aus verschiedenen gesundheitlichen Bereichen

IV. Kapitel
Checklisten als Analyse und Bewertungsinstrument zur bürgerorientierten interaktiven Gesundheitsgestaltung – Grundlagen und Zweck der Checklisten

V. Kapitel
Versorgungsmanagement KONKRET – Konzepte, Projekte und Modelle: Orientierung über Transparenz im Gesundheitswesen

VI. Kapitel
Analysen, Evaluationen im Versorgungsmanagement – Ergebnisse aus dem Qualitätsmanagement

VII. Kapitel
Projektmanagement im Versorgungsmanagement – Zwei Management-Elemente effektiv (be)nutzen

Vorwort

Zum Buchprojekt »Versorgungsmanagement im Gesundheitswesen in Deutschland«

Der Begriff »Versorgungsmanagement« wurde erstmals im April 2007 in das Sozialgesetzbuch Fünf (SGB V) in Deutschland aufgenommen. Gemäß Definition der Enzyklopädie »PlusPedia« haben gesetzlich krankenversicherte Personen in § 11 Abs. 4 SGB V einen Rechtsanspruch auf ein Versorgungsmanagement, insbesondere zur Lösung von Problemen beim Übergang in die verschiedenen Versorgungsbereiche, also z. B. beim Übergang vom stationären Krankenhausaufenthalt in die ambulante fachärztliche Behandlung.

Dabei ist es das Ziel, einen »reibungslosen Übergang zwischen Akutversorgung, Rehabilitation und Pflege« zu erreichen, um vor allem Pflegebedürftigkeit oder eine baldige stationäre Wiedereinweisung zu vermeiden. Insbesondere bei der Entlassung aus dem Krankenhaus sollen Schnittstellenprobleme in andere Versorgungsbereiche gelöst werden. Ein wichtiger Inhalt sind dabei die Datenübermittlung und damit der Informationsaustausch zwischen den betroffenen Leistungsträgern. Hinzu kommen Beratung und Information des Versicherten. Leistungserbringer sind demnach Vertragsärzte, Krankenhäuser, Reha- und Pflegeeinrichtungen. Zwingende Voraussetzungen sind allerdings die vorherige Information und Einwilligung des Versicherten sowohl zum Versorgungsmanagement als solchem, sowie zum Datenaustausch.

Versorgungsmanagement ist also das Management der Beteiligten, der Planung und Durchführung mit Controlling und Evaluation der Prozesse im Gesundheitswesen. Also alle Versorgungsprozesse, in und an denen der Bürger beteiligt ist. (DGbV Versorgungsmanagement konkret II. Quartal 2014 Ausgabe 1).

Vorausgehend zur Aufnahme des Versorgungsmanagements in das SGB V hatte bereits im Jahr 2005 der 108. Deutsche Ärztetag beschlossen, das vom Arbeitskreis »Versorgungsforschung« der Bundesärztekammer vorgelegte Rahmenkonzept zur Förderung der Versorgungsforschung zu realisieren. Zahlreiche Argumente zur Notwendigkeit der Förderung der Versorgungsforschung durch die

BÄK lagen der Entscheidung des Ärztetages zu Grunde. Im Jahr 2010 bekräftigte der 113. Deutsche Ärztetag die Notwendigkeit der Versorgungsforschung und befürwortete eine Fortsetzung der Förderinitiative zum wiederholten Mal. Gegenstand der Versorgungsforschung ist damit die sogenannte »letzte Meile« des Gesundheitssystems, d.h. sie zeichnet sich durch ihre besondere Nähe zur klinisch-praktischen Patientenversorgung der ärztlichen Tätigkeit aus. Der Arbeitskreis »Versorgungsforschung« der Bundesärztekammer entwickelte ein Papier zur Definition und Abgrenzung der Versorgungsforschung als Grundlage für eine zielgerichtete Weiterentwicklung dieses heterogenen Forschungsgebietes. Die Ergebnisse der Versorgungsforschung wurden von der Bundesärztekammer in der Reihe »Report Versorgungsforschung« in bislang neun Bänden niedergelegt.

Auch der Gemeinsame Bundesausschuss (GBA) beschäftigt sich neuerdings gemäß dem im Juni 2015 beschlossenen GKV-Versorgungsstärkungsgesetz (§ 92a GKV-VSG) mit dem Thema Versorgungsforschung.

Der Patient steht im Mittelpunkt. Die Versicherten sollen auch in Zukunft gleichermaßen qualitativ hochwertig und wirtschaftlich tragbar versorgt werden. Ziel ist eine Versorgung nah am Betroffenen. Jeder Patient soll die bestmögliche Therapie erhalten und von unnötigen Behandlungen, Arzneimitteltherapien und stationären Aufenthalten verschont bleiben. Das Versorgungsmanagement wird dabei individuell auf die Patientenbedürfnisse des Einzelnen abgestimmt und begleitet sie bei ihrer Behandlung.

Der vorliegende Band behandelt alle mit dem Versorgungsmanagement zusammenhängenden Aspekte auf dem neuesten Stand des Wissens unter Berücksichtigung der in Deutschland gültigen gesetzlichen Grundlage. Die Autoren sind allesamt kompetente Vertreter ihrer Fachgebiete mit langjähriger Erfahrung teilweise in der Forschung und teilweise in der Lehre bzw. in beidem.

Prof. Dr. med. Dr. rer. nat. Dr. h.c. mult. Dieter Adam, München
Ehrenpräsident der DGbV
Im Frühjahr 2016

1 Einleitung

Nach wie vor ist der gesamte deutsche Gesundheitsmarkt oder besser gesagt das gesamte deutsche Gesundheitswesen nicht annähernd optimal strukturiert und organisiert. Es werden im Verhältnis zum qualitativen Outcome viel zu viele Ressourcen sowohl im ökonomischen, wie auch im personellen Bereich verbraucht.

Wenn Sie sich die unten stehende grafisch dargestellte Gesamtstruktur des deutschen Gesundheitswesens anschauen, dann wird schon allein über die unglaubliche Vielfalt von beteiligten Institutionen und Ministerien deutlich, wie kompliziert und intransparent das System und die Struktur und folgend die ablaufenden Prozesse sind.

Der sogenannte Kosten-Nutzen Effekt hat im deutschen Gesundheitswesen eine negative Amplitude und verläuft ganz anders als es uns die Politiker und Staatsinstitutionen »weiß machen wollen«.

Nach wie vor geht es vielen im Gesundheitswesen darum, besonders den rund 2 000 Lobbyistinnen und Lobbyisten, gut zu verdienen und sich persönlich zu bereichern. Es geht ihnen nicht um die optimale Patientenversorgung und ressourcenstraffe Prozessorganisation. Die derzeitige Ärztegemeinschaft trägt mit ihrem aktuellen Verhalten erheblich zu den Missständen bei.

Vor diesem Hintergrund und die o. g. Faktoren verstärkenden neueren demografischen Daten und ihren realen Auswirkungen sind hier dringlich deutliche Struktur- und Prozessveränderungen erforderlich, ansonsten wird das Gesundheitssystem tatsächlich kollabieren.

Wir müssen weg von der jahrzehntelang praktizierten Diskussionsebene, hin zu kurz- und mittelfristigen Handlungsebenen.

Hinzu kommen aktuell immer mehr Flüchtlinge, Spätaussiedler und nachziehende Familienmitglieder von früheren Migranten, die die Problematik weiter verschärfen.

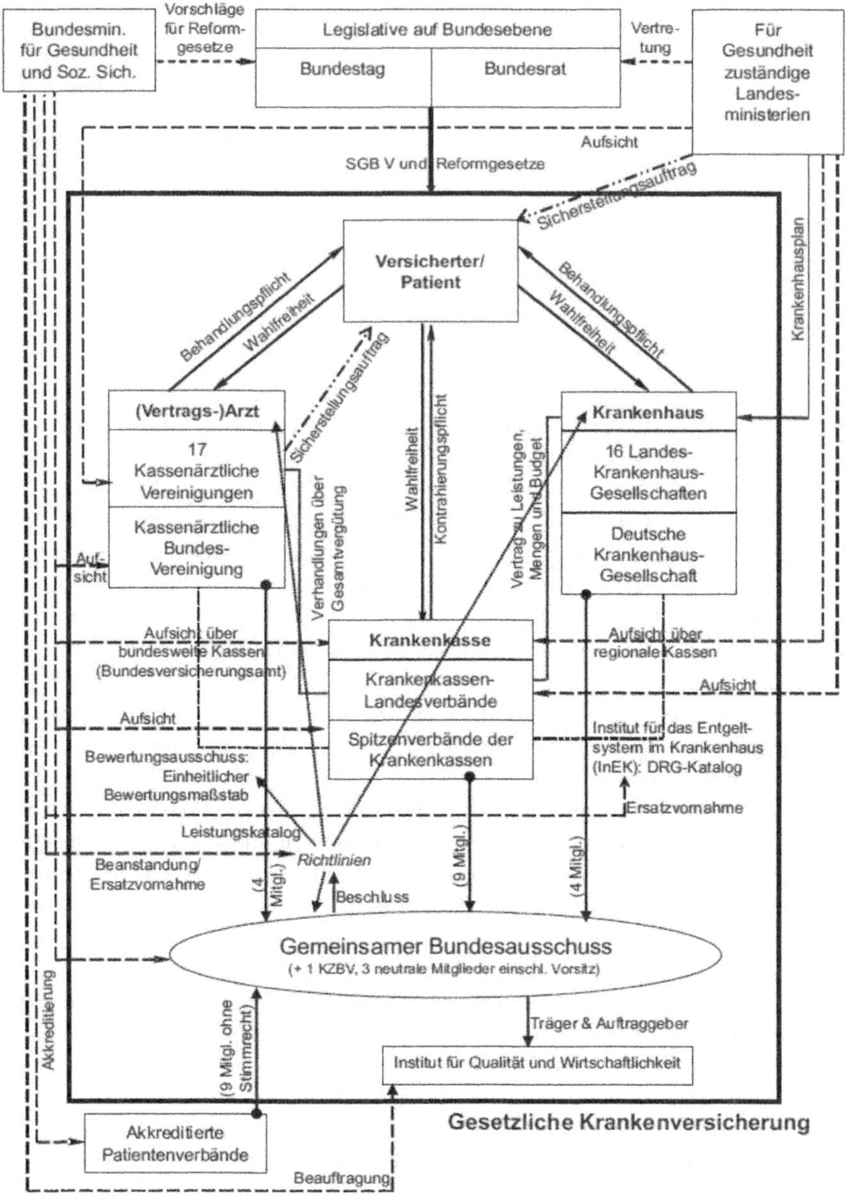

Abbildung 1.1 Beispielhafte Darstellung des Gesundheitswesens (Quelle: WHO/Stand 2012)

Das gesamte gesellschaftliche Solidaritätssystem gerät hier aus den Angeln. Die schon knappen Gelder für die Randgruppen müssen nun mit Hunderttausenden von Flüchtlingen und anderen auf Hilfe angewiesenen Menschen geteilt werden.

Hier werden die Ärmsten der Armen erneut zur Kasse gebeten, indem ihre ihnen zustehenden Mittel durch deutlich höhere Quotienten geteilt werden müssen.

Deshalb ist ein geordnetes und differenziertes Versorgungsmanagement im Gesundheitswesen existentiell.

Hier in diesem Buch soll nicht nur aufgezeigt werden wie die Gesundheitsversorgung der Bürger gut gemanagt werden kann, sondern auch wie das Management in den verschiedenen Strukturbereichen der Gesellschaft dazu führt, dass die Prozesse gestraffter laufen können und die Ergebnisse den Investitionen angemessener werden.

Als sogenannter Side-Effekt müsste herauskommen, dass eine Menge der »Geschäftemacher« und »Verteuerer« des Gesundheitswesens weniger partizipieren.

Es ist eine große Aufgabe der deutschen Gesellschaft, hier miteinander eines der wichtigsten gesellschaftlichen Felder unseres marktwirtschaftlichen Wohlstandes zu sanieren und wieder auf gesunde und zukunftsweisende Füße zu stellen.

Das Versorgungsmanagement, besonders das bürgerorientierte, wird hier eine außergewöhnlich wichtige Rolle spielen.

Wir hoffen, dass dieses Buch seinen angemessenen Beitrag dazu leisten kann.

Im Frühjahr 2016

Dr. John N. Weatherly
Präsident der Deutschen Gesellschaft
für bürgerorientiertes Versorgungsmanagement – DGbV

I. Kapitel

Versorgungsmanagement – Was ist das? Definitionen und Hintergründe

Vorbemerkung 2

John N. Weatherly

Im deutschen Gesundheitswesen wird über Versorgungsmanagement viel geredet, ohne dass vielen der Nutzern, die ganzheitliche Sichtweise zum Versorgungsmanagement bekannt zu sein scheint.

Dies führt zu vielen unterschiedlichen Projektansätzen und Ausführungen, ohne dass eine Vergleichbarkeit, die dann auch eine Evaluation zulassen würde, hergestellt wird.

Deshalb sind wir, die Autoren dieses Buches, mit der Deutschen Gesellschaft für bürgerorientiertes Versorgungsmanagement einer Meinung, dass es hier dringend Definitionen und deutlich mehr Transparenz bedarf, um dann folgend mit mehr Effizienz und Effektivität konkret in den anderen Gesundheitsbereichen Projekte initiieren zu können.

Wir wünschen den Leserinnen und Lesern viele neue und sie beflügelnde Erkenntnisse und hoffen auf ein bald aufblühendes und prosperierendes Versorgungsmanagement in Deutschland

Definitionen im Versorgungsmanagement 3

John N. Weatherly und Monika Knetsch

3.1 Versorgungsmanagement im Gesundheitswesen

Der Begriff Versorgungsmanagement wird je nach Intention des Autors häufig aus einem speziellen Blickwinkel definiert. Es soll hier eine möglichst umfassende, auf das Gesundheitswesen zugeschnittene Definition erarbeitet werden.

Beim Vergleich der verschiedenen Definitionsansätze zeigt sich, dass die Ziele häufig ähnlich formuliert sind und das **Schnittstellenmanagement** eine zentrale Rolle spielt.

So spricht Rebscher (2011) von der »Verbesserung der Patientenversorgung, Behebung von Schnittstellenproblemen im sektorierten Gesundheitswesen [und] Reduktion von Kosten« als Zielen.

Ähnlich formuliert auch Pfaff (2010): »Verbesserung von Wirtschaftlichkeit, Qualität und Gesundheit«.

Das Wolfsburger Institut für Gesundheitsforschung und Gesundheitsförderung legt den Fokus besonders auf die »Ausschöpfung sämtlicher Potentiale in der Gesundheitsversorgung«, während Renk (2010) vor allem einen problemlosen Übergang zwischen den verschiedenen Versorgungsbereichen betont.

Birkner schließlich legt die »Integration und Kontinuität arbeitsteiliger Versorgung« (S. 5) als Maximen fest.

Wir können hieraus ableiten, dass die Ziele des Versorgungsmanagements überwiegend in einer **verbesserten »Input-Output-Relation im Gesundheitswesen«** (Wolfsburger Institut für Gesundheitsforschung und Gesundheitsförderung) und einer Minderung der Schnittstellenproblematik bestehen.

Es sollen also gleichzeitig die **Kosten gesenkt, die Versorgung Verbesserung und das Management optimiert** oder die Kosten eingefroren und die Versorgungsleistung erhöht werden, dabei sollen auch die **Grenzen einzelner Medizinischen Disziplinen leichter überwunden** werden.

Um die formulierten und angestrebten Ziele zu erreichen, werden verschiedene Hilfsmittel und Methoden vorgeschlagen.

Laut Birkner setzt Versorgungsmanagement »an der institutionellen bzw. organisatorischen **Meso-Ebene** an« (S. 6), ist also vorwiegend von Ärzteverbänden und Krankenkassen initiiert.

Auf den gesetzlichen Rahmen werde ich an anderer Stelle eingehen.

Um sowohl flexible und für den Patienten »passgenaue Angebote« (Rank, 2010), als auch eine Systematische Ordnung derselben zu ermöglichen, muss einerseits mit Kennzahlen gearbeitet werden (vgl. Pfaff, 2010) und andererseits eine spezielle Patientenanalyse (vgl. Renk, 2010) stattfinden. Es müssen also Versorgungsmodelle auf das Krankheitsbild einer Bevölkerungsgruppe zugeschnitten werden, die gleichzeitig Raum lassen für individuelle Anpassungen, wie share decision making und empowerment ohne den bürokratischen Aufwand zu erhöhen.

Pfaff (2010) schlägt hier zu »eine **systematische, kennzahlengestützte und lernorientierte** Planung, Durchführung und Steuerung der Gesundheits- und Krankenversorgung von einzelnen Personen und Personengruppen vor.

Schlüsselinstrumente sind hierbei der Informationsaustausch zwischen den einzelnen Leistungsträgern und die offene und umfassende **Beratung und Information** des Patienten, zu welchen der Patient jeweils seine Einwilligung geben muss.

Es sollten also zunächst Versorgungsmodelle entwickelt werden, die den **Bedürfnissen einer gut diagnostizierten Patientengruppe gerecht** werden und dabei die Kosten und den bürokratischen Aufwand möglichst gering halten. Besonders sollte dabei auf die Vermeidung von Reibungsverlusten durch eine exzellent organisierte Kommunikation zwischen den verschiedenen Organisation und Medizinischen Disziplinen geachtet werden.

Anschließend müssen diese Angebote auf die **speziellen Bedürfnisse** eine jeden Patienten zugeschnitten werden und in **Zusammenarbeit mit ihm** selbst durchgeführt werden. Hierfür muss der Patient ausführlich informiert und beraten werden.

Es lässt sich hieraus ableiten, dass sich Versorgungsmanagement sowohl an »Bevölkerungsgruppen« (Birkner, S. 7) als auch an »einzeln[e] Personen« (Pfaff, 2010) richten kann.

Wobei unter den Bevölkerungsgruppen dann wiederum einzelne Diseases zu verstehen sind als z. B. Volkskrankheiten wie Depressionen, Diabeticus Mellitus II oder die Demenz.

Hier können durchaus auch noch einmal die geänderten DMP (Diseases Management Programme) aufgeführt werden.

Darüber hinaus kann alles, was nach § 140, § 130 und §§ 68 ff. SGB V entstanden ist, dem Versorgungsmanagement zugeordnet werden.

Diese »Aktive Gestaltung des Versorgungsprozesses von Patienten bzw. Versicherten« findet »**vor, parallel zur und nach der Leistungserbringung** im Gesundheitswesen« statt (Rebscher, 2011).

Oder gar wie es Renk (2010) definiert »Das Versorgungsmanagement umfasst alle kranken bzw. behinderten Menschen sowie deren gesamte Lebenszeit.«

Ein **Rechtsanspruch** seitens eines gesetzlich krankenversicherten Patienten auf Versorgungsmanagement besteht seit 1. April 2007 (§ 11 Abs. 4 SGB V).

»Das Versorgungsmanagement und eine dazu erforderliche Übermittlung von Daten darf nur mit **Einwilligung** und nach vorheriger Information des Versicherten erfolgen«.

Zur Regelung der Einzelheiten empfiehlt es sich, **zwei- oder mehrseitige Verträge** oder sonstige **Normsetzungsverträge** zu vereinbaren.

3.2 Versorgungsketten

Medizinische Behandlungen an Patienten im deutschen Gesundheitswesen verlaufen üblicherweise unter wohlüberlegter Einbeziehung von »medical guidelines«, neuesten Evidenzen und unter der klaren Definition von Schnittstellen im System.

Die bisherige übliche Versorgung organisierte sich in einer säulenartigen Struktur von ambulant, teilstationär, stationär und Rehabilitation ohne gewollte und organisierte Überschneidungsstrukturen nebeneinander her. Erst das GKV-Modernisierungsgesetz (GMG) 2004 hat versucht, diese säulenartige Starre aufzulösen, was aber nur sehr bedingt gelungen ist. Innerhalb der einzelnen Säulenstruktur gibt es natürliche aufeinanderfolgende, logische Versorgungsketten, ebenso über die säulenartige Gesamtstruktur hinweg. Während die »internen« Versorgungsketten eine gewisse Logik haben und eher zur Qualitätsverbesserung dienen, sind die »externen« Versorgungsketten (über die säulenartige Struktur hinweg) eher machtpolitisch interessant und dienen häufig nur der sicheren Wahrung von Geschäftsfeldern und Vermeidung von transparenten und öffentlich zugänglichen Märkten und einem benchmarking.

So macht es nicht nur Sinn, sondern ist nahezu unabdingbar, dass ein Patient im Krankenhaus vor einer Operation anästhesiert wird, bevor die eigentliche Operation beginnt. Eine gut organisierte Versorgungskette bedeutet hierbei, dass beide Prozesse zeitlich optimal aufeinander abgestimmt ablaufen und dabei möglichst wenige Ressourcen verbraucht werden.

In der Augenheilkunde wurde dieser Vorgang für ambulante Operationen weiter optimiert: In einem Vorraum zum OP-Saal wird der Patient von einem Anästhesisten lokalbetäubt und anschließend dem Operateur im OP-Saal übergeben. Aufgrund der kurzen Dauer der OP kann der Anästhesist nun bereits den nächsten Patienten auf die OP vorbereiten. An den OP-Saal schließt sich wiederum ein Aufwachraum an, in welchem der operierte Patient unter Betreuung von wiederum anderen Personen aufwachen kann, um sich dann zu erholen und um dann last but not least auf eine eigene Bettenstation gebracht zu werden. Diese ausgefeilte zeit- und ressourcensparende Versorgungskette ermöglicht nicht nur dem Operateur sehr viele Operationen an einem Tag auszuführen, sie verkürzt für den Patienten auch Wartezeiten und mindert erheblich die aufzuwendenden Kosten. Gleichzeitig besteht hier aber auch die Gefahr einer grenzenlosen Ausbeutung des deutschen Gesundheitssystems, was der gesamten Gesellschaft schadet. Natürlich werden die intern gemachten Gewinne nicht ins System zurückgeführt, sondern extern kapitalisiert. Ein so schneller und durch die Routine fast risikoarmer Eingriff reizt den Arzt geradezu, eine Operation auch dann durchzuführen, wenn sie vielleicht nicht zwangsläufig notwendig wäre.

Zusätzlich stellt sich hier beispielsweise die Frage, ob die Anästhesisten der Klinik angehören oder outgesourct sind und wenn dies der Fall ist, ob diese aufgrund ihrer Qualität oder alleinig des Preises wegen ausgewählt wurden.

Hier kann zunehmend das Risiko entstehen, zugunsten immer besserer Ökonomie hohe Quantitätsrisiken im aufgesourcten Bereich in Kauf zu nehmen.

Anders als solche »internen« Versorgungsketten laufen »externe« Versorgungsketten zwischen den verschiedenen »Säulen« der Versorgung ab. So kann zum Beispiel ein Patient aus der stationären Behandlung in die Reha überwiesen werden. In vielen Fällen ist auch hier die Überweisung notwendig und erspart möglicherweise weitere Komplikationen und Kosten, wenn zum Beispiel die Reha zu einer Änderung des Lebenswandels beiträgt oder eine sichere Rückeingliederung in den Alltag gewährleistet. Doch leider gibt es auch immer wieder Fälle, in denen sich eine andere Versorgungsform standardmäßig anschließt, ohne dabei dem Patienten wirklich zu nutzen. Besonders häufig ist dies der Fall, wenn ein Träger verschiedene Einrichtungen betreibt und durch »Überweisen« des Patienten weitere Einnahmen gewährleistet sind. Hierbei liegt das Interesse dann nicht mehr beim Wohle des Patienten, sondern beim Gewinn für den Träger. Den Krankenkassen und dem Patient werden zusätzliche Strapazen und Kosten ohne erkennbaren Mehrwert aufgelastet. Eine derartig fehlgeleitete Versorgungskette »höhlt« das Gesundheitssystem von innen aus und schafft bei (fast) allen Beteiligen Unzufriedenheit.

Doch wie lassen sich sowohl die »internen« als auch die »externen« Versorgungsketten sinnvoll gestalten und als nützliches Hilfsmittel einsetzen?

Zunächst muss man sich klar werden, was man mit ihnen erreichen möchte. Im Regelfall ist dies eine gut organisierte Versorgung, die wirtschaftlich mit Zeit und Ressourcen umgeht und dabei das Wohl des Patienten in den Mittelpunkt stellt.

Es geht also darum heraus zu arbeiten, welche Prozesse sinnvoll aufeinander aufbauen und wie man diese besonders effizient verknüpfen kann. Eine funktionierende Kommunikation zwischen den Sektoren ist unabdingbar, ebenso wie eine genaue Kontrolle, ob weitere Behandlungen tatsächlich sinnvoll sind. Vom Standpunkt des Versorgungsmanagements sind also eine funktionierende Steuerung und Kontrolle wichtige Elemente für eine effiziente Versorgungskette.

Dabei darf allerdings auch die Effektivität nicht ins Hintertreffen geraten. Man darf sein Ziel »den Patienten adäquat und zu seinem Wohle zu behandeln« also nie aus den Augen verlieren.

Idealerweise ergibt sich eine auf bestimmte Krankheitsbilder zugeschnittene Abfolge von Leistungen, bei der allerdings nach jeder Leistung die Sinnhaftigkeit einer Fortführung überprüft wird und eventuelle Alternativen oder besondere Ansprüche miteinbezogen werden. Ob eine Fortführung sinnvoll ist, wird aufgrund des Nutzens für den Patienten in Relation zum Kosten- und Zeitaufwand bemessen.

Aufgrund der strukturierten Planung und einer zunehmenden Abschätzbarkeit des Bedarfs ergeben sich im Idealfall Zeiteinsparungen für den Leistungserbringer und Kosteneinsparungen für die Versicherung. Jedoch muss man auch hier, wie in den meisten Fällen, sehr genau darauf achten, dass sich letztendlich keine gravierenden Nachteile für den Patienten oder das gesamte Gesundheitssystem zu Gunsten einzelner Leistungserbringer ergeben.

3.3 Versorgungsprozesse

»Ein Versorgungsprozess ist die aufeinander abgestimmte Folge von mittelbaren und unmittelbaren Aktivitäten zur Versorgung von Bürgern mit definiertem Start, Ende und Zielen.« (DGbV Definition)

Der Versorgungsprozess ist der Prozess, der nötig ist, um Leistungserbringer mit den individuellen und relativen Voraussetzungen für ihre Tätigkeiten, den Patienten in einem Prozess zu versorgen, auszustatten. *Es gibt nicht den Versorgungsprozess.* Er ist individuelle und auf den Bedarf und die Bedürfnisse der Bürgerinnen und Bürger abgestimmt, wenn sie vorübergehend oder dauerhaft zur Patientin oder zum Patienten werden. In dem Sinne sollen sie als aktive und mitverantwortliche Partner und Handelnde im Rahmen ihrer Möglichkeiten in das Versorgungsgeschehen eingebunden werden.

Die Fortschritte der theoretischen Ergebnisse aus Medizin und Wissenschaft in den einzelnen Indikationen, überwiegend bei den Volkskrankheiten und auch bei sehr komplexen Erkrankungen schreiten seit Jahren kontinuierlich voran. Doch wie sieht es in der Versorgung in praxi wirklich aus?

Die Qualität der medizinischen Versorgung in den Prozessen ist messbar. Man kann sie nicht im Ganzen messen, einzelne Qualitätsaspekte werden untersucht, die Ergebnisse gemeinsam beurteilt. Insbesondere unterscheidet man dabei zwischen Struktur-, Prozess und Ergebnisqualität. In der Strukturqualität finden sich Parameter wieder z.B. wer ist beteiligt nach welchen Qualitätsstandards über Sektorengrenzen hinweg, welche Interventionen, Verfahren und Methoden werden eingesetzt. Welche Kommunikationsstrukturen mit welchen Daten und welche technische Vernetzung stehen dahinter. Wie erfolgt die Finanzierung und auf welcher gesetzlichen Grundlage. Speziell der *Behandlungsprozess* sei an dieser Stelle in den Vordergrund gestellt. Der G-BA hat dafür u.a. die Definition der Prozessqualität benannt. **Prozessqualität** beschreibt sämtliche diagnostische und therapeutische Maßnahmen innerhalb eines Versorgungsablaufes, die unter Berücksichtigung der individuellen Krankheitsmerkmale eines Patienten ergriffen werden oder gar nicht. Bei Prozessqualität stellt sich somit die Frage nach dem »Wie« der Behandlung. Wie wird diagnostiziert/therapiert? Wie läuft der Behandlungsprozess ab? Prozessqualität bezieht sich direkt auf medizinische Fragen (G-BA-Definition).

Die **Qualität der Prozesse** bezieht sich auf die Art und Weise, wie Leistungen erbracht werden und beschreibt somit die Gesamtheit der Aktivitäten, die im Verlauf der tatsächlichen Erstellung des Produkts vollzogen werden. Sie umfasst damit alle ärztlichen, pflegerischen und administrativen Tätigkeiten, die entweder direkt oder indirekt an dem unmittelbaren Versorgungsprozess beteiligt sind. Sie beinhaltet durch Durchführung von Beratungen, den Ablauf der medizinischen Versorgung, die Handhabung von Pflegestandards und Vorschriften, das Aufnahmeverfahren. Die Betreuungsplanung und -umsetzung sowie Wartezeiten.

Die Behandlungsergebnisse im Praxis- und Versorgungsalltag spiegeln die oben genannten Fortschritte allerdings nicht wieder. Ganz im Gegenteil. Trotz aller Regelwerke und Definitionen gehen zunehmend die Qualitätsaspekte und die Transparenz verloren. Das ist auch nicht besonders verwunderlich. Die für sich einzelnen Prozessschritte sind viel zu intransparent, nicht nachvollziehbar, ökonomisch getriggert, für den Bürger schlichtweg verwirrend.

Die Fortschritte in der Medizin und Wissenshaft werden ohne den Bürger gemacht. Anschließend wundert »man« sich im System, dass es seit Jahren keine nennenswerten Fortschritte im Therapieergebnis gibt, was einhergeht mit der nicht zufriedenstellenden Erreichung der Zielvereinbarung. Die relevanten validen Gesundheitsinformationen werden oft nicht vermittelt, die Befähigung und die Beteiligung der **Bürger** und somit auch die **Orientierung** fehlen meistens gänzlich. Ein Ziel ist erreicht, wenn ein gesamter Versorgungsprozess unter Einbindung des Patienten als aktiver und mitverantwortlicher Partner und Handelnder den individuellen bestmöglichen Nutzen für den Behandlungserfolg und der messbaren Ergebnisqualität bringt. Vielfältige Methoden und Techniken tragen dazu bei, dass die einzelnen Prozessschritte transparenter werden. Zum Beispiel durch Patientencoaching (Dr. Weatherly et,al.2010/2012)

Literatur

Birkner, B. Einführung in das Versorgungsmanagement. Apollon Hochschule www.appolonhochuschule.de/fileadmin/user_upload/PDF/ZKs_Problelektionen_neu/Probekapitel_Versorgungsmanagement_VEMAM01.pdf; zugegriffen: 9. Juni 2015

Definition Versorgungsmanagement. Wolfsburger Institut für Gesundheitsforschung und Gesundheitsförderung. Ostfalia. www.ostfalia.de/cms/de/wiff/not_in_menu/Versorgungsmanagment.html; zugegriffen: 9. Juni 2015

Pfaff, H. (2010). Wissens-Update (teil 2): Effizientes Versorgungsmanagement. Universität Köln. www.imvr.uni-koeln.de/uploads/Vortr%C3%A4ge/Pfaff_H_2010_Wissens-Update2.PDF (Folie 6); zugegriffen: 9. Juni 2015

Rebscher, H (2011). Definition: Versorgungsmanagement. Versicherungsmagazin www.versicherungsmagazin.de/Definition/34522/versorgungsmanagement; zugegriffen: 9. Juni 2015

Renk, H-G. (1010). Versorgungsmanagement/Casemanagement. IKK-Akademie. www.ikk-akademie.de/uploads/tx_ikkfreenedia/100318_Renk_VM_Endfassung_02.pdf (Folie 59); zugegriffen: 9. Juni 2015

Versorgungsmanagement konkret/Fachzeitschrift DGbV Ausgabe 2/2015/Glossar/Definition Bürgerorientierung/S. 8. http://www.gba.de/instutuion/sys/suche/ergebnis/?suchbegriff=Prozessqualit%C3%A4offset=0&sortierung=relevantz&kategorie=alle/%20%5b; zugegriffen: 17. Juli 2015

Wagner, F. (Hrsg.). (2011). Gabler Versicherungslexikon. Wiesbaden: Gabler

Weatherly et.al (2010/2012) Patientencoaching Band 1 und 2/Schriftenreihe der DGbV e. V.

Historische Aufarbeitungen der Entwicklung des Deutschen Versorgungsmanagements im Gesundheitswesen

4

Gabriele Stumm

Betrachten wir die Entwicklung der medizinischen Versorgung in Deutschland, mag uns ein Pendel in den Sinn kommen. Einerseits angetrieben von medizinischen Entdeckungen und technischen Möglichkeiten, andererseits immer wieder gebremst durch ökonomische Einschnitte, schlägt es unrund und scheint sich auch heute noch nicht eingependelt zu haben. Denn mit Versorgungsmanagement assoziieren wir meist die Probleme, die es beheben soll: Sektorisierung, Informations- und Wirkungsverlust an den Schnittstellen, Unter-, Über- und Fehlversorgung, Kostenexplosion, Krankenhausinsolvenzen oder Ärztemangel auf dem Land. Sind diese Probleme tatsächlich neu, ein Preis der modernen High-Tech-Medizin in Deutschland, Folgen des gravierenden demographischen Wandels oder Hinterlassenschaften schon lange verkrusteter Strukturen und Machtkämpfen? Lassen wir die Historie der medizinischen Versorgung in Deutschland in einigen Eckpunkten Revue passieren.

4.1 Vom 18. Jahrhundert ausgehend

18. Jahrhundert: Die industrielle Revolution nimmt Fahrt auf, die Lebenserwartung steigt.

Die Ausgangssituation vor 1800 ist schnell erklärt: der überwiegende Teil der Bevölkerung lebte vor der industriellen Revolution noch auf dem Land und hatte praktisch keinen Kontakt zu Ärzten, sondern lediglich zu fahrenden Heilern oder Heilkundigen wie Hebammen, Badern oder Wundärzten II. Klasse. In den Städten dagegen zog die wohlhabendere Schicht ausgebildete Ärzte zu rate. Da die wesentlichen Errungenschaften der Medizin wie Hygiene und Antibiose, Impfungen, Pharmakologie, Narkose und damit die operativen Möglichkeiten noch nicht erfunden waren, bestand damals die ärztliche Tätigkeit im Wesentlichen aus Ratschlägen zu einer gesunden Lebensweise, die der Arzt problemlos in der Wohnung des Patienten erteilen konnte.

Wer schwer oder geistig erkrankt war, und mehr als das benötigte, war zunächst in einer unglücklichen Lage. Während Militärlazarette immerhin versuchten, Wunden zu heilen, waren »Staatskrankenanstalten« meist nicht mehr als Verwahrstätten – nicht nur der armen Bevölkerung, sondern auch der Seuchen. Ein medizinischer Meilenstein war 1846 die Entdeckung der Narkose: in den Krankenanstalten entstanden OP-Säle, Patienten wurden nicht nur stationär gepflegt, sondern endlich auch wieder gebessert entlassen. Dazu gelang es Ende des 19. Jahrhunderts, Infektionskrankheiten wie Lepra, Pest, Cholera oder Tuberkulose zu bekämpfen. Die Lebenserwartung begann in Deutschland ab der Mitte des 19. Jahrhunderts merklich zu steigen. Nur die psychiatrischen Krankenhäuser blieben noch sehr lange eine Sackgasse: wer dort aufgenommen werden musste, blieb sehr lange, nicht selten sein Leben lang.

1883: »Gesetz betreffend die Krankenversicherung der Arbeiter« wird mit 216 gegen 99 Stimmen verabschiedet, die Gesetzliche Krankenversicherung (GKV) ist eingeführt.

Parallel zum medizinischen Fortschritt entstand durch Rudolf Virchow die Idee eines »Rechts auf Gesundheit«. Ärzte wie auch Politik begannen, sich sozial zu engagieren und formulierten erstmals einen Anspruch an den Staat, die Gesundheit seiner Bürger zu sichern. Die kaiserliche Botschaft und Reichskanzler Bismarck erklärten eine staatliche Sozialpolitik als überlebensnotwendigen Schritt für das Kaiserreich. Folgerichtig wurde 1883 daraufhin eine erste Krankenversicherung gesetzlich verankert, die Arbeiter im Krankheitsfall eine ärztliche Behandlung, Arznei und Hilfsmittel, sowie eine Krankenhausbehandlung sichern und ihn bzw. seine Angehörigen mit Krankengeld, Sterbegeld oder Mutterschaftshilfe unterstützen sollte. Zunächst gemeinnützig tätigen Orts- Innungs- und Betriebskrankenkassen übernahmen diese Aufgaben.

Die eingeführte Gesetzliche Krankenversicherung (GKV) weitete sich rasch durch Gründung zahlreicher Krankenkassen auf immer weitere Bevölkerungsgruppen aus, wenngleich im Jahr 1885 gerade mal 10 % der Deutschen in dieser Form krankenversichert waren. Kassen begannen Verträge zu ihren Bedingungen mit »Kassenärzten« zu schließen. 1892 erließ das damalige Kaiserreich eine umfassende Regelung der Beziehungen zwischen Krankenkasse und Leistungserbringern: Die Kassen duften ihr eigenes Arztsystem aufbauen und damit auch die Zahl und Personen der Kassenärzte festlegen. Sie erhielten die Befugnis, Arzneimittel nur durch ausgesuchte Apotheker liefern zu lassen oder Kuren nur in bestimmten Krankenhäusern durchführen zu lassen – eine Vorwegnahme heutiger Selektivverträge. Hatten sich Ärzte für die Absicherung einer medizinischen Versorgung für ihre Patienten engagiert, so mussten sie nun im Erfolg auch die Kehrseite der Medaille entdecken: sie gerieten in die Abhängigkeit, aus ihrer Sicht unter das Diktat der Krankenkassen.

1913: Das »Berliner Abkommen« bringt den Einstieg in das Kassenarztrecht.
Gegen diese Autonomie der Kassen regte sich daher schnell und zunehmend Unmut unter den Ärzten: Der »Verbands der Ärzte Deutschlands zur Wahrung ihrer wirtschaftlichen Interessen« und die Gründung des Hartmannbundes als gewerkschaftlich orientierte Interessensvertretung der Ärzte waren der Auftakt zu sich ausweitenden massiven Streikaktionen. Unter der Aussicht auf einen flächendeckenden Ausstand sah sich die Politik zu einer Vermittlung im Streit genötigt: Im Berliner Abkommen lösten paritätisch besetzte Vertrags- und Registerausschüsse die Zulassungsautonomie der Krankenkassen ab. Der Ärzteschaft wurde damit ein Mitspracherecht bei der Zulassung zur kassenärztlichen Tätigkeit und der Vertragsgestaltung für ärztliche Leistungen zugesprochen.

1923: In der »Krankenhilfeverordnung« werden Ärzte auf wirtschaftliche Behandlungshilfe verpflichtet.
Der erste Weltkrieg zog eine katastrophale Wirtschaftslage und damit die massive Abwertung des Geldes nach sich. Kassenärzte forderten einen Inflationsausgleich für ihre Leistungen, doch auch die Krankenkassen waren chronisch unterfinanziert. In einer Verordnung vom 30. Oktober 1923 wurden Ärzte daher auf eine »wirtschaftliche Behandlungshilfe« verpflichtet – im Falle eines Verstoßes drohten fristlose Kündigungen und Zulassungssperren. Wieder erhielten also Krankenkassen weitreichende Befugnisse, die von Ärzten als massive Beschneidung ihrer Berufsausübung empfunden wurde. Die logische Folge: Eine neue Streikwelle erfasste Deutschland.

In Reaktion darauf eröffneten Krankenkassen eigene Ambulatorien und Polikliniken und unterhielten sogar einzelne Krankenhäuser. Ihre jeweiligen Versicherten wurden dort von fest angestellten Ärzten der Krankenkassen behandelt. Ferner wurden »Abgabestellen« eingerichtet, in denen Arznei- und Heilmittel für die Versicherten zur Verfügung standen. Arbeiteten zuvor niedergelassene Ärzte (der »ambulante Sektor«) und Krankenhäuser (der »stationäre Sektor«) zwar nicht miteinander, sondern nebeneinander her, gerieten sie nun an zwei unterschiedlichen Fronten in einen Verteilungskampf um knappe Mittel.

4.2 Sicherung von Wirtschaft und Finanzen

1931: Notverordnung des Reichspräsidenten zur »Sicherung von Wirtschaft und Finanzen und zum Schutz des inneren Friedens« begründet die kassenärztlichen Vereinigungen, die Trennung zwischen ambulantem und stationärem Sektor und das ambulante Versorgungsmonopol der niedergelassenen Ärzte.
Doch zwischen medizinischem Fortschritt und damit steigenden Gesundheitskosten und andererseits ständig klammem Budget aufgrund hoher Arbeitslosigkeit und Wirtschaftskrise konnten die Krankenkassen die medizinische Versorgung der Bevölkerung ohne die niedergelassene Ärzteschaft nicht sicherstellen. Während die Regierung der Weimarer Republik noch darüber nachdachte, die Kassenärzte per Gesetzeszwang zu Angestellten der Krankenkassen zu machen, präsentierte der Hartmannbund einen Kompromissvorschlag, der vom Ärztetag getragen wurde: Niedergelassene Ärzte waren bereit, Einkommensverluste zu akzeptieren, sofern Sie die Verteilung des vorhandenen Geldes in Eigenregie regeln durften.

Das Programm wurde angenommen: Zunächst regional gegründete Kassenärztliche Vereinigungen (KV) als Körperschaften öffentlichen Rechts stellten quasi eine Gegenselbstverwaltung dar: Ärzte mussten nun ihre Verordnungen und Ausgaben vor einem Selbstverwaltungsgremium rechtfertigen, welches für die Versorgung der Bevölkerung staatliche Mittel erhielt. Die KV, erstmalig eine monopolistische Vertretung von Ärzteinteressen und starke Gegenmacht, verhandelte mit den Kassen Kollektivverträge und übernahm über den Sicherstellungsauftrag die Bedarfsplanung für die ambulante Versorgung. Als Kontrollorgan für vertragsärztliche Leitungen außerhalb der KV wurde der Medizinische Dienst der Krankenkassen installiert.

Nichtärztliche Berufsgruppen wie Pflegekräfte und Hebammen waren bereits Mitte des 19. Jahrhunderts per Gesetz den Ärzten untergeordnet worden. Über die Notverordnungen wurde ihre Tätigkeit nun durch ein Verbot, mit Krankenkassen Direktverträge abzuschließen, weiter eingeschränkt. Gleichzeitig bedeutete das ambulante Versorgungsmonopol der Ärzte, dass die meist durch Kirche, Wohlfahrtsverbände oder Staatsfinanzen getragenen Krankenhäuser wieder zunehmend aus der ambulanten Versorgung ausgeschlossen wurden. Auch Gesundheitsämter durften nicht mehr kurativ tätig sein, Krankenkassen war es nicht mehr gestattet, Arzneimittel zu verkaufen oder abzugeben. Die »Rolle rückwärts« war vollzogen, die Trennung in die ambulante und stationäre Behandlung wieder hergestellt.

Die sektorale Trennung zementierte sich auch durch die unterschiedliche Finanzierung und (Selbst)Verwaltung, sowie durch die Ausweitung und zunehmende Spezialisierung der Krankenhäuser. Medizinische Forschung wie auch die Ausbildung von Ärzten fand – und findet bis heute – ganz überwiegend im Krankenhaus statt. Arbeiteten insbesondere Fachärzte zuvor meist sowohl im Krankenhaus als auch in privater Praxis, trat auch hier eine Trennung mit Vollzeitbeschäftigung entweder im stationären oder im ambulanten Bereich ein. Unterschiedliche Einkommenschancen und Kompetenzbereiche für Krankenhausangestellte und ambulante Freiberufler wie auch zwischen den Fachgebieten, insbesondere den Fach- und Hausärzten, setzten bereits Ende der 1920er Jahre Rivalitäten in Gang, die bis in die heutige Zeit bestehen.

1933: »Verordnung zur Neuordnung der Krankenversicherung« setzt Kommissare in der GKV ein und unterstellt die Kassenverbände dem Arbeitsministerium.

In der folgenden Zeit des dritten Reiches blieben die Grundstrukturen des Versicherungssystems zwar bestehen, wurde aber für die jüdische Bevölkerung und stigmatisierte Minderheiten außer Kraft gesetzt. Während einerseits jüdische Ärzte zunehmend Berufsverbot erhielten, vertrieben, deportiert oder ermordet wurden, ließen sich andererseits nicht-jüdische Ärzte, die Berufsgruppe mit dem höchsten Mitgliederanteil in der NSDAP, für die nationalsozialistischen Ziele instrumentalisieren – und gingen dennoch aus den Umstrukturierungen des Dritten Reiches weiter an Einfluss gestärkt hervor. Die staatliche Zentralisierung erfasste zugleich Institutionen wie Krankenkassen, Wohlfahrtsorganisationen oder Gesundheitsämter, die unter Kontrolle des Arbeitsministeriums gestellt wurden und deren Position gegenüber der ambulanten Ärzteschaft geschwächt wurde.

4.3 Gesundheitsschutz mit prophylaktischer Orientierung

1947: In der DDR erklärt die SED Gesundheitsschutz mit prophylaktischer Orientierung zur gesamtgesellschaftlichen Verantwortung und staatlichen Aufgabe.

Nach Ende des 2.Weltkrieges entstanden nicht nur die beiden Staaten BRD und DDR, sondern auch zwei konträre Gesundheitssysteme. In der DDR wurde nach Vorbildern aus Sowjetunion, Großbritannien und Schweden und gegen den Widerstand eines Großteils der Ärzte ein staatliches Gesundheitswesen aufgebaut. Es existierten nur zwei große Krankenkassen. Die ambulante wie auch stationäre Versorgung erfolgte – meist räumlich wie auch arbeitsteilig sektorenübergreifend – in der Regel in gemeinde- oder betriebsbasierten Polikliniken. Der weit überwiegende Teil der Mitarbeiter im Gesundheitswesen war im Staatsdienst angestellt. Einen hohen Stellenwert hatten Prävention und Gesundheitserziehung, spezialisierte Versorgung für chronisch Erkrankte sowie eine umfassende staatliche Sozialunterstützung für Wohnraum und Kinderbetreuung. Zwar wurde auf diese Weise ein Gesundheitssystem errichtet, das bis in die 1960er Jahre hinein der politischen Linken vieler westeuropäischer Staaten erstrebenswert erschien, doch die Finanzierung im sozialistischen System gestaltete sich immer schwieriger.

1974: Programm zur »Investitionssteigerung im Gesundheitswesen bis 1980 um 230 %« wird verabschiedet.
Rund 60 % der existierenden Krankenhäuser waren um 1900 errichtet worden und genügten längst nicht mehr den Anforderungen. Die Versorgung mit Medikamenten litt unter Engpässen. Dazu kam der Mangel an geeignetem Personal und zu wenig Investitionsmittel in moderne Technologie. Ab den 1970er Jahren geriet die Gesundheitsversorgung der DDR- Bürger im Vergleich zur BRD daher immer mehr ins Hintertreffen. Dies begann, sich auch im Gesundheitszustand der ostdeutschen Bevölkerung widerzuspiegeln: Studien zu Gesundheitsproblemen der DDR-Bürger verwiesen ab 1977 zunehmend auf Stagnation und Verschlechterung von epidemiologischen Daten wie erhöhte Sterblichkeit herzerkrankter Kinder, Schlaganfallpatienten oder Menschen mit Oberschenkelhalsfrakturen. Während noch die Nationale Gesundheitskonferenz im September 1989 grundlegende Gesundheitsreformen beschloss, hatten unter anderem auch diese Missstände das Ende der DDR bereits besiegelt.

4.4 Spagat zwischen Fortschritt und Finanzierung

1955: In der BRD wird das Gesundheitssystem der Weimarer Republik wiederbelebt.
In der Nachkriegs- BRD lebte die traditionelle Struktur der Sozialversicherung mit Versicherungspflicht für »schutzbedürftige Bevölkerungskreise« wieder auf. Zwischen 1949 bis 1955 baute die christdemokratische Regierung das Gesundheitssystem der ausgehenden Weimarer Republik wieder auf. Die niedergelassenen Ärzte erhielten das Monopol der ambulanten Versorgung zurück, konnten nach Ende der Kopfpauschalvergütung wieder lukrativere Einzelleistungen abrechnen und erstritten sich vor dem Bundesverfassungsgericht 1960 auch die Niederlassungsfreiheit. Zusätzliche neue Leistungen aus dem Bereich der Sekundärprävention und der Arbeitsmedizin wurden dem ambulanten Sektor zugewiesen, um Gelder für den Öffentlichen Gesundheitsdienst einzusparen.

1972: Das »Krankenhausfinanzierungsgesetz« (KHG) zur wirtschaftlichen Sicherung der Krankenhäuser regelt die Beziehungen zwischen Krankenhäusern und Krankenkassen neu.
Im Gegensatz zu der Stagnation in Ostdeutschland waren die 1970er-Jahre geprägt von extensivem Ausbau der Gesundheitsversorgung und expansiver Ausgabenentwicklung. Da auch das Wirtschaftswachstum zu einem starken Einnahmezuwachs bei den Krankenkassen führte, erschien dies zunächst unproblematisch. Nicht nur der ambulante Sektor war an der Kostensteigerung beteiligt. Basierend auf dem Wirtschaftswachstum, steigenden Preisen und Gehältern inklusive der Säkularisierung des Krankenhauspersonals, den demographischen Entwicklungen und den aufkommenden kostenintensiven Technologien stieg auch der Mittelbedarf im stationären Bereich. Die neue Finanzierung der Krankenhäuser wurde 1972 festgeschrieben: Krankenkassen wurden für die Bezahlung von Leistungen und Personal verpflichtet, die Länder trugen Investitionen, jedoch keine laufenden Kosten. Damit sollten infrastrukturelle Defizite ausgeglichen werden, die durch Zerstörungen im Zweiten Weltkrieg und unzureichende Investitionen entstanden waren. Ein Wachstum des Gesundheitswesens im Sinne seiner Modernisierung und verbesserten Leistungsfähigkeit und der damit verbundene Anstieg der Gesundheitsausgaben waren politisch zu diesem Zeitpunkt durchaus eingeplant. Die Einführung einer staatlichen Krankenhausbedarfsplanung und des Selbstkostendeckungsprinzips für sparsam wirtschaftende Krankenhäuser zeigt aber, das auch das wirtschaftliche Haushalten des stationären Sektors ins Blickfeld geriet.

Letzteres verschärfte sich mit der 1973/74 einsetzenden Weltwirtschaftskrise: Niedrige Wachstumsraten und steigende Arbeitslosenzahlen spülten immer weniger Geld in die Kassen der Krankenversicherungen. Zudem begann sich parallel zum expansiven Ausbau auch Kritik am Gesundheitswesen zu regen: es arbeitete zunehmend unwirtschaftlich und unkoordiniert, vernachlässigte aber wesentliche Aspekte wie die Gesundheitsvorsorge und die ganzheitliche Situation des Patienten. 1975 konstatiert eine Studie des Wirtschafts- und Sozialwissenschaftlichen Instituts (WSI) des DGB, das Gesundheitssystem sei gekennzeichnet durch einen *»Wildwuchs von nebeneinanderher arbeitenden Einrichtungen, starr voneinander getrennter ambulanter und stationärer Versorgung (Monopolanspruch der Kassenärztlichen Vereinigungen) , ungleichmäßiger regionaler Verteilung der Ärzte (Unterversorgung ländlicher und Randgebiete von Ballungszentren), Fehlinvestitionen, unausgelasteten Kapazitäten (Fehlbelegungen von Krankenhausbetten), diagnostisch-technische (vermeidbare) Doppel- und Mehrfachleistungen«* und könne dem Anspruch einer optimalen Gesundheitssicherung und optimalen medizinischen Versorgung nicht gerecht werden. Ein integriertes System wurde gefordert, das die weitgehend autonom nebeneinander arbeitenden Teilbereiche des Gesundheitswesens organisatorisch und technisch über gemeinsame Einrichtungen wie Medizintechnische Zentren und Zentrale Informationssystem miteinander verzahnen sollte. Gemeinschaftspraxen, medizinische Gemeindezentren mit pflegerischen und nichtärztlichen therapeutischen Angeboten, die Einrichtung einer teilstationären Versorgung sowie eine Stärkung der Öffentlichen, Sozial- und Betriebsmedizinischen Dienste sollten diese Ziele mittragen.

Mit dieser Vision einer verbesserten zielgerichteten Nutzung eines vielfältigen Versorgungsangebotes stand das WSI zu diesem Zeitpunkt nicht alleine, hatte sich doch mit dem Health Maintenance Organization Act von 1973 in den USA eine Idee entwickelt, dass Leistungserbringer im Gesundheitswesen – nicht nur Ärzte, sondern auch Physio-, Psycho- und Ergotherapeuten, Logopäden, Ernährungsberater etc. – nicht für die Krankheit, sondern für die Gesundheit ihrer Klienten bezahlt werden sollten. Eine Health Maintenance Organisation bestand – und besteht in existierenden Ansätzen in den USA und in der Schweiz – aus einer Gemeinschaft aus Klienten und Leistungserbringern, die ein fixes Gesamtbudget erhält, aus dem alle medizinischen Maßnahmen zu bezahlen sind. Neben den Vorteilen einer gut organisierten ganzheitlichen und ökonomischen Behandlung offenbarte dieses Modell jedoch auch Probleme: da HMO-Zentren mehr Gewinn erwirtschaften, je weniger Leistungen sie erbringen, besteht die immanente Versuchung, auch eigentlich notwendigen Maßnahmen einzusparen. Ältere Menschen und chronisch Kranke orientieren sich in Ländern mit freiwilligem Versicherungssystem tatsächlich weniger zu HMOs. Dort fühlen sie sich, und sind es naturgemäß auch, weniger erwünscht als junge und gesunde Mitglieder, da sie dauerhaft oder ansteigend Kosten verursachen und Leistungseinschränkungen befürchten. Gleichzeitig muss das HMO-Budget jährlich verhandelt werden, so dass kurzfristig nicht messbare Präventionsaufwände in die Gesundheit der HMO-Mitglieder entgegen dem Grundgedanken der Gesundheitsförderung oftmals doch eingespart werden. Ferner können für kleinere HMO wenige Versicherte mit schicksalhaften Erkrankungen, die – manchmal lebenslang – sehr hohe Behandlungskosten verursachen, zur unkalkulierbaren finanziellen Schieflage führen.

4.5 »Kostenexplosion im Gesundheitswesen«

1975: Das Schlagwort »Kostenexplosion im Gesundheitswesen« wird geprägt.
Als sich 1975 durch die spürbar einsetzende Ölkrise die Wirtschaftslage weiter verschärfte, geriet auch die Kostenentwicklung im Gesundheitswesen immer mehr in Schieflage, was unter dem Begriff der »Kostenexplosion im Gesundheitswesen« zusammengefasst wurde. Dieses plakative Schlagwort steht dabei für die zwar eingängige, aber wenig differenzierte Vorstellung, die Gesundheitsversorgung sei »zu teuer« geworden. Dabei waren die Ausgaben der gesetzlichen Krankenversiche-

rung seit der zweiten Hälfte der 1970er-Jahre, gemessen an der volkswirtschaftlichen Wertschöpfung, dem Bundesinlandprodukt, nur wenig gestiegen. Vielmehr hielt die Einnahmeseite vor allem durch die steigende Arbeitslosigkeit nicht mit der Ausgabensteigerung Schritt. Trotz der Finanzierungsprobleme der Gesundheitsversorgung konnte sich in der BRD die Idee der HMOs nicht durchsetzen. Zu konträr schien sie zum bestehenden Solidarprinzip. Davon ungeachtet wurde »Kostendämpfung« zum vordringlichen Ziel bundesdeutscher Gesundheitspolitik erklärt – und ist es letztlich heute immer noch. Im Zeitraum zwischen 1975 und 1992 blieben die historisch gewachsenen Rahmenbedingungen der Gesundheitsversorgung durch die Reformen dabei noch weitgehend unangetastet. Erlassene Gesetze und Reformen versuchten lediglich, Strukturen und Anreize zu korrigieren, die medizinisch nicht notwendige Leistungen begünstigten, und beschränkten zunehmend Leistungen für die Versicherten.

1977: Die Leistungskürzungen des »Krankenversicherungs-Kostendämpfungsgesetz« (KVKG) treffen vor allem die Versicherten.
Zum ersten Mal seit Ende des Zweiten Weltkriegs verabschiedete 1977 die Bundesregierung ein Spar- und Kostendämpfungsgesetz. Umfangreiche Kürzungen, wie eine pauschale Zuzahlung für jedes Medikament, Begrenzung des Zuschusses für Zahnersatz, Eigenbeteiligung bei kieferorthopädischer Behandlung und Krankenfahrten, Einschränkungen bei Kuren, den Voraussetzungen des Familienhilfeanspruchs und der Haushaltshilfe betrafen vor allem die Versicherten. Bereits vier Jahre später erfolgten mit dem »Kostendämpfungs-Ergänzungsgesetz« (KVEG) weitere Leistungseinschränkungen:

Bagatell-Arzneimittel mussten künftig selbst bezahlt werden, Zuzahlungen wurden erhöht, für Zahnersatz, Hilfsmittel, Brillen und Fahrkosten galt eine stärkere Eigenbeteiligung der Versicherten. Auch im stationären Bereich begannen erste Sparmaßnahmen: beispielsweise wurde die Krankenhausverweildauer bei normaler Entbindung von 10 auf 6 Tage beschränkt.

1981: Das »Krankenhaus-Kostendämpfungsgesetz« (KHKG) soll Krankenhäuser verstärkt in die Kostendämpfungsbemühungen einbeziehen.
Nach den ersten umfassenden Sparmaßnahmen überwiegend für den ambulanten Patienten ging es nun darum, auch die Finanzierung der Krankenhäuser auf stabileres Fundament zu stellen. Krankenhäuser und Krankenkassen sollten in der Bedarfsplanung der Länder stärker mit einbezogen werden, mit dieser »Gemeinsamen Selbstverwaltung« wurde die Deutsche Krankenhausgesellschaft (DKG) beauftragt. Erstmalig setzte das Gesetz finanzielle Anreize für einen Bettenabbau.

1984: Das »Krankenhaus-Neuordnungsgesetz« (KHNG) legt nach.
Verbände der Krankenkassen und die Krankenhausträger schlossen nun im Vorhinein für das kommende Jahr eine Budgetvereinbarung, der eine bestimmte Bettenbelegung und damit ein bestimmtes Pflegetagevolumen zugrunde lag. Diese »prospektive Selbstkostendeckung« wurde mit einem flexiblen Budget kombiniert. Reale Abweichungen von der kalkulierten Belegung wurden ausgeglichen: Mindereinnahmen des Krankenhauses ersetzte die Kasse zu 75 Prozent, Mehreinnahmen mussten zu 75 Prozent an die Kasse abgeführt werden. Damit konnten Krankenhäuser erstmalig Gewinn- und Verlust verzeichnen, und damit zu einer wirtschaftlichen Betriebsführung und zur Verkürzung der Patientenverweildauer animiert werden.

1985 »Sachverständigenrat für die Konzertierte Aktion im Gesundheitswesen« wird berufen.
Da sich durch die verordneten Sparmaßnahmen sowohl unter den Patienten wie auch den Leistungserbringern zunehmend Unmut regte und durch die gesetzten Anreize eine Verschlechterung der gesundheitlichen Versorgung befürchtet wurde, setzte der Bundesarbeitsminister 1985 ein aus sieben Wissenschaftlern bestehenden »Sachverständigenrat für die Konzertierte Aktion im Gesundheitswesen« ein. Dieser erhielt den Auftrag, die Entwicklungen in der Gesundheitsversorgung, insbesondere in der gesetzlichen Krankenversicherung, zu untersuchen, Fehlentwicklungen aufzuzeigen, Vorschläge zum Abbau von Überversorgungen und Versorgungsdefiziten zu erarbeiten und Empfehlungen für die bessere Ausschöpfung von Rationalisierungsreserven geben. Weitere Kostendämpfungsmaßnahmen sollten so stärker an einer medizinisch fundierten Priorisierung orientiert werden.

1989: Das Gesundheitsreformgesetz (GRG) tritt in Kraft.
Aus einem beispiellosen Verhandlungsmarathon entstand 1989 ein Reformpaket, das die alte »RVO-Ordnung« durch die »SGB V-Welt« ablöste: Neben weiteren Leitungseinschränkungen für die Versicherten wurden Festbeträge für Arzneimittel, Seh- und Hörhilfen eingeführt und die Mitwirkungsrechte von Kassen bei Wirtschaftlichkeitsprüfungen von Ärzten und Krankenhäusern gestärkt. Zur Verbesserung der Wirtschaftlichkeitsprüfung wurden neue Prüfarten vorgeschrieben und der medizinische Dienst der Krankenkassen (MDK) gestärkt. Verträge zur besseren Zusammenarbeit zwischen ambulanten Kassenärzten, Krankenhäusern, Landesverbänden der Krankenkassen, den KVen und den Vereinigungen der Krankenhausträger wurden ermöglicht. Die zunehmend starre Sektorisierung der medizinischen Versorgung sollte damit durchlässiger gemacht werden. Eine gemeinsame Instanz von Kassen und Leistungserbringern war ferner aufgefordert,

qualitätssichernde Richtlinien zu erarbeiten. Schließlich wurden zum ersten mal in der BRD Gesundheitsförderung und Prävention zur Pflichtleistung der gesetzlichen Krankenkassen (§ 20 SGB V) erklärt.

1990: Im »Einigungsvertrag« wird das westdeutsche Gesundheitswesen auf die neuen Bundesländer übertragen.

Nach der Wiedervereinigung von Ost- und Westdeutschland galt es, zwei diametrale Gesundheitssysteme zu vereinheitlichen. Da das ostdeutsche Gesundheitswesen zuletzt am Boden lag – was mutmaßlich weniger dessen Prinzipien als vielmehr der allgemein schlechten Wirtschaftslage der späten DDR geschuldet war –, wurden westdeutsche Strukturen praktisch identisch auf die neuen Bundesländer übertragen. Die poliklinische ambulante Versorgung erhielt zwar bis 1995 einen Bestandschutz, um einen Zusammenbruch der ambulanten Versorgung zu verhindern, doch sie erhielt nur eine Kopfpauschale und keine Genehmigung zur attraktiveren Einzelleistungsabrechnung. Das Monopol der ambulanten Versorgung durch Kassenärzte wurde von den KVen auch für den Osten vehement gefordert und politisch gewollt, und bereits Ende 1991 existierten nur noch knapp 10 % der poliklinischen Einrichtungen, 80 % der ambulant tätigen Ärzte hatten sich selbstständig niedergelassen. Lediglich in Ostberlin und Brandenburg waren die neuen Landesregierungen bestrebt, die Polikliniken zu erhalten und sie der niedergelassenen Ärzteschaft gleichberechtigt gegenüber zu stellen. Die Zahl der in »Gesundheitszentren« umbenannten Einrichtungen nahm im Rahmen der Niederlassungswelle auch dort dennoch weiter ab, auch wenn der Bestand über 1995 hinaus genehmigt wurde. Heute existieren in den Räumen ehemaliger Polikliniken privatwirtschaftlich organisierte Ärztehäuser oder zentrale Versorgungszentren (seit 2004 offiziell als MVZ zugelassen) von Gemeinden oder Regionen.

1993: Das »Gesundheitsstrukturgesetz« (GSG) läutet strukturelle Änderungen im Versorgungsmanagement ein.

Nach Installation des Gesundheitssystems der BRD im gesamten Bundesgebiet wuchs der Druck zu Gesundheitsreformen durch neue Leistungen und Ausgaben so enorm, dass in einer zweiten Phase an Kostendämpfungsmaßnahmen zahlreiche neue Steuerungsinstrumente zum Einsatz kamen. Vor allem wettbewerbliche Anreize gewannen im Gesundheitswesen zunehmend an Bedeutung.

Das 1993 in Kraft getretene GSG beinhaltete einerseits eine erneute »Kostenbremse«, weitreichendere Konsequenzen für die Gesundheitsversorgung hatten jedoch strukturelle Änderungen in der GKV:

- Eine verschärfte Bedarfsplanung und Zulassungsbeschränkungen sollten die Arztzahlen, zuletzt als »Ärzteschwemme« tituliert, begrenzen, da man mit steigendem Angebot für ärztliche Behandlungen auch eine Steigerung derselben und deren Kosten befürchtete.

- Die Organisation der gesetzlichen Krankenkassen erfuhr eine grundsätzliche Reform: Die freie Kassenwahl für alle Versicherten sollte den Wettbewerb unter den Krankenkassen einläuten. Um Schieflagen zwischen den verschiedenen Kassenarten mit unterschiedlicher Versichertenstruktur zu vermeiden, wurde ein kassenartenübergreifender Risikostrukturausgleich (RSA) eingeführt.
- Die Verzahnung der ambulanten und stationären Versorgung sollte mit der Einführung des ambulanten Operierens gestärkt werden.
- Das Selbstkostendeckungsprinzip im Krankenhaus, das sich als unzureichender wirtschaftlicher Anreiz erwiesen hatte, wurde von der Einführung eines neuen Entgeltsystems mit Fallpauschalen und Sonderentgelten abgelöst.

Kurzfristig zog die mit dem GSG verordnete Notbremse, doch schon 1995 lag die Finanzierung der Krankenkassen aufgrund der konjunkturellen Entwicklung und der weiter steigenden Arbeitslosigkeit sowie auslaufender Budgetierungen wieder im Minus. Zudem regte sich nun unter den Kassenärzten Unmut gegen die Aufweichung der Sektorengrenzen. Insbesondere niedergelassene Fachärzte sorgten sich um Konkurrenz durch fachärztliche ambulante Behandlungen im Krankenhaus und pochten auf einen Erhalt des Sicherstellungsauftrags der KV und damit dem Erhalt der sektoralen Versorgung:

> *»Die in Deutschland bestehende … haus- und fachärztliche Versorgung durch freiberufliche Kassenärzte genießt weltweit hohes Ansehen. Sie darf nicht durch Öffnung der Krankenhäuser für die ambulante fachärztliche Versorgung zerstört werden. Freiberufliche Kassenärzte dürfen nicht einem ruinösen Wettbewerb mit öffentlich geförderten Krankenhäusern ausgesetzt werden … Deswegen müssen der Sicherstellungsauftrag der Kassenärztlichen Vereinigungen und damit die ungeteilte Verantwortung für die ambulante Versorgung erhalten bleiben.«. (Kassenärztetag in Bonn März 1996)*

1997–1999: Das 1. und 2. GKV-Neuordnungsgesetz treten in Kraft und werden vom GKV-Solidaritätsstärkungsgesetz wieder außer Kraft gesetzt.

Die 1997 in Kraft getretenen Neuordnungsgesetze steigerten die Selbstbeteiligungen der Patienten, gaben gleichzeitig aber auch den Kassen Instrumente des Selbstbehalts und der Beitragsrückerstattung an die Hand, mit denen Versicherte, die keine Ausgaben verursachten, belohnt werden konnten. Da unter den Sparmaßnahmen der technische Fortschritt in den Krankenhäusern ausgebremst zu werden drohte und sich unter dem neuen Fallpauschalen-Entgeltsystem Defizite einstellten, wurde ein »Notopfer« von jeweils 20 Mark zur Finanzierung der

Instandhaltungsinvestitionen der Krankenhäuser eingeführt. Nach dem Regierungswechsel 1998 wurden im Folgejahr jedoch zahlreiche Regelungen aus den beiden GKV-Neuordnungsgesetzen wieder rückgängig gemacht, insbesondere was die verschärften Zuzahlungen und Leistungskürzungen für die Versicherten anbelangte. Stattdessen wurde eine umfassende Gesundheitsreform erarbeitet.

4.6 Die GKV-Gesundheitsreform 2000

2000: Die »GKV-Gesundheitsreform 2000« setzt auf mehr Prävention, Patientenberatung und integrierte Versorgung.
Doch einer umfassenden Reform wurden im Bundesrat zahlreiche Änderungen ablehnt. Daher beschränkte sich der Gesetzgeber auf Regelungen, die der Bundestag ohne Zustimmung der Länder beschließen konnte: Präventionsleistungen der Krankenkassen sollten ausgebaut und Modellvorhaben zur Verbraucher- und Patientenberatung und zu integrierten Versorgungsformen aufgebaut werden. Hausarztmodelle, in denen dem Hausarzt die zentrale Lotsenfunktion zugeschrieben wurde, sollten mit Bonusprogrammen für die Versicherten attraktiv gemacht werden. Die Trennung der Gesamtvergütung in einen hausärztlichen und einen fachärztlichen Honorartopf sollte verhindern, dass die Honorierung der hausärztlichen Tätigkeit unter der Ausweitung der von Fachärztinnen und -ärzten erbrachten technischen Leistungen leidet. Für die Finanzierung der Krankenhäuser wurde nun statt auf »Notopfer« auf ein verstärktes Ausschöpfen der Wirtschaftlichkeitsreserven und die Einführung eines leistungsorientierten Vergütungssystems gesetzt.

Eine wesentliche Rolle für ein qualitativ hochwertiges und dennoch wirtschaftliches Gesundheitssystem kam künftig der Evidenzbasierten Medizin (EbM) zu. Aus dem Englischen korrekt übersetzt ist die »auf empirische Belege gestützte Heilkunde« eine Entwicklungsrichtung der Medizin, die Ende der 1960er Jahre aufkam und in den 1990er Jahren durch die internetbasierte Vernetzung von Wissen enorm an Fahrt gewann. Sie richtete sich gegen die ärztliche Entscheidungsfindung allein basierend auf persönlichen Erfahrungswerten, sondern legte Wert auf empirisch nachgewiesene Wirksamkeit und Patientenorientierung. In Deutschland kam EbM gegen Ende der 1990er Jahre an und wurde 2000 in Form »evidenzbasierter Leitlinien« in das deutsche Sozialgesetzbuch (§§ 137e, 137f, 137g, 266 SGB V) eingeführt.

2002: DMP-Programme gehen an den Start.
2002 starteten auf Basis der EbM-Paragraphen im SGB V die ersten strukturierten Behandlungsprogramme für chronisch Kranke – die Disease-Management-

Programme (DMP): Sowohl für die behandelnden Ärzte, wie aber auch für die Patienten ergaben sich aus der Teilnahme Verpflichtungen. Grob gesprochen sollte der Arzt die jeweils aktuellen evidenzbasierten Leitlinien kennen und sich in den Kontrolluntersuchungen und der Behandlung daran orientieren. Der Patient war zu regelmäßigen Konsultationen beim Arzt aufgefordert, um den Therapieerfolg engmaschig beobachten zu lassen und rechtzeitige Anpassungen zu ermöglichen. Ferner war es an ihm, Schulungen zu seiner Erkrankung, die ihm angeboten wurden, auch wahrzunehmen. Das DMP rückte damit also nicht nur die EbM, sondern auch die stärkere Einbindung des Patienten in die Behandlung – ein Schritt zum Prinzip des »shared decision making«, also der gemeinsamen Entscheidungsfindung – in den Fokus.

Als erstes gingen die DMP Programme für Diabetes mellitus Typ 2 und Brustkrebs im Juli 2002 an den Start, es folgten 2003 die Koronare Herzkrankheit, 2004 Diabetes mellitus Typ 1 und 2005 Asthma bronchiale und COPD. Als letzte Ergänzung erhielt das DMP KHK in 2009 das Ergänzungsmodul Herzinsuffizienz.

Im stationären Bereich gingen unterdessen die mit der Gesundheitsreform 2000 eingeführten leistungsorientierten Entgeltsysteme für Krankenhäuser mit dem »Fallpauschalengesetz« (FPG) 2003 allmählich in die Umsetzung. Als Grundlage dienten hierfür die sogenannten Diagnosis Related Groups (DRGs).

2004: Das »Gesundheitsmodernisierungsgesetz« (GMG) setzt die integrierte Versorgung um und stärkt mit dem IQWiG die Bedeutung der evidenzbasierten Medizin.

Trotz aller vorangegangener Gesetze und Reformen stieg der durchschnittliche Beitragssatz der Krankenkassen weiter an, bei den Krankenkassen hatten sich etwa 8 Milliarden Euro Schulden angehäuft – Grund für weitere Reformen, die erneut Zuzahlungen und Leistungskürzungen enthielten. Hinsichtlich der medizinischen Versorgung wurde nun die Errichtung medizinischer Versorgungszentren gefördert. Den Kassen wurde gestattet, mit einzelnen Gruppen von Leistungsanbietern Verträge über integrierte Versorgung abzuschließen. Beides sollte helfen, eine ganzheitliche Versorgung des Patienten über die Sektorengrenzen hinweg sicher zu stellen. In die gleiche Richtung wies die Öffnung von Krankenhäusern für ambulante Behandlungen in bestimmten Indikationen, für hochspezialisierten Leistungen sowie im Rahmen von DMP-Programmen.

Die evidenzbasierte Medizin sollte nicht nur den Behandlungsstandard verbessern, sondern auch helfen, Kosten für nicht gesicherte oder gar nutzlose Therapien einzusparen. Das GMG sah vor, ein Institut für Qualität und Wirtschaftlichkeit im Gesundheitswesen (IQWiG) zu gründen, mit dem Auftrag, den Nutzen medizinischer Leistungen wissenschaftlich zu überprüfen.

2007: Das »GKV-Wettbewerbsstärkungsgesetz« (GKV-WSG) führt den Gesundheitsfond ein, strebt ein verbessertes Versorgungsmanagement über die Sektorengrenzen hinweg an und will den Wettbewerb zwischen den Beteiligten im Gesundheitswesen beleben.
Unter dem Namen »Gesetz zur Stärkung des Wettbewerbs in der gesetzlichen Krankenversicherung« (GKV-Wettbewerbsstärkungsgesetz – GKV-WSG) trat 2007 ein umfassendes Reformpaket in Kraft, welches die Finanzierung der gesetzlichen Krankenversicherungen endlich auf eine stabilere, gerechtere und die Beschäftigung fördernde Grundlage stellen sollte, u.a. mit der Einrichtung eines Gesundheitsfonds. Die Beziehungen von Krankenkassen, Ärzten und Patienten sollte flexibler und stärker wettbewerblich organisiert werden. Insbesondere der Reibungsverlust an den Schnittstellen zwischen den verschiedenen Versorgungssektoren geriet erneut ins Visier. Wesentliche Änderungen für die verschiedenen Beteiligten waren:

- Änderungen für Versicherte und Patienten

Neben Leistungsverbesserungen in den Bereichen Vater/Mutter/Kind-Kuren und Impfschutz wurde vor allem die Palliativversorgung aufgewertet. Den Krankenkassen wurde aufgetragen, eine »spezialisierte ambulante Palliativversorgung« zu unterstützen, damit unheilbar erkrankte Menschen möglichst bis zuletzt zu Hause leben können. Auch Kinderhospize erhielten mehr finanzielle Sicherheit.

Des Weiteren trugen die Änderungen des GKV-WSG der medizinischen, demographischen und sozialen Entwicklung Rechnung: Durch eine lange Friedenszeit und medizinischen Fortschritt stieg die Lebenserwartung in Deutschland stetig an. Bei gleichzeitig abnehmenden Geburtenzahlen und der geforderten Mobilität der Arbeitnehmer verschwand der Mehrgenerationenhaushalt, Pflegebedürftigkeit im Alter geriet zunehmend zu einem psychosozialen wie auch finanziellen Kraftakt. Um älteren Menschen möglichst lange ein eigenständiges Leben zu ermöglichen, wurden ambulante Rehabilitationen künftig bei Bedarf auch zu Hause oder in Pflegeeinrichtungen möglich, beispielsweise nach einem Schlaganfall oder einem Sturz. Ambulante Pflegedienste und stationäre Pflegeeinrichtungen konnten nun auch in Verträgen zur Integrierten Versorgung einbezogen werden, Pflege in Wohngemeinschaften oder anderen neuen Wohnformen wurde ebenfalls möglich.

GKV-Versicherte erhielten nun auch Wahltarifmöglichkeiten: sie konnten Selbstbehalt- oder Kostenerstattungstarife, Prämienzahlungen, wenn keine Leistungen in Anspruch genommen wurden oder Zusatztarife für Arzneimittel besonderer Therapierichtungen (zum Beispiel Homöopathie, Phytotherapie oder Anthroposophie) in Anspruch nehmen. Neben diesen freiwillig angebotenen Tarifen wurden Kassen verpflichtet, Tarifangebote für besondere Versorgungsformen anzubieten. Chronisch Erkrankten mussten von nun an durch jede GKV Behandlung in einem Disease-Management-Programm oder in einem Hausarztmodell angeboten werden. Ob Pflicht- oder zusätzlich angebotener Tarif: Für die Versicherten blieb die Wahl eines Tarifs allerdings stets freiwillig.

- Änderungen für die gesetzliche Krankenversicherung

Im Juli 2008 nahm der GKV-Spitzenverband, dem alle gesetzlichen Krankenkassen angehören, seine Arbeit auf: Rahmenvereinbarungen, die für alle gesetzlichen Krankenkassen einheitlich gelten (Kollektivverträge), gehörten nun in seinen Zuständigkeitsbereich, z. B. Rahmenverträge und Vergütungsvereinbarungen für die stationäre Versorgung, für die ambulante ärztliche und zahnärztliche Versorgung, sowie die Festsetzung von Festbeträgen für Arznei- und Hilfsmittel sowie von Höchstbeträgen für Arzneimittel.

Gleichzeitig wurde der Gemeinsame Bundesausschuss (GBA) neu strukturiert: Entscheidungen des obersten Gremiums der gemeinsamen Selbstverwaltung von Ärzten, Krankenhäusern und Krankenkassen wurden nun von einem einzigen Beschlussgremium getroffen, welches sich aus drei ehrenamtlichen Unparteiischen, fünf ehrenamtlichen Vertretern der Ärzte, Krankenhäuser und Zahnärzte und fünf Vertreter des neuen Spitzenverbandes Bund der Krankenkassen zusammensetzte. In meist öffentlichen Sitzungen sollte der GBA über die Übernahme neuer Untersuchungs- und Behandlungsmethoden in den Leistungskatalog der gesetzlichen Krankenversicherung befinden, wofür ihm nun das IQWiG zuarbeitete.

- Änderungen für Apotheken, Ärzte, Kliniken und andere Leistungserbringer

Änderungen für die Apotheken hatten unmittelbare, nicht selten verwirrende Auswirkungen auch für die Patienten: Hatte der Arzt nicht ausdrücklich ein ganz bestimmtes Präparat verordnet, so musste die Apotheke unter wirkstoffgleichen Medikamenten bevorzugt das Mittel abgeben, für das es einen Rabattvertrag zwischen der Krankenkasse des jeweiligen Patienten und dem Hersteller gab. Lag keine Rabattvereinbarung vor, musste das preisgünstigste gleichwertige Medikament gewählt werden. So erhielten Patienten, die sich in ihrer alltäglichen Medikamenteneinnahme neben dem Namen auch an Farbe und Aussehen ihrer Tabletten orientierten, plötzlich ungewohnte Präparate. Gerade bei Polypharmazie und älteren Patienten wurden wechselnde Namen und Erscheinungsbild der Medikamente eine Belastung für die Compliance. Dazu gesellte sich der Nocebo-Effekt, denn manche Patienten waren überzeugt, dass günstigere Präparate vermutlich weniger wirksam seien.

Für Krankenhäuser bedeutete das GKV-WSG die Möglichkeit, auch im ambulanten Sektor arbeiten zu können: Für Menschen mit schweren oder selten Krankheiten erhielten Krankenhäuser die Möglichkeit, im Rahmen der Integrierten

Versorgung hochspezialisierte Leistungen ambulant zu erbringen. Krankenkassen und Kliniken konnten hierzu Selektivverträge abschließen, ohne dass ein niedergelassener Arzt einen entsprechenden Zulassungsstatus in den Vertrag einbringen musste.

Im Zusammenhang mit der Einführung des morbiditätsorientierten Risikostrukturausgleichs zwischen den Krankenkassen wurde auch die für vertragsärztliche Versorgung zur Verfügung stehende Gesamtvergütung an der Morbidität der Versicherten orientiert. Die Verordnung von Spezialpräparaten mit hohen Jahres-Therapiekosten und mit erheblichem Risikopotenzial konnte nur noch erfolgen, wenn Ärzte vor der Verschreibung die Zweitmeinung eines spezialisierten Fachkollegen eingeholten.

Im Sinne einer Wettbewerbssteigerung durften Krankenkassen mit einzelnen oder Gruppen von Ärzten besondere Vereinbarungen treffen, die vom Kollektivvertrag mit der KV abwichen oder darüber hinausgingen (Selektivverträge). Vertragspartner für die Krankenkassen konnten auch Managementgesellschaften sein. Verträge zur hausarztzentrierten Versorgung wurden für alle Krankenkassen zur Pflicht und sollten auch mit KVs abgeschlossen werden können. Mit dem GKV-WSG wurde so die Verhandlungsposition der Krankenkassen gegenüber den Leistungsanbietern insbesondere gegenüber den KVs spürbar gestärkt. Diese Zielsetzung entsprang der Einschätzung, dass die Kassen vor allem aufgrund der organisatorischen Zersplitterung in Verhandlungen unterlegen waren, die KVs dagegen den staatlichen Sicherstellungsauftrag für die ambulante Versorgung von Kassenpatientinnen und -patienten ein Verhandlungsmonopol besaßen.

Die Reaktionen auf die Reform waren wenig positiv: So wurde beispielsweise beklagt, der Gesundheitsfonds sei eine bürokratische Einrichtung, die nichts zur Lösung der Finanzprobleme der gesetzlichen Krankenversicherung beitrage. Zudem beschneide der Zuwachs des Staatseinflusses den Wettbewerb statt ihn zu fördern. Insbesondere die niedergelassenen Ärzte, aber auch die Apotheker sahen sich einer überbordenden Bürokratie ausgesetzt und beklagten, durch die Vielfalt von Selektiv- oder Rabattverträgen sowie dem erhöhten Dokumentationsaufwand z. B. auch in den DMP Programmen kaum noch Zeit für das Wesentliche, das Gespräch mit dem Patienten, seiner Beratung und seiner Behandlung zu haben.

4.7 Balanceakt zwischen Innovation und Bezahlbarkeit

2010: Das »Gesetz zur Neuordnung des Arzneimittelmarktes« (AMNOG) soll Balance zwischen Innovation und Bezahlbarkeit von Medikamenten schaffen. Die Medikamentenentwicklung hatte ab den 1990er Jahren eine rasante, aber auch teure Entwicklung genommen. Mit dem Aufkommen des molekularbiologischen

Verständnisses der physiologischen und pathologischen körperlichen Vorgänge war es erstmalig möglich geworden, eine medikamentöse Therapie im Wissen um den molekularen Wirkmechanismus zu entwerfen und zu entwickeln. Basierten z. B. die ersten Antidepressiva und Neuroleptika der 1950er Jahre noch auf zufälligen Entdeckungen, war nun klar, welche Neurotransmitterstörungen im Hirnstoffwechsel bei affektiven oder schizophrenen Zuständen vorlagen. Eine gezielte Beeinflussung ausgewählter Neurotransmitter versprach eine ähnliche gute Wirkung bei wesentlich geringeren Nebenwirkungen. Waren Patienten unter den alten Neuroleptika zwar gut antipsychotisch behandelt, aber gleichzeitig auch sediert und in massiven Bewegungsstörungen gefangen, gelang unter neuen, sogenannten atypischen Neuroleptika eine ähnlich gute Wirkung bei erhaltenen kognitiven und motorischen Fähigkeiten, die eine Arbeitsfähigkeit, insbesondere eine kreative, überhaupt erst möglich machte. Auch in der Krebsbehandlung hatte man lange Zeit nur Methoden zur Verfügung, die alle schnell teilenden Zellen des Körpers schädigten. Onkologische Behandlungengen hatten damit stets massive Nebenwirkungen auch auf gesundes Gewebe. Moderne Chemotherapeutika machten sich nun die molekularen Besonderheiten von Tumoren zu Nutze. Im Sinne der personalisierten Medizin wurden spezielle Medikamente für bestimmte Tumoren entwickelt, die zielgerichteter wirken konnten und zumindest für einige Krebsentitäten zu deutlich verbesserten Überlebenschancen führten.

Allerdings führten sowohl die erhöhten Entwicklungs- wie auch Produktionskosten zu rasant steigenden Arzneimittelausgaben. Dazu kam, dass pharmazeutische Unternehmen die Kosten für Medikamente frei festsetzen konnten und sich dabei nach der Kaufkraft in den verschiedenen Ländern richteten. Kaum ein anderes Land erwies sich so hochpreisig wie Deutschland. Das AMNOG-Gesetz sollte die massive Kostensteigerung im Arzneimittelsektor bremsen und dennoch fairen Wettbewerb und eine stärkere Orientierung am Wohl der Patienten ermöglichen. Zentrales Element hierfür war die Einführung einer frühen Nutzenbewertung für alle Arzneimittel, die in Deutschland neu auf den Markt kamen. Auf der Grundlage eines Dossiers des pharmazeutischen Unternehmens sollte der GBA zur Markteinführung eine frühe Nutzenbewertung, i. d. R. durch das IQWiG, durchführen lassen. Je nach Ausmaß des festgestellten Zusatznutzens konnte das Pharmaunternehmen mit dem GKV-Spitzenverband den Erstattungsbetrag aushandeln. Wurde kein Zusatznutzen festgestellt, konnte das Präparat allenfalls zum Preis vergleichbarer Medikamente erstattet werden. Der Zusatznutzen sollte also fortan den Preis bestimmen.

Die häufig negativen Einschätzungen des IQWiG zum Zusatznutzen und zur Erstattungsfähigkeit löste heftige Kritik am AMNOG nicht nur bei pharmazeutischen Unternehmen aus, sondern auch bei den medizinischen Fachgesellschaften. Oftmals lagen bei einer frühen Nutzenbewertung zwar vielversprechende klinische Studien, aber nicht die vom IQWiG geforderten speziellen Vergleichsstudien zu bestimmten Vergleichspräparaten vor. Negative Bescheide und die Aufforderung, erst entsprechende klinische Vergleichsstudien durchzuführen und vorzulegen, verzögerten die Verfügbarkeit der Präparate und führten in einzelnen Fällen sogar aus finanziellen Überlegungen zu Marktrücknahmen. Auch wenn das AMNOG Verfahren anerkannter Maßen die Entwicklung von »Me too« – Präparaten (teure Substanzen, die keinen Zusatznutzen bringen) eindämmen und für ein vernünftiges Kosten-Nutzen-Verhältnis im Arzneimittelbereich stehen sollte, befürchteten nicht wenige Fachgesellschaften, dass sich durch diesen Prozess in Deutschland Innovationen in der Medizin langsamer oder manchmal auch gar nicht durchsetzen lassen würden.

2012 Das »GKV-Versorgungsstrukturgesetz« (GKV-VSTG) **reagiert auf Ärztemangel und Versorgungsdefizite auf dem Land.**
Die zunehmende Bürokratisierung des Arztberufes und sinkende Einkünfte insbesondere bei den Hausärzten seit der Jahrtausendwende hatte ihre Folgen: viele Ärzte zogen eine lukrativere und mehr auf die eigentlich ärztlichen Kernaufgaben fokussierte Tätigkeit einer Niederlassung vor, ob als angestellter Arzt beispielsweise in MVZs oder im Ausland. Nach einer Erhebung des Deutschen Ärzteblattes (Kopetsch, 2008) wandern aufgrund einer nicht als leistungsgerecht empfundenen Bezahlung, mangelnder Vereinbarkeit von Beruf und Familie sowie der Überlagerung der ärztlichen Tätigkeit mit bürokratischen und administrativen Aufgaben zunehmen Ärzte aus Deutschland aus, meist in die USA, nach Großbritannien, Österreich, Schweiz und Frankreich. Galt früher der Arztberuf überwiegend als Berufung, für die Aufopferung Freude wie Pflicht war, fordern auch Ärzte heute eine bessere Work-Life-Balance. Der Anteil an teilzeitarbeitenden Ärzten hat deutlich zugenommen. Gerade in strukturschwachen Gebieten hat in den letzten Jahren ein eklatanter Mangel an ärztlicher Versorgung eingesetzt. Das in 2012 in Kraft getretene GKV-Versorgungsstrukturgesetz (GKV-VSTG) versuchte, auf diese Entwicklungen eine Antwort zu geben und die wohnortnahe Versorgung sicherzustellen:

- Eine neue Bedarfsplanung sollte die Planungsbereiche unabhängig von Stadt- und Landkreisen zuschneiden und die Verhältniszahlen von Arzt zu Versicherten um demographische Merkmale wie Alter und Morbidität erweitern.
- Spielräume für neue Versorgungskonzepte wurden geschaffen und erweitert, mit denen Ärzte entlastet und damit mehr Patienten versorgt werden konnten: Bestimmte ärztliche Leistungen konnten nun leichter an nichtärztliche Gesundheitsberufe (z. B. besonders ausgebildetes Krankenpflegepersonal) delegiert werden. Mobile Versorgungsformen mit VERAH- oder AGnES-Konzep-

ten dienten dazu, Patienten durch speziell qualifizierte Pflegekräfte an ihrem Wohnort zu betreuen. Zudem war der Ausbau der Telemedizin als wichtiger Pfeiler geplant: Patientendaten (z. B. Blutdruck- oder Blutzuckerwerte), die der Patient selbst ermitteln kann, sollten auf elektronischem Wege an den Arzt übermittelt werden, so dass ohne unmittelbaren Arzt-Patient-Kontakt medizinische Maßnahmen veranlasst werden konnten. Krankenkassen und Vertragsärzte waren aufgerufen, festzulegen, welche Leistungen der vertragsärztlichen Gebührenordnung telemedizinisch erbracht werden können und wie sie zu vergüten sind – eine Aufgabe, die bislang noch immer nicht abgeschlossen ist.

- Erstmals nach der Wiedervereinigung wurde es mit dem GKV-VSTG wieder grundsätzlich möglich, dass auch andere Träger als niedergelassene Ärzte Versorgungseinrichtungen betreiben: KVs, Städte, Gemeinden oder Landkreise konnten Eigeneinrichtungen aufbauen, wenn in einem Zulassungsbezirk Unterversorgung festgestellt wurde.
- Diverse Anreize sollten schließlich die Eröffnung und das Führen einer Praxis in unterversorgten Gebieten fördern. Leistungen von Ärzten in strukturschwachen Gebieten konnten besser vergütet werden. Im Gegenzug versuchte man, die Überversorgung in Ballungszentren durch ein Vorkaufsrecht der KVs von frei werdenden Vertragsarztsitzen abzubauen.

2015 Das »Versorgungsstärkungsgesetz« bringt den Innovationsfonds und die Erkenntnis, dass noch immer viel zu tun bleibt, um eine gute Versorgung aufrecht zu erhalten.

In die gleiche Richtung weist nun die jüngste Reform, das Versorgungsstärkungsgesetz, welches im Juli 2015 in seinen wesentlichen Teilen in Kraft getreten ist.

> Bundesminister Herman Gröhe: »*Gute medizinische Versorgung darf auch in Zukunft keine Frage des Wohnorts sein … Gleichzeitig geht es darum, die Versorgung klug weiterzuentwickeln. Mit dem Innovationsfonds sollen gezielt Projekte gefördert werden, die neue Wege in der Versorgung beschreiten.*«

Um auch in Zukunft eine gut erreichbare medizinische Versorgung auf hohem Niveau sicherzustellen, wurden etliche Anreize aus dem GKV-VSTG aufgegriffen und neue Strukturanpassungen vorgenommen. Neben verstärkten Anreizen für eine Niederlassung in unterversorgten oder strukturschwachen Gebieten und verbesserten Gründungsmöglichkeiten für medizinische Versorgungszentren insbesondere für Gemeinden in ländlichen Regionen, soll den Versicherten ein schneller und sektorenübergreifend durchgehender Zugang zur medizinischen Versorgung verschafft werden. Da in strukturschwachen Regionen zuletzt nicht nur die hausärztliche, sondern auch die fachärztliche Versorgung mangelhaft erschien, verpflichtet das Gesetz die KVs nun, Terminservicestellen einzurichten, die Versicherten mit einer Überweisung innerhalb von vier Wochen einen Termin bei einem Facharzt vermitteln sollen. Auch die aufgrund langer Wartezeiten problematische psychotherapeutische Versorgung soll durch eine Überarbeitung der Psychotherapie-Richtlinie des Gemeinsamen Bundesausschusses verbessert werden.

Innovationen in der Versorgung und auch deren wissenschaftliche Evaluation durch die Versorgungsforschung sollen durch einen Innovationsfond mit einem Volumen von 300 Mio. Euro jährlich – zunächst in den Jahren 2016 bis 2019 – verstärkt gefördert werden. Die jährlichen Fördermittel werden dabei jeweils zur Hälfte vom Gesundheitsfonds (Liquiditätsreserve) und den am Risikostrukturausgleich teilnehmenden Krankenkassen zur Verfügung gestellt. Nach einer Evaluation der in dieser Weise angestoßenen Projekte wird dann über die Weiterführung des Innovationsfonds entschieden.

4.8 Wo stehen wir heute?

Die Gesundheitsversorgung in Deutschland ist so gut wie in kaum einem anderen Land, und beklagen wir uns über Mängel, dann auf hohem Niveau. Doch diese Exzellenz hat auch ihren Preis: nicht nur die Gesundheitskosten, auch die Erwartungshaltung der Bürger sind hoch. Was medizinisch möglich ist, wird eingefordert und soll vom Krankenversicherungssystem auch bezahlt werden.

Aber nicht immer sind medizinische Maßnahmen unbedingt notwendig, nicht immer sinnvoll und manchmal sogar eine zusätzliche Belastung für den Patienten. Eine zunehmende Unsicherheit im Umgang mit dem eigenen Körper lässt Menschen heute häufig den Arzt konsultieren, während früher ein verstauchter Fuß einfach hochgelegt, ein Infekt mit Abwarten und Tee trinken auskuriert wurde. Deutschland ist Weltmeister in Arztkontakten: Im Schnitt gehen wir 18mal im Jahr zum Arzt, der Durchschnittsschwede, ohne deswegen kränker zu sein, nur knapp 3mal. Viele Menschen in Deutschland sind eher überversorgt – ihnen zu mehr Bezug zum eigenen Körper, zu mehr Kenntnissen über gesundheitsförderndes Verhalten und zu mehr Selbstmanagement bei Erkrankungen zu verhelfen, könnte neben allen Versorgungsstrukturreformen dazu beitragen, die Inanspruchnahme auf ein vernünftiges und ökonomisch sinnvolles Niveau senken.

Doch nicht allen Bundesbürgern geht es quasi mehr als gut: Aus ländlichen strukturschwachen Region wandern Menschen im berufstätigen Alter in Ballungsräume ab, ältere und nicht selten auch kränkere Menschen bleiben. Deren Versorgung wird mangelhaft, da sich Ärzte in diesen Regionen kaum noch niederlassen wollen. Der einzige Hausarzt in der Region – wenn es ihn noch gibt – ist überlaufen, der nächste Facharzt 50 km weit weg. Generell ist der ärztliche Nachwuchs knapper als früher, arbeitet lieber angestellt, patientenfern oder in Teilzeit, um Beruf und Familie in Einklang bringen zu können – oder flieht gleich ganz aus Deutschland, weil die Reformflut der letzten 20 Jahre den Arztberuf grundlegen verändert hat. Während für das Patientengespräch wenig Zeit bleibt – denken wir an die berühmten 18 Sekunden, nach denen der deutsche Arzt seinen Patienten bereits unterbricht –, wird die steigende Bürokratie in der Arztpraxen durch die Regulierungsversuche der Gesetzgeber als sehr belastend beschrieben.

Auch in den Kliniken ist das Arbeitsumfeld unattraktiver geworden. Häufig knappe Kassen oder gar drohende Insolvenz bestimmen den Alltag in zahlreichen Krankenhäusern, unter dem nicht nur Ärzte, sondern auch das immer knapper besetzte Pflegepersonal und die Patienten leiden. Wirtschaftliche Anreize führen manchmal zu seltsamen Entwicklungen, wie z. B. zu einem sprunghaften Anstieg von Bandscheibenoperationen. Das für Kliniken wichtige Entlassmanagement dient unter Sparzwang nicht unbedingt dazu, den Patienten zu einem sinnvollen Zeitpunkt gut vorbereitet in eine gesicherte ambulante Anschlussbehandlung zu übergeben, sondern dazu, die Entlassung in einen für das Krankenhaus wirtschaftlichen Zeitrahmen zu legen.

Um die Kosten für unsere hochtechnisierte Medizin in den Griff zu bekommen, wurden einerseits staatliche Kontrollinstanzen geschaffen, andererseits der Wettbewerb zwischen den verschiedenen Akteuren im Gesundheitswesen befeuert. Wichtig bleibt, dass in der Ökonomisierung der Medizin die zentrale Hauptfigur – der Patienten – nicht zum Spielball wird im Kampf um Machtpositionen und Finanzmittel. Die Gesetzgebung der vergangenen Jahre hat daher versucht, verkrustete sektorale Versorgungsgrenzen und bestehende Versorgungsmonopole aufzuweichen und stattdessen sinnvolle integrierte Ansätze zu fördern, um den Patienten in seiner gesamten Situation Unterstützung zu gewähren. Dies muss das vorrangige Ziel bleiben, denn in der Krankheit sucht der Betroffene nicht nur bloße Dienstleistungen, sondern Heilung oder Linderung in seiner verletzlichen Lage. Die Deutsche Vereinigung für Soziale Arbeit im Gesundheitswesen e. V. zog schon 2008 in einer Stellungnahme folgendes Fazit:

> *»Patienten mit ihren individuellen Lebenslagen, ihren persönlichen Ressourcen und Unterstützungspotentialen, ihren spezifischen Bewältigungsstrategien, Risiken und Einschränkungen in der Teilnahme am Leben in der Gesellschaft haben im Rahmen eines qualitätsorientierten Versorgungsmanagements einen Anspruch auf Berücksichtigung ihrer Selbstbestimmung und Würde.«*

Literatur

Die Zusammenstellung der geschichtlichen Ereignisse orientierte sich an den Gesetzestexten, über die Gesetzesnamen zu finden unter:

Bundesministerium für Gesundheit, http://www.bmg.bund.de/service/gesetze-und-verordnungen.html

sowie Zusammenstellungen von

Bundeszentrale für politische Bildung, http://www.bpb.de/politik/innenpolitik/gesundheitspolitik/72043/ziele-strategien-kontroversen-chronologie

Busse, R., Riesberg, A. (2005). Gesundheitssysteme im Wandel: Deutschland.

Kopenhagen, WHO Regionalbüro für Europa im Auftrag des Europäischen Observatoriums für Gesundheitssysteme und Gesundheitspolitik.

Lindner, U., (2003) Chronische Gesundheitsprobleme. Das deutsche Gesundheitssystem vom Kaiserreich bis in die Bundesrepublik, in: Aus Politik und Zeitgeschichte B 33-34/2003, S. 21–28.

Ferner wurden zitiert:

Deutsche Vereinigung für Soziale Arbeit im Gesundheitswesen e. V. (2007). Stellungnahme Versorgungsmanagement gemäß §11, Abs.4 SGB V. Forum Sozialarbeit und Gesundheit http://dvsg.org/fileadmin/dateien/02Fachgruppen/01Akutbehandlung/2008-08-19StellungnahmeVersorgungsmanagement.pdf

Guyatt, G. H. (1991). Evidence-based medicine. ACP J Club 114(2), A16.

Kopetsch, T., (2008) Ärztewanderung: Das Ausland lockt. Deutsches Ärzteblatt 2008 105(14), A 716.

Krämer, W. (1982). Wer leben will, muss zahlen. Die Kostenexplosion im Gesundheitswesen und ihre möglichen Auswirkungen. Düsseldorf: Econ.

Orlowski, U., Wasem, J. (2007): Gesundheitsreform 2007 (GKV-WSG). Änderungen und Auswirkungen auf einen Blick, Heidelberg

Rosenbrock, R., Gerlinger, T. (2006): Gesundheitspolitik. Eine systematische Einführung, 2., vollst. überarb. u. erw. Aufl., Bern

SVR (1994). Sondergutachten. Sachstandsbericht 1994, Gesundheitsversorgung und Krankenversicherung 2000, Eigenverantwortung, Subsidiarität und Solidarität bei sich ändernden Rahmenbedingungen, Baden-Baden 1994;

SVR (2000/2001). Gutachten 2000/2001 des Sachverständigenrates für die Konzertierte Aktion im Gesundheitswesen: Bedarfsgerechtigkeit und Wirtschaftlichkeit, Band I: Zielbildung, Prävention, Nutzerorientierung und Partizipation, Band II:

Qualitätsentwicklung in Medizin und Pflege, Band III: Über-, Unter- und Fehlversorgung. Berlin.

SVR (2005). Gutachten 2005 des Sachverständigenrates zur Begutachtung der Entwicklung im Gesundheitsweisen: Koordination und Qualität im Gesundheitswesen. Berlin.

Schröder, E. (2010). Managed Care – Sind wir noch auf dem richtigen Weg? Ärztepost 01, 5–9

Managed Care versus Versorgungsmanagement – Versuch einer Abgrenzung

5

Ralf Pourie

5.1 Einleitung

Das noch recht junge 21. Jahrhundert sollte zum Jahrhundert des Patienten werden. Während das 19. Jahrhundert klares Wasser brachte, sollte das aktuelle Jahrhundert klare, verständliche Informationen bringen. Eine effiziente Gesundheitsversorgung braucht gut informierte Ärzte und Patienten. Das Gesundheitssystem, welches uns das 20. Jahrhundert hinterlassen hat, erfüllt beide Aspekte nur unzureichend. Viele Ärzte und noch viel mehr Patienten verstehen die verfügbaren medizinischen Daten und Forschungsergebnisse nicht. Sie haben keine Vorstellung darüber, wie sehr sie selber Einfluss auf das Entstehen und den Verlauf einer chronischen Erkrankung nehmen können. Vor dem Hintergrund der demografischen Entwicklung in der Bundesrepublik Deutschland, der Zunahme chronischer Erkrankungen sowie stetig steigender Gesundheitskosten sind neue, sektorübergreifende und effiziente Ansätze im Versorgungsmanagement immer noch unumgänglich.

Die Patienten erscheinen für die Leistungserbringer als das Problem der High-Tech-Gesundheitsversorgung: Sie sind ein unwissendes, ängstliches Klientel mit ungesunden Lebensgewohnheiten und wenig Kooperationsbereitschaft. Sie verlangen Medikamente, die von Prominenten im Fernsehen angepriesen werden und die sie dann doch nicht so nehmen, wie verordnet. Sie bestehen auf unnötigen, aber teuren Computer- und Magnetresonanztherapien und werden am Ende dann vielleicht auch noch zu Klägern. Uninformierte Patienten und die Kosten, die sie verursachen, haben inzwischen an vielen Stellen Aufmerksamkeit erweckt.

5.2 Managed Care und die Versorgung

Das ist nichts Neues. Schon bei der Einführung des Managed Care Modells wurden diese Ansätze aufgegriffen. Wenn wir heute über eine Abgrenzung zwischen Versorgungsmanagement und Managed Care im Gesundheitswesen reden, müssen wir uns zunächst einmal klar machen, wie Versorgungsmanagement in den Gesamtkontext des Managed Care Modells einzuordnen ist.

Dazu zunächst einmal eine Definitionen zum Begriff Managed Care der Herren Schwartz und Wismar aus dem Jahr 2003:

- »**Managed Care** umschreibt ein Versorgungsprinzip, das auf eine effiziente Allokation von Mitteln und Ressourcen zielt, so dass jeder Patienten die ›richtige‹ Art und Menge an präventiven und kurativen medizinischen Leistungen erhält.« (Schwartz/Wismar 2003)

Der AOK Bundesverband definiert Managed Care so:

- »**Managed Care** bedeutet im weitesten Sinne »gesteuerte Versorgung«. Managed Care ist insbesondere sinnvoll bei Behandlungsprozessen, die ein abgestimmtes Zusammenwirken verschiedener ärztlicher und nichtärztlicher Gesundheitsberufe erfordern – unter Umständen auch über die Grenzen verschiedener Versorgungssektoren hinweg. Hier sorgt der Einsatz von Managed-Care-Instrumenten – wie etwa Gatekeeping, Fallmanagement und Disease Management – dafür, dass das Versorgungshandeln aller Beteiligten auf das übergeordnete Ziel hin ausgerichtet wird, die Qualität und Wirtschaftlichkeit in der Gesamtversorgung der Patienten zu verbessern.«

5.3 Das Managed Care Modell

Das Managed Care Modell bedient sich in der konkreten Umsetzung verschiedener Managed Care Instrumente. Die wesentlichen sind in der folgenden Abbildung dargestellt:

- Selektives kontrahieren
- Integrierte Versorgung
- Case Mangement
- Disease Management

Abbildung 5.1 Managed Care Modell (Quelle: 4sigma – eigene Darstellung)

Es lässt sich also feststellen, dass es bei Managed Care in der wörtlichen Übersetzung zwar um das managen der Versorgung geht, aber inhaltlich doch eher um die Art oder das Prinzip der Versorgung.

Demgegenüber bedeutet Versorgungsmanagement die aktive Gestaltung des Versorgungsprozesses von Patienten bzw. Versicherten im Gesundheitswesen vor, während und nach der Leistungserbringung. Die Versorgung des Patienten wird gemanagt. Unter **Management** versteht man allgemein immer die konkrete Organisation von Aufgaben und Abläufen. Das bedeutet also:

5.4 Versorgungsmanagement

… ist das Management der Beteiligten, der Planung und Durchführung mit Controlling und Evaluation der Prozesse im Gesundheitswesen. Also alle Versorgungsprozesse, in und an denen der Bürger beteiligt ist. (DGbV Versorgungsmanagement konkret II. Quartal 2014 Ausgabe 1)

Für die gesetzlichen Krankenkassen ist das Versorgungsmanagement sogar ein gesetzlicher Auftrag, formuliert im SGB V § 11 Abs. 4:

> »Versicherte haben Anspruch auf ein Versorgungsmanagement insbesondere zur Lösung von Problemen beim Übergang in die verschiedenen Versorgungsbereiche. Die betroffenen Leistungserbringer sorgen für eine sachgerechte Anschlussversorgung des Versicherten und übermitteln sich gegenseitig die erforderlichen Informationen. **Sie sind zur Erfüllung dieser Aufgabe von den Krankenkassen zu unterstützen.** In das Versorgungsmanagement sind die Pflegeeinrichtungen einzubeziehen; dabei ist eine enge Zusammenarbeit mit Pflegeberatern und Pflegeberaterinnen zu gewährleisten.«

Es gibt noch viele weitere Definitionen und Definitionsversuche für Versorgungsmanagement (engl.: Care Management); mitunter wird der Begriff von seinem Ziel her definiert:

- Ziel des Versorgungsmanagements ist die Integration und Kontinuität arbeitsteiliger Versorgung. Diese Integration der Versorgung ist dann gelungen, wenn Patienten nahtlos, also ohne Behandlungsbrüche, Versorgungssektoren durchlaufen. Je starrer die Grenzen der Versorgungssektoren – Prävention, ambulante und stationäre Kuration, Rehabilitation, Pflege, Palliativversorgung – sind, desto größere Anforderungen sind an die Integration zu stellen.

Auch diese Definition beschreibt im Gegensatz zur DGbV-Definition nur einen Teil davon, was Management von gesundheitlicher Versorgung beinhaltet.

- Ein **Versorgungsmanagement** ist gemäß Definition nach Shortell S. et al. ein Netzwerk von Organisationen, das die (Gesundheits-)Leistungen selber erbringt oder die Erbringung organisiert; und zwar über die gesamte Spanne von Gesundheitsbedürfnissen hinweg und welches sowohl die medizinische und pflegerische als auch die finanzielle Verantwortung für die Versorgung einer vorab definierten Bevölkerungsgruppe übernimmt. (Shortell, Stephen M. et al. (1996) Remaking Health Care in America. San Francisco, S. 7)

Versorgungsmanagement ist damit also ein Instrument zur disziplin- und sektorenübergreifenden Versorgungssteuerung und -koordination (vgl. Zander, 2005). Dabei sind drei Prinzipien zu berücksichtigen (vgl. Michaels; Cohen, 2005):

- Care Management ist eine gemeinschaftliche Anstrengung, für deren Erfolg die betroffenen Parteien (Patienten, Angehörige, Leistungsanbieter, Kostenträger) in einen kooperativen Prozess eingebunden werden müssen.

- Care Management ist bevölkerungsorientiert und gruppiert die Patienten nach gemeinsamen Kriterien wie Wohnort/Region, Gesundheitsstatus, Krankheitsbild, soziale Lage.
- Care Management sichert durch die Kooperation der Beteiligten den Behandlungserfolg.

Motive des Versorgungsmanagements sind dabei meistens medizinischer (evidenzbasierte Versorgung) oder ökonomischer Art (Reduktion von Kosten).

5.5 Der Versuch der Abgrenzungen und Schlussfolgerungen

Im Gegensatz zum Managed Care stehen beim Versorgungsmanagement also der Versorgungsprozess, seine Steuerung und die Unterstützung aller Beteiligten im Rahmen des Prozesses im Vordergrund. Dabei erfolgt gerade keine Einschränkung auf bestimmte einzusetzende Instrumente. Allerdings zeigt die Praxis, dass im Rahmen des Versorgungsmanagements die Ideen und Instrumente von Managed Care Berücksichtigung finden und in unterschiedlicher Ausprägung zum Einsatz kommen. Dadurch ist Versorgungsmanagement weitreichender und übergreifender zu verstehen als Managed Care. Für die weitere Betrachtung im Rahmen dieses Buches wird die DGbV-Definition von Versorgungsmanagement als kompletteste verwendet:

- »**Versorgungsmanagement** ist das Management der Beteiligten, der Planung und Durchführung mit Controlling und Evaluation der Prozesse im Gesundheitswesen. Also alle Versorgungsprozesse, in und an denen der Bürger beteiligt ist. (DGbV Versorgungsmanagement konkret II. Quartal 2014 Ausgabe 1)«

Literatur

DGbV Versorgungsmanagement konkret II. Quartal 2014 Ausgabe 1

Shortell, Stephen M. et al. (1996) Remaking Health Care in America. San Francisco

Sozialgesetzbuch V § 11 Abs. 4 aus http://www.gesetze-im-internet.de/sgb_5/index.html (abgerufen am 11. 01. 2016)

Gerd Gigerenzer, J. A. Muir Gray, Bessere Ärzte, bessere Patienten, bessere Medizin

Versorgungsmanagement generell 6

Thomas Ryll

6.1 Einleitung

Ausgangssituation

Der größte Teil von Erkrankungen lässt sich auf konkrete Ursachen zurückführen. Diese Ursachen, wie zum Beispiel ungünstige Lebensweisen oder Fehlverhalten, haben sowohl medizinische als auch gesundheitsökonomische Folgen.

Wird dieser Lebensweise oder dem Verhalten des Patienten nicht entgegengewirkt, werden die Krankheitskosten steigen, der Gesundheitszustand des Patienten wird sich verschlechtern und Folgeerkrankungen bleiben nicht aus. Dies kann unter Umständen zu einem fortschreitenden Verlust der Mobilität, zu Einschränkungen im persönlichen Leben und letztendlich zur Pflegebedürftigkeit führen.

Die Notwendigkeit eines Versorgungsmanagements ergibt sich aus folgenden Tatsachen:

- Höheres Alter der Patienten (demografischer Wandel)
- Höhere Morbidität
- mehr chronische Krankheiten
- Erhöhtes Versorgungsdenken der Bürger & Patienten
- Komplexität und fehlende Transparenz der Angebote und Leistungen im Gesundheitswesen

Dies stellt hohe Anforderungen an das Management der Versorgung in Bezug auf:

- Die Optimierung und Koordination der Zusammenarbeit aller Leistungserbringer die an der Versorgung beteiligt sind
- Steigende Kosten die im Gesundheitswesen entstehen

- Die Bereitstellung von Informationen beim Übergang von der ambulanten zur Stationären Versorgung und Umgekehrt
- Die Herstellung von Transparenz dem Patienten gegenüber

Die Forderungen der Patienten an das Gesundheitssystem steigen. Diese zu berücksichtigen kann nur bei Beachtung der politisch gewollten und ökonomisch vorhandenen Rahmenbedingungen gelingen. Hierbei gilt es alle Beteiligten einzubinden um den Patienten optimal in den Bereichen Gesundheitsmanagement und Krankheitsmanagement zu versorgen

Gesetzlicher Versorgungsauftrag

Der Gesetzgeber hat den Anspruch der Versicherten auf Versorgungsmanagement gesetzlich verankert. Um dies anschaulich zu verdeutlichen ist der entsprechende Teil der Gesetzgebung im Folgenden aufgeführt. *Vielen Bürgern, Versicherten und/ oder Patienten ist dies so nicht klar!*

Versicherte haben Anspruch auf ein Versorgungsmanagement insbesondere zur Lösung von Problemen beim Übergang in die verschiedenen Versorgungsbereiche; dies umfasst auch die fachärztliche Anschlussversorgung.

Die betroffenen Leistungserbringer sorgen für eine sachgerechte Anschlussversorgung des Versicherten und übermitteln sich gegenseitig die erforderlichen Informationen.

Sie sind zur Erfüllung dieser Aufgabe von den Krankenkassen zu unterstützen. In das Versorgungsmanagement sind die Pflegeeinrichtungen einzubeziehen; dabei ist eine enge Zusammenarbeit mit Pflegeberatern und Pflegeberaterinnen nach § 7a des Elften Buches zu gewährleisten.

Das Versorgungsmanagement und eine dazu erforderliche Übermittlung von Daten darf nur mit Einwilligung und nach vorheriger Information des Versicherten erfolgen. Soweit in Verträgen nach § 140a nicht bereits entsprechende Regelungen vereinbart sind, ist das Nähere im Rahmen von Verträgen mit sonstigen Leistungserbringern der gesetzlichen Krankenversicherung und mit Leistungserbringern nach dem Elften Buch sowie mit den Pflegekassen zu regeln.
1) Quelle: § 11 Abs. 4 STGB V

Bürgerorientierung im Versorgungsmanagement

Der Mehrwert für die Gesellschaft im Allgemeinen und für das Gesundheitswesen im speziellen kann beim bürgerorientierten Versorgungsmanagement folgendes bedeuten:

- Orientierung und Hilfe für den Bürger/Versicherten/Patienten im Krankheitsfall
- Transparenz und/oder Offenheit über die vorhandenen Leistungsangebote der Leistungserbringer und die Verwendung der finanziell zur Verfügung stehenden Mittel im Gesundheitswesen
- Effizienterer Einsatz von Ressourcen (Zeit, Geld, Hilfsmittel, Heilmittel, Medikamente)
- Einsparungspotentiale im Gesundheitswesen aufzeigen
- Reibungsverluste und Schwachstellen minimieren

6.2 Aufgaben und Funktionen des Versorgungsmanagements

Allgemeine Anforderungen

- Erbringung organisierter, integrierter Gesundheitsdienstleistungen über die gesamte Spanne von Gesundheitsbedürfnissen hinweg
- gezielte Steuerung des Leistungsgeschehens über die fachlichen, organisatorischen und sozialen Schnittstellen und Zuständigkeiten hinweg
- Übernahme der medizinischen, pflegerischen und finanziellen Verantwortung für die vorher definierten Zielgruppen
- Schaffung von Transparenz über das Versorgungshandeln in den komplexen Sozialsystemen

Praktische Umsetzungsformen des Versorgungsmanagements Die Kassen betreiben (z. T. nicht systematisch und oft nur in ausgewählten Bereichen) unter dem Label »Versorgungsmanagement« verschiedene Spielarten des Fall-, Daten-, Finanz-, Vertrags- , Kundenbeziehungs-, Kosten und/oder Qualitätsmanagement.
2) Quelle: Internet vom 18. 01. 2016, Innovationen_im_Versorgungsmanagement_FB_01.pdf, Autor Detlef Groß

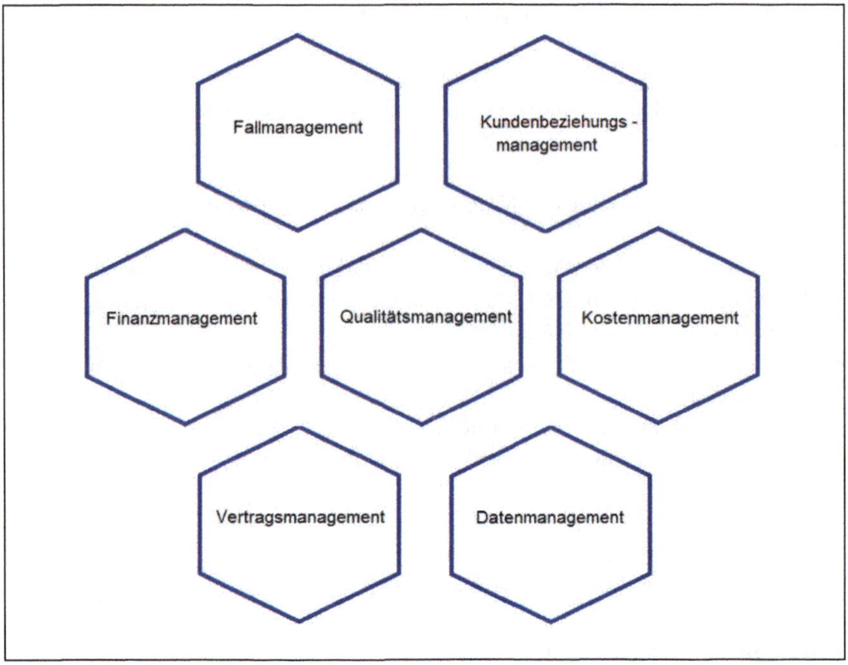

Abbildung 6.1 Umsetzungsformen des Versorgungsmanagements in der Praxis (eigene Grafik)

6.3 Ziele des Versorgungsmanagements

Im Folgenden sind exemplarisch Ziele des Versorgungsmanagements aufgeführt:

- Langfristige Sicherung der Versorgungsqualität
- Bereitstellung bedarfsgerechter Programme für die Verschiedenen Versorgungssituationen
- Mitverantwortung des Patienten für sich und andere
- Coaching von chronisch Kranken, Einbindung Angehöriger
- Prävention und Früherkennung
- Verbesserung der Überleitung des Patienten ambulante/stationäre Versorgung und umgekehrt
- Rehabilitationsmaßnahmen, Rückführung in die Berufstätigkeit
- Verbesserung des Informationsaustausches zwischen den Leistungserbringern
- Schaffung von Anreizen für den Bürger

6.4 Interessenlage der Beteiligten

In einer kurzen Übersicht werden die verschiedenen Interessen der Beteiligten mit Bezug zur Gesundheitsversorgung dargestellt.

Interessen der Bürger & Patienten

- Aufklärung über Gesundheitsvorsorge
- Kurze Wartezeiten und kurze Behandlungswege
- Individuelle Behandlung und regelmäßige Untersuchungen
- So wenig Medikamente wie nötig
- Keine Doppeluntersuchungen
- Aufklärung und Information über den Krankheitsverlauf

Interessen der Leistungserbringer (Beispiel: Ärzte, Krankenkassen)

Ärzte
1) Verbesserung der Kommunikation zw. Kollegen und Fachbereichen
2) Angemessene Vergütung
3) Informationsaustausch über neue Behandlungsmethoden, Medikamente, Heil und Hilfsmittel
4) Schnelle Termine bei Facharztüberweisung & Krankenhauseinweisungen

Krankenkassen
1) Verbesserung, Optimierung der Qualität der Versorgung der Versicherten
2) Wirtschaftlicher und ökonomischer Umgang mit Ressourcen
3) Vermeidung von Doppeluntersuchungen
4) Einbindung der Versicherten in Behandlungsprogramme

Diese unterschiedlichen Interessen entstehen durch zum Teil verschiedene Betrachtungsweisen und Standpunkte, sowie unterschiedliche Motivationen der Bürger und Patienten sowie der Leistungserbringer

6.5 Bereiche des Versorgungsmanagement (Auswahl)

Zielgruppenspezifisch (Disease Management – DMP)

Das DMP-Programm steuert die Behandlung von Patienten, die an einer häufig auftretenden, schweren chronischen Krankheit leiden. Hierbei wird der Patient aktiv eingebunden und die Arzt Patientenbeziehung gestärkt.

Das Ziel des DMP ist es, das Fortschreiten der Erkrankung aufzuhalten und damit das Risiko von Folgeschäden zu senken, um die Lebensqualität soweit möglich zu erhalten oder sogar zu verbessern.
3) vgl. Quelle: Disease Management Association, DMMA

Im Zielgruppenspezifischen Bereich werden in Deutschland unter anderem folgende DMP-Programme eingesetzt:

1) Diabetes mellitus Typ 1
2) Diabetes mellitus Typ 2
3) Koronare Herzkrankheit (KHK)
4) Brustkrebs
5) Asthma
6) Chronisch obstruktive Lungenerkrankung (COPD)

Diese werden in den Arztinformationssystemen (AIS) als eDMP integriert und enthalten folgende Bestandteile: Allgemeine Behandlungsdaten, Anamnese- und Befunddaten (z.B. Größe, Gewicht), Relevante Ereignisse (z.B. Herzinfarkt), Medikamente, Schulung (Teilnahme ja/nein), Behandlungsplanung (z.B. Zielwerte HBA1c).

Beispiel: Patient mit DMP-Diabetes II

Hierbei stellt sich der 65 Jahre alte Patient innerhalb der ambulanten Versorgung 1x pro Quartal beim Arzt vor. Dieser kontrolliert nach entsprechenden Vorgaben den Gesundheitszustand, überprüft durch Blutentnahme den Langzeitzucker (HBA1c), führt Maßnahmen bei auftretenden Problemen durch und Dokumentiert den Krankheitsverlauf. Weitere Bestandteile dieser Programme sind regelmäßige Schulungen der Patienten sowie die Vorstellung beim Augenarzt.

Einzelfallbezogen (Case Management)

Das Case Management ist am einzelnen Patienten ausgerichtet und nicht primär an dessen Erkrankung. Dieses individuelle und komplexe Versorgungsmanagement ist nicht nur medizinisch ausgerichtet sondern gibt dem Patienten auch Unterstützung in angrenzenden Versorgungsbereichen bezogen auf seine aktuelle Lebenssituation (z. B. Soziale Dienste).

Beispiel: Patient Komplizierte Oberarmfraktur

Ein 86 Jahre alter Patient mit Pflegestufe 2 lebt zu Hause am Standort-A und wird von seinem Hausarzt sowie der Apotheke am Wohnort, sowie 3 × tägl. vom Pflegedienst versorgt. Physio- und Ergotherapie erfolgen im Hausbesuch. *Nach Sturz und Notruf* erfolgt die *Einweisung ins KH-A* durch den Notarzt und die Verständigung der Angehörigen.

Der Verdacht Oberarmfraktur bestätigt sich in der Notaufnahme. Es erfolgt die Verlegung auf Station. Eine Prothese muss bestellt, angefertigt und geliefert werden. Nach der OP erfolgt die Intensivversorgung und nach 2 Tagen die Verlegung auf Station.

Nach 14 Tagen wird der Patient ins KH-B in die Geriatrie verlegt. Hier wird die Mobilisierung mit Physio- und Ergotherapie sowie die Medikamenteneinstellung/Reduktion vorgenommen.

Es erfolgt die Betreuung durch den *Sozialdienst des KH-B (Zeitraum: 3 1/2 Wochen)*

Danach Verlegung in die häusliche Pflege Standort-B-bei Verwandten!

Nötig NEU:

- Arztbrief an Neuen Hausarzt; Umsetzung Pflegebett an neuen Standort (Sanitätshaus),
- Ambulante Versorgung neuer Hausarzt, Apotheke;
- neuer Pflegedienst, 3 × tägl.;
- neue Physio- und Ergotherapie im Hausbesuch, neuer Hausnotruf.

6.6 Ausblick

Die gestiegene Lebenserwartung der Bürger in Deutschland stellt die Gesellschaft und die Leistungserbringer im Gesundheitswesen vor große Herausforderungen. Bundesweit beträgt die durchschnittliche Lebenserwartung eines heute 65 Jahre alten Bundesbürgers bei Frauen 85,7 Jahre und bei Männern 82,5 Jahre.
4) (Quelle: MZ-Mitteldeutsche Zeitung vom 21. 01. 2016,Seite 1)

Die Komplexität der Angebotenen Leistungen und die Vielfalt der für die Gesundheitsversorgung der Bürger zuständigen Leistungserbringer erfordern ein für den Bürger und Patienten verbessertes Versorgungsmanagement.

Insbesondere die Übergänge von der ambulanten zur stationär Versorgung und umgekehrt mit allen ihren Herausforderungen und Risiken gilt es zu bewältigen.

Versorgungsmanagement kann hierbei:

1) Versorgungsqualität verbessern (Minderung von Komplikationen und Folgeerkrankungen)
2) Zum wirtschaftlichen Umgang mit Ressourcen führen
3) Akzeptanz und Vertrauen der Patienten in die Leistungserbringer fördern
4) Den Informationsaustausch zwischen den Handelnden verbessern
5) Das Gesundheitssystem für den Bürger Transparent machen

Effizient eingesetztes Versorgungsmanagement bietet die Chance, die gesundheitlichen, wirtschaftlichen und ökonomischen Risiken sowohl für den einzelnen Bürger als auch die Gesellschaft überschaubar zu halten.

Verzeichnis der verwendeten Literatur

1) Quelle: § 11 Abs. 4 STGB V
2) Quelle: Internet vom 18. 01. 2016, https://www.ikk-akademie.de/uploads/tx_ikkfreemedia/Innovationen_im_Versorgungsmanagement_FB_01.pdf; Autor: Detlef Groß
3) vgl. Quelle: Disease Management Association, DMMA
4) Quelle: MZ-Mitteldeutsche Zeitung vom 21. 01. 2016, Seite 1, Autor: Bärbel Böttcher

II. Kapitel

Versorgungsmanagement – Wo sollte es Anwendung finden? Exemplarische Beispiele aus verschiedenen gesundheitlichen Bereichen

7 Vorbemerkung

John N. Weatherly

In diesem Kapitel führen wir exemplarisch einige Felder unseres gesellschaftlichen Daseins und Lebens auf, wo Versorgungsmanagement unabdingbar wichtig ist, und soweit es dort noch nicht flächendeckend eingeführt ist, dies dringend geschehen sollte.

Um die Problematik, besonders die von Deutschland zu verstehen, kann man das schulische Gesundheitsversorgungsmanagement heranziehen und sie beispielhaft daran erklären.

Hier ist keine Zuständigkeit durch die Organe des Bundes gegeben, sondern wegen des Föderalismus ist die Zuständigkeit der einzelnen Bundesländer angesagt, was einen vergleichbaren Einsatz von Projekten im Schulwesen kaum realisierbar macht. Fraglich bleibt auch: Was mach Bundesland B, wenn Bundesland A ein bestimmtes Projekt einführt?

Ohne nachhaltigen Druck des amtierenden Bundeszuständigen wird hier nicht viel passieren und es werden keine einheitlichen Ergebnisse geschaffen.

8 Betriebliches Gesundheitsversorgungsmanagement

Rainer Seiler

8.1 Fakten und Hintergründe

Kaum eine Entwicklung beunruhigt Gesundheitsökonomen und Unternehmensführer gleichermaßen so sehr, wie die rasante Zunahme der Arbeitsunfähigkeitstage aufgrund psychischer Erkrankungen. So hat sich der Anteil der Krankschreibungen nach einer Analyse der Krankenkasse DAK wegen Depression, Erschöpfungszuständen, Burn Out und anderen psychischen Erkrankungen in den letzten zwei Jahrzehnten in Deutschland verdreifacht.

Die Folgen sind nicht nur für die Betroffenen sondern auch für die Unternehmen dramatisch. Lange bevor der eigentlichen Manifestation der Erkrankung nimmt die Leistungsfähigkeit des Mitarbeiters immer mehr ab. Ist dann die Erkrankung in einem Stadium, in dem medizinische Hilfe unumgänglich wird, ist häufig mit einem lange Zeit andauernden Therapieprozess zu rechnen.

Das hat neben dem Leid für die Patienten vor allem auch ökonomische Folgen. Für das Gesundheitssystem und für die betroffenen Unternehmen. Das Wissenschaftliche Institut der AOK hat in seinem Fehlzeitenreport festgestellt, dass die Ausfallzeit von Mitarbeitern in Unternehmen wegen Atemwegserkrankungen im Durchschnitt 6,4 Tage dauert; die Ausfallzeit wegen psychischer Erkrankungen hat dagegen den Spitzenwert von 22,5 Tagen.

Die daraus resultierenden Kostenbelastungen für Unternehmen sind enorm: Der AOK-Bundesverband rechnet mit Kosten für das Unternehmen von bis zu 500.– Euro und Tag für einen krankgeschriebenen Mitarbeiter. Eine Studie des Prognos-Institutes für das Bundesministerium für Familie schätzt die Kosten für krankheitsbedingte Ausfälle von Führungskräften und Spezialisten auf 150 000 bis 250 000 Euro pro Jahr und Mitarbeiter.

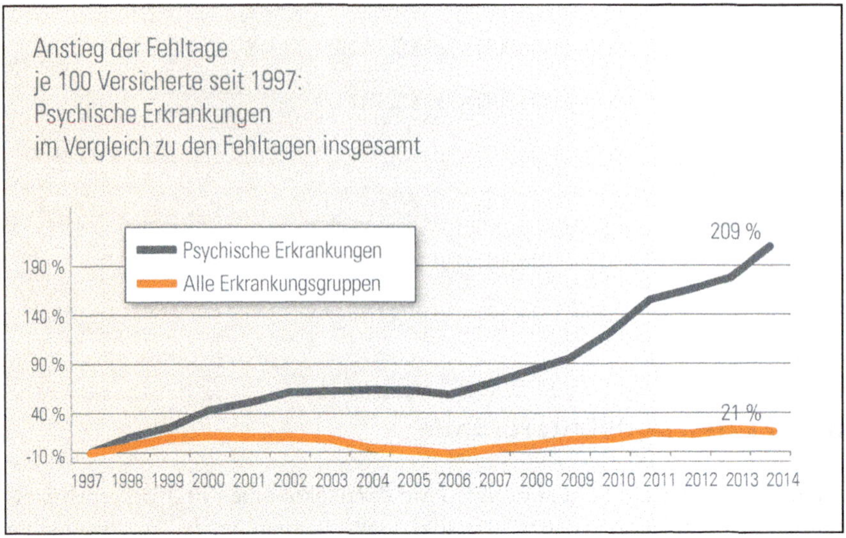

Abbildung 8.1 Fehltage (Quelle: DAK Psychoreport 2015)

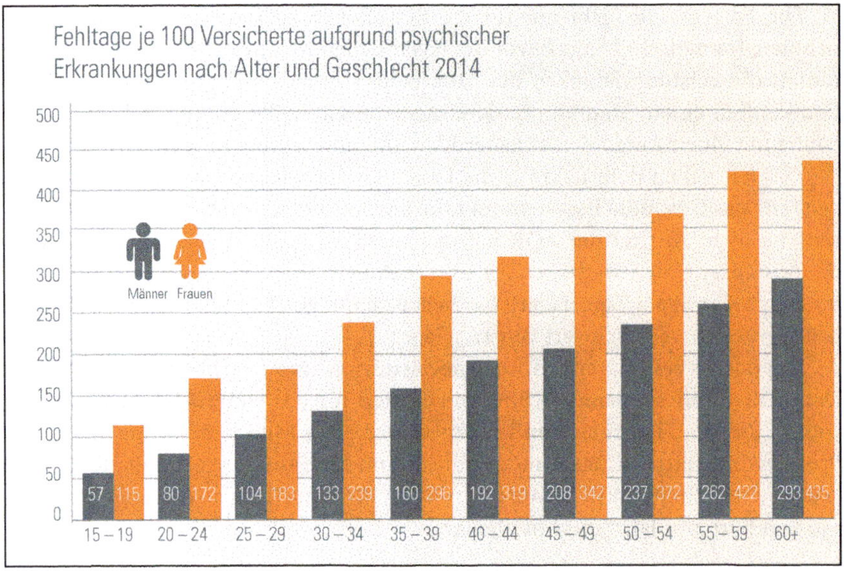

Abbildung 8.2 Fehltage (Quelle: DAK Psychoreport 2015)

Gesunde und vitale Mitarbeiter sind für Unternehmen ein zentraler Erfolgsfaktor. Kein Wunder, dass das Interesse von Managern und Unternehmensführern, Präventionsprogramme und betriebliche Gesundheitsförderung zu etablieren, immer mehr zunimmt.

Laut einer Studie von Booz & Company Inc. im Auftrag der Felix Burda Stiftung aus dem Jahr 2011 verliert die deutsche Wirtschaft rund 225 Millionen Euro jährlich durch Fehlzeiten. Davon entfallen 129 Milliarden Euro Verlust auf Absentismus, also Fehlzeiten aus privaten oder motivationalen Gründen (ugs. »krankfeiern«) und Präsentismus, d. h. durch eigentlich kranke Mitarbeiter die trotz Gesundheitsproblemen zur Arbeit erscheinen. Rechnerisch sind das 1,02 Mio. Euro p. a. Verlust für eine Firma mit 300 Mitarbeitern.

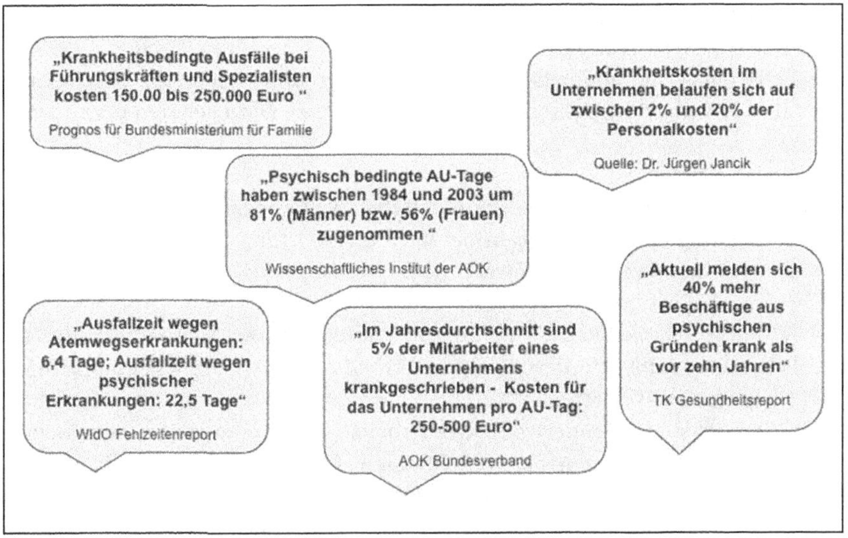

Abbildung 8.3 Hotspots betriebswirtschaftlicher Relevanz der Mitarbeitergesundheit (Eigene Darstellung)

8.2 Betriebswirtschaftliche Relevanz

Gesetzliche Bestimmungen und Freiwilligkeit als Grundlage für Unternehmen

Mitarbeitergesundheit und Arbeitsschutz werden in Deutschland durch eine Reihe von gesetzlichen Vorgaben geregelt. Dazu gehören u. a.:

- ArbSchutzG (Arbeitsschutzgesetz)
- ArbSicherheitsG (Arbeitssicherheitsgesetz)
- ArbZeitG (Arbeitszeitgesetz)
- BetriebsVerfG (Betriebsverfassungsgesetz)
- Geräte- und ProduktsicherheitsG (Geräte- und Produktsicherheitsgesetz)
- GleichbehG (Gleichbehandlungsgesetz)

Die Betriebliche Gesundheitsförderung (BGF) beruht bislang auf allgemeinen oder auf Freiwilligkeit basierenden Rechtsgrundlagen. Dazu gehören u. a.:

- Ottawa-Charta
- Luxemburger Deklaration des Europäischen Netzwerks für BGF
- Verankerung der BGF als eigenständige Pflichtleistung der gesetzlichen Krankenversicherung in § 20a SGB V

Bisher führen Krankenkassen, im Rahmen ihrer Satzung Maßnahmen der betrieblichen Gesundheitsförderung als den Arbeitsschutz ergänzende Maßnahmen auf freiwilliger Basis durch.

In Deutschland orientiert sich der Arbeits- und Gesundheitsschutz weitgehend an den klassischen Arbeitsverhältnissen. Im Mittelpunkt steht bisher der Schutz der Mitarbeiter vor Arbeitsunfällen, Berufskrankheiten und arbeitsbedingten Gesundheitsgefahren. Dabei gilt derzeit ein hoher Standard für traditionelle Belastungen wie Ergonomie und Schutzmaßnahmen wie Sicherheitsschuhe, Helm, Sicherheitskleidung etc.

Diese traditionellen Modelle des Arbeits- und Gesundheitsschutzes decken jedoch Anforderungen neuer Formen der Selbständigkeit oder virtueller Unternehmen nicht ausreichend ab. Hier rückt das Lifestyle-Management zunehmend in den Blickwinkel der Prävention. Vor allem Konzepte, die an den Lebenszusammenhängen der betroffenen Zielgruppen ansetzen, um diese zu erreichen und gleichzeitig ihre Lebensverhältnisse verbessern stehen dabei als sog. Setting-Ansatz im Fokus.

8.3 Nutzenaspekte von Betrieblichem Gesundheitsmanagement

Im Vordergrund aller betrieblichen Gesundheitsförderungs-Maßnahmen stehen Vorbeugung und Reduzierung arbeitsbedingter körperlicher Belastungen, z. B. durch Bewegungs- und Arbeitsplatzanalysen und die ergonomische Gestaltung von Arbeitsplätzen und des Arbeitsumfelds.

Darüber hinaus sind BGF-Maßnahmen ein wirksames Instrument um in Unternehmen eine signifikante Verbesserung der Fehlzeiten und die Reduzierung von Krankenständen zu erreichen.

Nicht zuletzt führen Maßnahmen im Betrieblichen Gesundheitsmanagement zur spürbaren Verbesserung des Betriebsklimas und der Mitarbeiterzufriedenheit. Insbesondere dann, wenn BGF im Kontext von Maßnahmen zur Teamentwicklung, zur Arbeitszeitgestaltung, zum Job-Enrichment und zur Einführung von Gruppenarbeit durchgeführt wird.

Häufige Themenschwerpunkte im Rahmen des BGF sind:

- Innerbetriebliche Kommunikation und Kooperation
  - Verstärkung der Mitarbeiterbeteiligung, Verankerung eines kooperativen Führungsstils, Vermittlung von Informationen zum frühzeitigen Erkennen von Gesundheitsgefahren (Verhaltenstrainings, Aktionstage)
- Verantwortungsbereitschaft und Eigenverantwortung der Mitarbeiter
  - Beteiligung der Mitarbeiter am Verbesserungsprozess (z. B. Teilnahme an Gesundheitszirkeln, Einbringen von Verbesserungsvorschlägen zur Gestaltung der eigenen Arbeit und des Arbeitsplatzes)
- Bearbeitung von »Arbeitsschutzthemen« zur Ergänzung des innerbetrieblichen Arbeitsschutzes
  - Gemeinsame Bearbeitung von Themen mit den betrieblichen Arbeitsschutzexperten
- Gesundheitsgerechte Führung
  - Führungskräfteschulungen (zu den Themen Kommunikation, Motivation, Teamentwicklung und Gesundheitsmanagement), Mitarbeitergespräche
- Stressmanagement und Organisationsentwicklung
  - Schulungen zum Thema »Suchtverhalten« (Suchtmittelkonsum, Nichtrauchen am Arbeitsplatz, Betriebsvereinbarungen zum Alkoholkonsum, Seminare mit Auszubildenden zum Thema Drogen)
- Gesundheitsvorsorge
  - Angebote zur individuellen Gesundheitsvorsorge (Grippeschutzimpfungen, Schlaganfallmobil), Intensivieren betriebsärztlicher Leistungen

- Arbeitsorganisation
  - Weitreichende Umgestaltung der Arbeitsprozesse (Gruppenarbeit, Teamentwicklung, Arbeitszeitgestaltung, Job Enrichment)

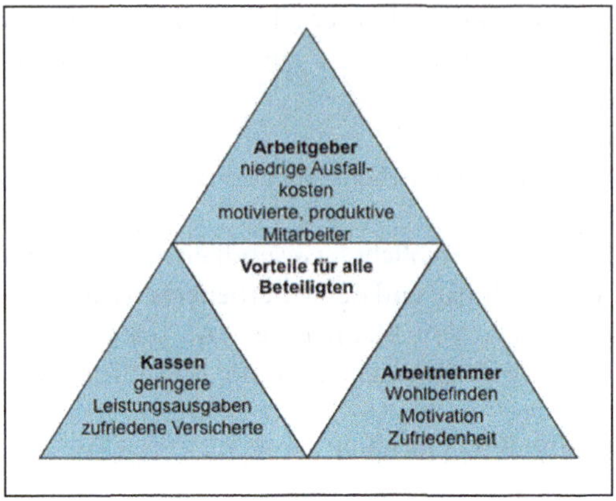

Abbildung 8.4 Ziele betrieblicher Gesundheitsförderung (Eigene Darstellung)

8.4 Erfolgreiche Prävention lebt von der Akzeptanz der Mitarbeiter

Eine der wesentlichen Anforderungen für Präventionsangebote in Unternehmen sind vor allem niedrige Zugangsbarrieren für die Mitarbeiter. Dabei spielen Datenschutz, Diskretion und Anonymität eine zentrale Rolle. Betriebliches Gesundheitsmanagement lebt durch ein funktionierendes Vertrauensverhältnis zwischen Mitarbeiter, Vorgesetzten und dem Unternehmen. Das gilt vor allem für den sensiblen Bereich der psychischen Erkrankungen.

Erfolgreiche Präventionsprojekte im Rahmen des Betrieblichen Gesundheitsmanagements zeichnen sich vor allem durch eine Konzeption mit hoher ärztlichen Kompetenz über die Einbindung von Ärzten und Kliniken aus dem regionalen Umfeld des Unternehmens aus.

- Höchste **Akzeptanz bei Mitarbeitern** – Incentive-Charakter und spürbarer Nutzen im Alltag
- **Integration aller Mitarbeiter,** unabhängig von der Hierarchie, auch bei Geschäftsreisen
- **Einbindung von regionalen Leistungserbringern und Partnern** (Ärzten, Komplementärmedizin, Ernährung usw.)
- Höchste **Qualität** der Gesundheitsleistungen
- Geringe Zugangsbarrieren, Datenschutz, **Diskretion und Anonymität**
- Stufenkonzept und **Übertragbarkeit** an andere Standorte
- Plan- und budgetierbare Kosten; **Kosteneffizienz**
- Nutzung der **Steuervorteile**

Abbildung 8.5 Anforderungen an wirksames Betriebliches Gesundheitsmanagement (Eigene Darstellung)

8.5 Mitarbeitergesundheit ist Chefsache

Mitarbeitergesundheit als »Chefsache« anzusiedeln ist ein wesentlicher Teil der Erfolgsformel für wirksame Präventionskonzepte in Betrieben. Das heißt nicht, Präventions- und Gesundheitsleistungen vornehmlich für Führungskräfte durchzuführen, sondern Mitarbeitergesundheit als vordringliche Führungs- und Managementaufgabe zu betrachten.

Ein anderer Teil der Erfolgsformel heißt Convenience: einen möglichst hohen Komfort und einen schnellen, bequemen und unkomplizierten Zugang der Mitarbeiter zu den Gesundheitsleistungen. Damit wird die wichtigste Voraussetzung für wirksame Ansätze betrieblicher Gesundheitsförderung deutlich: die Kundenorientierung. Bürger wollen zunehmend als Kunden und nicht als Patienten behandelt werden.

Grundsätzlich wünschen die Verbraucher eine verbesserte Qualität und mehr Services im Gesundheitswesen, vor allem personalisierte Programme und einen einfachen Zugang zu Tools, die den Dialog mit den Leistungserbringern erleichtern. Das sind die zentralen Ergebnisse der Deloitte-Studie »2010 Global Survey of Health Care Consumers« (Deloitte 2010). Laut dieser Studie, die die Zufriedenheit und Einstellung von mindestens 1000 Bürgern zum nationalen Gesundheitssystem und zu ihrem Konsumverhalten in Deutschland, Schweiz, Frankreich, UK, Kanada sowie den USA untersuchte, muss das Gesundheitswesen stärker auf Konsumentenbedürfnisse ausgerichtet werden. Obwohl in Deutschland 62 % zufrieden sind, erwarten sie dennoch deutliche Verbesserungen in der Versorgung sowie Kostensenkungen im System.

Dies gilt vor allem dann, wenn die Gesundheitsleistungen auf Prävention abzielen und außerhalb der etablierten Gesundheits-Einrichtungen wie Arztpraxis, Apotheke oder Krankenhaus sattfinden. Wie bei anderen Produkten und Dienstleistungen erwarten die Bürger auch bei Gesundheitsleistungen vor allem Individualität und Wahlfreiheit. Diese Erwartungen sollten bei betrieblichen Gesundheitsangeboten bedient werden.

Darüber hinaus wächst auch der Wunsch nach Compassion – nach Zuwendung und Dialog. Diesem Wunsch wird mehr und mehr nicht nur über das traditionelle Arzt- oder Apothekergespräch, sondern auch über neue Kommunikationsmedien und Social Media mit Experten oder im Rahmen von virtuellen Communities nachgekommen. Auch hier bieten sich innovative Möglichkeiten, die die Akzeptanz der Mitarbeiter zur Nutzung der Gesundheits- und Präventionsangebote erhöhen.

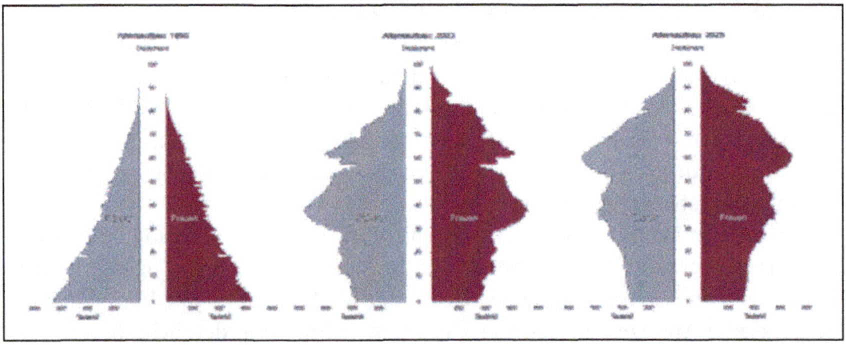

Abbildung 8.6 Demografie: Bis zum Jahr 2025 werden 25 % der Beschäftigten zu »50plus« (Quelle: Statistisches Bundesamt, https://www.destatis.de/bevoelkerungspyramide/#!y=2042; abgerufen am 24.04.2016, 12.45 Uhr)

8.6 Human Enhancement

Betriebliches Gesundheitsmanagement hat seine Wurzeln in der Ottawa-Charta von 1986. Die erste internationale Konferenz zur Gesundheitsförderung setzte sich »Gesundheit für alle« zum Ziel. Darauf aufbauend begannen sich immer mehr Unternehmen dieses Themas anzunehmen. Zunächst durchaus im Sinne eines »Extras«, was Mitarbeitern geboten werden kann, zunehmend jedoch unter dem Druck der sich verändernden Arbeitswelt, höherer Erwartungen an Mitarbeiter sowie demografischer Probleme.

Wie von Zukunftsforschern schon seit langem prognostiziert, vollzieht sich in der Medizin ein tiefgreifender kultureller Wandel. Hatte man bisher die menschliche Lebenszeit nach einer inneren Uhr bemessen und die »biologische Störanfälligkeit« fatalistisch im Sinne von Krankheit, Leistungsabnahme oder Vergesslichkeit hingenommen, wächst um die Bewegung »Human Enhancement« eine gegenläufige Grundidee.

Die Human-Enhancement-Bewegung gründet auf Forschungsergebnissen, die erst durch den Abgleich von Nano-, Bio-, Informationstechnologien und Kognitionswissenschaften zustande kommen konnten. So sagte die amerikanische National Science Foundation bereits im Jahre 2002 voraus, dass schon bald biotechnologische und pharmakologische Mittel zur Verfügung stehen, die die physische und auch mentale menschliche Leistungsfähigkeit weit über die heute noch für möglich gehaltenen Grenzen steigern können. Gleichzeitig leitete sich daraus die Forderung ab, Human Enhancement zu einem der vordringlichsten Ziele der US-amerikanischen Forschungspolitik zu machen.

Derzeit befinden sich eine Reihe innovativer und wirksamer Verfahren in der Testphase bzw. kommen bereits bei einem ausgewählten Patientenkreis in hochspezialisierten »Revers-Aging-Einrichtungen« zum Einsatz. Diesen Verfahren liegen offensichtlich Prinzipien zugrunde, das körpereigene Reparatursystem anzutreiben, überalterte Zellorganellen zu eliminieren, den Organismus zum Zwecke einer Zell-Gegenreaktion zu »schädigen«, den Stammzell-Pool des Körpers zu »re-programmieren« oder auch krankmachende Persönlichkeitsstrategien auszutauschen.

Human Enhancement zählt damit zu einer der innovativsten und wichtigsten Ansätze für Betriebliches Gesundheitsmanagement.

Gesunder Schlaf – das Top-BGM-Thema der Zukunft

Nach Angaben der Bundesanstalt für Arbeitsschutz und Arbeitsmedizin klagen 37,6 Prozent der männlichen und sogar 41,8 Prozent der weiblichen Erwerbstätigen über Müdigkeit und allgemeine Erschöpfung am Arbeitsplatz. Etwas mehr als 6 Prozent der Männer und fast 13 Prozent der Frauen sind deshalb sogar in ärztlicher Behandlung. Schlafmediziner glauben, dass Übermüdung ein Problem ist, das in der heutigen Arbeitswelt immer relevanter wird.

Bis zu 15 Prozent der Deutschen schlafen chronisch unerholt, besagen mehrere Studien. Das heißt entweder zu kurz, mit zu vielen Unterbrechungen oder zur falschen Zeit. Das hat Folgen für die Gesundheit. Führende Schlafmediziner gehen davon aus, dass der Wecker ein ebenso großes Potential zur Schädigung des menschlichen Organismus hat wie Alkohol, Rauchen und illegale Substanzen zusammen. Dabei kann das menschliche Gehirn einzelne schlechte Nächte durchaus gut verkraften. Problematisch wird es, wenn man regelmäßig unerholt schläft. Dann beginnt das Immunsystem zu leiden, Betroffene werden anfälliger für Stoffwechselstörungen, bekommen mit höherer Wahrscheinlichkeit Diabetes und werden eher übergewichtig.

Abbildung 8.7 Verbreitung von Schlafproblemen (Quelle: DAK Gesundheitsreport 2010)

Aber auch für die Arbeit selbst ist es hoch problematisch, wenn die wichtigen Funktionen des Schlafs ausfallen. Wenn Menschen dauerhaft unausgeruht sind, leidet die sogenannte neuronale Plastizität. Dabei wird das Gehirn unflexibel und träge, Gedanken können sich nicht mehr so gut und so schnell wie üblich miteinander vernetzen. Das hat Folgen für das Gedächtnis, für die Fähigkeit zu lernen, aber auch für die Problemlösungskompetenz und die Fähigkeit, Entscheidungen zu treffen.

- **Fast 50 %** der Europäer schlafen schlecht – in Deutschland gibt es mehr als 10 Millionen Menschen mit dauerhaften Schlafstörungen oder schweren Insomnien.
- Derzeit keine einfach nutzbare und wissenschaftlich erhärtete Therapiemöglichkeit auf dem Markt verfügbar.
- Bei rund **10 %** der Insomnikern kommt es zu **Medikamentenmissbrauch.**
- Ein US-Schlafforscher hat errechnet, dass übermüdete Angestellte in den USA jährlich Unfälle und Produktionsausfälle von 150 Milliarden Dollar verursachen.
- Schlafstörungen führen zu **Antriebslosigkeit,** vegetativen Erkrankungen und **Depressionen**
- Krankenkassen verstärken ihre Aktivitäten im Bereich Prävention von Schlafstörungen
- Regeneration und **Leistungsfähigkeit** bei **Sportlern** wird massiv **beeinträchtigt**
- »**Sekundenschlaf**« ist laut Experten Ursache für mehr als **25 % der Autounfälle**

Abbildung 8.8 Zivilisationskrankheit Schlafstörungen (Quelle: Univ.-Prof. Dr. Manfred Walzl, Leiter der Schlafmedizin an der Landesnervenklinik Sigmund Freud in Graz)

Gesunder Schlaf für Schichtarbeiter

Vor allem in Berufen, in denen Schichtdienst unvermeidbar ist, lassen sich die Folgen des unerholten Schlafens nur bedingt abmildern. Licht und Dunkelheit helfen dem Körper zu signalisieren, ob er schlafen soll oder ob er wach zu sein hat. Bei Tageslicht, also je nach Tageszeit und Wetter bei 5 000 bis 100 000 Lux, werden die Menschen erst richtig wach. Die Beleuchtungsstärke in Innenräumen liegt aber höchstens bei 200 bis 300 Lux. Aus Sicht der Schlafmediziner viel zu wenig, denn je mehr Licht desto besser für Nachtarbeiter. Umgekehrt ist es wichtig, den Schlafraum gut abzudunkeln, wenn man tagsüber schlafen möchte.

Nachtschichten sind viel eher verträglich, wenn sie ausnahmsweise stattfinden. Ein Schichtmodell mit fünf Diensten hintereinander sind Schlafmedizinern zufolge deutlich schädlicher als 24-Stunden-Dienste.

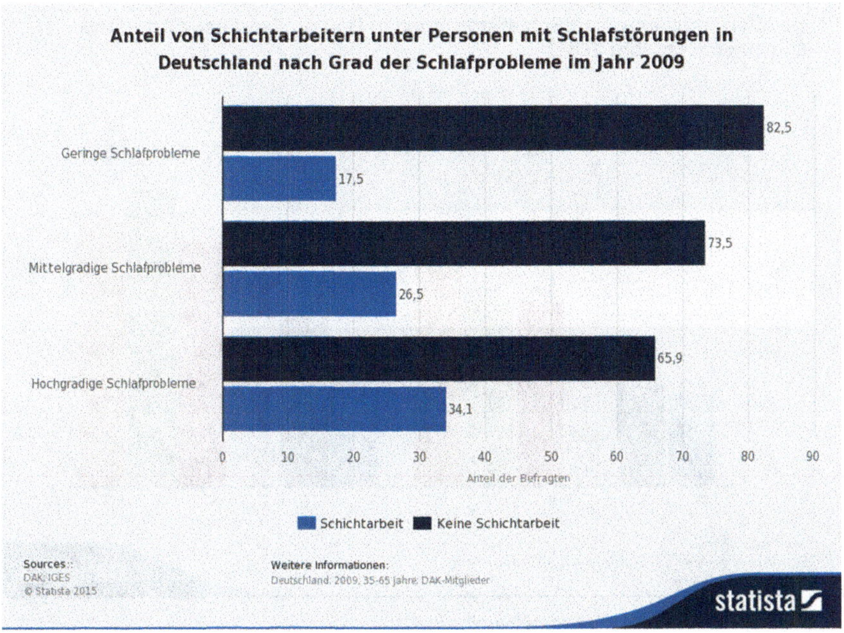

Abbildung 8.9 Zivilisationskrankheit Schlafstörungen (Quelle: Statista 2015)

Ein weiterer wichtiger Punkt ist der sehr individuelle Schlafrhythmus jedes einzelnen Menschen. Mit manchen Personen kann man abends schon ab 21 Uhr nichts mehr anfangen, andere können vor Mitternacht nur schlecht ins Bett gehen. Diesen natürlichen Rhythmus kann man sich nicht aussuchen, der Einzelne kann ihn sich auch kaum abtrainieren. Das Einzige was da hilft, ist, sich einen Beruf auszusuchen, der den eigenen Schlafgewohnheiten möglichst gut entspricht.

Nicht zuletzt gibt es eine valide wissenschaftliche Studienlage, die belegt, dass Schlafstörungen und schlechter oder nicht ausreichender Schlaf ein signifikanter Risikofaktor für die Entwicklung eines Diabetes oder einer Depression ist.

Erholsamer Schlaf ist also für das Abrufen der physischen und psychischen Leistungsfähigkeit und damit für die Arbeitswelt ein zentraler Faktor. Daher spielt auch im Bereich des Betrieblichen Gesundheitsmanagements das Thema »Gesund Schlafen« eine wichtige Rolle. Dabei gibt es eine Reihe von Maßnahmen und Angeboten die Mitarbeitern helfen, ihre Schlaf- und damit Lebensqualität zu verbessern.

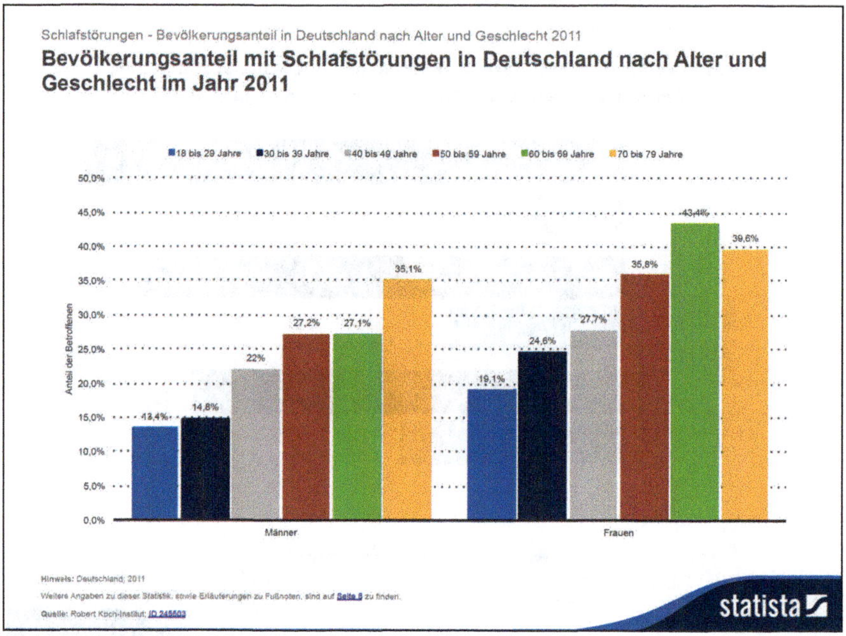

Abbildung 8.10 Schlafstörungen (Quelle: Statista)

Power Napping oder Mittagschlaf

Eine immer häufiger diskutierte und in zahlreichen Unternehmen mittlerweile etablierte BGM-Maßnahme ist die Möglichkeit von Power-Napping oder altmodisch Mittagschlaf.

Während Mittagschlaf in China sogar über die Verfassung (»Xiu Xi«) abgesichert ist, getraut sich der Deutsche beinahe nicht einmal darüber zu reden. Mittlerweile sind sich die Wissenschaftler einig: Wer den Mut zur Pause hat, wer tagsüber sein zwanzigminütiges Schläfchen pflegt, der ist weitaus leistungsfähiger und zufriedener am Arbeitsplatz.

Der kurze Schlaf tagsüber kann zu einer Steigerung von Aufmerksamkeit und Konzentration führen. Dieser, auch »power nap« genannte Schlaf, entspricht nicht nur dem natürlichen Schlafbedürfnis des Menschen, er steigert auch die Produktivität am Arbeitsplatz.

In der Tat schläft der Mensch von heute wesentlich weniger als noch in früheren Zeiten – womit es zu einer erheblichen Anhäufung von »Schlafschulden« mit nachfolgender Tagesmüdigkeit kommt. So schlief der Durchschnittseuropäer im 19. Jahrhundert rund zehn Stunden, heute sind es nur noch etwas mehr als sechs Stunden; ein Drittel der Europäer schläft sogar weniger als sechs Stunden.

Im Fernen Osten – aber auch in den USA – erlebt die regelmäßige Ruhepause in der Arbeitswelt eine Renaissance – der Power Nap findet im Unterschied zum normalen Mittagsschläfchen offiziell am Arbeitsplatz statt und kann die Leistungskurven der Mitarbeiter wesentlich verbessern.

Das kurze Schläfchen zwischendurch wurde in zahlreichen Studien untersucht. Diese Erkenntnisse gelten als gesichert:

- Es wirkt sich positiv auf das Kurzzeitgedächtnis aus.
- Es steigert die Leistung.
- Es reduziert das Gewicht: Müde Menschen haben einen größeren Appetit auf fette und süße Lebensmittel.
- Es schützt vor Herzkrankheiten: Wenn Sie drei Mal wöchentlich mittags eine halbe Stunde schlafen, können Sie Ihr Herzinfarktrisiko um 37 Prozent senken.
- Es macht gute Laune: Wer wenig geschlafen hat, ist schnell gereizt. Ein Schläfchen steigert die Konzentration von Serotonin im Blut, einem Hormon, das die Stimmung hebt.
- Es beugt Erschöpfungszuständen vor.

Abbildung 8.11 Powernapping – Der Aufputscher ohne Nebenwirkungen (Quelle: Univ.-Prof. Dr. Manfred Walzl, Leiter der Schlafmedizin an der Landesnervenklinik Sigmund Freud in Graz)

Diese Leistungssteigerung ist einerseits auf die verbesserte Sauerstoffversorgung des Organismus während des kurzen Mittagsschlafs zurückzuführen, ist aber – andererseits – auch damit zu erklären, dass der Körper im Laufe von 24 Stunden zwei Leistungstiefs hat – wobei das Tagestief schwächer ausgeprägt ist als das nächtliche. Zwar muss über Mittag nicht zwingend geschlafen werden, eine Ruhepause entspricht allerdings der biologischen Grundausstattung des Menschen.

Auditive Neurostimulation – besser und erholsamer Schlafen

Ein weiteres hilfreiches Instrument zur Verbesserung der Schlafqualität ist die sogenannte auditive Neurostimulation.

Die Schlafqualität hängt zum einen von objektiven, messbaren Kriterien wie Einschlaf- und Gesamtschlafdauer, die Anzahl und Dauer der Wach- und Schlafphasen ab. Auf der anderen Seite spielt allerdings auch die subjektive Empfindung der Schlafqualität eine wichtige Rolle. Letzten Endes ist die Schlafqualität von der Anzahl und Amplituden von spezifischen Schlaffrequenzen im Gehirn abhängig. Alpha-, Theta- und Delta-Frequenzen kennzeichnen die verschiedenen Schlafphasen. Die Sequenz dieser Schlafphasen dauert etwa 90 Minuten (Schlafzyklus), welche fünf bis sieben Mal pro Nacht wiederholt wird. Bei Betroffenen mit Schlafstörungen sind diese Schlafzyklen häufig unterbrochen oder gestört. Mit der auditiven Neurostimulation lässt sich das Gehirn dazu bringen, diese Schlafstadien normal zu durchlaufen.

8.7 Arzneimittelbedingte Probleme – die unerkannte Gefahr

Die demografische Entwicklung und die Zunahme chronischer Erkrankungen erfordern nicht nur eine hohe Wirksamkeit der Medikamente, sondern auch eine möglichst kostengünstige und effiziente Arzneimittelversorgung.

Volkswirtschaftlich betrachtet sind diejenigen Arzneimittel am effizientesten, die vom Patienten in der richtigen Art und Weise eingenommen werden. Eine Vielzahl wissenschaftlicher Studien belegen die dramatischen gesundheitlichen Folgen bei falscher Einnahme und die durch mangelnde Therapietreue in der Arzneimitteltherapie hervorgerufenen Folgekosten.

Neben der klinischen Wirksamkeit und den ökonomischen Aspekten muss für eine nachhaltige und sichere Arzneimittelversorgung der Kundennutzen berücksichtigt werden. So kann z. B. die Verträglichkeit oder das verringerte Nebenwirkungspotential eines Medikamentes wesentlich zur Verbesserung der Lebensqualität des Patienten und damit zur höheren Compliance und Akzeptanz der Therapie beitragen.

Therapietreue hält Mitarbeiter mit chronischen Erkrankungen leistungsfähig

Patienten, vor allem Chroniker, verfügen über einen großen Einfluss auf Erhalt, Wiederherstellung aber auch auf die Zerstörung ihrer Gesundheit und damit auch auf Kosten der Therapie und die Ausprägung der Fehlzeiten beim Arbeitgeber. Es liegt daher nahe, auf eine bislang noch vernachlässigte Ressource zu setzen: auf das Gesundheitsverhalten der Bürger. Für eine ökonomisch sinnvolle und ergebnisorientierte Weiterentwicklung der Gesundheitsversorgung ist daher die aktive Einbeziehung der Patienten sowie ggf. ihrer Angehörigen notwendig. Dadurch kann einem der zentralen Probleme des Gesundheitswesens entgegengewirkt werden – dem Mangel an Compliance und Adhärenz.

Während die Compliance, also die Folgsamkeit des Patienten in Bezug auf ärztliche Anordnung und Therapie, eher mit einem traditionellen hierarchisch-paternalistischen Arzt-Patientenverhältnis assoziiert wird, gewinnt der Begriff Adhärenz immer mehr an Bedeutung. Hierbei wird die Verantwortung für die Therapietreue gemeinsam von Arzt und Patient getragen, wobei der betroffene Patient selbst zur Veränderung seines Verhaltens und Lebenstil beiträgt. Die Adhärenz-fördernden Maßnahmen haben das Ziel, den Patienten zur Durchführung eines komplexen Behandlungsregimes aktiv, eigenmotiviert und -verantwortlich über einen längeren Zeitraum zu befähigen.

Voraussetzung für Selbstbestimmung und Eigenverantwortung ist neben der Autonomie des Patienten vor allem die Möglichkeit der Partizipation im Sinne von Shared decicion making: die Schaffung von Verständnis und die Vermittlung von Wissen durch eine geeignete »Gesundheits-Bildung«. Gerade dieser Informations- und Wissenstransfer ist die Voraussetzung für Patienten-Empowerment. Empowerment bedeutet die Stärkung der Selbstständigkeit und Problembewältigungskompetenz von Menschen. Dabei spielen Selbstmanagement-Fähigkeiten und die Selbstbestimmtheit des Patienten eine zentrale Rolle.

Studien zeigen, dass etwa 25 % der verordneten Arzneimittel überhaupt nicht oder nicht im Sinne des Nutzens eingenommen und etwa 20 % der Rezepte nicht eingelöst werden. Darüber hinaus zeigen verschiedene internationale Studien, dass etwa ein Viertel der Krankenhauseinweisungen und über 10 % der Krankheitskosten bei geriatrischen Patienten auf mangelhafte Arzneimittel-Adhärenz zurückzuführen ist.

Non-Adhärenz-Raten schwanken je nach Indikation zwischen 20–70 % und sind insbesondere bei chronischen Erkrankungen überdurchschnittlich hoch. Durch die unregelmäßige Einnahme oder das Absetzen von Medikamenten verringern sich auf der einen Seite die direkten Kosten für Arzneimittel, auf der anderen Seite nehmen die Ausgaben für medizinische Komplikationen oder Behandlungskosten durch Notfälle und Krankenhauseinweisungen zu. Darüber hinaus steigen die indirekten Kosten durch Produktivitäts- und Einkommensverluste abgesehen von den intangiblen Folgen wie Verlust an Lebensqualität und sinkende Patientenzufriedenheit. Mangelnde Adhärenz kann durch die unterschiedliche Gestaltung der Versorgung gefördert und signifikant verbessert werden.

Mitarbeiter mit chronischen Erkrankungen und der Erfordernis von regelmäßigen Arzneimitteleinnahmen verbringen einen Großteil ihres Arbeitstages am Arbeitsplatz. Daher bieten sich im Rahmen des betrieblichen Gesundheitsmanagements Maßnahmen zur Aufklärung und Unterstützung von Adhärenz und Compliance an.

Interaktionen und Nebenwirkungen – Auslöser für Krankheiten

Arzneimittel sind ein Segen und für die Bewältigung von Krankheiten meist unverzichtbar. Allerdings haben viele hochwirksame Medikamente auch Risiken und Nebenwirkungen.

Die vor allem bei Chronikern häufig parallel einzunehmenden Arzneimittel, die meist von unterschiedlichen Ärzten verordnet und selten einem Interaktions-Check unterworfen werden, erhöhen die Gefahr, bei der Medikamenteneinnahme Fehler zu machen. Deshalb profitieren vor allem diese Patienten, für die die richtige und zeitnahe Einnahme der Medikamente lebensnotwendig ist, von der Überprüfung von Wechsel- und Nebenwirkungen ihres Medikamentencocktails.

Nebenwirkungen	Interaktionen	Kontraindikationen
• Unerwünschte Arzneimittelwirkung (UAW) • Arzneistofftypische oder dosisabhängige Nebenwirkungen • Überempfindlichkeitsreaktionen auf das Arzneimittel	• Arzneimittel-Wechselwirkung • Bei der Einnahme von mehreren Medikamenten (Poly-medikation) kann die pharmakologische Wirkung verstärkt, geschwächt oder aufgehoben werden	• Gegenanzeigen • Kontraindikationen geben an, unter welchen Umständen ein Arzneimittel nicht angewandt werden dürfen (z.B. Schwangerschaft, Kinder, Allergien usw.)

Abbildung 8.12 Arzneimittelbedingte Risiken – Definitionen (Eigene Darstellung)

Eine unsachgemäße Kombination von Medikamenten kann zu Erkrankungen führen. So können Arzneimittel z. B. schwere psychische Störungen auslösen, bis hin zu dem Gedanken, sich umzubringen – auch bei Menschen, denen das bisher noch nie in den Sinn gekommen war. Besteht bereits eine Depression, können Medikamente Suizidgedanken verstärken. Zu diesen Medikamenten gehören auch häufig verwendete Substanzen wie Cholesterinsenker, bestimmte Antibiotika oder Medikamente zur Unterstützung der Nikotinentwöhnung.

Solche arzneimittelinduzierte Risiken können durch einen Medikations-Check identifiziert und verhindert werden. Zusätzlich werden dabei arbeitsmedizinisch wichtige Neben- und Wechselwirkungen wie Sehstörungen, Schwindel, Verhaltensänderungen usw. erkannt.

Für die Durchführung von Medikations-Checks für die Mitarbeiter bieten sich Kooperationen mit kompetenten Apothekern oder klinischen Pharmazeuten an.

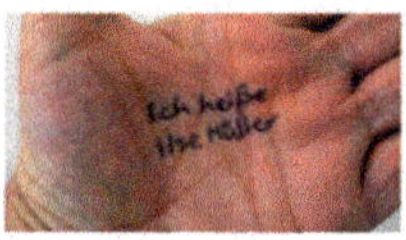

Bei einer Pseudodemenz nimmt der Patient Symptome einer Demenz wahr, ist jedoch nicht demenzkrank.

Bestimmte Medikamente lösen eine Pseudodemenz aus.

Dazu gehören Blutdrucksenker, Schlaftabletten, Parkinsonmedikamente, Schlaftabletten, Herzpräparate, Psychopharmaka und Antidepressiva.

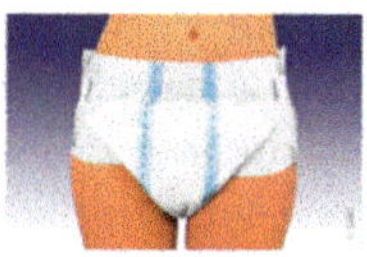

Einige Medikamente können eine Belastungs-Inkontinenz auslösen. Dabei ist aufgrund einer schwachen Beckenbodenmuskulatur der Verschlussmechanismus der Harnröhre instabil.

Auch eine sog. Drang-Inkontinenz, bei der die Nervenimpulse der Blasenmuskulatur gestört sind kann durch Medikamente wie Betablocker oder Allergiepräparate ausgelöst werden.

Die durch Medikamente ausgelöste Depression (pharmakogene Depression) ist eine der am häufigsten auftretenden Depressionsformen.

Ein Absetzen oder Wechsel der Medikation kann die Depression häufig rasch beenden.

Arzneimittel die Depressionen auslösen sind u.a. Lipidsenker, Asthmamittel, Blutdrucksenker, Hormone, Allergiepräparate u.v.m.

Abbildung 8.13 Beispiele für arzneimittelinduzierte Erkrankungen aufgrund von Interaktionen und Nebenwirkungen (Eigene Darstellung)

8.8 Fazit

Sicherheit und Gesundheitsschutz am Arbeitsplatz sind seit langem gesetzlich verankert und ein wichtiger Aspekt der Arbeitswelt mit dem die Belastungen der jeweiligen Arbeitsplätze und Tätigkeiten für den Mitarbeiter positiv beeinflusst werden.

Darüber hinaus werden Prävention, die Unterstützung von Chronikern in Unternehmen und Angebote zur betrieblichen Gesundheitsförderung zu einem entscheidenden Wettbewerbsfaktor.

Im Mittelpunkt stehen dabei die rasant wachsenden psychischen Erkrankungen die überdurchschnittlich für Fehlzeiten und arbeitsbedingte Erkrankungen verantwortlich sind.

In der Prävention dieser Erkrankungen spielen der Umgang mit Stress und gesunder Schlaf eine führende Rolle.

Ziel der Unternehmen im Rahmen des betrieblichen Gesundheitsmanagements ist es, Mitarbeiter zu befähigen, eine Mitverantwortung für ihr berufliches, präventives und gesundheitsbewusstes Handeln übernehmen zu können.

Dafür sollten Unternehmen, auch unter dem Aspekt einer präzisen Kosten-Nutzen-Berechnung von Gesundheitsleistungen für Mitarbeiter, eine Art »Frühwarnsystem« zur vorzeitigen Erkennung kritischer Situationen im Sinne der Gesundheitsprävention installieren. Ein solches systematisches Gesundheitsmanagement führt zu einer Reduktion von Fehlzeiten und Krankheitstagen, zu einer Erhöhung der Mitarbeiter-Motivation, zu einer Verbesserung des Betriebsklimas, zu einer geringeren Fluktuation und nicht zuletzt zu einer Erhöhung der Identifikation der Mitarbeiter mit ihrem Unternehmen.

Steuerliche Absetzbarkeit der Gesundheitsvorsorge für Mitarbeiter
(von Dipl. Kaufm. Reinhold Unruh, Wirtschaftsprüfer und Steuerberater in der Kanzlei Unruh, Johne und Partner in Neu-Ulm)

Bei der Möglichkeit zur steuerlichen Absetzbarkeit von Aufwendungen für die betriebliche Gesundheitsvorsorge sind zwei Fallvarianten zu unterscheiden:

1.
Gesundheitsfördernde Maßnahmen, die ein Arbeitgeber seinen Mitarbeitern finanziert, sind beim Unternehmen steuerlich als Betriebsausgaben abzugsfähig und gleichzeitig beim Arbeitnehmer steuerfrei, wenn ein ganz überwiegendes eigenbetriebliches Interesse des Arbeitgebers nachgewiesen wird. Interessenslage des Arbeitsnehmers und des Arbeitsgebers sind gegeneinander abzuwägen.

2.
Neben dieser grundsätzlichen steuerlichen Beurteilung gibt es gemäß § 3 Nr.34 EStG eine Pauschalregelung, wonach in typisierter Form Arbeitgeberleistungen für bestimmte Maßnahmen der Gesundheitsförderung pro Arbeitnehmer und Jahr in Höhe von 500 Euro steuer- und sozialversicherungsfrei gewährt werden können.

In beiden Fällen empfiehlt sich eine Abstimmung mit dem Steuerberater bzw. mit dem zuständigen Finanzamt.

Verwendete und weiterführende Literatur

Bös, Nadine; Schlaflos in der Arbeitswelt, FAZ; http://www.faz.net/gyl876t6 (02. 09. 2015, 16.20 Uhr)

Gnam, Hans-Jürgen; unveröffentlichter Vortrag BGF

Krapf, Rainer; Cellvital; http://www.cellvital.com (Zugriff: 20. 02. 2016, 13.45 Uhr)

Lavrut, Jerome; Storch, Uwe; InPulser; http://www.inpulser.de (Zugriff: 20. 02. 2016, 16.00 Uhr)

Seiler, Rainer; Wolfram, Hanno; Pharma Key Account Management, MWV Verlag

Seiler, Rainer; Innovative Versorgungsmodelle, MWV Verlag

Seiler, Rainer; Customer Centricity im Gesundheitswesen; Handelsblatt-Verlag

Walz, Manfred; Der Mittagsschlaf, unveröffentlichtes Manuskript

Schulisches Gesundheits-versorgungsmanagement

9

John N. Weatherly

9.1 Ausgangslage

Unter schulischem Gesundheitsversorgungsmanagement sind die gesamten Planungs-, Konzeptionierungs- und Organisationsphasen zu verstehen, die notwendig sind, um im Bereich des Schulwesens die vorhandenen Strukturen, ablaufenden Prozesse und alle sonstigen alltäglichen schulischen Maßnahmen zu erfassen und gegebenenfalls zu verbessern.

Hier ist unbedingt darauf zu achten, dass alle Gegebenheiten aufgenommen und berücksichtigt werden, die dem Erhalt und/oder dem Ablauf und Ausbau der Strukturen dienlich sind. Darüber hinaus geht es hier um alle Beteiligten des Schulwesens und nicht nur um die Schülerinnen und Schüler. Nur die Gesamtheit der Schule kann Veränderungen erfolgreich und nachhaltig installieren und durchsetzen.

Generell muss man sich transparent und verfügbar machen, dass immer, wenn sie in Bereichen Management neu einführen oder das alte Management reengineeren, sich die gesamte bestehende Kultur dieses Bereiches verändert.

Die ehrliche Etablierung von schulischem Gesundheitsversorgungsmanagement an einer Schule wird die bestehende Schulkultur der Schule massiv beeinflussen und verändern.

Die Schule – der Ort der lernenden Organisation – sollte die notwendige Struktur und die sich daraus ergebenden Veränderungsprozesse für das schulische Gesundheitsversorgungsmanagement step by step als Gemeinschaft entwickeln und in den Tagesablauf integrieren. Hier ist darauf zu achten, dass die ganze Bandbreite des schulischen Seins in Augenschein genommen wird.

9.2 Hintergrund

Zunächst einmal ist konkret und datenstabil die gesundheitliche Ausgangslage aller Beteiligten im schulischen Alltag zu analysieren und zu beschreiben. Hier müssten sich dann alle Bedürfnisse und Veränderungsmöglichkeiten erkennen lassen. Darauf kann dann wiederum aufgebaut werden, um die notwendigen Veränderungsmaßnahmen zu planen und einzusetzen, ebenso die prädiktiven und nachsorgenden Gesundheitsmanagementinhalte. Diese Prozesse sind Veränderungen ausgesetzt, die einerseits lebensstilabhängig passieren und andererseits durch gesellschaftliche Veränderungen angestoßen werden. Daraus lässt sich schließen, dass sich hier auch die gesundheitlichen Belastungen der Schüler und Lehrkräfte verändern. Unser Verhältnis zur Krankheit und Gesundheit hat sehr viel damit zu tun, wie und wo wir aufgewachsen sind. Krankheit, aber auch gesundes Leben, entsteht dort, wo wir leben, arbeiten und lernen – also in unserem Alltag. Dies muss immer Berücksichtigung finden, wenn wir Gesundheitsmaßnahmen konzeptionieren und umsetzen wollen.

Schulische Gesundheitsmaßnahmen müssen auf der vor Ort zu ermittelnden Datensituation und der Realität aufsetzen, weitergeplant werden und dann natürlich zur Durchführung kommen. Anschließend müssen sie evaluiert und reflektiert werden.

Ist das Durchgeführte erfolgreich, muss entschieden werden, ob es so weitergeführt werden kann. Ist das Durchgeführte nicht erfolgreich, da Veränderungen herauskommen, die der Planungsvorgabe nicht entsprechen, muss ebenfalls eine Entscheidung getroffen werden. Es muss dann umgeplant werden und der gesamte Prozess von neuem beginnen.

9.3 Gesellschaftliche Bedingungen

Gesellschaftlich gesehen haben sich die Situation und die gestellten Anforderungen an Schulen teilweise grundlegend geändert. Die Schule – der Ort, der früher vorrangig für das Lernen, Erwerben von Wissen und den Transfer in die Praxis zuständig war – hat heute mehr und andere Funktionen. Hier sollen plötzlich auch Alltags- und Lebensbewältigungskompetenzen erworben werden. Viele Lehrerinnen und Lehrer klagen darüber, dass sie zusätzlich auch noch Erzieher sein sollen, weil diese Rolle im Elternhaus zunehmend ausfällt oder nicht mehr vollständig ausgeführt wird.

Das Gesundheitsmanagement muss hier im Rahmen des Arbeitsschutzes für die Lehrkräfte auf Abwendung von Überforderung achten. Im schulischen Spektrum müssen Rauchen und Suchtmittel aber auch die neuen elektronischen Medien mehr Beachtung beim Gesundheitsmanagement finden. Die gesamte Qualitätsentwicklung muss verändert und in einem neuen Orientierungsrahmen untergebracht werden. Dieser Prozess des »Auftrages« an Schulen von Seiten der Gesellschaft ist ein sich laufend verändernder. Er erfordert hohe Flexibilität und Anpassung der Beteiligten.

9.4 Ziele

Ziele des schulischen Gesundheitsmanagements beziehen sich auf alle an der Schule Beteiligten. Ziele können deshalb, je nach Anspruch und lokalen Gegebenheiten, sein:

- die Erhöhung der Motivation und Zufriedenheit
- die Verbesserung des Schulklimas
- die Stärkung persönlicher Ressourcen (soziale und fachliche Kompetenz, psychische Ausgeglichenheit, Umgang mit Stress etc.)
- die Förderung der Leistungsfähigkeit und Leistungsbereitschaft
- die Verbesserung des Gesundheitsverhaltens
- die Verringerung gesundheitlicher Belastungen
- die Vermeidung von Unfällen und chronischen Erkrankungen
- der Rückgang des Krankenstandes
- die Reduzierung von Fehlzeiten
- der Imagegewinn der Schule

Quelle: Bildungsservice Berlin-Brandenburg, 2015

Ein weiteres Beispiel von Zielen der Landesvereinigung für Gesundheit, Niedersachsen e. V. im Rahmen von Gesundheitsmanagement in Schulen (Bindl/Windel) sieht folgendermaßen aus.

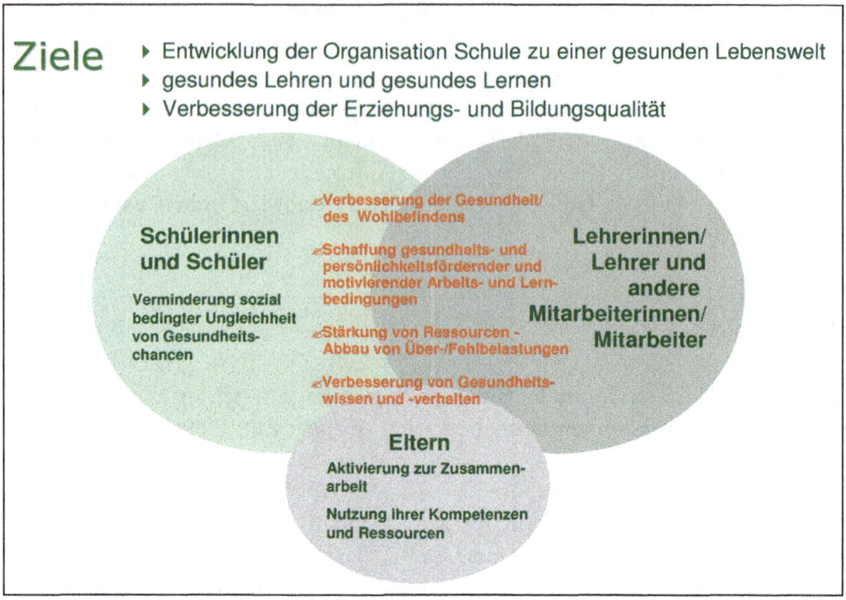

Abbildung 9.1 Ziele des schulischen Gesundheitsmanagements (Quelle: Landesvereinigung Niedersachsen e. V., Bindl/Windel)

9.5 Gesundheit und Bildung

Herr Dr. h. c. Heinz Hundeloh beschreibt in seiner Arbeit »Schulisches Gesundheitsmanagement – Gesundheitsförderung und Prävention an Schulen« sehr genau die Zusammenhänge und Notwendigkeiten von Bildung und Gesundheit. (siehe Abbildung 9.2).

Hierfür steht auch die Deutsche Gesellschaft für bürgerorientiertes Versorgungsmanagement mit zwei ihrer Forderungen

Forderung 1
Einführung des Unterrichtsfaches Gesundheitskunde
Das Unterrichtsfach »Gesundheitskunde« muss vom ersten Schuljahr an in die Lehrpläne aufgenommen werden, zum Beispiel als regelmäßiger Bestandteil des Faches Biologie, wie dies in Baden Württemberg bereits der Fall ist.

Forderung 5
Schulung der Gesundheitsberufe in der Bürgerorientierung
Die Angehörigen der Gesundheitsberufe sollen systematisch in Bürgerorientierung geschult werden. Die DGbV entwickelt dazu einen Vorschlag für einen Schulungstag (Sogenannter »DGbV-Führerschein zur Bürgerorientierung«).

Abbildung 9.2 Die Grundlagen Gesundheit und Bildung (Quelle: Dr. Hundeloh, »Gesundheitsförderung und Prävention«, 2013)

9.6 Erfolgsfaktoren

Weitere Erfolgsfaktoren sind:

Gesundheitsmanagement berücksichtigt Arbeits- und Lebensbedingungen, individuelle Verhaltensweisen und die Verhältnisse in der Organisation.	**Ganzheitlichkeit**
Gesundheitsmanagement erfordert die Beteiligung und Mitarbeit aller Gruppen in der Organisation.	**Partizipation**
Gesundheit ist ein Organisationsziel, das bei allen Entscheidungen mit bedacht wird, in alle internen Programme und Konzepte eingebunden wird und Aufnahme in das Leitbild und den Alltag der Organisation findet.	**Integration**
Gesundheitsmanagement gleicht einem Lernzyklus und wird zielorientiert, geplant und systematisch durchgeführt.	**Projektmanagement**

Abbildung 9.3 Erfolgsfaktoren im schulischen Gesundheitsmanagement (Quelle: aus Gesundheitsmanagement in Schulen; Leitfaden des niedersächsischen Projektes »gll Gesund Leben Lernen«)

9.7 Fachkraft für schulisches Gesundheitsmanagement

Hilfreich für den gesamten Begleitprozess beim Einführen eines schulischen Gesundheitsmanagement wäre es, speziell ausgebildete Lehrkräfte mit dem Schwerpunkt »schulisches Gesundheitsmanagement« zu haben.

Was deren Aufgaben sein können – ohne den Anspruch auf Vollständigkeit zu erheben – beschreiben Bindl/Windel 2015 in ihrer Veröffentlichung »Gesundheitsmanagement in Schulen« ganz anschaulich (siehe untenstehende Aufzählung):

Fachkraft für schulisches Gesundheitsmanagement:

- Beratung und Begleitung der Steuerungsgruppen
- Befragungen bei Lehrkräften und Schüler/innen durchführen lassen
- Projektplan erstellen lassen
- Unterstützung bei der schulinternen Evaluationsplanung
- Zirkelarbeit initiieren
- Schulleitung beraten
- Schüler/Elternbeteiligung anregen
- Unterstützungsangebote regionaler Anbieter (Netzwerkarbeit) nutzen
- Presse- und Öffentlichkeitsarbeit unterstützen
- Kontakt zur LVG halten

Quelle: »Gesundheitsmanagement in Schulen«, 2015, Bindl/Windel

9.8 Standpunkte/Sence of Coherence

»Gesundheit ist der Zustand des vollständigen körperlichen, geistigen und sozialen Wohlbefindens und nicht nur Abwesenheit von Krankheit und Gebrechen«. (Definition: WHO, 1948)

Aus Sicht der Schule und des Lehrkörpers ist es wichtig, dass die Schülerinnen und Schüler die notwendigen gesundheitlichen Ressourcen erwerben, die sie für eine aufgeschlossene und erfolgreiche Unterrichtsteilnahme benötigen.

Aus Sicht der Gesellschaft ist es für die Heranwachsenden wichtig, die notwendigen gesundheitlichen Ressourcen zu erwerben, die sie später befähigen, verantwortlich mit ihrer Gesundheit umzugehen, Abweichungen davon zu verstehen und einordnen zu können.

Später – im Erwachsenenalter – sind das entscheidende Grundkriterien, die bei der Erstellung von Verhaltensmustern zur Compliance und Adhärenz führen.

Last but not least sind die ehemaligen Schüler dann wiederum als Eltern zu ihren eigenen Kindern aufgefordert, Vorbildfunktionen einzunehmen und vorzuleben sowie das erworbene Wissen an ihre Kinder weiterzugeben.

Eine zentrale Ressource hierfür ist das von Aaron Antonorski beschriebene Modell des »Sence of Coherence« »Kohärenzgefühl«, welches die teilnehmenden Schülerinnen und Schüler bei guter Vermittlung und ebensolcher pädagogischer Präsentation erleben.

Dieses überdauernde Gefühl setzt sich zusammen aus:

- einem Gefühl der Verstehbarkeit
- einem Gefühl der Machbarkeit
- einem Gefühl der Sinnhaftigkeit

9.9 Maßnahmen

Mögliche Maßnahmen bestehen u. a. darin:

- regelmäßig die Bildungs- und Gesundheitsqualität zu evaluieren
- projektbezogene Arbeitsgruppen zum Thema Gesundheit einzurichten
- Gesundheitszirkel zu installieren
- die Identifikation mit der Schule herzustellen (u. a. durch das Entwickeln einer gemeinsamen Vision einer gesunden Schule, das Erstellen eines Leitbildes, das Feiern von Festen, etc.)
- Verhaltensregeln des sozialen Miteinanders zu entwickeln
- ein gesundheitsförderliches Führungskonzept (Schulleitung) zu etablieren und gesundheitsfördernde und gesundheitserhaltene Arbeitsbedingungen organisieren u. a.
    - Würdigungs- und Feedbackkultur initiieren
    - transparente Arbeitsabläufe gewährleisten
    - sinnvolle Routinen entwickeln
    - Aufgaben gerecht verteilen
    - individuelle Entscheidungs- und Gestaltungsräume bieten
    - Kooperationen und Zusammenarbeit fördern
    - Partizipation ermöglichen
    - Verantwortung übertragen
    - klare Zuständigkeiten festlegen
    - Konsensorientierung
- Wissen, Kenntnisse und Kompetenzen zum Thema Gesundheit (u. a. Bedeutsamkeit von Ernährung, Bewegung und Stressbewältigung) zu vermitteln

- Gesundheitliche Aspekte bei der Unterrichtsorganisation zu berücksichtigen (Vermeidung von Arbeitsverdichtung, Möglichkeiten zur Bewegung, zum Trinken und Essen, zur Entspannung)
- Räume, Sitzordnung und Mobiliar nach Gesundheitsprinzipien zu gestalten
- eine gesunde Versorgung (Frühstück, Mittagessen) zu ermöglichen
- ein bewegungs- und körperfreundliches Lernen und Leben als selbstverständlicher Teil des Schullebens zu integrieren
- Angebote zur Krisen- und Konfliktbewältigung für Lehrkräfte, Schülerinnen, Schüler und Eltern zu installieren
- außerschulische Lernorte mit Gesundheitsbezug zu nutzen
- an gesundheitsbezogenen Fortbildungen teilzunehmen
- ein funktionierendes Sicherheitskonzept zu entwickeln (Gesundheits- und Arbeitsschutz, Brandschutz, Evakuierungsplan, Ausstattung)
- auf gute Lichtverhältnisse, gutes Raumklima (Lüftung), Schutz vor Schadstoffen, Lärmreduktion, Sauberkeit und Hygiene zu achten
- Unterstützungssysteme für neue Schülerinnen und Schüler oder Lehrkräfte zu entwickeln (z. B. Patenprinzip)
- Konzept zur Wiedereingliederung von Langzeitkranken zu entwickeln
- Kooperation mit inner- und außerschulischen Partnern aus dem Gesundheitsbereich aufzubauen und zu pflegen

  Quelle: Bildungsservice Berlin-Brandenburg 2015

Grundbedingungen für das Einführen eines erfolgreichen Gesundheitsmanagements in Schulen

Das geplante Gesundheitsmanagement setzt in der Realität der betroffenen Schüler und Lehrer an. Es orientiert sich an den bestehenden Lebenswelten. Es sieht die Schule und ihr gesamtes Umfeld als Veränderungsfeld; in dem die Prozesse und alle Abläufe durchdacht und eventuell umorganisiert werden müssen. Ziel der geplanten gesundheitsverändernden Maßnahmen ist der ganze Lebensbereich und nicht nur isoliert im Feld der Schule als Unterrichtsfach.

Das gesamte zu planende Procedere muss sich mit dem auseinandersetzen, was – die Region, die Schule, ihre Besucher und Eltern – vor Ort an Möglichkeiten bieten. Ebenso können nur die real vorhandenen Ressourcen eingesetzt werden.

Es ist besonders wichtig, hier nicht konzeptähnlich zu arbeiten, sondern individuell im jeweiligen Sozialraum zu agieren, um die Urbanität möglichst wenig zu verletzen. Man sollte u. a. auf dem aufbauen und ansetzen was schon da ist, kleine »Pflanzen« entwickeln, Erreichtes loben und fortführen und immer wieder auf die Grundfrage zurück kommen »Was hält Menschen gesund?«.

Schulisches Gesundheitsmanagement darf nicht wie ein Unterrichtsfach partiell betrieben werden, sondern allumfassend und ganzheitlich. Es sollte alles berücksichtigen, was möglich ist, so z. B. alle Einflüsse aus Familie, den Arbeitsbedingungen vor Ort der Eltern, den Lebensbedingungen der Familie, den Eigenheiten der einzelnen Personen und individuellen Verhaltensweisen sowie den freundschaftlichen Beziehungen und allen sonstigen bestehenden Verhältnissen.

Schulisches Gesundheitsmanagement braucht einerseits die Untersetzung, die notwendig ist, um kleinere Lernschritte step by step zu gehen, andererseits darf aber durch das Klein-Klein nicht das große Ganze und die Ziele aus den Augen verloren werden. Hier bekommen die Begriffe

a) Aufgabe und Zielklärung
b) Zielorientiertes Arbeiten
c) geplant
d) logisch und systematisch

noch einmal eine ganz andere Bedeutung. Ebenso, dass es für die einzelnen Inhalte gut wäre, abgegrenzte Lernzyklen zu organisieren.

9.10 Prinzipien

Im Weiteren verweisen die Autoren des Modells der Landesregierung für Gesundheit Niedersachsen e. V. Frau Bindl und Frau Windel auf folgende Prinzipien

Prinzipien für erfolgreiches Gesundheitsmanagement

- **Integration & Nachhaltigkeit** – Gesundheit als Organisationsziel
  - Berücksichtigung bei allen wichtigen Entscheidungen
  - Einbindung in schulinterne Programme/Konzept
  - Aufnahme ins Leitbild und den Alltag der Schule
- **Partizipation der Betroffenen** – Gesundheitsmanagement erfordert die Beteiligung aller
  - Schulleitung
  - Mitarbeiterinnen und Mitarbeiter
  - Schülerinnen und Schüler
  - Eltern
  - Interessenvertretungen

- **Empowerment** – Gesundheitsmanagement zielt auf Eigenverantwortung
  - Stärkung der Handlungsfähigkeit der Betroffenen zur Gestaltung gesundheitsförderlicher Lern- und Arbeitsbedingungen

  Quelle: Modell der Landesregierung für Gesundheit Niedersachsen e. V. Frau Bindl und Frau Windel

9.11 Steuerungsgremium

Als für den Prozess und seine Abläufe besonders günstig hat sich in verschiedenen Modellen und Projekten erwiesen, mit einem Gremium, wie etwa einer Steuerungsgruppe oder eines Innovationsteam, zu arbeiten.

Sinnvoll ist, dass die Steuerungsgruppe mit allen relevanten Personen besetzt wird, die Einfluss auf die Prozesse und Veränderungen in der Schule und das Umfeld haben. Hier sollten berufen werden:

- Schulleitung
- Schülervertretung
- Elternvertretung
- Schulträger
- Beratungslehrer
- Fachkraft für Gesundheit (sofern vorhanden)
- Personalrat
- Vertreter von sonstigem Personal

um nur einige zu nennen.

Diese Aufzählung ist, wie gesagt, jederzeit je nach regionaler Notwendigkeit erweiterbar. Wichtig ist, ein regelmäßiges, mit genügend Zeit ausgestattetes Treffen, was moderiert wird und worüber es ein kurzes Ergebnisprotokoll gibt. Eingeladen wird schriftlich mit einer Tagesordnungspunkteliste.

Das Steuerungsgremium ist für den ganzen Prozess der Aufbau- und Ablauforganisation verantwortlich. Es muss die Datenerhebung und Problemfindung betreiben. Daraus sind Strategien und Ziele für den weiteren Umgang zu entwickeln und diese dann auch in eine geordnete Planung zu überführen. Die zu gehenden Projektschritte müssen für jeden Einzelnen der Steuerungsrunde transparent und nachvollziehbar sein, damit er sie auch mitgehen kann. Alle geplanten Schritte müssen in einem Milestone Chart für die zeitliche Ablaufplanung aufgetragen sein.

9.12 Gesamtentwicklung als Lernprozess

Wichtig ist, dass die einzelnen Strategien, Ziele und/oder Probleme gründlich, aber auch umfassend, erörtert und durchleuchtet werden.

Nur so kann einigermaßen gewährleistet werden, dass die Ursachen analysiert und die daraus entwickelten Maßnahmen in die richtige Richtung zielen werden. Alles, was erarbeitet wird, muss an alle – nicht nur die im Steuergremium Mitarbeitenden – kommuniziert werden. Hierzu eignet sich ein Infoboard, Tafeln, Telefonate, natürlich schriftliche Reports oder ab und an eine öffentliche Infoveranstaltung.

Je mehr informiert sind, desto mehr können teilhaben, desto erfolgreicher wird das Projekt laufen.

Die Evaluierung und Bewertung der einzelnen Maßnahmen entscheidet dann über die Fortführung oder Neukonzeptionierung, über Hinzunehmen von neuen Gebieten oder Streichen von alten oder überholten.

Je besser ein solcher Prozess bereits in der Schule begonnen wurde, je eher und zuverlässiger werden die Schüler das dann auch im Studium, am Arbeitsplatz oder wo immer sie ihren Alltag verbringen einfordern.

Sind solche Lernprozesse erst einmal installiert und damit meistens von den teilnehmenden Menschen auch internalisiert, haben wir eine ungeahnt häufige Multiplikation in andere Lebensbereiche feststellen können.

Besonders im Bereich Gesundheit könnte uns dies entscheidende Fortschritte bescheren, wenn, wie bereits angemerkt, es gelingt, große Bereiche der schulischen Landschaft mit einzubeziehen.

Ohne die Einbindung der nachwachsenden Menschen durch schulische Maßnahmen wird eine Veränderung im Gesundheitsverhalten der Menschen nicht sehr wahrscheinlich sein. Solche grundsätzlichen Verhaltensänderungen, die im Gesundheitsverhalten erforderlich sind, benötigen sicher Zeitfenster, größer denen einer Generation (25 Jahre).

Literatur

Achermann, E. u. a. (2004): Gesunde Schule konkret. Eine Struktur für gesundheitsfördernde Schulen – Erfahrungsbericht, Pestalozzianum, ISBN: 3037550104.

Badura, B.; Hehlmann, T. (2003): Betriebliche Gesundheitspolitik, Springer, Berlin, € 49,95, ISBN: 3-540-00110-7.

Badura, B. et al. (1999): Betriebliches Gesundheitsmanagement – ein Leitfaden für die Praxis. Hans-Böckler-Stiftung, Düsseldorf; edition sigma, Rainer Bohn Verlag, Berlin

Barkholz, U. & Homfeldt, H. G. (1994). Gesundheitsförderung im schulischen Alltag. Juventa, 208 Seiten broschiert, € 16,50, ISBN: 3779911620.

Beck, I., Hackauf, H., Seifert, B. (2003): Materialien zum 11. Kinder- und Jugendbericht, Bd. 4 : Gesundheit und Behinderung im Leben von Kindern und Jugendlichen, VS Verlag für Sozialwissenschaften, € 43,00, ISBN: 3879664242.

Bertelsmann-Stiftung (2006): Prima Klima. Miteinander die gute gesunde Schule gestalten. Eine Handreichung für Eltern, Lehrkräfte und Schulleiter, € 23,00, ISBN: 3892048703.

Dur, W., Felder-Puig, R. (2010): Lehrbuch Schulische Gesundheitsförderung. Bern: Verlag Hans Huber

Harazd, B.; Gieske, M. & Rolff, H.-G. (2009). Gesundheitsmanagement in der Schule. Köln: LinkLuchterhand

Hundeloh, H. (2006): und wie gesund ist Ihre Schule? Gesundheitsmanagement als Führungsaufgabe. In: Pluspunkt. Zeitschrift des Bundesverbandes der Unfallkassen 2/2006

Hundeloh, H. (2012). Gesundheitsmanagement an Schulen: Prävention und Gesundheitsförderung als Aufgaben der Schulleitung. Weinheim: Beltz.

Huschnitt, H., Posse, N. (Hrsg.) (2003): Gesunde Schule, Friedrich-Verlag, Reihe Lernende Schule, Heft 22. ISBN/Best.-Nr: 500-37022, € 11,00

Kamps, W. (2000): Offenes Partizipationsnetz und Schulgesundheit, Universität Lüneburg, Zentrum für angewandte Gesundheitswissenschaften, € 7,60, ISBN: 3-933791-05-7.

Landeszentrale f. Gesundheitsförderung in Rheinland-Pfalz e. V./Institut f. Präventive Pneumologie (2001): Gesundheitsförderung in der Grundschule – Projekte der LZG und ihrer Kooperationspartner, Verlag Empirische Pädagogik, € 12,90, ISBN: 3-933967-70-8.

Marti, T. (2006): Wie kann Schule die Gesundheit fördern? Erziehungskunst und Salutogenese, Verlag Freies Geistesleben, € 16,50, ISBN: 3772520367.

Maslon, E.; Salice-Stephan, K. (2002): Schulische Gesundheitserziehung und Gesundheitsförderung, Köln, Bundeszentrale für Gesundheitliche Aufklärung (BZgA) (2. Aufl.), kostenlos, ISBN: 3-933191-46-7 (Engl. Ausg. u. d. T.: Health education and health promotion in schools)

Nilshon, I., Schminder, C. (2005): Die gute gesunde Schule gestalten. Stationen auf dem Weg der Schulprogrammentwicklung, Bertelsmann Stiftung, € 20,00, ISBN: 3892048630.

10 Versorgungsmanagement im Alter

Eva Jacob

Die Bevölkerungsstruktur in Deutschland befindet sich im Wandel. Während der Anteil der über 60 Jährigen 1950 14,6 % betrug, lag er 2013 bei 27,1 %, Tendenz steigend.

Zum heutigen Zeitpunkt ist die Bevölkerungsgruppe der Jüngsten (< 20Jahre) und der Ältesten (> 65 Jahre) noch gleich groß. Berechnungen zufolge wird 2050 die Gruppe der über 65 Jährigen doppelt so groß sein wie die der unter 20 Jährigen (Böhm et al.). Dies ist bedingt durch eine zunehmende Abnahme der Geburtenrate sowie eine längere Lebenserwartung.

Diese demographischen Entwicklungen stellen hohe Anforderungen an die Gesellschaft, vor allem an das Gesundheitssystem. Es ist daher unerlässlich, bereits bestehende Versorgungsstrukturen diesem Wandel anzupassen bzw. neue Strukturen zu erarbeiten.

Bereits seit den 1980 Jahren ist es Ziel mehrerer Gesundheitsreformen gewesen, die Patientenversorgung besser zu strukturieren und dadurch effektiver zu gestalten. Die Gesundheitsreform 2000 schuf die gesetzliche Grundlage für die integrierte Versorgung als Teil der Regelversorgung (§ 140a–h, SGB V, Mühlbacher, Ackerschott). Damit sollte vor allem die Versorgung chronisch kranker Menschen verbessert werden.

10.1 Welche Anforderungen werden an ein funktionierendes Versorgungsmanagement speziell für ältere Menschen gestellt?

Ein erfolgreiches Versorgungsmanagement für Menschen höheren Lebensalters muss insbesondere zwei Aspekten Rechnung tragen:

1) strukturierte medizinische Versorgung vor allem von Menschen mit chronischen Erkrankungen
2) Förderung im psychosozialen und gesellschaftlichen Bereich, um das Selbstmanagement und die Selbsthilfefähigkeit zu verbessern

Dies wird auch in der Definition der WHO von 1946 deutlich, die Gesundheit als »einen Zustand vollkommenen körperlichen, geistigen und sozialen Wohlbefindens und nicht allein das Fehlen von Krankheit und Gebrechen« beschreibt (Böhm et al.).

Demzufolge ist das Empfinden von Gesundheit eng verknüpft mit dem subjektiven Erleben. Neue Gesundheitsmodelle setzen daher den Fokus nicht allein auf somatische Kriterien für den Gesundheitszustand eines Individuums, sondern beziehen ebenso Aspekte der Lebensqualität, der Selbsthilfefähigkeit und der Teilhabe am gesellschaftlichen Leben mit ein (Böhm et al.).

Dieser Ansatz spiegelt sich in der Definition des Fachgebiets Geriatrie durch deren Gesellschaft wider als einer Spezialdisziplin, die »sich mit den körperlichen, geistigen, funktionalen und sozialen Aspekten in der Versorgung von akuten und chronischen Krankheiten, der Rehabilitation und Prävention alter Patientinnen und Patienten sowie deren spezieller Situation am Lebensende befasst« (Deutsche Gesellschaft für Geriatrie).

10.2 Besonderheiten der geriatrischen Medizin

Altern geht naturgemäß mit einer erhöhten Prävalenz an Erkrankungen einher, die in sehr vielen Fällen chronisch verlaufen.

Die Genese ist dabei zum einen auf die Folge von Lebensgewohnheiten zurückzuführen (z. B. Ernährung, Nikotinkonsum, Mangel an Bewegung), zum anderen liegt sie im natürlichen Alterungsprozess von Körperfunktion und -struktur. So kommt es beispielsweise durch eine physiologische Verminderung der Muskelkraft, der Nervenleitgeschwindigkeit, der kardialen und pulmonalen Leistungsfähigkeit zu einer reduzierten Leistungsfähigkeit im Alltag. Hinzu können Beeinträchtigungen der Sinneswahrnehmung (Schwerhörigkeit, Visusminderung) sowie kognitive Störungen kommen (Nikolaus et al.).

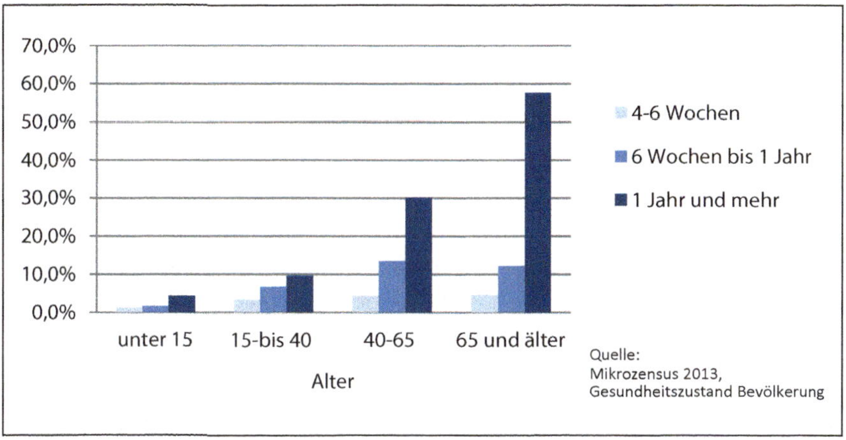

Abbildung 10.1 Anteil chronisch Kranker in den einzelnen Altersgruppen 2013 (Quelle: Mikrozensus 2013)

Die physiologischen Prozesse des Alterns stellen, ebenso wie die Auswirkung chronischer Erkrankung, hohe Anforderungen an ein erfolgreiches Versorgungsmanagement:

1) Die Versorgung verläuft im Idealfall interdisziplinär, nicht nur zwischen einzelnen Fachgebieten, sondern vor allem auch zwischen Ärzten und medizinischen Fachberufen wie z. B. Pflegediensten, Therapeuten.
2) Die beteiligten Gruppen orientieren sich dabei am vorher definierten Behandlungsziel (z. B. Erhalt der Selbsthilfefähigkeit).
3) Die einzelnen therapeutischen Elemente werden aufeinander abgestimmt, dies gilt vor allem für die medikamentöse Therapie mit ihrem Nebenwirkungsprofil.

Dies alles setzt eine regelmäßige und intensive Kommunikation zwischen allen Beteiligten voraus.

10.3 Was kennzeichnet einen geriatrischen Patienten?

Geriatrische Patienten sind definiert durch

1) alterstypische Multimorbidität und
2) höheres Lebensalter (meist über 65 Jahre)
   – wobei hier die alterstypische Multimorbidität über dem tatsächlichen Alter des Patienten steht –

oder

ein Alter über 80 Jahre, und der damit einhergehenden erhöhten Vulnerabilität und Chronifizierungsgefahr (nach DDGeriatrie und Willkomm, 2013).

Die Multimorbidität ist gekennzeichnet durch das Vorliegen mindestens zweier Merkmale aus dem geriatrischen Merkmalkomplex. Diese Merkmale liegen in einer Ausprägung vor, die den Patienten in der Ausführung von bisher selbstständig bewältigten Alltagsaktivitäten behindern (Willkomm, 2013).

Nach Willkomm (2013) lässt sich der geriatrische Merkmalkomplex in folgende Teilbereiche untergliedern:

- Mobilitätsstörung/Immobilität
- verminderte körperliche Belastbarkeit
- Sturzneigung
- kognitive Defizite
- Störung der Kommunikation
- Depression/Angst
- Störung der Sinneswahrnehmung (u. a. Seh-/Hörminderung)
- Stimm-, Sprech- und Sprachstörung
- Fehl-/Mangelernährung
- Störung des Elektrolyt-/Flüssigkeitshaushalts
- Harn-, Stuhlinkontinenz
- Schmerzen
- Wundheilungsstörung
- Probleme der Medikation/Polymedikation
- hohes Komplikationsrisiko nach (chirurgischen) Eingriffen

Ziel des therapeutischen Konzeptes ist es, aus diesem Merkmalkomplex die Aspekte herauszufiltern, die individuell am stärksten betroffen sind bzw. aktuell einer Behandlung bedürfen.

Dabei gilt es, das Augenmerk auf einige Besonderheiten in der Versorgung geriatrischer Patienten zu richten (deutsche Gesellschaft für Geriatrie):

1) hoher Grad an Multimorbidität und Gebrechlichkeit
2) divergierendes Erscheinungsbild von Krankheiten im Vergleich zu jüngeren Patienten → erschwerte Diagnostik
3) divergierendes Ansprechen auf medikamentöse Therapie durch veränderte Stoffwechselprozesse
4) häufig verzögerter Eintritt des Therapieerfolges
5) neben medizinischer Versorgung Indikation zur sozialen Unterstützung

10.4 Welche geriatrischen Versorgungsmodelle existieren bereits?

In der Vergangenheit fand – unter anderem auch auf Grund des demographischen Wandels – bereits eine Umstrukturierung des Gesundheitssystems statt. Die dabei initiierten Versorgungsmodelle spielen eine tragende Rolle in der Versorgung älterer und hochaltriger Menschen. Im Folgenden sollen nun fünf Formen modernen Versorgungsmanagements vorgestellt und ihre Bedeutung für die Versorgung geriatrischer Patienten erläutert werden:

1) DMP
2) Integrierte Versorgung
3) Casemanagement
4) Geriatrisches Assessment/Geriatrische Komplexbehandlung
5) Palliativversorgung

DMP

Die kassenärztliche Bundesvereinigung (2015) definiert Disease-Management-Programme (DMP) als »strukturierte Behandlungsprogramme für chronisch kranke Menschen basierend auf den Erkenntnissen der evidenzbasierten Medizin«. Die gesetzliche Grundlage für die Programme findet sich im SGB V, §§ 137f und g.

Ziel der DMP ist es, die Behandlung sektorübergreifend zu strukturieren. Dadurch kann eine Prävention von Krankheitsverschlechterungen und Komplikationen durch die Verwendung Evidenz-basierter Behandlungsleitlinien erzielt werden.

Dabei wird/werden:

- die Behandlung des Patienten verbessert (regelmäßiger Arztkontakt)
- die Arzt-Patientenbeziehung unterstützt
- das Selbstmanagement des Patienten verbessert (Schulungen)
- Über-/bzw. Unterversorgung ausgeglichen
- fortlaufend Behandlungsergebnisse hinsichtlich ihres klinischen Erfolgs sowie ihrer Wirtschaftlichkeit überprüft.

DMP dienen also dazu, die Behandlung chronisch kranker Patienten zu strukturieren, mögliche Verschlechterungen des Krankheitszustandes frühzeitig zu erkennen und dementsprechend gegenzusteuern. Seit 2002 werden DMP zu unterschiedlichen Indikationen angeboten (KBV, 2015):

- Diabetes mellitus Typ 2 (seit Juli 2002)
- Brustkrebs (seit Juli 2002)
- Koronare Herzkrankheit (KHK) (seit Mai 2003)
- Modul Herzinsuffizienz zum DMP KHK (seit Juli 2009)
- Diabetes mellitus Typ1 (seit März 2004)
- Asthma bronchiale (seit Januar 2005)
- Chronisch obstruktive Lungenerkrankung (COPD) (seit Januar 2005)

Gerade chronische Erkrankungen wie Diabetes mellitus II, COPD, KHK und Herzinsuffizienz haben eine hohe Prävalenz in der Altersgruppe der über 65 Jährigen. DMP bietet hier die Möglichkeit, auf die individuellen Bedürfnisse des Patienten einzugehen. Durch regelmäßigen Arztkontakt und Erhebung krankheitsrelevanter Daten ist es dem behandelnden Arzt möglich, sich ein aktuelles Bild des Krankheitszustandes zu machen, die Therapie gegebenenfalls anzupassen, Exazerbationen und damit möglicherweise einhergehende Krankenhausaufenthalte frühzeitig zu erkennen und, wenn möglich, abzuwenden.

Die Analyse von Daten von rund 160 000 Diabetikern zeigt, dass – bei aller Schwierigkeit bezüglich geeigneter Kontrollgruppen – Patienten von der Teilnahme am DMP profitieren:

So mussten Teilnehmer des DMP Diabetes seltener wegen schwerer Komplikationen stationär behandelt werden als Diabetiker, die nicht im DMP eingeschrieben waren (signifikant für Schlaganfall- und Amputationsrate).

Auch die ambulante und medikamentöse Versorgung konnte durch die Einschreibung im DMP optimiert werden: Es fanden in der Gruppe der DMP-Teilnehmer signifikant häufiger augenärztliche Kontrollen statt. Auch erhielten die eingeschriebenen Patienten häufiger Medikamente, die vorbeugend vor schwerwiegenden diabetischen Folgeerkrankungen wirken. Desweiteren waren die Patienten im DMP besser über ihre Erkrankung informiert (z. B. Kenntnis des aktuellen HbA1c) und bereit, ihre Erkrankung multimodal (Bewegung, Ernährung in Kombination mit Medikamentöser Therapie) zu behandeln (Graf et al., 2008).

Fallbeispiel
Der 74 Jährige Patient leidet seit 10 Jahren an Diabetes mellitus Typ II, der zunächst diätetisch, in der Folge mit oralen Antidiabetika therapiert wurde. Im Rahmen des DMP werden HbA1c und Blutdruck einmal im Quartal, die Nierenretentionsparameter einmal pro Jahr gemessen. Der Patient – bei dem noch keine Läsionen des Augenhintergrundes aufgefallen sind – wird einmal im Jahr zum Augenarzt überwiesen. Die Koordination und ggf. Überweisung zu Fachärzten erfolgt über den behandelnden Hausarzt.

In der Kontrolle fallen erhöhte Retentionsparameter sowie ein Anstieg des HbA1c auf. Der Patient stellt sich im Verlauf beim Nephrologen vor, der eine diabetische Nephropathie diagnostiziert. In Rücksprache mit dem behandelnden Diabetologen erfolgt die Umstellung der antidiabetischen Therapie auf eine Insulintherapie sowie eine Optimierung der erhöhten Blutdruckwerte mittels passender antihypertensiver Therapie. Hierunter stabilisiert sich die diabetische Stoffwechsellage, die Blutdruckwerte liegen in einem zufriedenstellenden Bereich.

Das Beispiel zeigt, wie bereits das Modell des DMP die Idee einer integrierten Versorgung aufgreift: Der Hausarzt übernimmt durch regelmäßigen Patientenkontakt die Versorgung der chronischen Erkrankung. Bei Bedarf wird der zuständige Spezialist kontaktiert und die Therapie bedarfsgerecht angepasst.

Integrierte Versorgung

Häufig ist die Versorgung chronisch kranker Menschen durch voneinander unabhängig arbeitende Sektoren gekennzeichnet. Dies führt dazu, dass für die Patienten unter Umständen kein einheitliches Konzept hinsichtlich Diagnostik und Behandlung vorliegt, was sich in Mehrfachuntersuchungen oder häufigem Arztwechsel niederschlägt (Wallasch, Straube, 2008).

Gerade bei älteren Menschen führt dies auch insofern zu einer insuffizienten Versorgung, als dass diese Patienten häufig nicht oder nur eingeschränkt in der Lage sind, ihre Erkrankung zu »managen« (z. B. Termine bei verschieden (Fach-) ärzten zu vereinbaren).

Hier kann eine integrierte Versorgung dazu beitragen, die Behandlung zu koordinieren und dadurch suffizient zu gestalten.

Nachdem der Gesetzgeber mit Einführung der Gesundheitsreform 2000 die Grundlage für die integrierte Versorgung geschaffen hatte (§ 140a–h, SGB V), wurde die integrierte Versorgung – unter anderem durch eine flexiblere vertragliche Gestaltung im Rahmen des GKV-Modernisierungsgesetzes 2004 – zunehmend umgesetzt und gewann in der Versorgungslandschaft an Bedeutung (Mühlbacher, Ackerschott, 2007).

Ziel der integrierten Versorgung ist eine sektorenübergreifende, strukturierte Versorgung von Patientinnen und Patienten durch eine stärkere Vernetzung der an der Versorgung Beteiligten.

Hierzu zählen:

- Hausarzt
- Facharzt
- Krankenhaus
- Rehabilitation (ambulant und stationär)
- Pflegeeinrichtung (Pflegeversicherung in integrierte Versorgung eingebunden)

Bedingt durch den demographischen Wandel wird in Zukunft ein erheblicher Mehrbedarf an sowohl medizinischer als auch pflegerischer und gesellschaftlicher Versorgung betagter und hochbetagter Menschen bestehen. Dies setzt eine bessere Strukturierung der Zusammenarbeit voraus, um dieser Aufgabe in medizinischer, organisatorischer aber auch ökonomischer Hinsicht gewachsen zu sein.

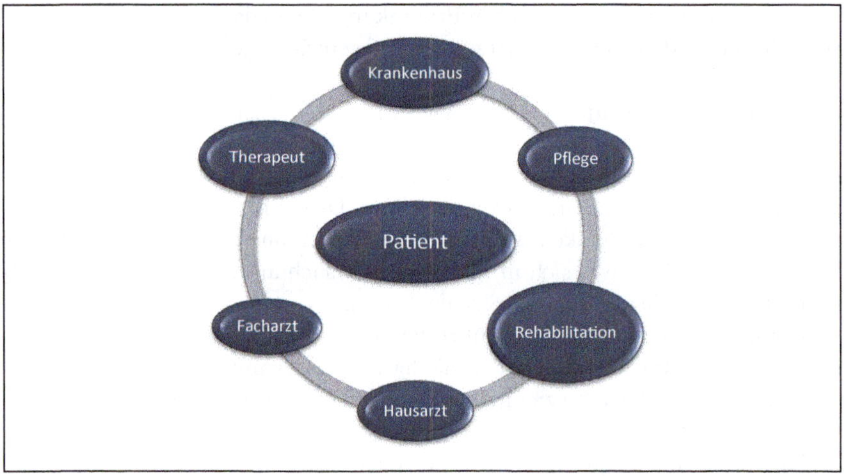

Abbildung 10.2 Integrierte Versorgung: Zusammenspiel einzelner Fachbereiche zur verbesserten Versorgung des Patienten (Quelle: eigene Darstellung)

Im Idealfall soll die integrierte Versorgung:

- den Patienten in eine strukturierte Behandlungskette einbinden und
- dadurch Doppel- und Mehrfachuntersuchungen vermeiden.
- die Übergänge von stationärer in ambulante oder rehabilitative Versorgung vereinfachen.
- die Dauer des stationären Aufenthaltes verkürzen.
- den Patienten standardisierten, den neuesten Erkenntnissen der Wissenschaft entsprechenden Behandlungsplänen zuführen (BMG, 2015).

Ein Beispiel für integrierte Versorgung stellt das Modell der Geriatrischen Klinik des Evangelischen Krankenhauses Witten zusammen mit Hausärzten und Pflegeheimen dar. Ziel des von der AOK initiierten Projektes ist die Optimierung der medizinischen und pflegerischen Versorgung der Patienten.

So wird durch das Programm die Erreichbarkeit von Hausärzten verbessert, durch eine strukturierte Versorgung sollen Mehrfachuntersuchungen vermieden und Krankenhauseinweisungen reduziert werden. Bei Bedarf steht zur stationären Versorgung die geriatrische Klinik bereit (Jahresbericht der Diakonie Ruhr, 2007).

Ein weiteres Beispiel für integrierte Versorgung für Patienten mit Erkrankungen, die häufig im höheren Lebensalter auftreten, ist das Kompetenzzentrum für Parkinson (Kompetenznetz Parkinson e. V.).

Initial durch das Bundesministerium für Bildung und Forschung gefördert, arbeitet das Forschungsprojekt seit 1999 zum Einen an einer verbesserten Versorgung der Patienten. So sollen vor allem Fehldiagnosen oder lange stationäre Aufenthalte vermieden und eine verbesserte therapeutische Einstellung erreicht werden.

Zum Anderen erfolgt durch die Arbeit des Kompetenznetzes eine Strukturierung der Forschungsprojekte sowie eine rasche Wissensvermittlung zwischen Forschung und patientenversorgenden Einrichtungen. Darüber hinaus können sich Haus- und Fachärzte zu individuellen Fragestellungen telefonisch beraten lassen.

Casemanagement im stationären Bereich

Nach dem Positionspapier des VPU (Verband der Pflegedirektorinnen und Pflegedirektoren der Universitätsklinika) ist Casemanagement gekennzeichnet als ein »Prozess der interdisziplinären Zusammenarbeit in der Patientenversorgung über alle Abteilungen eines Klinikums (...). Es umfasst die Einschätzung, Planung, Dokumentation, Koordination, Organisation und Evaluation von Gesundheitsleistungen« (Pape, 2008). Dabei werden die individuellen Bedürfnisse des Patienten hinsichtlich medizinischer und pflegerischer Versorgung eruiert und der prospektive Pflegebedarf bestimmt.

Dadurch soll ein Drehtürprinzip (kurzfristige stationäre Wiederaufnahme) verhindert und das ärztliche Personal entlastet werden. Das System berücksichtigt auch die zunehmend komplexeren Strukturen der Patientenversorgung bei vom DRG abweichenden Krankheitsverläufen. Der Casemanager ist außerdem Ansprechpartner für Patienten und deren Angehörige.

Fallbeispiel
Eine 70-jährige Patientin erleidet einen Schlaganfall mit armbetonter Lähmung der rechten Körperhälfte. In der Klinik erfolgt neben der medizinischen Versorgung bereits die Planung der weiteren Versorgung durch den Sozialdienst/Casemanager. Zunächst wird die Patientin klinikintern von der Stroke Unit in die Abteilung für physikalische Medizin zur Frührehabilitation verlegt. Da sie sich bis Krankheitsbeginn selbst versorgte, schließt sich ein Aufenthalt in einer neurologischen Rehabilitationseinrichtung an. Nach Abschluss der Rehabilitation kann dort entschieden werden, ob die Selbsthilfefähigkeit wieder vorhanden ist oder ggf. eine pflegerische Unterstützung benötigt wird. In diesem Fall kann durch die Rehaklinik eine Schnelleinstufung zur Pflegestufe beantragt werden.

Geriatrisches Assessment/Geriatrische Komplexbehandlung

Wie bereits eingangs erwähnt, zeichnet sich die geriatrische Medizin durch einen ganzheitlichen Therapieansatz aus, der neben der rein medizinischen Versorgung auch der sozialen Situation des Patienten Rechnung trägt.

Im geriatrischen Assessment, das von einem interdisziplinär arbeitenden Team erhoben wird, kommt dies zum Ausdruck.

Dieses Team besteht aus:

- Arzt
- Vertreter der Pflege
- Physiotherapeut
- physikalischer Therapeut
- Logopäde
- Ergotherapeut
- klinischer Psychologe
- Vertreter des Sozialdienstes

An Hand von standardisierten Tests wie zum Beispiel Mini-Mental-State-Test, Geriatric depression scale, Timed up and Go oder Barthel-Index (Nikolaus et al.

2000) wird im Assessment der Status der Leistungsfähigkeit in den einzelnen Teilbereichen (Mobiliät/Motorik, Kognition/Emotion, Aktivitäten des täglichen Lebens, soziales Umfeld) erhoben, Behandlungsziele festgelegt und das therapeutische Vorgehen besprochen.

Dieses geriatrische Assessment dient als Basis für die geriatrische Komplexbehandlung, die im DRG-Katalog besonders vergütet wird.

Der Patient wird also nach einem Akutereignis (häufig Oberschenkelfrakturen, Schlaganfall, Exazerbationen bereits bestehender chronischer Erkrankungen) nicht nur organbezogen behandelt, sondern erhält eine multimodale Therapie, die seinen funktionellen Status verbessert. Somit wird seine Selbsthilfefähigkeit gefördert und – wenn möglich – die Rückkehr in die häusliche Umgebung ermöglicht.

Allgemeine/Spezialisierte ambulante Palliativversorgung (AAPV/SAPV)

Die deutsche Gesellschaft für Palliativmedizin definiert Palliativmedizin als »Behandlung von Patienten mit einer nicht heilbaren progredienten und weit fortgeschrittenen Erkrankung mit begrenzter Lebenserwartung, für die das Hauptziel der Begleitung die Lebensqualität ist.« (Sabatowki et al., 2006)

In der Öffentlichkeit ist der Begriff Palliativmedizin eng verknüpft mit der Versorgung onkologischer Patienten. Dies liegt sicher auch darin begründet, dass viele Palliativstationen zunächst in Angliederung an onkologische Stationen entstanden, in denen die Versorgung sterbender Menschen in Kenntnis der Gesamtsituation individuell und abseits des Klinikalltags geleistet werden kann.

Geriatrische Palliativmedizin befasst sich mit der Versorgung betagter, unheilbar kranker Menschen, sie vereint Elemente der Palliativmedizin (z. B. Linderung von Schmerzen oder Atemnot) und Geriatrie (z. B. Umgang mit verwirrten Patienten) (Willkomm 2013).

Menschen in ihrer letzten Lebensphase und im Sterben zu begleiten, stellt eine große Herausforderung für Angehörige, aber auch für behandelnde Ärzte, Pflegende und Therapeuten dar.

Durch die spezialisierte ambulante Palliativversorgung – seit 1988 gesetzlich verankert (§ 37b, SGB V, § 132d, SGB V) – wird die Betreuung des Patienten in häuslicher Umgebung, aber auch in Pflegeheimen und Hospizen multiprofessionell und sektorübergreifend geleistet, wenn das ambulante Angebot nicht ausreicht, um den Patienten suffizient zu versorgen (Richtlinie G-BA, 2007).

Die Schlüsselposition des Palliativ-Care-Teams bilden Hausarzt, Pflegekraft und Palliativmediziner, je nach Bedarf werden die anderen Professionen zu Rate gezogen. In einem gut eingespielten Team kann so schnell und unbürokratisch gehandelt werden, was gerade in der schwierigen Lebenssituation, in der sich Patient und Angehörige befinden, wichtig ist.

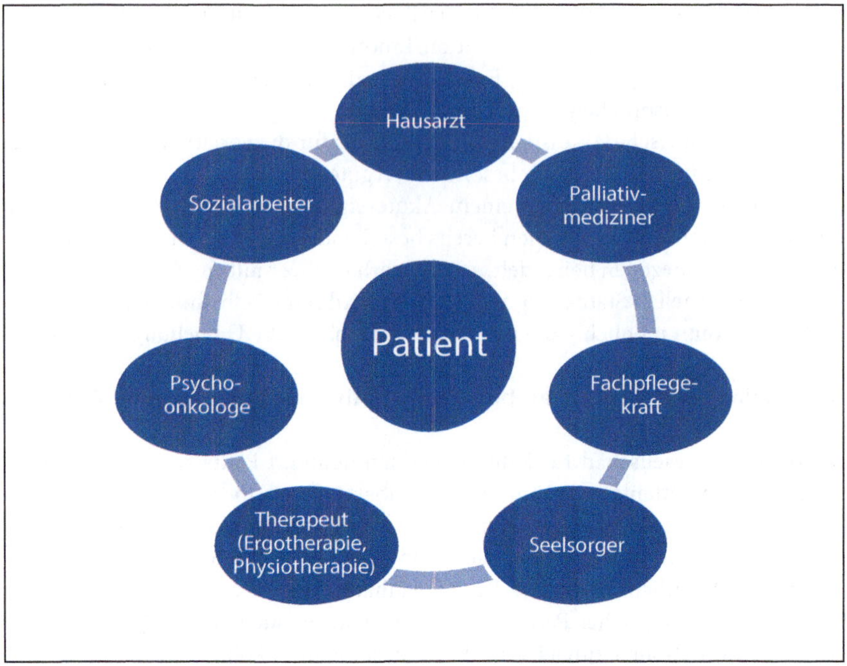

Abbildung 10.3 Versorgung des Patienten durch Hausarzt und Palliativ-Care-Team (Quelle: eigene Darstellung)

10.5 Zusammenfassung

Schon heute existiert eine Reihe von Versorgungsstrukturen, die die Behandlung von alten und hochaltrigen Menschen regelt und zu einer verbesserten Versorgung dieser Bevölkerungsgruppe geführt hat.

Auf Grund der sich abzeichnenden demographischen Entwicklung werden die Versorgungsstrukturen in Zukunft ausgebaut bzw. weiterentwickelt werden.

Sicherlich ist es hilfreich, weiterhin bürokratische, ökonomische und strukturelle Hürden abzubauen, um die Zusammenarbeit der einzelnen Fachbereiche zu verbessern.

Literatur

Böhm, K. et al. (2009). Gesundheit und Krankheit im Alter, Gesundheitsberichterstattung des Bundes, Berlin: Robert-Koch-Institut, S. 12 f, S. 26

Bundesministerium für Gesundheit, www.bmg.bund.de (cited 20. 06. 2015)

Deutsche Gesellschaft für Geriatrie, www.dggeriatrie.de (cited 24. 07. 2015)

Diakonie Ruhr, Jahresbericht, 2007

G-BA, Richtlinie des gemeinsamen Bundesausschusses zur Verordnung von spezialisierter ambulanter Palliativversorgung, Bundesanzeiger, 2010, S. 2 190

Graf, Christian; Ullrich, Walter; Marschall, Ursula (2008): Nutzenbewertung der DMP Diabetes mellitus. Neue Erkenntnisse aus dem Vergleich von DMP-Teilnehmern und Nicht-Teilnehmern anhand von GKV-Routinedaten und einer Patientenbefragung. Gesundheits- und Sozialpolitik 62 (1): 73–84

Kassenärztliche Bundesvereinigung, www.kbv.de (cited 23. 07. 2015)

Kompetenznetz Parkinson e. V., www.kompetenznetz-parkinson.de (cited 12. 06. 2015)

Mühlbacher A., Ackerschott S.: Die integrierte Versorgung, in Wagner, K./Lenz, I. (Hrsg): Erfolgreiche Wege in die integrierte Versorgung, Kohlhammer, Stuttgart 2007, S. 17–46

Nikolaus T. et al: klinische Geriatrie, Springer-Verlag, Berlin-Heidelberg, 2000, Kap. 2, physiologisches Altern, Morbidität und Mortalität, S. 10 ff., Kap. 21.3, Struktur und Inhalt des geriatrischen Assessments, S. 175 ff.

Pape, R.: Definition, Entwicklung, Konsentierung und Implementierung, Ein Positionspapier des VPU auf Basis der Rahmenempfehlungen der Deutschen Gesellschaft für Care und Case Management e. V. (DGCC), 2008

Sabatowki, R. Radbruch, L., Nauck, F., Roß J., Zernikow, B.: Wegweiser Hospiz und Palliativmedizin Deutschland, Hospiz-Verlag 2006, S. 16 ff

Sozialgesetzbuch (SGB) Fünftes Buch (V) – § 37b, Spezialisierte ambulante Palliativversorgung

Sozialgesetzbuch (SGB) Fünftes Buch (V) – § 132d, Spezialisierte ambulante Palliativversorgung

Sozialgesetzbuch (SGB) Fünftes Buch (V) – § 137f und g, Strukturierte Behandlungsprogramme bei chronischen Krankheiten

Sozialgesetzbuch (SGB) Fünftes Buch (V) – § 140a–h, Integrierte Versorgung

statistisches Bundesamt (2014). Mikrozensus 2013, Fragen zur Gesundheit, Kranke und Unfallverletzte, Wiesbaden 2014, S. 13

Wallasch TM, Straube A., Integrierte Versorgung von Kopfschmerzen: Hausärzte koordinieren die Behandlung, MMW, 2008 Jun 12; 150(24): 47–80

Willkomm, Martin (Hrsg.), 2013. Praktische Geriatrie, Klinik, Diagnostik, interdisziplinäre Therapie, Thieme-Verlag, Kap. 1geriatrisches Assessment, S. 25 f., Kap. 5.2. Palliativmedizin S. 107

Versorgungsmanagement in unterversorgten Regionen

11

Monika Knetsch

»Gesundheit ist ein Menschenrecht« (UN Sozialpakt Artikel 12; Abs. 1)

11.1 Vorbemerkung

Die gesundheitliche Versorgung in allen Regionen, ob in der Stadt oder auf dem Land sicherzustellen, denkt man, ist eine Selbstverständlichkeit. Gemeint ist, die Versorgung an sich. Zunächst die Sicherstellung der primären Versorgung, die im hausärztlichen Bereich definitionsgemäß eng verknüpft ist mit gemeindenah oder wohnortnah. Sowie die wohnortnahe fachärztliche Regelversorgungsebene. Im zweiten Schritt die Gewährleistung der sekundären Gesundheitsversorgung, die Schwerpunktversorgung, die überwiegend in Spezialzentren und Kliniken stattfindet. Und natürlich geht es auch um den Bereich der Rehabilitation, der Vorsorge und der Nachsorge. Gemeint ist noch nicht die Unterscheidung der Aufgliederung in überversorgte oder unterversorgte Regionen. Und es ist an dieser Stelle noch nicht auf den dort herausfordernden Teil, »das dortige Versorgungsmanagement« bezogen. Seit Jahrzehnten gehen neue, zu dem Zeitpunkt immer wieder »lösungsorientierte Gesetzmäßigkeiten« an den Start. Immer mit dem Ziel und der Hoffnung, das nun ausreichend Ärzte in allen Regionen für Ihre primäre Aufgabe den Patientinnen und Patienten zielgerichtet zu Verfügung stehen können, um sie nach den neuesten Stand der Wissenschaft effizient zu versorgen, nun gefunden wurde. Gemeint ist in diesem Kontext die Ausweitung der Evidenzgrundlage durch Erbringung von immer neuen Gesundheitsleistungen. Dem ist leider nicht so. Die Versorgung mit dem entsprechenden Management dahinter in unterversorgten Regionen ist zum Sorgenkind geworden. Was sind unterversorgte Regionen und wie konnte es überhaupt dazu kommen? Welche Qualitätsebene in der Versorgung und somit im Versorgungsmanagement wurde über all die Jahre erreicht? Was lernen wir aus den bisherigen Versorgungsansätzen in den unterversorgten Regionen. Letztendlich gibt es heute nicht die Lösung für die ganz spezielle Fragestellung, wie denn Versorgungsmanagement in unterversorgten Regionen funktioniert. Es gibt einige Antworten und es gibt eine Reihe von Fakten, die unbedingt in die Planungen einfließen müssen.

11.2 Einführung (Historie, Definitionen und Gesetzmäßigkeiten)

Einen Überblick über die historisch gewachsene Bedarfsplanung auf überwiegender Grundlage der Gesetzgebungen, die herausfordernde Verteilung der Ärzte in den einzelnen Regionen und konkrete Fakten zur Ausgangslage in ländlichen Regionen auf Grundlage des Sachverständigenrat-Gesundheit Gutachten 2014 gibt dieser Abschnitt. Die Begrifflichkeit unterversorgte Regionen im Kontext des Versorgungsmanagements erfordert zum einheitlichen Verständnis eine Definitionsbeschreibung.

Definitionen

Region (Synonym = Gebiet) durch bestimmte Merkmale (z. B. Klima, wirtschaftliche Struktur) gekennzeichneter räumlicher Bereich; in bestimmter Weise geprägtes, größeres Gebiet nach bestimmten Kriterien unter Anwendung spezifischer Methoden abgegrenzter Raum. (Duden-online)

In diesem Fall ein bestimmter Landstrich, ein bestimmtes Gebiet, ländlich, dünn besiedelt. Die **Bevölkerungsdichte** ist eine demographische Kennzahl, die über die durchschnittliche Besiedlungsintensität der Bevölkerung in einem abgegrenzten Gebiet (Land oder Region) Aufschluss gibt. Als statistische Messzahl der Bevölkerungsdichte dient zumeist die Anzahl der Einwohner auf 1 qkm. Die Bevölkerungsdichte dient insb. zur Identifikation von Ballungszentren und ländlichen Räumen. (Wirtschaftslexikon24)

Eine geringe Bevölkerungsdichte geht natürlich auch mit einer geringer ausgeprägten Infrastruktur einher. Je weniger Bürgerinnen und Bürger dort dauerhaft leben, desto weniger attraktiv ist es, dort Arztpraxen zur medizinischen Versorgung vorzuhalten. Gesundheitliche Angebote zur Erhaltung der Lebensqualität, zur gesunden Ernährung sind seltener. Attraktive Freizeitangebote sucht man dort meistens vergeblich.

Unterversorgung
Erstmalig im Jahr 2012 wurde der Begriff geschärft und es wurden mit dem Versorgungsstrukturgesetz Maßnahmen eingeleitet, um der zunehmenden Unterversorgung mit entsprechenden Anreizen für die Ärzteschaft entgegenzuwirken. Nach SGB V ist seitdem die Möglichkeit gegeben, über die Vertragspartner (die Kassenärztliche Vereinigung würde den ersten Schritt machen, benennt die betroffenen Regionen, die Krankenkassen würden folgen) paritätisch finanzierte Strukturfonds einzurichten. Weiterhin gibt es finanzielle Anreize für Ärzte, auf Grundlage des Orientierungswertes entweder einen Zuschlag oder einen Abschlag zu erhalten, wenn die gesetzlichen Vorgaben eines zusätzlich lokalen Versorgungsbedarfs nach Paragraf 100 SGB V Abs.1 und 3 erfüllt ist. Doch genau da liegt die Herausforderung im Detail. Demnach, also nach den festgelegten Kriterien, wann sich ein Gebiet, eine Region besonders im ländlichen Raum als unterversorgte Region rechtlich einordnen lässt, existiert nach den gesetzlichen Vorgaben in Deutschland nicht. Hier wurde besonders großer Wert auf die Theorie gelegt. Trotz Verkleinerung der Planungsbereiche für den hausärztlichen Bereich auf Gemeindeverbundsnähe und der Berechnung Arzt pro Einwohner besteht das Problem weiterhin. Der Alltag sieht zunehmend so aus: Die Bürgerinnen und Bürger stoßen im Krankheitsfall zunehmend in den ländlichen Gebieten auf die Schwierigkeit, eine primäre medizinische Versorgung zu erhalten, die gemeindenah oder wohnortnah erreichbar ist. Zunehmend können frei werdende Arztpraxen in ländlichen Gebieten nicht mit einem Nachfolger für die Region besetzt werden. Um die ambulante ärztliche Versorgung in den betroffenen, strukturschwachen Regionen zu stärken, bedarf es einer weiteren Änderung des Gesetzgebers in den entsprechenden Passagen des SGB V.

Einige Fakten aus dem Sachverständigenrat Gesundheit (Gutachten 2014) Teil II: Bedarfsgerechte Versorgung aus der Perspektive ländlicher Regionen
Der Sachverständigenrat hat die Aufgabe, im Rahmen seiner Gutachten Prioritäten für den Abbau von Versorgungsdefiziten und bestehenden Überversorgungen zu entwickeln und Wege zur Weiterentwicklung des deutschen Gesundheitswesens aufzuzeigen. Das jetzt vorgelegte Gutachten knüpft an das bereits im Jahr 2000/2001 publizierte Gutachten zur »Über-, Unter- und Fehlversorgung« an. Damals bezog sich die Analyse einer möglichen Unterversorgung auf einzelne medizinische Indikationen, eine regionale Unterversorgung erschien kaum vorstellbar oder höchstens als ein Ergebnis extremer regionaler Besonderheiten. Inzwischen sind nicht nur die Herausforderungen, die durch den demografischen Wandel, den technologischen Fortschritt und die Ausweitung der Angebotskapazitäten an die Finanzierung des Gesundheitssystems gestellt werden, stärker in das öffentliche Bewusstsein gelangt, sondern auch die teilweise gefährdete Versor-

gungssituation insbesondere in strukturschwachen, ländlichen Regionen. Während Versorgungskapazitäten insgesamt im internationalen Vergleich auf sehr hohem Niveau vorhanden sind, drohen innerhalb des Bundesgebietes zunehmende Schieflagen zwischen Ballungsgebieten und der Fläche. Akteure in Bundes-, Landes- und Kommunalpolitik sowie in der Selbstverwaltung suchen nach Lösungen für eine nachhaltige Versorgung ländlicher Räume, die sich zunehmend entleeren (vgl. Abbildung 11.1) und deren zurückbleibende Bevölkerung überdurchschnittlich stark altert.

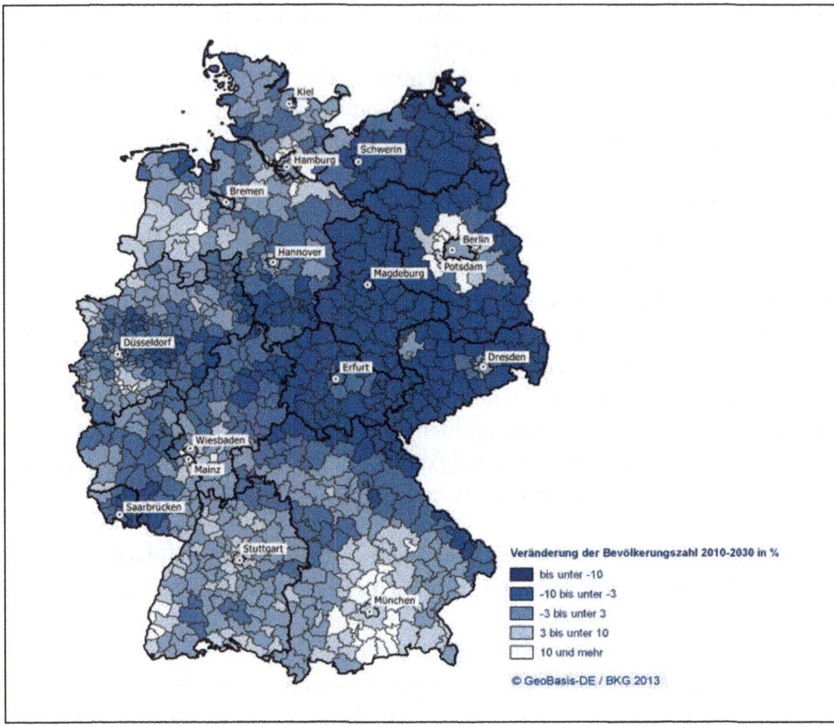

Abbildung 11.1 Künftige Bevölkerungsentwicklung in den Mittelbereichen (Quelle: SVR Gutachten 2014)

Die bislang getroffenen Maßnahmen waren leider nicht in der Lage, eine kontinuierliche Verschärfung der vereinzelt bereits sich abzeichnenden und in einigen Regionen drohenden Unterversorgung zu verhindern. Im Koalitionsvertrag sind weitere Maßnahmen vorgesehen, die in die richtige Richtung gehen, vermutlich aber ebenfalls allein nicht ausreichen werden, um längerfristig eine bedarfsgerechte Versorgung sicher zu stellen. Abschließend werden daher weitergehende Vorschläge zum Abbau von Versorgungsdefiziten und bestehenden Überversorgungen sowie zu erfolgversprechenden multiprofessionellen Modellen stärker integrierter Versorgungsangebote für ländliche Regionen unterbreitet. **Zentrales Ziel eines patienten- bzw. nutzerorientierten Gesundheitssystems muss die Schaffung und Sicherstellung eines bedarfsgerechten Versorgungsangebots sein, das für alle Bürgerinnen und Bürger bestmöglich zugänglich und erreichbar ist.** Im Rahmen des Gutachtens werden verschiedene Bereiche der Gesundheitsversorgung beleuchtet, jeweils mit einem besonderen Fokus auf regionale Unterschiede. Charakteristisch für das deutsche System ist eine ausgeprägte sektorale Gliederung. Der Rat hat sich bereits in früheren Gutachten wiederholt dafür ausgesprochen, insbesondere die Sektorengrenzen zwischen stationärer und ambulanter Versorgung durch eine integrierte Versorgung (vgl. z. B. SG 2009, Ziffer 1138 ff.) und Lösung von Schnittstellenproblemen (vgl. SG 2012) zu überwinden. Innerhalb der einzelnen Sektoren treten ausgeprägte Allokationsprobleme auf, während das deutsche Gesundheitssystem insgesamt sehr gut ausgebaut ist und z. B. über eine im internationalen Vergleich überdurchschnittliche Arztdichte verfügt. Besorgniserregend sind vor allem die zunehmenden Fehlverteilungen der Kapazitäten. Zum einen zwischen ländlichen und städtischen Regionen und zum anderen zwischen hausärztlicher Grundversorgung und spezialisierter fachärztlicher Versorgung im ambulanten Bereich. Im stationären Bereich besteht insgesamt ein Überangebot an Versorgungskapazitäten. Zugleich gibt es einen nennenswerten Anteil defizitärer Häuser, auch in strukturschwachen, ländlichen Regionen, die vor der Herausforderung stehen, ihre wirtschaftliche Existenz sicherzustellen. In der vom Fachkräftemangel besonders stark betroffenen Langzeitpflege werden die heutigen Kapazitäten und Versorgungsformen insgesamt nicht ausreichen, die aufgrund des demografischen Wandels wachsende Anzahl der Pflegebedürftigen mit einem sich wandelnden Morbiditätsspektrum zu versorgen. Ansätze zur Optimierung der Gesundheitsversorgung zielen deshalb zum einen auf den gleichzeitigen Abbau von regionaler und fachspezifischer Über- und Unterversorgung, zum anderen auf eine gezielte Weiterentwicklung innerhalb einzelner Sektoren sowie insbesondere die Etablierung zukunftsweisender Konzepte für eine integrierte und stärker koordinierte Versorgung. Im Rahmen des vorliegenden Gutachtens werden daher gleichzeitig mehrere Wege beschritten und sich ergänzende Empfehlungen ausgesprochen. Zur Stärkung von strukturschwachen Regionen mit Versorgungsdefiziten müssen dabei zum einen die bestehenden gesetzlichen Instrumente, die etwa durch das Versorgungsstrukturgesetz gegeben sind, wirkungsvoll ausgeschöpft werden, zum anderen müssen neue bzw. weitaus stärker wirksame Anreizsysteme und weitreichendere Versorgungsmodelle entwickelt werden, als dies bisher der Fall war. Notwendige Verbesserungen innerhalb der Sektoren betreffen eine regional ausgeglichene Verteilung der Kapazitäten – sowohl ambulant als auch stationär – sowie insbesondere eine nachhaltige Stärkung der hausärztlichen Primärversorgung und pflegerischen Langzeitversorgung. Bei der Weiterentwicklung von regionalen Versorgungskonzepten ist generell ein besonderes Augenmerk auf die ältere Bevölkerung zu legen. (SVR-Gutachten 2014)

Bedarfsplanung – Bedarfsermittlung
Die Bedarfsplanung hat historisch gesehen bereits 38 Jahre vorzuweisen. In diesen Jahrzehnten hat die Selbstverwaltung Änderungen und Anpassungen in Bezug auf die Sicherstellung der Versorgung der Bürgerinnen und Bürger vorgenommen. Das Allokationsproblem, die effiziente Verteilung der Ärzte, besteht weiterhin. Ein Defizit scheint dabei, das zu wenig valide Daten aus Analysen der Bedarfsermittlung vorliegen. Daten, die beschreiben, wie viel Versorgungsstunden z. B. ein 65-jähriger Mann bei einem Facharzt benötigt. Versorgungsstudien beschreiben, dass ein 65-jähriger Mann eine 4-mal so hohe Versorgung benötigt. Diese fließen dann auch in die Abrechnungsdaten KV bezogen mit ein. Allerdings fehlen konkrete Daten, die dann regionsmäßig wissenschaftlich nach bestimmten Kriterien erfasst und ausgewertet werden. Anhand der Bevölkerungsdichte einer Region könnte dann sehr schnell erfasst werden, wie viele Versorgungsstunden für einen Vertragsarzt in einer bestimmten Region für eine adäquate Versorgung benötigt werden. Abzuwarten bleibt nun, wie sich der G-BA künftig auf Grundlage des GKV Versorgungsstärkungsgesetzes ab 2016 den unterversorten Regionen und der Bedarfsplanung annehmen wird. Dem Gemeinsamen Bundesausschuss (G-BA) wird aufgegeben, die Bedarfsplanung weiterzuentwickeln und anzupassen. Er soll bis zum 31. 12. 2016 die Bedarfsplanung bedarfsgerechter und kleinräumiger regeln. Es soll geprüft werden, ob die Bedarfsplanung für einzelne Arztgruppen durch eine Anpassung der Verhältniszahlen oder der räumlichen Planung weiter verbessert werden kann. Bei der Bedarfsplanung soll auch die Veränderung der Sozial- und Morbiditätsstruktur berücksichtigt werden. Die vertragsärztliche Bedarfsplanung gibt es seit dem Jahr 1977. Um bundesweit eine ausgewogene haus- und fachärztliche Versorgung zu sichern, hat der Gesetzgeber im Jahr 1993 die Bedarfsplanung reformiert. Ziel war es ursprünglich, einen Anstieg der Zahl von Ärztinnen und Ärzten vor allem in bereits überversorgten Gebieten zu verhindern. Mit dem am 1. Januar 2012 in Kraft getretenen GKV-Versorgungsstrukturgesetz (GKV-VStG) änderte sich die Zielsetzung. Angesichts von Problemen bei der Nachbesetzung von Arztpraxen in strukturschwachen Gebieten geht es nun vor allem darum, allen GKV-Versicherten, unabhängig von Wohnort, Einkommen oder anderen Faktoren, einen gleichmäßigen Zugang zur ambulanten Versorgung

zu sichern. Der Gesetzgeber gab dem G-BA im Zuge der veränderten Zielsetzung Spielräume, die Bedarfsplanungs-Richtlinie zu einem Steuerungsinstrument weiter zu entwickeln, das flexibler als bisher auf besondere Probleme bei der ambulanten Versorgung im ländlichen Raum reagieren kann. Die Bedarfsplanung für die vertragsärztliche und vertragszahnärztliche Versorgung der Bevölkerung liegt in den Händen der Selbstverwaltung. In § 99 SGB V heißt es zur Bedarfsplanung Ärzte: Die Kassenärztlichen Vereinigungen haben im Einvernehmen mit den Landesverbänden der Krankenkassen und den Verbänden der Ersatzkassen sowie im Benehmen mit den zuständigen Landesbehörden nach Maßgabe der vom Gemeinsamen Bundesausschuss erlassenen Richtlinien auf Landesebene einen Bedarfsplan zur Sicherstellung der vertragsärztlichen Versorgung aufzustellen und jeweils der Entwicklung anzupassen.(G-BA Bedarfsplanung 2015)

Im ambulanten Bereich hat die Bedarfsplanung bisher ihren Zweck verfehlt. Es gibt ausreichend Ärzte bundesweit. Der wahre Grund, dass niemand mehr dorthin will, wo die eigentlichen Herausforderungen in der Versorgung liegen, ist sehr transparent.

»Gesundheit ist ein Menschenrecht«. Artikel 12 Absatz 1 des UN-Sozialpaktes beschreibt als Ziel das Anstreben eines Höchstmaßes an körperlicher und geistiger Gesundheit. (…) Die wirtschaftliche Sicherstellung der medizinischen Versorgung für Jedermann (…) Ein vergleichbares »Recht auf Gesundheit« findet sich bei den im Grundgesetz beschriebenen Grundrechten nicht explizit.

11.3 Wo stehen wir jetzt mit dem Versorgungsmanagement in unterversorgten Regionen?

Dieser Abschnitt widmet sich konkret dem Versorgungsmanagement. Nach der Definition der DGbV ist Versorgungsmanagement das Management der Organisation, der Planung und Durchführung mit Controlling und Evaluation der Prozesse im Gesundheitswesen, die mit dem Bürger durchgeführt werden. Also alle Versorgungsprozesse, in denen der Bürger beteiligt ist. Die Versorgungskette sieht die DGbV von der Prävention und Früherkennung über die Behandlung bis hin zur Nachsorge und letztendlich bis zum Sterben zu Hause oder im Hospiz. (DGbV-Definition 2014)

Dieser Abschnitt zeigt einige exemplarisch ausgewählte Ansätze und Projekte aus der praktischen Umsetzung heraus, die alle das Ziel verfolgten, strukturschwache, unterversorgte Regionen, oder kurz davor stehende Regionen managementbasiert gesundheitlich, mit verschiedenen Ansätzen zu versorgen.

Bisherige Ansätze

Grob lassen sich die Projekte und Konzepte in 3 Kategorien einteilen:

A. Die Sicherstellung der Versorgung der Bürgerinnen und Bürger »fahrend« Fahrend steht synonym für: entweder die rollende Arztpraxis kommt zum Patienten, oder der Patient kommt mit dem Patientenbus zur Arztpraxis **Zukunftsprojekt Rollende Arztpraxis** Mobiles Konzept als künftige 3. Säule zur Sicherung der medizinischen Versorgung, im LK Wolfenbüttel. Fördernde Einrichtungen waren das niedersächsische Ministerium für Soziales, Frauen, Familie, Gesundheit und Integration, die AOK Niedersachsen, die Kassenärztliche Vereinigung Niedersachsen. Die zentrale Fragestellung des Projektes war, ob und wie die hausärztliche Versorgung durch eine mobile Versorgungseinheit »die Rollende Arztpraxis« ergänzt werden kann. Grundlegende operationalisierte Kennzahlen waren die Inanspruchnahme der Rollenden Arztpraxis, die ökonomische Tragfähigkeit sowie die Auswirkungen auf die subjektive Versorgungswahrnehmung behandelter und potentiell behandelbarer Patienten. Die Projektlaufzeit betrug 18 Monate. Die Studie erfolgte in drei Partitionen unterteilt in Planungs-, Prozess- und Output-Evaluation. Das Ziel, war die Sicherstellung einer wohnortnahen, bedarfsgerechten medizinischen Versorgung speziell im Hinblick auf die Behandlung chronisch kranker, multimorbider und älterer Patienten. Die Frage ist, ob und wie die hausärztliche Versorgung durch eine mobile Versorgungseinheit – die Rollende Arztpraxis – ergänzt werden kann. Während sich bestehende Arztmobil-Modelle auf die Spezial- oder Basisversorgung einer spezifischen Teilmenge von Patienten beschränken, soll die Rollende Arztpraxis mobile Ergänzungslösung zur hausärztlichen Versorgung abbilden. Die Auswahl adäquater Einsatzgemeinden erfolgte durch Analyse der Arztdichte und Verkehrsanbindung. Versorgungsanforderungen wurden durch eine teilstandardisierte Umfrage in den Projektregionen erhoben. Zielgrundgesamtheit waren alle gesetzlich Versicherten des Landkreises Wolfenbüttel. Abgeleitet aus den resultierenden Use Cases wurden Versorgungsszenarien definiert.

Die Akzeptanz wurde durch laufende Befragungen während der gesamten Projektlaufzeit ermittelt. Fragen an potentielle Patienten enthalten demografische Daten, Angaben zur aktuellen medizinischen Versorgung und Erwartungen an die RAP. Tatsächlich in der RAP behandelte Patienten werden zusätzlich zur Zufriedenheit mit ihrer Behandlung in der RAP befragt. Fragen an niedergelassene Hausärzte in den Projektregionen enthalten ebenso demografische Daten, generelle Angaben zur Praxis und sowie erwartete Nutzwerte für die Ärzte selbst und ihre Patienten.

Die basale ökonomische Evaluation erfolgte anhand von Auslastungs- und Einsatzmodellen aus den realen Abrechnungen und Aufwendungen.

Die Auswahlgrundgesamtheit der Vorbefragung umfasst 3090 Versicherte. Eine Antwortrate von 17,8 % führte zu einer Stichprobengröße von 549 Versicherten. Das Durchschnittsalter war 61 Jahre, wobei Frauen (n = 244) und Männer (n = 296) ähnlich verteilt waren. 61 % (n = 323) gaben an, an einer oder mehreren chronischen Krankheiten zu leiden. 38 % (n = 141) waren eher oder sehr unzufrieden mit der hausärztlichen Versorgung. 41 % (n = 150) waren eher oder sehr unzufrieden mit der Erreichbarkeit des Hausarztes.

Die häufigsten Gründe für einen Hausarztbesuch waren die Behandlung akuter Symptome (n = 375), Folgerezeptausstellungen (n = 317), Facharzt-Überweisungen (n = 262) und die Behandlung chronischer Beschwerden (n = 183). Diese Verteilung spiegelte sich auch im erwarteten Leistungsspektrum der RAP (n = [332, 285, 131, 115]) wider.

372 Rückmeldungen kamen aus den jeweils ausgewählten Halteorten. Davon gaben rund 41 % eine eher hohe oder sehr hohe Wahrscheinlichkeit an, die RAP in Anspruch zu nehmen.

Während der Projektlaufzeit wurden 501 Behandlungen durchgeführt. Es gab eine Gesamtzahl von 276 Fällen. Das Durchschnittsalter der Patienten betrug 69 Jahre. Über die Hälfte der Patienten leidet an 3 oder mehr Diagnosen. Die Verteilung der Auslastung über die Haltepunkte war sehr unterschiedlich (n = [115, 158, 127, 70, 9, 5, 17]). Die häufigsten Diagnosen waren essentielle (primäre) Hypertonie (ICD-10: I10) gefolgt von chronischer ischämischer Herzkrankheit (ICD-10: I25) und hypertensiver Herzkrankheit (ICD-10: I11).

Ergebnisse der laufenden Befragung behandelter Patienten (Rücklauf ca. 13 %, n = 37) zeigt, dass alle Patienten eher zufrieden oder sehr zufrieden mit der RAP insgesamt sind. Kleinere Unzufriedenheiten betreffen die Haltefrequenz (n = 1) oder die Sprechzeiten (n = 1) der RAP. Als Gründe für den Besuch der RAP wurden hauptsächlich Folgerezeptausstellungen (n = 18) und akute (n = 15) sowie chronische (n = 8) Beschwerden angegeben. Viele Patienten erreichten die RAP zu Fuß (n = 18) oder mit dem Fahrrad (n = 7).

Die Auswertung der Pseudoabrechnungen und Projektausgaben zeigt ein Defizit in allen drei aufgestellten Betriebsmodellen sowie deren drei Ausprägungen. Bei optimaler Standortwahl kann die RAP theoretisch bis zu 59 % der Auslastung einer durchschnittlichen hausärztlichen Praxis generieren. Der Betrieb ist zur Ergänzung der ambulanten wohnortnahen Versorgung in Form eines subventionierten Modells möglich. Schlüsselfaktoren in der Standortwahl sind dabei ansässige Ärzte, die Verkehrsanbindung und das Bevölkerungsprofil. (Schwartze et al. 2014)

Fazit: In Bezug auf die Fragestellung des Projektes ist es möglich, die ambulante ländliche hausärztliche Gesundheitsversorgung der gesetzlichen Kranversicherung im Landkreis Wolfenbüttel erfolgreich zu ergänzen. Im Dezember 2014 wurde das Modellprojekt die rollende Arztpraxis aus untragbaren wirtschaftlichen Gründen beendet. Die Auslastung und somit die Annahme und Nutzung von den Patientinnen und Patienten war zu gering. Nach KV Niedersachsen internen Berechnungen werden landesweit bis zum Jahr 2020 über 30 % aller niedergelassenen Ärzte ausscheiden. Ihr Durchschnittsalter liegt schon jetzt bei 54,7 Jahren.

KV RegioMed Patientenbus der IGiB **in Märkisch-Oderland.** Dieses Projekt zeigte den innovativen Weg auf, wie die Patienten im Patientenbus zur Arztpraxis gelangen. Der KV RegioMed Patientenbus war Bestandteil eines Gesamtkonzeptes.

KV RegioMed – Ein Baukasten für die Zukunft. Die IGiB – Innovative Gesundheitsversorgung in Brandenburg ist eine Arbeitsgemeinschaft aus Kassenärztlicher Vereinigung Brandenburg, AOK Nordost und BARMER GEK. Sie wurde 2009 gegründet. Lösungen, mit denen Menschen aus dünn besiedelten, ländlichen Regionen zum Arzt befördert werden, auch um die immer stärker beanspruchten Ärzte zu entlasten, wurden gesucht und entwickelt. Der »KV RegioMed Patientenbus« als eine mögliche ergänzende Struktur, die speziell auf die Bedürfnisse und Versorgungssituationen vor Ort zugeschnitten war. Der Patientenbus war seit Dezember 2012 immer dienstags im Einsatz, um insbesondere ältere, in ihrer Mobilität eingeschränkte Menschen besser zu den Arztpraxen zu bringen.(KBV Qualitätsbericht 2014)

Fazit: Für den Landkreis und die Kommune sei der »KV RegioMed Patientenbus« hinter den erhofften Fahrgastzahlen und hinter den wirtschaftlichen Erwartungen zurückgeblieben. 30 Fahrgäste seien im Durchschnitt pro Monat mit dem Bus gefahren. Davon habe nur ein kleiner Teil das Angebot genutzt, um tatsächlich zum Arzt zu fahren. Auch wenn es in Märkisch-Oderland keine Fortsetzung des »KV RegioMed Patientenbusses« über den 15. Dezember 2013 hinaus geben wird, ist die IGiB dennoch vom konzeptionellen Ansatz überzeugt. Ein Bus fährt weiterhin das Gebiet an, allerdings nicht mehr mit dem primären Ziel, die Versorgung zu unterstützen.

B. Zweigpraxen und Filialen, gemeindenahe MVZ oder VVZ Ansiedlung Einige Regionen in Sachsen Anhalt sind bereits seit Jahren von der Unterversorgung im hausärztlichen Bereich betroffen. Ein innovatives Konzept der Vertragspartner aus dem Jahre 2009 brachte einen Lösungsansatz. Das Vernetzte Versorgungszentrum (VVZ) wurde innerhalb der Kassenärztlichen Vereinigung in Sachsen-Anhalt errichtet und betreibt Filialpraxen und Eigeneinrichtungen nach § 105 Abs. 1 SGB V. (Förderung der vertragsärztlichen Versorgung, Feststellung nach § 100 Abs. 1)

Filialpraxen der Kassenärztlichen Vereinigung Sachsen Anhalt Die dünn besiedelten, ländlichen Regionen der Landkreise Stendal und Altmarkkreis Salzwedel sind von Unterversorgung im hausärztlichen Bereich betroffen. Die dort tätigen Hausärzte versorgen bereits überdurchschnittlich viele Patienten. Bei Beendigung der Zulassung einzelner Ärzte konnten Praxisstandorte zunehmend nicht wiederbesetzt werden und der weiterhin bestehende Versorgungsbedarf der Bevölkerung nicht durch die ggf. vor Ort noch tätigen Ärzte gedeckt werden. Vor diesem Hintergrund entwickelte die KVSA in Zusammenarbeit mit der AOK Sachsen-Anhalt und dem Ministerium für Gesundheit und Soziales das Konzept der Filialpraxen. 2008/2009 wurde die erste konzeptionelle Phase des Projektes zunächst im Rahmen des Bundeswettbewerbs »Gesundheitsregionen der Zukunft« gefördert. Im Anschluss wurde der Aufbau von Filialpraxen in unterversorgten Regionen im Rahmen eines Modellvorhabens bis 2011 von den drei Projektpartnern (KV Sachsen-Anhalt, AOK Sachsen-Anhalt und dem Land) weiter getragen. Seit 2012 wird das Projekt von der KVSA und der AOK Sachsen-Anhalt finanziert. Die Standorte der Filialpraxen sind in Letzlingen, Schönhausen (Altmark), Kalbe (Milde), Rochau, Klötze, Salzwedel und Seehausen in den Landkreisen Stendal und Altmarkkreis Salzwedel im nördlichen Sachsen-Anhalt. Eine augenärztliche Filialpraxis befindet sich in Magdeburg. Die Einwohnerzahl der Kreise beträgt zusammen ca. 220 000. Mit 47 Einwohnern je km^2 ist die Region relativ dünn besiedelt. In den Landkreisen besteht eine Unterversorgung bzw. droht eine Unterversorgung im hausärztlichen Bereich. Nach der Bedarfsplanung (Stand: 209. Fortschreibung) beträgt der Versorgungsgrad im Kreis Salzwedel 75,6 % und im Kreis Stendal 77,9 %. Etwa 23 % der Allgemeinmediziner sind älter als 62 Jahre; etwa 33 % der Einwohner sind älter als 65 Jahre. Niedergelassene Ärzte aus der Umgebung oder Ärzte im Ruhestand bzw. angestellte Ärzte erbringen die Sprechstunden in den Filialpraxen. Jede der vier Praxen wurde den Bedingungen vor Ort (z. B. vorhandene Räumlichkeiten) und den Bedürfnissen der behandelnden Mediziner (z. B. geeignete Praxissoftware) angepasst. Die gesamte Organisation der Filialpraxen (Personalplanung, Fortbildungen, Abrechnungen, Bestellungen, etc.) wird im Vernetzten Versorgungszentrum (VVZ) der KV übernommen. Ausgebildete Filialpraxisassistentinnen (insbesondere VERAH) stellen die Konstante in den Filialpraxen dar. Den Ärzten können im Rahmen des Konzepts der Filialpraxen verschiedene Beschäftigungsverhältnisse (Vollzeit/Teilzeit/angestellt/selbständig) geboten werden. Gründungsjahr war 2009. Die Initiatoren waren KV Sachsen-Anhalt, AOK Sachsen-Anhalt, Ministerium für Gesundheit und Soziales des Landes Sachsen-Anhalt. Finanzierung: Filialpraxen werden wie herkömmliche Vertragsarztpraxen abgerechnet. Aus den Einnahmen werden die Betriebskosten und die Honorare der Ärzte finanziert. Organisationsform: Filialpraxen, Vernetztes Versorgungszentrum (VVZ) Modellgröße und Kooperationspartner:

Zurzeit existieren 7 Filialpraxen. Das Vernetzte Versorgungszentrum wird von einer Mitarbeiterin der KV mit betriebswirtschaftlichem Hintergrund organisiert, die durch weitere Kolleginnen und Kollegen der KV unterstützt wird.

Innovative Elemente, Fazit: Die Kassenärztliche Vereinigung betreibt eigene Arztpraxen. Innerhalb der Filialpraxen sind für die dort tätigen Ärzte eine hohe Flexibilität bei der Gestaltung der Arbeitsbedingungen und eine Entlastung von administrativen Tätigkeiten gegeben. Ärzte können angestellt oder selbständig in Voll- oder Teilzeit in Filialpraxen tätig sein. Junge Allgemeinmediziner können Erfahrungen in einer Hausarztpraxis sammeln, ohne sich an einen Standort langfristig binden und ein wirtschaftliches Risiko eingehen zu müssen; ältere Ärzte können so lange wie möglich und gewünscht weiter arbeiten und ihre Erfahrungen weitergeben. Auf diese Weise kann den Wünschen des Nachwuchses nach flexiblen Arbeitsmodellen und einer besseren Vereinbarkeit von Familie und Beruf Rechnung getragen und ein Beitrag dazu geleistet werden den Ärztemangel in der Region abzumildern. Möglich auf Basis des Vertragsrechtsänderungsgesetzes. (Innovative Gesundheitsmodelle KV Sachsen Anhalt)

C. Telemedizinische Versorgung als medizinischer Bestandteil im ländlichen Raum **Telemedizin** ermöglicht es, unter Einsatz audiovisueller Kommunikationstechnologien trotz räumlicher Trennung z. B. Diagnostik, Konsultation und medizinische Notfalldienste anzubieten. In Zukunft kann Telemedizin vor allem für den ländlichen Raum ein Bestandteil der medizinischen Versorgung werden. Mit dem GKV-Versorgungsstrukturgesetz erhielt der Bewertungsausschuss der Ärzte und Krankenkassen die Aufgabe festzulegen, in welchem Umfang durch den Einheitlichen Bewertungsmaßstab (EBM) definierte ärztliche Leistungen auch telemedizinisch erbracht werden können, und wie demzufolge der EBM entsprechend anzupassen ist. Dieser Prüfauftrag umfasst auch die bundesmantelvertraglich zu vereinbarenden Kostenpauschalen (Portokosten) für den elektronischen Versand ärztlicher Unterlagen (Briefe) an andere Ärzte. Eine Rahmenvereinbarung zwischen den Trägerorganisationen des Bewertungsausschusses legt Eckpunkte für die Überprüfung des EBM fest. Mit dem Entwurf eines Gesetzes für sichere digitale Kommunikation und Anwendungen im Gesundheitswesen sollen telemedizinische Leistungen weiter gestärkt werden. (BMG Definition 2015)

Das Projekt »Gesundheitsregion der Zukunft Nordbrandenburg – Fontane« hat es sich zum Ziel gesetzt, diese Fragen in einer Studie mit 1500 Patienten zu beantworten. Kann die Telemedizin Einweisungen ins Krankenhaus vermeiden? Ist die telemedizinische Mitbetreuung ein Lösungsansatz für die Versorgung von Patienten im ländlichen Raum? Können telemedizinische Angebote das deutsche Gesundheitssystem finanziell entlasten? Die 2009 gestartete Telemedizinstudie der Charité – Universitätsmedizin Berlin wird von der AOK Nordost und der Barmer GEK unterstützt. Das Bundesministerium für Bildung und Forschung fördert das Projekt mit 8 Millionen Euro, das Land Brandenburg mit weiteren 4,5 Millionen Euro.

Die klinische Studie ist eine der größten Telemedizinstudien zur chronischen Herzinsuffizienz weltweit. Sie will bis 2015 erstmals untersuchen, welche Effekte eine Kombination aus ambulanter Versorgung und telemedizinischer Betreuung von Patienten mit Herzschwäche im ländlichen Raum Brandenburgs hat. Eine kontinuierliche telemedizinische Beobachtung dieser Risikopatienten könnte helfen, Verschlechterungen im Therapieverlauf frühzeitig zu erkennen, um im Notfall schneller eingreifen zu können. Ziel der Studie ist es herauszufinden, ob eine Kombination aus ambulanter und telemedizinischer Betreuung gleichwertig ist mit der Behandlung, die Patienten in der Metropole Berlin von Kardiologen erhalten. In der Versorgungsstudie werden die Patienten nach dem Zufallsprinzip in eine Telemedizin- und in eine Kontrollgruppe aufgeteilt. Die Telemedizin-Patienten erfassen täglich von zu Hause aus ihre Daten mit einer Waage, einem EKG- und einem Blutdruckmessgerät. Ein spezielles Gerät speichert und analysiert diese Werte und leitet sie automatisch an das telemedizinische Zentrum an der Charité weiter. Dort überwachen Fachärzte und Fachpfleger die eingehenden Messdaten rund um die Uhr. Sind sie auffällig, gibt es ein abgestuftes Vorgehen: von der telefonischen Kontaktaufnahme mit dem Patienten über eine veränderte Medikation in Absprache mit den betreuenden Ärzten bis hin zur Alarmierung des Notarztes. Prof. Dr. Friedrich Köhler, Leiter des Zentrums für kardiovaskuläre Telemedizin an der Charité, leitet die wissenschaftliche Studie »Telemedical Interventional Management in Heart Failure II« (TIM-HF II). Er betont: »Das Projekt ist zukunftsweisend: Die telemedizinischen Angebote nützen den Patienten und stärken gleichzeitig auch die Hausärzte, die in den dünn besiedelten Gegenden Brandenburgs ganz häufig auch Herzpatienten betreuen. Auf diese Weise wird die Qualität der Versorgung aller Patienten gesichert – unabhängig davon, ob sie in der Nähe eines Facharztes wohnen.« Prof. Dr. Ulrich Frei, Ärztlicher Direktor der Charité, ergänzt: »Die Telemedizinstudie ist ein herausragendes Beispiel dafür, wie die hausärztliche Versorgung in Brandenburg und die universitäre Forschung an der Charité ganz praxisnah und länderübergreifend zusammenarbeiten können.«(Fontane Studie 2014)

11.4 Was lernen wir daraus

Ausgehend von den bisherigen Ansätzen, die exemplarisch ausgewählt wurden und in Abschnitt 11.3 aufgeführt sind, lässt sich folgendes als Lerneffekt aufzählen:

- Das mobile Konzept (rollende Arztpraxis) angetreten als künftige 3. Säule zur Sicherung der medizinischen Versorgung in strukturschwachen und oder unterversorgten Regionen könnte die ambulante ländliche hausärztliche Gesundheitsversorgung der gesetzlichen Kranversicherung erfolgreich ergänzen. Dieses Angebot wurde von den Patientinnen und Patienten nicht erwartungsgemäß angenommen. Einen möglichen Fehler sehen Experten im Management der Versorgung in dem Konzept, in der Kommunikation, speziell in der Informationspolitik und Einbindung der Bürger, und in der Koordination der Prozesse.
- Der KV RegioMed Patientenbus mit denen Menschen aus dünn besiedelten, ländlichen Regionen zum Arzt befördert werden sollten, scheiterte ebenso aus wirtschaftlichen Gründen. Er wurde nicht adäquat genutzt. Eingebettet in einem Gesamtversorgungskonzept für die Bürgerinnen und Bürger, die in den Strukturschwachen und oder unterversorgten Regionen dauerhaft wohnen lässt sich dieser Ansatz bestimmt weiterverfolgen.
- Filialpraxen und Eigeneinrichtungen leisten einen Beitrag zur wohnortnahen ambulanten medizinischen Versorgung. Durch das Projekt können junge Ärzte, die sich potenziell für eine Niederlassung interessieren und Ärzte, die sich im Ruhestand befinden und bereit sind ihre Kompetenz zur Verfügung zu stellen, für die ambulante Versorgung gewonnen werden. Aufgrund des bestehenden und immer weiter fortschreitenden Ärztemangels ist die größte Herausforderung des Projektes, die Gewinnung von Ärzten für eine vertragsärztliche Tätigkeit. Der Ansatz der Effizienz in der Versorgung ist gegeben, der Koordinationsprozess im Management in den Ebenen ist gut. Dennoch, als alleinige Lösung wird sie kritisch hinterfragt. Das Allokationsproblem wird dadurch nicht gelöst. Ein praktizierender Arzt in der Filiale fehlt dann wieder an anderer Stelle.
- Die Telemedizin als ein Bestandteil der Telematik, ist in Deutschland noch weniger gut etabliert. Überwiegend als ein Bestandteil, als Insellösung in einzelnen Versorgungsprojekten. Mit dem aktuellen eHealth Gesetzentwurf soll als Ziel die Telematik -Infrastruktur mit den notwendigen Sicherheitsmerkmalen als zentrale Infrastruktur im deutschen Gesundheitswesen etabliert werden. Damit wird auch eine Interoperabilität der Informationstechnischen Systeme im Gesundheitswesen erhofft. Die bestimmte Fragestellung in dem aufgeführten Projekt ob Telemedizin, vor allem für den ländlichen Raum, ein fester Be-

standteil der medizinischen Versorgung werden kann und welche Effekte eine Kombination aus ambulanter Versorgung und telemedizinischer Betreuung von Patienten mit Herzschwäche im ländlichen Raum findet in Kürze die Antworten. (Evaluation der Studie)Der Managementansatz ist praxisnah und hilft den Patientinnen und Patienten sich zu informieren, das Selbstmanagement wird gestärkt in dem eine aktive Beteiligung stattfindet.

11.5 Was ist zu tun?

Wenn auch noch einige Experten im deutschen Gesundheitswesen die Meinung vertreten, es gibt sie derzeit nicht, die unterversorgten Regionen und die gesundheitliche Versorgung der dort lebenden Patientinnen und der Patienten ist gewährleistet, so bleibt es Fakt, das perspektivisch gesehen in 10 Jahren ein vollkommen anderes Bild sich abzeichnen wird. Das erhoffte aktuelle Gesetz zur Stärkung der Versorgung in der gesetzlichen Krankenversicherung (VSG) wird dahingehend keine weiterführenden hilfreichen Ansätze, keine entscheidenden Lösungen auf den Weg bringen. Weiterhin »schraubt man in den betroffenen Ländern« erfolgversprechend an den Grundstöcken des Versorgungsstrukturgesetztes aus dem Jahre 2012, das sozusagen als Vorreiter des Versorgungsstärkungsgesetztes den Grundstein für strukturelle regionale Veränderungen für den Versorgungsbereich gelegt hat. Natürlich werden die Diskussionen und die Gesetzte in der Anwendung weiterhin sich mit den Herausforderungen der Bedarfsplanung beschäftigen müssen. Natürlich werden Wege gefunden, damit keine Praxis- oder MVZ Sitze entzogen werden müssen, betroffene Regionen entsperrt werden können. Die strikte Trennung in den Sektoren ambulant und stationär weiterzuverfolgen, ist in den unterversorgten Regionen nicht anzustreben. Alle Individualitäten und Spezifitäten müssen pro Region eingebracht werden, eine Selektivlösung speziell für diese eine Region muss entsprechend erarbeitet werden.

11.6 Wie kann Versorgung managementbasiert in unterversorgten Regionen funktionieren

Bisher gibt es zu wenige wissenschaftlich fundierte, evaluierte Versorgungs- Konzepte in unterversorgten Regionen und den entsprechenden Transfer dazu. An dieser Stelle sei erwähnt, dass der Stellenwert der Versorgungsforschung und die Förderung innovativer Versorgungsmodelle (Innovationsfonds) erst im Jahr 2015 die notwendige Aufmerksamkeit und die Förderung in den Gesetzmäßigkeiten erhalten haben. Perspektivisch gesehen müssten die Erkenntnisse zur Weiterentwicklung von geeigneten Versorgungskonzepten in unterversorgten Regionen sukzessive erarbeitet und umgesetzt werden. Fakten und Vorschläge für entstehende Versorgungskonzepte:

a. Die Zielsetzung für das konkrete Versorgungsmanagement in unterversorgten Regionen sollte zwingend beinhalten, das unter Einbindung der Bürgerinnen und Bürger, verständlich strukturiert und koordiniert, die Leistungserstellung in der gesundheitlichen Versorgung in der Region sichergestellt werden kann.

b. Zunächst die Sicherstellung der Versorgung im hausärztlichen Bereich und die wohnortnahe fachärztliche Regelversorgung. Die regionale Ausgangs-Situation muss daten- und strukturtechnisch valide erfasst werden. Handelt es sich in der Region um einen Versorgungszustand der im laufenden Jahr gleich bleibt, oder gibt es Versorgungsprobleme innerhalb oder außerhalb einer Saison? Besteht zum Beispiel ein großes Versorgungsproblem außerhalb der üblichen Geschäftszeiten im Bereich Arzneimittelversorgung? Ist die betroffene Region eine kreisfreie Stadt, und oder liegt sie an Randgebieten zu anderen Ländern? Welche Kreise genau sollen von einem entsprechenden Versorgungsmanagement regional profitieren. Diese und weitere Fragestellungen müssen im Vorfeld beantwortet werden.

c. Ergänzend dazu muss eine Identifizierung der vorhandenen Ressourcen erfolgen. Bestehende Ressourcen sind zum Beispiel, das Vorhandensein eines Krankenhauses, die Anzahl der Ärzte und Praxen, gibt es eine Privatpraxis in der Region, welche Einkaufszentren hat die Region, wieviel Bürger leben in der Region, welche Bildungsmöglichkeiten sind vor Ort, und nicht zuletzt die finanziellen Mittel. Diese Ressourcen sind ein sehr wertvolles Gut und sollten bestmöglich genutzt und nicht verschwendet werden.

d. Durch die demografisch bedingte Verknappung der Ressourcen personell und finanziell, eine zu erwartende Zunahme chronischer verhaltens- und verhältnisabhängiger Volkskrankheiten bekommt die Ressourcennutzung eine ganz andere Gewichtung und Bedeutung. In den kommenden 10 Jahren wird sich die aktive und mitverantwortliche Einbindung der Bürgerinnen und Bürger zu einer tragenden Säule des gesundheitlichen Versorgungsmanagements entwickeln. Deren Befähigung zum eigenverantwortlichen gesundheitlichen Handeln, sowie ihre Beteiligung an sie betreffenden Entscheidungen auf allen Systemebenen. Gründe dafür liegen auf der Hand. Die Forderung nach validen Gesundheitsinformationen, Förderung der Gesundheitskompetenz für chronisch Kranke, der Einführung des Unterrichtsfaches Gesundheitskunde vom ersten Schuljahr an, und sehr konkret die Forderung nach Veränderung der Sichtweisen aller Beteiligten im

Sinne einer bürgerorientierten Haltung, ausgerichtet an dem Bedarf (in diesem Fall Versorgungsanalysen insbesondere am Bedarf der älteren Bevölkerung) und den Bedürfnissen der Bürger. Diese Entwicklung bietet die Chance, individuelle und kollektive Gesundheitsziele auf einem hohen Versorgungs-Niveau zu erreichen und finanzieren zu können.

e. In der Region ist ein effizienteres Arbeiten unabdingbar. Die Beteiligten sollten sich auf Ihre Kernkompetenzen ausrichten, sich spezialisieren und eine Aufteilung der Arbeiten in den Prozessen und Strukturen vornehmen auf Grundlage der vorhandenen Ressourcen. Das erfordert ein hohes Maß an Koordination. Das bedarf einer sehr gezielten Organisation, Planung, Umsetzung und Evaluation der Prozesse. Insbesondere muss eine Nachhaltigkeit und in erster Linie eine langfristige Lösung angestrebt werden. Eine klar strukturierte Versorgung der primär und sekundär Versorgung sollte etabliert werden. Die Vergabe von öffentlichen Fördermitteln für innovative Versorgungskonzepte sollte in diesem Zusammenhang ein weiteres relevantes Kriterium enthalten. Nur wenn der Ansatz der **Bürgerorientierung** in den Konzepten enthalten ist, das heißt der Bürger sich im Krankheitsfall koordiniert und strukturiert in der regionalen Versorgung orientieren kann und sich im System leicht verständlich zurechtfindet, sollten Fördermittel fließen. Die Prozessschritte müssen offen und transparent sein.

f. Effizienz kann auch durch die Spezialisierung und Ausweitung der rechtlich definierten Kompetenzen von medizinischen Fachangestellten (MFA) gesteigert werden. Beispielhaft genannt sind VERAH, VERAH Care, Agnes II, MONI. Primäre Aufgabe der MFA ist die arztentlastende Tätigkeit in unterversorgten oder ländlichen Regionen. Demzufolge würde die Ausbildung der zum Teil jetzt schon spezialisierten Berufsgruppen (die Leistungen der AGNES II beruhen vertraglich auf Case Management) zum qualifizierten und zertifizierten Patienten Coach eine geeignete ergänzende Maßnahme darstellen. Mit der neuen Gesetzgebung ist der Einsatz der MFA für alle Regionen geöffnet worden, abzuwarten bleibt, wie genau die Kriterien festgelegt werden, wer darf welche Leistung in welchem Gebiet erbringen. Eine Forderung sollte nun auch die zwingende und notwendige Evaluierung sein. **Patientencoaching** ist ein Werkzeug, das Patienten nachhaltig in die Lage versetzt, ihre individuellen Gesundheitsziele zu erkennen und zu erreichen, indem sie lernen, eigene Fähigkeiten und Fertigkeiten zum Selbstmanagement der Erkrankung zu entwickeln sowie Angebote und Strukturen zielgerichtet auszuwählen und zu nutzen und damit ihre Lebensqualität zu steigern. Somit wird eine gezielt ausgerichtete, bessere Gesundheitsversorgung erreicht. (DGbV Definitionen Bürgerorientierung, Patientencoaching 2014)

g. Eine Effizienzsteigerung kann durch optimierte Ressourcennutzung der vorhandenen Räumlichkeiten erfolgen. In diesen Fall die Rolle des ländlichen Krankenhauses. Die ambulante Versorgung wird integriert. Das Krankenhaus kann folgende Funktionen übernehmen. Die Lösung kann nur über eine Hierarchisierung erfolgen, d.h., der Kombination einer Grundversorgung vor Ort und einer Spezialversorgung in Zentren. Erstere kann durch Allgemeinmediziner, Fachärzte, Portalkliniken und die Öffnung der ländlichen Krankenhäuser für die ambulante Behandlung (§ 116a SGB V) erfolgen, letztere durch eine spezialärztliche ambulante Versorgung im Krankenhaus, MVZ und Maximalversorger in den Zentren. Auch hier ist es lohnenswert, der Anregung des SVR zu folgen und ländliche Krankenhäuser zu lokalen Gesundheitszentren (LGZ) weiterzuentwickeln. Sie stellen einen zentralen Ort dar, an dem ambulante und stationäre Versorgung aus einer Hand und unter einem Dach (Campus) mit einer klaren Ausrichtung auf die Versorgung der älter werdenden Landbevölkerung inkl. stationäre und ambulante Kurzzeit- und Langzeitpflege sowie geriatrische Tagesklinik erfolgt und durch den alle weiteren Akteure des Gesundheitswesens koordiniert werden können. Diese Koordinationsleistung reicht bis hin zur Abstimmung mit der Verkehrsinfrastruktur. Entscheidend ist hierbei, dass wohl geordnete Versorgungspfade definiert werden, die dem Bürger im Krankheitsfall angeboten werden können. Der erste Zugang ist hierbei der Hausarzt, aber die Initiative für die Entwicklung und Umsetzung der Pfade kann den Hausarzt überlasten. Hier müssen Krankenhäuser mit ihrer Verwaltungskompetenz proaktiv werden Ein weiterer Aspekt der Funktionsausweitung von Krankenhäusern ist die grenzüberschreitende Versorgung. Bislang endet die Versorgung häufig an den Landesgrenzen. In Zukunft werden Krankenhäuser sehr viel häufiger Patienten aus Nachbarländern behandeln, und gleichzeitig werden Krankenhäuser in Nachbarländern Patienten aus Deutschland aufnehmen. Qualitäts- und Abrechnungsstandards sind hierbei erst noch zu regeln, d.h., es besteht Koordinationsbedarf. Krankenhäuser sollten nicht warten, bis diese von der Politik vorgegeben werden, sondern proaktiv ihre Chancen nutzen und koordinieren. Die Integration und Koordination von ärztlichem Bereitschaftsdienst, Rettungsdienst und Notaufnahmen ist heute bereits gängige Praxis in einigen Regionen, während in anderen diese Säulen völlig unkoordiniert nebeneinander stehen. Telemonitoring, Teleradiologie, Telepathologie und weitere Varianten der Telemedizin binden häufig niedergelassene Ärzte, Pflegedienste und andere Leistungsanbieter mit ein (z.B. Monitoring), wobei häufig eine Institution die Führung übernehmen muss, damit dies erfolgreich sein kann. Krankenhäuser haben größenbedingt die kompetentesten EDV-Abteilungen im Gesundheitswesen und können eine wichtige Koordinationsfunktion wahrnehmen. Die Besetzung von Arztpraxen (insb. wenn keine vollen Stellen besetzt werden können) sowie der Ersatz bei Berentung, Krankheit oder ähnlichen Ausfällen ist häufig schwierig. Krankenhäuser haben Zugriff auf einen größeren Personalpool, so dass sie flexibler reagieren können. Sie können teilzeitig Ärzte bereitstellen, was auch die Bindung der Bevölkerung ans Krankenhaus erhöht. Dies erfordert jedoch den Willen zur Koordination.(Flessa 2013/2015)

Effizienzsteigerung kann auch durch Nutzung der Räumlichkeiten zum Beispiel einer REWE Einzelhandelsketten Niederlassung für den Bereich zeitlich unabhängiges Arzneimittelmanagement über Doc Morris, der Versandapotheke erfolgen. Ein Lösungsansatz, der die Arzneimittelversorgung in ländlichen unterversorgten Regionen sicherstellen kann.

h. Neue ökonomische, effiziente Ansätze und Arbeitsteilungen erfordern ebenfalls neue Organisationsmechanismen und Steuerungen in den Finanzen und Budgets. Wer die Rolle des Koordinators trägt muss auch entsprechend die Finanzen dafür bereithalten können, beispielsweise in Form von Regionalbudgets oder Komplexpauschalen, die durch die Vertragspartner ausgehandelt werden.

i. Ein für die jeweilige Region zugeschnittenes Versorgungsmanagement kann nur erfolgreich sein, wenn alle Beteiligten gleichwertig und auf Augenhöhe koordiniert werden. Effizienz erfordert Koordination, d. h. die Abstimmung arbeitsteiliger Prozesse durch Kommunikation und Regelungen. Die aktive und mitverantwortliche Einbindung der Bürgerinnen und Bürger zu einer tragenden Säule des gesundheitlichen Versorgungsmanagements muss etabliert werden und das nicht nur in unterversorgten Regionen.

Literatur

https://www.g-ba.de/institution/themenschwerpunkte/bedarfsplanung//Zugegriffen am 18. Juni 2015

http://www.wirtschaftslexikon24.com/suche/search/Bevölkerungsdichte/Zugegriffen 15. Juni 2015

http://www.deutsche-apotheker-zeitung.de/wirtschaft/news/2015/04/30/docmorris-zieht-in-rewe-regalen-ein/15660.html/zugegriffen 10. Juli 2015

Flessa, S. (2013). Internationales Gesundheitsmanagement. München, Oldenbourg./ Fachartikel Fachzeitschrift DGbV/Versorgungsmanagement Konkret/Ausgabe 3/2015/ S. 22–24

http://www.bmg.bund./gkv-versorgungsstrukturgesetz./Zugegriffen: 18. Juni 2015/

http://www.innovative-gesundheitsmodelle.de/modelle/-/asset_publisher/ubf7syrf6E2N/content/filialpraxen-der-kassenarztlichen-vereinigung-sachsen-anhalt/maximized;jsessionid=E5A61096D84BE8090FA228AD36FD9723/zugegriffen am 03. Juli 2015

http://www.kbv.de/media/sp/KBV_Qualitaetsbericht_2014.pdf/zugegriffenam 03. Juli 2015

Duden.de/ http://www.duden.de/rechtschreibung/Region/Zugeriffen: 15. Juni 2015

Das Fünfte Buch Sozialgesetzbuch – Gesetzliche Krankenversicherung – (Artikel 1 des Gesetzes vom 20. Dezember 1988, BGBl. I S. 2477, 2482), das durch Artikel 2 des Gesetzes vom 15. April 2015 (BGBl. I S. 583) geändert worden ist. §100 SGB V Abs. (1) und (3)

Stud Health Technol Inform. 2014;202: 295–8.

Rollende arztpraxis – first results of an ambulant mobile care model for rural areas.

Schwartze J[1], Wolf KH[1], Von Bargen T[1], Rochon M[2], Wagner M[2], Bannenberg U[3], Drews M[4], Fischer T[5], Hellwig T[3], Hofmann S[6], Höft-Budde P[7], Jäger R[3], Lorenz S[8], Naumann R[9], Plischke M[2], Reytarowski J[7], Richter C[6], Steinbrügge C[10], Ziegenspeck A[10], Von Ingelheim J[3], Haux R[1]

http://www.svr-gesundheit.de/index.php?id=498/php?id=528/ Zugegriffen am 18. Juni 2015

http://www.bmg.bund.de/glossarbegriffe/t-u/telemedizin.html/zugegriffen 03. Juli 2015

Telemedical Interventional Management in Heart Failure II (TIM-HF II) Spethman S, Prescher S, Dreger H, Nettlau H, Baumann G, Knebel F, Koehler F. Electrocardiographic monitoring during marathon running: A proof of feasibility for a new telemedical approach. Eur J Prevent Cardiol 2014 Nov;21(2 Suppl): 32–7.

https://www.gkvspitzenverband.de/media/dokumente/krankenversicherung_1/aerztliche_versorgung/richtlinien_und_vertraege/telemedizin/Rahmenvereinbarung_Telemedizin_7-2013.pdf/zugegriffen 09. Juli 2015

UN Sozialpakt Artikel 12 Abs.1.http://www.sozialpakt.info/gesundheit-3269//Zugegriffen: 15. Juni 2015

http://www.versorgungsforschung-deutschland.de/showpdf.php/zugegriffen am 03. Juli 2015

Versorgungsmanagement Konkret: Fachzeitschrift DGbV – Glossar/Definition Versorgungsmanagement/Ausgabe 2/2015/S. 10/Definition Bürgerorientierung/S. 8/ Definition Patientencoaching/S. 9

Versorgungsmanagement im stationären Sektor

12

Uwe Imkamp und Maik Stendera

12.1 Einleitung

Die Aufbau- und Ablauforganisation in deutschen Krankenhäusern ist in Bezug auf ein weitreichendes Versorgungsmanagement sehr unterschiedlich entwickelt. Traditionell gab es hierzu aus Sicht des Krankenhauses nur die Notwendigkeit, die poststationäre medizinische und pflegerische Behandlung des Patienten organisatorisch vorzubereiten. Hierfür ist bis heute meistens der sogenannte Sozialdienst verantwortlich. Dieser wird meist von Sozialarbeitern oder Pflegekräften mit spezieller Weiterbildung geleistet.

Mit Einführung des Fallpauschalensystems der Diagnosis related groups (DRG) als Vergütungssystem wurde ab 2004 ein ökonomischer Anreiz zur verbesserten Koordination aller Behandlungsabläufe und vor allem der Entlassungsplanung geschaffen. Die Fallpauschalen bilden dabei den medizinisch und ökonomisch sinnvollen finanziellen und zeitlichen Rahmen für die stationäre Behandlung eines speziellen Falles. Es gilt hierfür, die Prozesse der Krankenhausbehandlung so optimal wie möglich zu koordinieren, um einen Behandlungsfall mit möglichst wenigen Ressourcen in kurzer Zeit erfolgreich zu behandeln und unter qualitätsgesicherten medizinischen Bedingungen in die koordinierte ambulante Behandlung zu entlassen oder in eine Rehabilitationseinrichtung zu verlegen.

Im Rahmen dieser Prozessoptimierungen wurde die durchschnittliche Behandlungsdauer (Verweildauer) zunehmend gesenkt. Die freiwerdenden Kapazitäten wurden meist zur Fallzahlsteigerung genutzt. Die eintretende Arbeitsverdichtung konnte dabei nur zum Teil durch Schaffung zusätzlicher Arztstellen kompensiert werden. (Aus Gründen der Personalkosteneinsparung wurde im Pflegebereich zumeist Personal abgebaut.)

Aus ökonomischen, organisatorischen und arbeitsmarktpolitischen Gründen sollte der ärztliche Dienst deshalb von administrativen Aufgaben wie Terminplanung, Koordination von Einzelmaßnahmen oder erlössichernde Dokumentation entlastet werden.

Die Verkürzung der Behandlungszeit (Verweildauer) führte jedoch auch zu zunehmend anspruchsvolleren Entlasssituationen. Der hierfür notwendige Koordinations- und Kooperationsgrad der Entlassplanung ging oft über die bisherigen Aufgaben des Sozialdienstes hinaus.

Diese Umstände schufen einen Aufgabenpool und die Notwendigkeit eines internen Fallmanagements.

12.2 Fallmanagement

Das Fallmanagement ist inzwischen ein eigenständiges Berufsbild für weitergebildete Pflegekräfte. Im Sozialgesetzbuch V (SGB V) wurde das Fallmanagement im Jahre 2007 in § 11 Abs. 4 wie folgt verankert: »*Versicherte haben Anspruch auf ein Versorgungsmanagement insbesondere zur Lösung von Problemen beim Übergang in die verschiedenen Versorgungsbereiche; dies umfasst auch die fachärztliche Anschlussversorgung. Die betroffenen Leistungserbringer sorgen für eine sachgerechte Anschlussversorgung des Versicherten und übermitteln sich gegenseitig die erforderlichen Informationen. Sie sind zur Erfüllung dieser Aufgabe von den Krankenkassen zu unterstützen …*«

Schwerpunkt des Fallmanagements ist demnach die Organisation der Anschlussversorgung bei der Entlassung des Patienten aus dem Krankenhaus.

Im Jahre 2015 hat die Bundesregierung im Versorgungsstärkungsgesetz durch die Neuformulierung des § 39 Absatz 1a SGB V das Entlassmanagement als Krankenhausleistung wie folgt formuliert: »*Die Krankenhausbehandlung umfasst ein Entlassmanagement zur Unterstützung einer sektorenübergreifenden Versorgung der Versicherten beim Übergang in die Versorgung nach Krankenhausbehandlung. … Der Versicherte hat gegenüber der Krankenkasse einen Anspruch auf Unterstützung des Entlassmanagements nach Satz 1; soweit Hilfen durch die Pflegeversicherung in Betracht kommen, kooperieren Kranken- und Pflegekassen miteinander. … im Übrigen können die in § 92 Absatz 1 Satz 2 Nummer 6 genannten Leistungen für die Versorgung in einem Zeitraum von bis zu sieben Tagen verordnet und die Arbeitsunfähigkeit festgestellt werden. … Das Entlassmanagement und eine dazu erforderliche Erhebung, Verarbeitung und Nutzung personenbezogener Daten dürfen nur mit Einwilligung und nach vorheriger Information des Versicherten erfolgen. Die Einwilligung kann jederzeit widerrufen werden. Information, Einwilligung und Widerruf bedürfen der Schriftform.*«

Die Aufgaben des Fallmanagements in Krankenhäusern werden zumeist durch das sogenannte Case Management wahrgenommen. Case Management soll hierbei die zwei relevanten Systeme im Krankenhaus, das Klientensystem (Patient, Angehörige, Umfeld) und das Versorgungssystem (Klinik, Praxis, stationäre bzw. ambulante Pflege, Therapeuten) optimal zusammenführen. Grundlagen sind hierfür gute Kenntnisse zu den Organisationsstrukturen, Managementfähigkeiten und die vertrauensvolle Zusammenarbeit mit dem Patienten.

12.3 Begriffsbestimmung Case und Care Management

Das Case Management bezieht sich auf den gesamten Prozess der Versorgung eines Patienten. Dieser besteht aus einer Abfolge von Teilschritten (Klärungsphase, Assessment, Serviceplanung, Linking, Monitoring, Evaluation), die jeweils voneinander abhängen.

Wenn von einem »Fall« gesprochen wird, handelt es sich um den einzelnen Patienten im Case Management. Im Gegensatz zum Einzelfall, bezieht sich die regionale Organisation und die Optimierung von Versorgungsprozessen auf das Care Management. Dieses ist individuell auf der Versorgungsebene zu leisten und schafft die Voraussetzungen für ein Case Management, das im Einzelfall auf ein passendes System hinarbeitet.[1]

Der Case Manager agiert als Bindeglied zwischen dem Patienten, dessen Angehörigen, dem professionellen System und den Kostenträgern. »*Charakteristisch für Case Management sind die Verbesserung der Kommunikation und Koordination zwischen allen involvierten Akteuren und die Vereinigung vielfältiger Interessenlagen in einen kontinuierlichen Prozess mit einem gemeinsamen transparent definierten Ziel.*«[2] Der Patient und wenn gewünscht auch sein Umfeld wird in die Entscheidungsprozesse als Partner mit einbezogen (Partizipation). Personen, die keine ausreichende eigene Bewältigungsstrategie oder Unterstützungspersonen haben, benötigen professionelle Hilfe von verschiedenen Seiten. Dies können gesundheitliche, pflegerische oder auch soziale Dienstleistungen sein. Die Organisation der richtigen Hilfestellung und die Informationen über die vielfältigen Angebote sind oftmals dem Patienten und dessen Angehörigen nicht bekannt, oder aber nicht zugänglich.

1 Vgl. Brinkmann, V. (Hrg.): Case Management, Organisationsentwicklung und Change Management in Gesundheits- und Sozialunternehmen, Verlag Gabler Wiesbaden, 2. Auflage 2010, S. 155.

2 Netzwerk Case Management, Definition Case Management, Standards Case Management, 30. 03. 2006, http://www.netzwerkcm.ch/fileadmin/user_upload/pdf/Mitglieder/Definition_und_Standards_30_03_2006.pdf; Abruf: 03. 05. 2012

Wenn Handlungsbedarf auf Seiten des Patienten aufgezeigt wird, kommt das Case Management zum Einsatz.[3]

Aufgaben des Case Managements sind dabei unter anderem:

- Strukturierte patientenbezogene Bedarfserhebung
- Einbeziehung der Patienten und deren Angehörige (Zielvereinbarung im Sinne des Shared decision making)
- Individuelle Prozesssteuerung
- Entwicklung von standardisierten Behandlungspfaden
- Organisation der internen Prozesse von der Aufnahme bis zur Entlassung
- Organisation der Anschlussversorgung
- Koordination der relevanten Abläufe
- Ansprechpartner für alle an den Prozessen beteiligten Personen
- Leistungsdokumentation und deren Rückkopplung mit dem Controlling

Dabei geht es um zielorientierte Problemlösungen bei Menschen, die in vielschichtigen, sog. komplexen Situationen stehen. Wörtlich bedeutet der Begriff »Case Management« »Fallführung« und kommt aus dem Englischen. Es gibt keine einheitliche Definition.[4] Die Deutsche Gesellschaft für Care und Case Management hat sich 2006 in ihrer Satzung begrifflich festgelegt. Dort heißt es: »*Case Management ist ein Handlungsansatz zum Aufbau eines zielgerichteten Systems von Zusammenarbeit, das am konkreten Unterstützungsbedarf der einzelnen Person ausgerichtet ist und an dessen Herstellung die betreffende Person konkret beteiligt wird. Ziel ist, Aufgaben und Abläufe aller in der Klienten- und Patientenversorgung tätigen Professionen zu koordinieren und die Leistungserbringung möglichst effektiv und effizient zu gestalten. Care Management hat die Optimierung der Versorgung im jeweiligen Bereich zum Ziel.*«[5]

Die Case Manager im Krankenhaus haben also die Aufgabe, die komplette individuelle Versorgung der Patienten optimal zu koordinieren. Sie sind Mittler zwischen Patient und den beteiligten Berufsgruppen (Ärzte, Pflegepersonal) sowie den Schnittstellen (Klinik, Diagnostik, ambulante Versorgung), organisieren die Bettenbelegung und koordinieren Entlasstermine. Patienten werden so besser informiert und Wartezeiten verkürzt. Dabei beginnt die Aufgabe des Case Management eigentlich schon vor der stationären Aufnahme mit der Erfassung der

3 Vgl. Ehlers. C,: Care und Case Management in der Pflege für die Aus-, Fort- und Weiterbildung, Cornelsen Verlag Berlin, 1 Auflage 2011, S. 12.

4 Vgl. Weber-Halter, E.: Praxishandbuch Case Management, Professioneller Versorgungsprozess ohne Triage, Hans Huber Verlag Bern, 1 Auflage 2001, S. 24.

5 Wendt, R., Löscherbach, P.(Hg.): Standards und Fachlichkeiten im Case Management, Economica Verlagsgruppe Heidelberg, 1. Auflage 2009, S. 4f.

bisherigen Versorgungssituation des Patienten und der Kommunikation der geplanten Behandlungsdauer sowie des zu diesem Zeitpunkt absehbaren Entlassungszustandes an die ambulanten beteiligten Versorgungspartner wie Hausarzt, Pflegedienst oder Leistungserbinger.

Durch den engen Kontakt zu den Ärzten, den Pflegekräften und dem Patienten sind die Case Manager auch in der Lage zu beurteilen, ob bei der Entlassung des Patienten eine weitere pflegerische Versorgung, ein Hilfsmittelbedarf oder Rehabilitationsmaßnahmen notwendig sind. Ist dies der Fall, schaltet das Case Management den Sozialdienst des Krankenhauses ein, der gemeinsam mit dem Patienten oder dessen Angehörigen die Anschlussversorgung organisiert.

Die ökonomisch orientierte Fallsteuerung sorgt für eine optimierte Kapazitätenauslastung, eine erlössichernde Dokumentation sowie einen medizinisch und ökonomisch sinnvollen Entlasszeitpunkt. Case Manager haben also eine Koordinationsfunktion innerhalb des gesamten Behandlungsprozesses.

Eine Schwachstelle dieses Fallmanagements ist die auf das Krankenhaus begrenzte Tätigkeit des Fallmanagements. So kann z. B. die häusliche Situation und die Zuverlässigkeit von Angehörigen des Patienten nur durch Befragung geklärt und eingeschätzt werden. Im Rahmen des Qualitätsmanagements sollte deshalb bis 48 Stunden nach der Entlassung eine telefonische Befragung des Patienten oder seiner Angehörigen zum Erfolg der geplanten Maßnahmen erfolgen.

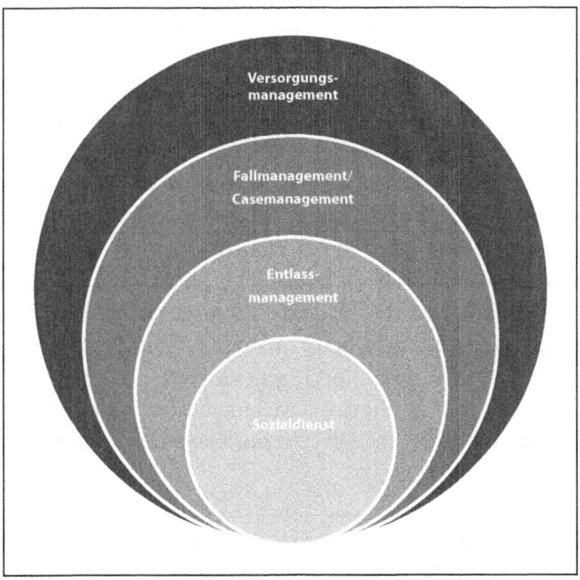

Abbildung 12.1 Darstellung der einzelnen Managementbereiche und deren Anteil am Versorgungsmanagement (Quelle: Eigene Darstellung: Uwe Imkamp)

Trotz dieser vielfältigen Definitionen lassen sich somit die wichtigsten Kennzeichen von Case Management bestimmen:

- Der Betreuungsverlauf von Patienten erstreckt sich über einen längeren Zeitraum.
- Die Betreuung und Begleitung erfolgt über unterschiedliche Versorgungssektoren hinweg.
- Es erfolgt eine umfangreiche Situationseinschätzung, d. h. Probleme, Bedürfnisse, Ressourcen und Ziele werden erfasst.
- Es findet eine regelmäßige Zusammenarbeit mit den am Fall beteiligten Personen und Organisationen statt.
- Die Aufgaben der beteiligten Personen und Organisationen werden untereinander abgestimmt.
- Die Fallarbeit und die Versorgungskoordination werden ausgewertet und weiterentwickelt.[6]

Die Zukunft, auch aus Sicht der Krankenhäuser, liegt im regionalen Versorgungsmanagement

Ausgehend von den so entwickelten Aufgaben des Case Managements im Krankenhaus kann durch Risikoanalyse der Bedarf an weiterer Organisationsentwicklung hin zu einem Versorgungsmanagement erfasst werden. Ziel des Versorgungsmanagements ist es über die Aufgaben des eher internen Case Managements hinaus, die gesundheitliche Versorgung eines bedürftigen Patienten mittel- oder langfristig zu begleiten. Dabei kann die Krankenhausbehandlung die initiale Gesundheitsepisode des Patienten für ein weiterführendes begleitendes Versorgungsmanagement sein.

Die hierfür notwendige Infrastruktur aus qualifizierten Kooperationspartnern wie Fachärzte, spezialisierte Pflegeeinrichtungen, Therapeuten, Ehrenamtlichen, Leistungserbringern und spezialisierten Versorgungsnetzen (z. B. SAPV, Lymphversorgung, Wundversorgung, Adipositasversorgung) muss entwickelt werden. Das so entstehende regionale Versorgungsnetz kann Möglichkeiten zur einrichtungs- und sektorenübergreifenden Optimierung von Prozessen schaffen, sowie Informationsverluste und Doppeldokumentationen vermeiden. Das Krankenhaus kann hier durch offensive Ansprache der optionalen Partner und mit Hilfe der kommunalen Politik Anreize zur Kooperation und Strukturentwicklung schaffen.

6 Ewers, M., Schaeffer, D. (Hrsg.): Case Management in Theorie und Praxis. Konzeptionelle und methodische Grundlagen, Huber Verlag Bern, 2 Auflage 2005, S. 53.

12.4 Versorgungsmanagement im Rahmen der Krankenhausentlassung – ein allgemeines Fallbeispiel

- Der Versorgungsmanager/in entnimmt ihrem Auftragsportal die geplante Entlassung des Patienten. Im persönlichen Kontakt auf der Station erklärt sie dem Patienten und gegebenenfalls den Angehörigen ihre Aufgabe. Mit deren Einverständnis erhebt sie elektronisch einen Bedarfsstatus. Dieser richtet sich nach dem erwarteten ambulanten Therapiepfad und berücksichtigt die zu schaffenden häuslichen Rahmenbedingungen oder Pflegesituationen.
- Durch den gewohnten Kontakt zu Ärzten, Pflegeeinrichtungen und anderen Leistungserbringern und vertragliche Bindungen kann die Versorgungsmanagerin gezielt und bedarfsgerecht eine zeitnahe und wohnortgebundene Empfangssituation für den Patienten vorbereiten.
- Nach der Entlassung erfolgt ein zeitnaher Besuch in der häuslichen Situation des Patienten. Die Versorgungsmanagerin führt dabei die Erfolgskontrolle der geplanten Maßnahmen, die Optimierung des häuslichen Umfeldes, sowie die krankheitsrelevante Schulung des Patienten, ggf. auch der Angehörigen und der Pflegenden durch. Sie stellt bspw. die Terminierung für den Hausbesuch des Hausarztes, den Facharztbesuch oder die entsprechende Physiotherapie sicher.
- In Fallkonferenzen wird die Versorgungsmanagerin den an der Versorgung beteiligten Partnern regelmäßiges Feedback zu Prozessproblemen geben, so dass diese ihre internen Prozesse zielgerichtet verbessern können. Die Versorgungsmanagerin begleitet ihre Klienten bei Bedarf auch bei dem Wechsel in eine Reha-Klinik oder aus der Pflegeeinrichtung ins Krankenhaus. So bleibt sie das persönliche Bindeglied zwischen Patient und Versorgungssystem.

Angesichts der aktuellen Rahmenbedingungen und der zu erwartenden Situation des demografischen Wandels gilt es die durchführenden Gesundheitseinrichtungen von organisatorischen Aufgaben zu entlasten und Informationen zuverlässig elektronisch zur Verfügung zu stellen. Mit einem eigenständigen Versorgungsmanagement würde eine für den Prozess hauptverantwortliche Struktur geschaffen, die ein Zusammenführen der sonst diffusen Aufgabenstruktur sicherstellt und eine Unmenge von sonstigen Kontakten für den Patienten, die Klinikmitarbeiter und Pflegeinrichtungen vermeidet.

Mit diesem übergreifenden Vorteil für alle Beteiligten und der absehbaren Überlastung des Gesundheitssystems sollten Strukturen geschaffen werden, die die notwendige Veränderung des Systems begleiten und so seine Funktion erhalten.

Die Begleitung des Patienten durch ein Versorgungsmanagement schafft eine optimale persönliche Situation für den Patienten und so eine effektive Heilungsförderung. Das Versorgungsmanagement bietet Kontakt- und Kontrollmöglichkeiten, schont Zeitressourcen und minimiert Risiken.

Literatur

Brinkmann, V. (Hrg.): Case Management, Organisationsentwicklung und Change Management in Gesundheits- und Sozialunternehmen, Verlag Gabler Wiesbaden, 2. Auflage 2010,S. 155.

Netzwerk Case Management, Definition Case Management, Standards Case Management, 30. 03. 2006, http://www.netzwerk cm.ch/fileadmin/user_upload/pdf/Mitglieder/Definition_und_Standards_30_03_2006.pdf Abruf: 03. 05. 2012

Ehlers. C,: Care und Case Management in der Pflege für die Aus-, Fort- und Weiterbildung, Cornelsen Verlag Berlin, 2011, S. 12.

Weber-Halter, E.: Praxishandbuch Case Management, Professioneller Versorgungsprozess ohne Triage, Hans Huber Verlag Bern, 2001, S. 24.

Wendt, R., Löscherbach, P.(Hg.): Standards und Fachlichkeiten im Case Management, Economica Verlagsgruppe Heidelberg, 2009, S.: 4 f.

Ewers, M., Schaeffer, D. (Hrsg.): Case Management in Theorie und Praxis. Konzeptionelle und methodische Grundlagen, Huber Verlag Bern, 2. Auflage 2005, S. 53.

III. Kapitel

Das Bürgerorientierte Versorgungsmanagement – Warum ist es so hilfreich und wichtig in der Anwendung?

Vorbemerkung

13

John N. Weatherly

Den Bürger zu orientieren in der Welt der Gesundheit, das ist der zentrale Gedanke, der hinter »bürgerorientiert« steht.

Nur ein orientierter Bürger kann, was seine Erkrankung betrifft, an der eigenen Heilung mithelfen und mitgestalten. Oder es bedeutet, das dauerhafte Leben »mit« einer Erkrankung besser zu managen.

Bevor wir aber Bürger orientieren, muss zunächst jeder Einzelne über einen Wissenstransfer zu seiner Erkrankung befähigt werden, um dann fortfolgend auch orientiert im Gesundheitswesen mitarbeiten zu können.

Ohne Realisierung dieses Ansatzes wird es uns im deutschen Gesundheitswesen nicht gelingen, die letzten Hebesätze, die am Betroffenen (Patienten) selbst liegen, um dort in der Compliance und der Adhärenz Verbesserungen zu erreichen, zu heben.

Wir reden hier je nach Literaturquelle über zwischen 30 bis 70 Milliarden Euro pro Jahr.

Ein befähigter, orientierter und last but not least gecoachter Bürger wird ein ganz anderes Empowerment und somit Beteiligung offerieren als zuvor, wo der Paternalismus die Realität dargestellt hat.

Natürlich bedeutet das auch für die, die bisher an der »Unorientiertheit« der Bürger gut verdient haben, eine neue Realität.

14 Versorgungsmanagement bürgerorientiert »leben«

Ralf Pourie

14.1 Einleitung

In den vorangehenden Kapiteln wurde das Thema Versorgungsmanagement und Versorgungsprozesse ausführlich beleuchtet. Durch die Vorstellung verschiedener Projekte wurde für das Thema ein relevanter Praxisbezug dargestellt. In diesem Kapitel soll es darum gehen, die Zusammenhänge zwischen Bürgerorientierung und Versorgungsmanagement darzustellen. Zunächst stellt sich aber erstmal die Frage, wieso ein bürgerorientiertes Versorgungsmanagement für unser deutsches Gesundheitssystem überhaupt eine solche Relevanz hat, dass es auf vielen Ebenen diskutiert wird. Im aktuellen Koalitionsvertrag aus dem Jahr 2013 betont die Bundesregierung, dass sie »den Patienten in den Mittelpunkt« der Gesundheitsversorgung stellen wird. Gerd Gigerenzer schreibt in seinem Buch Bessere Ärzte, bessere Patienten, bessere Medizin »Eine effiziente Gesundheitsversorgung braucht gut informierte Ärzte und Patienten. Das Gesundheitssystem, welches uns das 20. Jahrhundert hinterlassen hat, erfüllt beide Bedürfnisse nicht.«

14.2 Definitionen

Definition Bürgerorientierung

Wenn wir uns dem Thema nähern wollen, müssen wir uns zunächst mit den notwendigen Begriffsdefinitionen befassen.

Ausgangsbasis hierfür bildet zunächst einmal die Definition des Begriffes Bürgerorientierung. Die Deutsche Gesellschaft für bürgerorientiertes Versorgungsmanagement sagt dazu:

> »Bürgerorientierung heißt: Die Menschen als aktive und mitverantwortliche Partner und Handelnde im Rahmen ihrer individuellen und kollektiven Bedarfe, Bedürfnisse und Möglichkeiten in das Versorgungsgeschehen einzubinden. Es bedeutet, den Bürgern Orientierung zu geben!«. (aus Versorgungsmanagement konkret, 1. Jahrgang – III. Quartal 2014«)

Den Bürgern Orientierung zu geben, ist ein Kern der Bürgerorientierung. Wenn man sich ein wenig in der Literatur und in wissenschaftlichen Veröffentlichungen umschaut, macht es den Anschein, dass die Grundlagen dafür bereits seit Jahren bestehen und auch schon etabliert sind. **Patientenzentriert** oder klientenzentriert bezeichnet zum Beispiel einen Ansatz oder eine Vorgehensweise, bei der ein Betroffener (Patient) im Mittelpunkt (Zentrum) von Bemühungen steht. Der Begriff, der überwiegend als Adjektiv verwendet wird entstammt ursprünglich der Psychotherapie, wird heute als Paradigma aber auch in anderen Sachzusammenhängen verwendet. Der Begriff *klientenzentriert* geht auf den US-amerikanischen Psychologen und Psychotherapeuten Carl Rogers (1902–1987) zurück, der seit den 1940er-Jahren von der *Client-Centered Therapy (CCT)* sprach. Daraus entwickelte sich die klientenzentrierte Psychotherapie (auch nicht-direktive Beratung/Gesprächspsychotherapie). Zunächst nannte er die Vorgehensweise auch *non-direktiv,* weil Rogers die Auffassung vertrat, dass der Therapeut »seinen« Klienten nicht führen solle. Vielmehr sollte er den Klienten unterstützen, während dieser sich selbst erforscht und selbst den Fortschritt der Therapie bestimmt. Heute wird der Begriff im Deutschen auch außerhalb der Psychotherapie verwendet. Oft jedoch im Zusammenhang mit anderen Therapieformen um klarzustellen, dass eine Herangehensweise gewählt wird oder werden sollte, bei der nicht die Vorstellungen des Therapeuten, sondern die Wünsche und Möglichkeiten des Patienten/Klienten im Mittelpunkt der Bemühungen stehen. Der Patient wird dabei vom Therapeuten als gleichberechtigter Partner, als Experte für seine eigene Person aufgefasst. Im Buch Patientenorientierung von Amelung, Eble, Hildebrandt, Knieps, Lägel, Ozegowski, Schlenker, Sjuts schreiben die Autoren Peter Berchtold und Urs Zanoni, dass für die Patientenzentrierung folgende Dimensionen relevant sind:

1) Verständliche Informationen der Patienten
2) Einbezug der Patienten in die Entscheidungsfindung
3) Koordination und Kontinuität der Behandlung und Betreuung
4) Kohärente Kommunikation zwischen den Leistungserbringenden

Bei näherer Betrachtung der aktuellen Situation der Bürger im deutschen Gesundheitswesen lässt sich feststellen, dass die Bürgerorientierung beim eigentlich Betroffenen, nämlich dem Bürger, noch nicht angekommen ist. Dies ist aber dringend notwendig, um den Effekten des demografischen Wandels in Deutschland in den nächsten Jahren zu begegnen. Die aktive und mitverantwortliche Einbindung der Bürger wird sich zu einer tragenden Säule des gesundheitlichen Versorgungsmanagements entwickeln müssen, damit der Zunahme chronisch verhaltens- und verhältnisabhängiger Volkskrankheiten, eine zu erwartende demografisch bedingte Verknappung von Ressourcen (personell und finanzielle) sowie der Wunsch vieler Bürger nach mehr Souveränität und Information begegnet werden kann.

Um den Weg dahin beschreiten zu können, hat die DGbV fünf Forderungen aufgestellt, deren Umsetzung dabei helfen sollen den Übergang vom aktuellen Versorgungsmanagement hin zu einem bürgerorientierten Versorgungsmanagement zu gewährleisten.

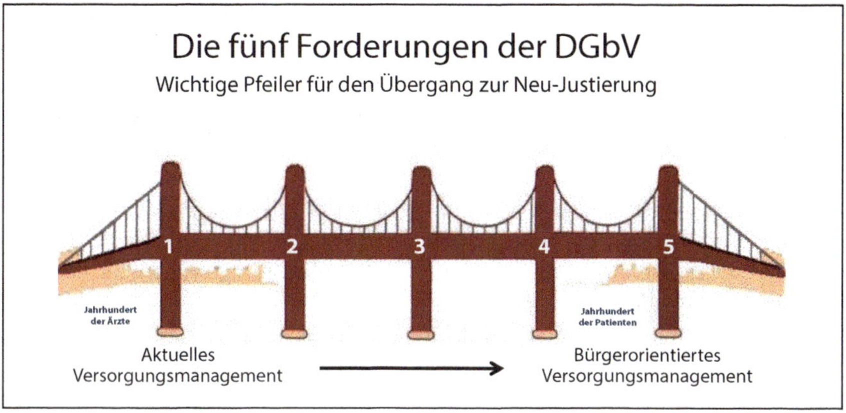

Abbildung 14.1 Die fünf Forderungen der DGbV (Quelle: DGbV – eigene Darstellung)

Hinter den Nummern der Stützpfeiler der Brücke verbergen sich die fünf Forderungen der DGbV. Folgende Forderungen hat die DGbV für diesen notwendigen Übergang vom aktuellen Versorgungsmanagement hin zu einem bürgerorientierten Versorgungsmanagement bisher aufgestellt:

1. Einführung des Unterrichtsfaches Gesundheitskunde

Das Unterrichtsfach »Gesundheitskunde« muss vom ersten Schuljahr an in die Lehrpläne aufgenommen werden, zum Beispiel auch als regelmäßiger Bestandteil des Faches Biologie, wie dies beispielsweise in Baden Württemberg bereits der Fall ist.

2. Vergabe von öffentlichen Fördermitteln nur an bürgerorientierte Gesundheitsprojekte
Öffentliche Mittel dürfen nur an solche Gesundheitsprojekte fließen, in welchen Bürgerorientierung verankert ist. Gemeint mit Bürgerorientierung ist

- eine an den Bedürfnissen der Bürger orientierte Haltung der Akteure,
- die Förderung der Gesundheitskompetenz der Bürger und ihrer Befähigung zum eigenverantwortlichen gesundheitlichen Handeln,
- sowie die Beteiligung von Bürgern an Entscheidungen auf allen Systemebenen (siehe auch Ausführungen in der Präambel).

3. Recht der Bürger auf valide Gesundheitsinformationen
Die Bürger sollen in ihrem Recht unterstützt werden, über grundlegende Tatsachen zur Erhaltung ihrer Gesundheit oder über ihre Krankheit informiert zu werden, damit sie informierte Entscheidungen über ihre Gesundheit auf der Grundlage der besten verfügbaren Evidenz treffen können.

4. Recht auf Förderung der Gesundheitskompetenz für chronisch Kranke
Gesetzlich muss allen Bürgern mit chronischen Erkrankungen das Recht auf umfassende Information und ein qualifiziertes Verhaltenstraining eingeräumt werden. Die Diagnostik und Therapie akuter und notfallbedingter medizinischer Ereignisse bleibt davon unberührt.

Die gesundheitliche Mitverantwortung der Versicherten ist bereits Bestandteil des § 1 SGB V. Da aber nicht alle Bürger in der Lage sind, diese Forderung ohne Hilfe zu erfüllen, sollen sie ergänzend ein Recht auf Förderung erhalten. Dies könnte sich zunächst auf die zehn wichtigsten chronischen Volkskrankheiten beziehen. Grundlage sollten evidenzbasierte und für Laien verständliche strukturierte Behandlungspfade und Behandlungsalternativen sein. Die Förderung der Patientenrolle kann beispielsweise in Modellversuchen mit routinemäßiger Inanspruchnahme einer Zweitmeinung (gefördert z. B. mit einem entsprechenden Gutschein) und qualifiziertem Coaching oder Case Management durch dafür ausgebildete Fachkräfte erfolgen. Dabei sollten auch die Möglichkeiten moderner elektronischer Kommunikationstechnologien genutzt werden. Ein Controlling und die Evaluation derartiger Maßnahmen sind dabei zwingend vorzusehen.

5. Schulung der Gesundheitsberufe in Bürgerorientierung
Die Angehörigen der Gesundheitsberufe sollen systematisch in Bürgerorientierung geschult werden. Die DGbV entwickelt dazu einen Vorschlag für einen Schulungstag (»DGbV Führerschein zur Bürgerorientierung«).

Definition Versorgungsmanagement

Der zweite Begriff für den einen Definition erforderlich ist, ist das Versorgungsmanagement.

Versorgungsmanagement ist gemäß Definition nach Shortell S. et al ein Netzwerk von Organisationen, das die (Gesundheits-)Leistungen selber erbringt oder die Erbringung organisiert; und zwar über die gesamte Spanne von Gesundheitsbedürfnissen hinweg und welches sowohl die medizinische und pflegerische als auch die finanzielle Verantwortung für die Versorgung einer vorab definierten Bevölkerungsgruppe übernimmt. (Shortell, Stephen M. et al. (1996) Remaking Health Care in America. San Francisco, S. 7)

Versorgungsmanagement nach der Definition der Deutschen Gesellschaft für bürgerorientiertes Versorgungsmanagement heißt: Das Management der Organisation, der Planung und Durchführung mit Controlling und Evaluation der Prozesse im Gesundheitswesen. Also alle Versorgungsprozesse im Gesundheitswesen, in und an denen der Bürger beteiligt ist. (aus Versorgungsmanagement konkret, 1. Jahrgang – III. Quartal 2014«)

Da es hierbei um die Prozesse im Gesundheitswesen geht, ist die Definition des Begriffes Versorgungsprozess relevant.

Versorgungsprozess

Ein Versorgungsprozess ist die aufeinander abgestimmte Folge von mittelbaren und unmittelbaren Aktivitäten zur Versorgung von Bürgern mit definiertem Start, Ende und Zielen.

Für die weitere Betrachtung zum bürgerorientierten Versorgungsmanagement gehen wir von einem allgemeinen generalisierten Prozessablauf aus, der die gesamte Gesundheitsversorgung beschreibt. (siehe Abbildung 14.2)

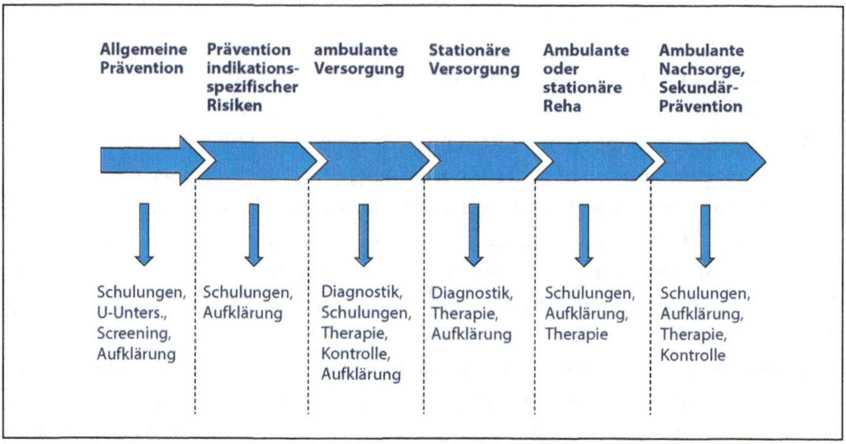

Abbildung 14.2 Der generalisierte Prozessablauf (Quelle: DGbV – eigene Darstellung)

14.3 Bürgerorientiertes Versorgungsmanagement konkret

Auf den nun folgenden Seiten soll versucht werden die notwendigen Übergänge zum bürgerorientierten Versorgungsmanagement in den einzelnen Prozesssegmenten des generalisierten Prozessablaufes darzustellen und damit verschiedene Elemente (Definitionen und Abgrenzungen, Checklisten, fünf Forderungen der DGbV zum bürgerorientierten Versorgungsmanagement) aus dem vorliegenden Buch miteinander in Verbindung zu bringen und den Versuch zu unternehmen einen Ausblick zu wagen in ein bürgerorientiertes Versorgungsmanagement der Zukunft.

Vorbemerkung

Ein wichtiger Bestandteil eines bürgerorientierten Versorgungsmanagements ist zusätzlich zur Bürgerzentrierung die Bürgerkompetenz im Bereich Gesundheit und Krankheit, was sich auch in der Definition zur Bürgerorientierung wiederfindet. Damit sich aber Bürgerkompetenz voll entfalten kann, ist von allen Beteiligten zunächst einmal die Bürgerzentrierung gefordert, weil davon ausgehend es dann zu einer Partizipation der Bürger kommen kann. Damit ist hier die Beteiligung an Entscheidungen und die Mitgestaltung der Entscheidungen gemeint.

Eine weitere große aber auch wichtige Herausforderung für das Thema bürgerorientiertes Versorgungsmanagement ist der Umstand, dass es nicht den einen

Patienten oder den einen Menschen gibt. Wir haben es mit Individuen mit eigener Historie, eigenen Bedürfnissen aber vor allem auch eigenen Ressourcen zu tun. Bei der Umsetzung eines bürgerorientierten Versorgungsmanagement heißt das damit für die am Versorgungsprozess Beteiligten auch, individuelle Unterschiede erkennen zu können. Die Unterschiede sind dabei vorrangig nicht so sehr von den jeweiligen Indikationen geprägt, sondern vielmehr von persönlichen Eigenschaften, Fähigkeiten und Möglichkeiten. Bereits 1993 hat Gertels et al. Die zur Unterschiedlichkeit gehörenden Aspekte zusammengefasst:

- Unterschiedliches Verhalten der Patienten je nach Schweregrad der Erkrankung, Heilungschancen und Verlauf
- Erwartungen an die Kommunikation, Informationen und Emotionen der beteiligten
- Unterschiedliche Bereitschaft und Möglichkeit die eigenen Vorlieben, Wünsche und Bedürfnisse auszudrücken
- Unterschiedliches Interesse an Informationen
- Unterschiedliche Möglichkeiten diese Informationen zu verarbeiten
- Unterschiedliche Erwartungen und Möglichkeiten bei Abklärungen und Therapien mitzuentscheiden

Im Rahmen eines bürgerorientierten Versorgungsmanagement sind alle am Versorgungsprozess direkt oder indirekt Beteiligten aufgefordert genau diese Verschiedenartigkeit wahrzunehmen und bei den notwendigen Therapieentscheidungen zu berücksichtigen.

14.4 Der generalisierte Prozessablauf

Allgemeine Prävention

Bei der allgemeinen Prävention, die auch als Primärprävention bezeichnet wird geht es darum, Maßnahmen zur Abwendung von unerwünschten Ereignissen oder Zuständen durchzuführen. Es kann dabei unterschieden werden zwischen Verhaltensprävention, die gezielt auf das Handeln einzelner Personen ausgerichtet ist und Verhältnisprävention, welche auf das Umfeld, die Lebensumstände ausgerichtet wird.

Im Versorgungsmanagement der allgemeine Prävention geht es darum, dass die Bürger von den betreuenden Leistungserbringern und Kostenträgern rechtzeitig informieren und erinnert werden, dass U-Untersuchungen der Kinder, Screenings und die generelle Aufklärung zu gesundheitsbewussten Verhalten einen großen Beitrag zur Gesunderhaltung beitragen. Weiterhin müssen die entsprechenden Maßnahmen auf die individuelle Situation angepasst und geplant werden.

Wenn wir über Bürgerorientierung im Bereich der allgemeinen Prävention sprechen, geht es darum alle Bürger so früh wie möglich über die Einflüsse des eigenen Lebensstils und der Lebensumgebung auf die Gesundheit zu informieren und ihn im Rahmen der persönlichen Entscheidungsfindung zu befähigen die Auswirkungen seiner Entscheidungen in der Zukunft abschätzen zu können. Bürgerorientierung in diesem Bereich setzt sich also wesentlich aus folgenden konkreten Aspekten zusammen:

1) Verständliche Informationen der Bürger über Nutzen, Chancen und Risiken der verschiedensten allgemeinen Präventionsangebote.
2) Einbezug der Patienten in die Entscheidungsfindung

Dies spiegelt sich in den folgenden Forderungen der DGbV wider:

- **1. Einführung des Unterrichtsfaches Gesundheitskunde**
  Primärprävention kann nicht früh genug beginnen. In den Kindergärten gibt es bereits einige interessante
- **3. Recht der Bürger auf valide Gesundheitsinformationen**
- **5. Schulung der Gesundheitsberufe in Bürgerorientierung**

Bei konsequenter Umsetzung eines bürgerorientierten Versorgungsmanagements sollten sich alle Beteiligten (Bürger, Angehörige, sozialer Kontext (Kindergarten, Schule, Arbeitgeber, Leistungserbringer) gemeinsam darum kümmern, dass der Bürger über die wichtigsten Informationen zur Primärprävention verfügt und dann im Sinne einer partizipativen Entscheidungsfindung basierenden auf seinen persönlichen Zielen die für ihn relevanten Angebote und Maßnahmen umsetzt und dabei von den weiteren Beteiligten unterstützt wird.

Prävention indikationsspezifischer Risiken

Bei der Prävention von indikationsspezifischen Risiken geht es darum, Maßnahmen durchzuführen, die das Risiko an einer spezifischen Indikation zu erkranken senkt. Als Beispiel sei hier die Indikation Diabetes genannt. Bei der Prävention indikationsspezifischer Risiken geht es dann darum den Bauchumfang durch Veränderungen in den Bereichen Bewegung und Ernährung zu reduzieren, da klar ist, dass eine Reduktion des Bauchumfangs zu einem geringeren Risiko führt zukünftig an Diabetes zu erkranken. Bei den angewendeten Maßnahmen kann auch hier unterschieden werden zwischen Verhaltensprävention, die gezielt auf das Handeln einzelner Personen ausgerichtet ist und Verhältnisprävention, welche auf das Umfeld, die Lebensumstände ausgerichtet wird.

Ausgehend vom dargestellten Prozess treffen wir nun das erste Mal auf einen Übergang zwischen zwei Prozesselementen. Für das Versorgungsmanagement bedeutet dies, dass die Schnittstelle zwischen den betroffenen Prozesselementen klar definiert und mit entsprechenden Entscheidungskriterien belegt sein muss, die es sowohl dem Bürger als auch den Leistungserbringenden ermöglicht zu entscheiden, welche Maßnahmen ausgehend von der Primärprävention nun im Bereich der indikationsspezifischen Prävention durchzuführen sind.

Bürgerorientierung in diesem Bereich setzt sich aus folgenden konkreten Aspekten zusammen:

1) Verständliche Informationen der Bürger zu indikationsspezifischen Risiken und der Möglichkeit diese individuell zu reduzieren
2) Einbezug der Bürger in die Entscheidungsfindung
3) Koordination und Kontinuität der Betreuung
4) Kohärente Kommunikation zwischen den Leistungserbringenden

Dies spiegelt sich in den folgenden Forderungen der DGbV wider:

- **1. Einführung des Unterrichtsfaches Gesundheitskunde**
  Primärprävention kann nicht früh genug beginnen. In den Kindergärten gibt es bereits einige interessante
- **3. Recht der Bürger auf valide Gesundheitsinformationen**
- **4. Recht auf Förderung der Gesundheitskompetenz für chronisch Kranke**
- **5. Schulung der Gesundheitsberufe in Bürgerorientierung**

Bei konsequenter Umsetzung eines bürgerorientierten Versorgungsmanagements sollten sich alle Beteiligten (Bürger, Angehörige, sozialer Kontext (Kindergarten, Schule, Arbeitgeber, Leistungserbringer) gemeinsam darum kümmern, dass der Bürger über die wichtigsten Informationen zur Primärprävention verfügt und dann im Sinne einer partizipativen Entscheidungsfindung basierenden auf seinen persönlichen Zielen die für ihn relevanten Angebote und Maßnahmen umsetzt und dabei von den weiteren Beteiligten unterstützt wird. Zusätzlich muss zwischen den an der Primärprävention Beteiligten und den hier Beteiligten einen standardisierte Kommunikation stattfinden, um individuelle Entscheidungen auf der Basis der individuellen Situation des Bürgers treffen zu können.

Eine besondere Herausforderung liegt dabei bei einer Integration von behandelnden Ärzten, Arbeitgebern und den Bürgern.

Ambulante Versorgung

In der Versorgung im ambulanten Bereich werden die Bürger von niedergelassenen Haus- und Fachärzten betreut. In diesem Schritt geht es um die Kernthemen Diagnose und Therapie einer oder mehrerer Erkrankungen.

Im Versorgungsmanagement geht's es vorrangig darum auf Basis von Behandlungspfaden, die sich an den aktuellen vorliegenden Leitlinien orientieren, den Patienten optimal zu Diagnostizieren und ihm die bestmögliche Therapie zukommen zu lassen.

Durch die Bürgerorientierung soll ausgehend von dieser Basis der Patient über alternative Therapiemöglichkeiten informiert werden und bei der Festlegung auf eine Therapie im Sinne einer partizipativen Entscheidungsfindung aktiv eingebunden werden.

Bürgerorientierung in diesem Bereich setzt sich aus folgenden konkreten Aspekten zusammen:

1) Verständliche Informationen der Patienten zu Behandlungsalternativen
2) Einbezug der Patienten in die Entscheidungsfindung
3) Koordination und Kontinuität der Behandlung und Betreuung insbesondere zwischen Haus- und Fachärzten, aber auch mit weiteren Leistungserbringern wie Apothekern, Physiotherapeuten, Ergotherapeuten etc.
4) Kohärente Kommunikation zwischen den Leistungserbringenden

Dies spiegelt sich in den folgenden Forderungen der DGbV wider:

- **3. Recht der Bürger auf valide Gesundheitsinformationen**
- **4. Recht auf Förderung der Gesundheitskompetenz für chronisch Kranke**
- **5. Schulung der Gesundheitsberufe in Bürgerorientierung**

Stationäre Versorgung

Der Bereich der stationären Versorgung ist immer dann beteiligt, wenn entweder im Bereich der Diagnostik oder der Therapie die niedergelassenen Ärzte zur Entscheidung kommen, dass entsprechende stationäre Maßnahmen für den weiteren Versorgungsprozess erforderlich sind.

Die Gründe dafür sind sehr vielschichtig. Aber auch hier gilt:

Im Versorgungsmanagement der stationären Versorgung geht's es vorrangig darum auf Basis von Behandlungspfaden, die sich an den aktuellen vorliegenden Leitlinien orientieren, den Patienten optimal zu Diagnostizieren und ihm die bestmögliche Therapie zukommen zu lassen. Vor allem sind hier möglichst klare

Entscheidungs- und Eskalationsregeln erforderlich, die dafür sorgen, dass Patienten aus der ambulanten Versorgung in die stationäre Versorgung wechseln.

Durch die Bürgerorientierung soll ausgehend von dieser Basis der Patient über alternative Therapiemöglichkeiten informiert werden und bei der Festlegung auf eine Therapie im Sinne einer partizipativen Entscheidungsfindung aktiv eingebunden werden.

Bürgerorientierung in diesem Bereich setzt sich aus folgenden konkreten Aspekten zusammen:

1) Verständliche Informationen der Patienten über Alternativen
2) Einbezug der Patienten in die Entscheidungsfindung
3) Koordination und Kontinuität der Behandlung und Betreuung
4) Kohärente Kommunikation zwischen den Leistungserbringenden

Dies spiegelt sich in den folgenden Forderungen der DGbV wider:

- **3. Recht der Bürger auf valide Gesundheitsinformationen**
- **4. Recht auf Förderung der Gesundheitskompetenz für chronisch Kranke**
- **5. Schulung der Gesundheitsberufe in Bürgerorientierung**

Ambulante oder stationäre Reha

Relativ häufig erfolgt nach einem stationären Aufenthalt eine ambulante oder stationäre Rehabilitationsmaßnahme. Art und Umfang der Maßnahmen hängen dabei vorrangig von der Ursprungserkrankung, der bereits durchgeführten Therapie und dem aktuellen Zustand des betroffenen Patienten ab.

Die Herausforderung im Versorgungsmanagement liegt auch hier wieder zum einen an der notwendigen, erforderlichen Kommunikation an der Schnittstelle zur stationären Versorgung, sowie zum anderen in den Bedürfnissen, Vorstellungen und Zielen des betroffenen Patienten.

Durch die Bürgerorientierung soll ausgehend von den Therapiemöglichkeiten und den individuellen Zielen des Patienten über alternative Therapiemöglichkeiten informiert werden und der Patient bei der Festlegung auf eine Therapie im Sinne einer partizipativen Entscheidungsfindung aktiv eingebunden werden.

Bürgerorientierung in diesem Bereich setzt sich damit aus folgenden konkreten Aspekten zusammen:

1) Verständliche Informationen der Patienten zu Alternativen
2) Einbezug der Patienten in die Entscheidungsfindung
3) Kohärente Kommunikation zwischen den beteiligten Leistungserbringenden

Dies spiegelt sich in den folgenden Forderungen der DGbV wider:

- **3. Recht der Bürger auf valide Gesundheitsinformationen**
- **4. Recht auf Förderung der Gesundheitskompetenz für chronisch Kranke**
- **5. Schulung der Gesundheitsberufe in Bürgerorientierung**

Ambulante Nachsorge, Sekundärprävention

Im Anschluss an die bereits vorgestellten Prozesselemente steht der Bereich der ambulanten Nachsorge und Sekundärprävention. Hier geht es darum ausgehend vom aktuellen Zustand eine Verschlechterung oder ein Rezidiv zu vermeiden. Dazu ist in der Regel die Betrachtung der relevanten Risikofaktoren oder weiterer Einflussparameter erforderlich. Klassische Themen in diesem Umfeld sind:

- Lebensstil (Bewegung, Ernährung)
- Selbstmanagement und Selbstkontrolle
- Psychische Belastungen
- Adhärenz und Compliance

In vielen Fällen geht mit einer positiven Veränderung in diesen Bereichen auch eine notwendige Anpassung der Therapie einher, so dass ein integriertes Vorgehen aller Beteiligten notwendig ist. Hier liegt der Schwerpunkt für das Versorgungsmanagement in diesem Prozesselement.

Bürgerorientierung in diesem Bereich setzt sich aus folgenden konkreten Aspekten zusammen:

1) Verständliche Informationen der Patienten
2) Einbezug der Patienten in die Entscheidungsfindung
3) Koordination und Kontinuität der Behandlung und Betreuung
4) Kohärente Kommunikation zwischen den Leistungserbringenden

Dies spiegelt sich in den folgenden Forderungen der DGbV wider:

- **3. Recht der Bürger auf valide Gesundheitsinformationen**
- **4. Recht auf Förderung der Gesundheitskompetenz für chronisch Kranke**
- **5. Schulung der Gesundheitsberufe in Bürgerorientierung**

14.5 Zusammenfassung und Ausblick

Bürgerorientiertes Versorgungsmanagement kann nur auf Basis einer sektorübergreifenden, verzahnten und integrierten Versorgung erfolgen, die auf die individuellen Verschiedenheiten der Bürger eingeht und dabei für die erforderliche Bürgerkompetenz im Bereich der Gesundheit als Grundlage für die notwendige partizipative Entscheidungsfindung sorgt.

Das gesamte vorliegende Buch, besonders aber auch dieses Kapitel, soll allen Akteuren, Organisationen, Fachpersonen und Bürgern beim Verständnis und der Umsetzung eines bürgerorientierten Versorgungsmanagements helfen. Zunächst muss es dabei darum gehen,

- Die Wichtigkeit von Gesundheits- und Patientenkompetenz zu fördern
- Die Bürgerorientierung in der Leistungserbringung einzuführen und noch stärker zu unterstützen
- Die Bedeutung der Bürgerorientierung in einem integrierten und gemanagten Versorgungsprozess zu unterstreichen und weiter zu fördern
- Diskussionen unter allen Beteiligten zum Thema anzuregen
- Diskussionen über konkrete Forderungen zur Umsetzung eines bürgerorientierten Versorgungsmanagement für alle Beteiligten besonders aber für die Politik zu formulieren und für die Umsetzung zu arbeiten

Insgesamt lässt sich feststellen, dass die aktuell vorliegenden Forderungen der DGbV für ein bürgerorientiertes Versorgungsmanagement von hoher Relevanz in allen Prozesselementen sind und damit als Ausgangspunkt für die angestrebten und notwendigen Diskussionen mit der Politik und den weiteren am Versorgungsprozess Beteiligten sehr gut geeignet sind.

Auch das bürgerorientierte Versorgungsmanagement ist nicht statisch sondern sehr dynamisch und dabei auf Erkenntnisse aus der medizinischen Forschung und der Versorgungsforschung angewiesen. Damit diese Forschung für die Weiterentwicklung des bürgerorientierten Versorgungsmanagements eine stimmige Relevanz erhält, hat die DGbV die folgende weitere Forderung aufgenommen:

Vergabe von öffentlichen Fördermitteln für Gesundheitsprojekte nur an bürgerorientierte Projekte

Aufgabe aller Beteiligten ist es nun, die bereits vorliegenden Erkenntnisse, Grundlagen und Hypothesen zum bürgerorientierten Versorgungsmanagement miteinander weiter zu diskutieren und vor allem in die Praxis umzusetzen.

Literatur

DGbV Versorgungsmanagement konkret III. Quartal 2015 Ausgabe 1

Gerd Gigerenzer, J. A. Muir Gray, Bessere Ärzte, bessere Patienten, bessere Medizin, MWV 2013

Gertels M. et al. (1993), Through the patient's eyes: understanding and promoting patientcentered care, The Jossey Bass health Series

Patientenbilder 2024 aus Denkstoff No 2, fmc Schweizer Forum für Integrierte Versorgung in Zusammenarbeit mit der Stiftung Patientenkompetenz (2015)

Das Instrument »Adherence Coaching« im GPS-Versorgungsmodell

15

Umsetzung des von der Dr. Grosch Consulting GmbH entwickelten Intensive Case Management Konzeptes in der aufsuchenden Begleitung schwer psychisch erkrankter Menschen

Tim Konhäuser und Arnd Grosch

15.1 Einleitung

Mit Beginn des 20. Jahrhunderts hat sich die Versorgung und Behandlung psychisch erkrankter Menschen deutlich verändert. Die Verwahranstalten wandelten sich zu Orten der Behandlung, Pflege und Versorgung psychisch erkrankter Menschen. Mit dem Bericht über die Lage der Psychiatrie in der Bundesrepublik Deutschland (Bericht der Psychiatrie-Enquête) an den Bundestag 1975, hat die Sozialpsychiatrie als ein gemeindepsychiatrischer Ansatz Einzug in das Versorgungssystem erhalten.

Die damals formulierten Rahmenbedingungen:

- »Das Prinzip der gemeindenahen Versorgung«
- »Das Prinzip der bedarfsgerechten und umfassenden Versorgung aller psychisch Kranker und Behinderter«
- »Das Prinzip der bedarfsgerechten Koordination aller Versorgungsdienste,«
- »Das Prinzip der Gleichstellung psychisch Kranker mit körperlich Kranken«[1]

sind bis zum heutigen Tage nur teilweise umgesetzt worden.

In Deutschland besteht besonders in der psychiatrischen Versorgung eine immens inhomogene Landschaft. Stationäre Versorgung findet überregional in Zentren und den Großstädten statt. Laut Grözinger et al. ist die ambulante medizinische Versorgung in den meisten Städten gut ausgebaut, in den Flächenländern aber bereits jetzt unzureichend und wird sich durch die demografische Entwick-

1 Deutscher Bundestag Drucksache 7/4200 (1975), S. 31

lung unter den Ärzten und Fachärzten weiter verschlechtern[2]. Ambulante psychiatrische Pflege (APP) als ein gemeindeorientiertes psychiatrisches Versorgungsangebot findet vorwiegend in Norddeutschland statt. Länder wie Bayern und Baden-Württemberg bilden hier die Schlusslichter, obwohl diese Versorgungsform seit 2005 im Sozialgesetzbuch V (SGB V) als verordnungsfähige Leistung aufgenommen ist. Zur genauen Anzahl der ambulanten psychiatrischen Pflegedienste ließ sich weder in der Gesundheitsberichtserstattung des Bundes noch bei der Bundesinitiative Ambulante Psychiatrische Pflege (BAPP) Angaben finden. Laut telefonischer Aussage des zuständigen Mitarbeiters des Statistischen Bundesamtes, Zweigstelle Bonn, werden diese Daten nicht erhoben.

Die Maßnahmen der Bundesregierung der letzten Jahre zur Optimierung der Versorgung haben weder zu einer einheitlichen Versorgung noch zu der geforderten wohnortnahen, sozialpsychiatrischen und »ambulant vor stationären« Versorgung geführt. Der geforderte Abbau von stationären Betten und der Aufbau der ambulanten Versorgungsstrukturen ist nicht erfüllt worden.

Einige Studienergebnisse aus dem Faktencheck Gesundheit Depression der Bertelsmann Stiftung unterstreichen den oben beschriebenen Versorgungsstand in der Bundesrepublik Deutschland:

- »Drei Viertel der Patienten mit einer schweren Depression werden nicht nach aktuellem Standard versorgt.«
- »Ob Patienten mit einer schweren Depression gut versorgt werden hängt auch von ihrem Wohnort ab.«
- »Zwei Drittel der Patienten haben die Diagnose »chronische Depression«, doch nur wenige werden leitlinienorientiert behandelt.«[3]

Seit der Psychiatrie Enquete und der daraus resultierenden Reformen der Versorgungsstrukturen wurden gerade für die schwer psychisch erkrankten Menschen ein oft völlig unübersichtliches und regional unterschiedliches Versorgungsnetz aus stationären, teilstationären, ambulanten und multiprofessionellen, gemeindepsychiatrischen Angeboten aufgebaut. Viele dieser erkrankten Menschen können dabei weder ihr regionales Angebot überblicken, noch aufgrund ihrer Erkrankung in optimaler Weise nutzen.

Die Notwendigkeit der Einführung einer Behandlungskoordination führte Ende der 1970er Jahre zur Einführung des Case Managements Konzeptes in den USA. Intagilata beschreibt, dass die Entwicklung des Case Managements in

2 Vgl. Grözinger et al. Nervenarzt (2010), S. 243 ff.
3 Härter, M. et al. (2014), S. 1

den USA notwendig wurde, da eine immer komplexere psychiatrische Versorgungslandschaft den Patienten nicht mehr gerecht werden konnte.[4]

Im Rahmen der verschiedenen selektivvertraglichen Angebote, die zudem noch durch einen verstärkten regionalen Gesundheitsmarkt geprägt sind, wird auch in Deutschland seit mehreren Jahren die Umsetzung verschiedener Case-Management-Modelle vorangetrieben. Dieser Artikel beschreibt den von der Dr. Grosch Consulting GmbH unter Federführung von Herrn Tim Konhäuser entwickelten Ansatz eines Intensiv Case Managements (ICM) für schwer psychisch erkrankte Menschen und die Umsetzung im Rahmen des Adherence Coachings in mehreren deutschen Bundesländern.

Das Konzept des Adherence Coachings entstand in einem Pilotprojekt mit dem Ziel, bei schwer schizophren erkrankten Menschen eine Verbesserung der Adherence zu schaffen. Dazu wurden in fünf Zentren in Kooperation mit drei großen Universitätskliniken (Ambulanz der Charité, Berlin; Ambulanz des Universitätsklinikums Eppendorf, Hamburg und der Ludwig-Maximilian-Universität, München) und zwei Ärztenetzwerken (Stralsund und Köln/Bonn) eine ambulant pflegerische Versorgungsstruktur aufgebaut, welche die Klienten in ihrer Häuslichkeit über 12 Monate begleitete.

Dabei konnten sich die Pflegefachkräfte aller Belange des Klienten annehmen und auch bei verändernden Bedarfen (need-adapted) Unterstützung anbieten. Mit diesem Modell konnte gerade für schwer psychisch erkrankte Menschen eine wichtige Versorgunglücke geschlossen werden konnte.

15.2 Case Management (CM)

Um den Ansatz des Adherence Coachings als ein Modell des Intensive Case Managements zu verstehen werden hier verschiedene ambulante Modelle erläutert. Nach Wendt lässt sich die Notwendigkeit von Case Management unter folgenden Aspekten zusammenfassen:

- Menschen mit chronischen Gesundheitsproblemen haben meist auch soziale Probleme
- Menschen mit chronischen Gesundheitsproblemen haben meist auch Schwierigkeiten in verschiedenen Bereichen der Lebensführung
- In unserem Gesundheitssystem erkennt man oft nur die gerade »akuten (Gesundheits-)Probleme«, die Behandlung greift zu kurz

4 Vgl. Intaglia (1982), S. 655 ff.

- Um effektiv zu helfen muss man sich des Zusammenhangs der Problematik annehmen
- Dies gilt auch um Über-, Unter- und Fehlversorgung zu vermeiden
- Um eine patientenbezogene Versorgung zu gewährleisten, ist Case Management notwendig.[5]

Das bedeutet, dass Case Management nicht oder nicht nur den medizinischen Outcome im Sinn hat, sondern sich um soziale, familiäre, berufliche, stigmatisierende und integrationsbezogene Schwierigkeiten bemühen muss.

Definition von Case Management nach dem Netzwerk Case Management Schweiz

»Case Management ist ein Handlungskonzept zur strukturierten und koordinierten Gestaltung von Unterstützungs- und Beratungsprozessen im Sozial-, Gesundheits- und Versicherungsbereich. In einem systematisch geführten, kooperativen Prozess werden Menschen in komplexen Problemlagen ressourcen- und lösungsorientiert unterstützt und auf den individuellen Bedarf abgestimmte Dienstleistung erbracht. Die Erreichung gemeinsam vereinbarter Ziele wird angestrebt.

Case Management will Grenzen von Organisationen und Professionen überwinden und eine organisationsübergreifende Steuerung des Unterstützungsprozesses gewährleisten. Dazu werden Netzwerke initiiert und gepflegt. Case Management respektiert die Autonomie der Klientinnen und Klienten, berücksichtigt die Anforderungen an den Datenschutz und nutzt und schont die Ressourcen im Klienten- sowie im Unterstützungssystem. Die bedarfsbezogene Weiterentwicklung des Versorgungsangebotes wird gefördert.«[6]

15.3 Assertive Community Treatment (ACT)

Etwa zur gleichen Zeit der Entwicklung des Case Managements in den 80er Jahren des 20. Jahrhunderts wurde das Konzept des Assertive Community Treatments (ACT) entwickelt. Beide Modelle sind laut Dieterich et al. gemeindenahe Versorgungskonzepte, das Case Management basiert hierbei auf einem »Manager«, der die Behandlung, Begleitung und Versorgung teilweise übernimmt, aber vor allem koordiniert, in aller Regel der Haus-, Facharzt, Sozialdienst oder die Pflege. Im Assertive Community Treatment treten Teams verschiedener Professionen

5 Vgl.Wendt (2012), S. 506
6 Netzwerk Case Management Schweiz (2014), S. 5

auf, um gemeinsam die Steuerung zu übernehmen.[7] Die Zielgruppe des Assertive Community Treatments ist laut Abderhalden:

> »Erwachsene, anhaltend und schwer psychisch kranke Menschen mit psychotischen Störungen und multiplen psychosozialen Problemen. Schwere Beeinträchtigungen im Bereich der Alltagsaktivitäten und/oder beim Wohnen und/oder bei der Arbeit/Beschäftigung/Tagesstrukturierung.
>
> Eine Vorgeschichte mit Behandlungsproblemen und hohem Bedarf nach psychiatrischen Leistungen:
>
> - Häufige und/oder sehr lange stationäre Behandlungen ... und/oder häufige Inanspruchnahme psychiatrischer Notfall-/Krisendienste
> - Schwierigkeiten mit üblicher ambulanter Nachbehandlung (Ablehnung solcher Angebote, Unfähigkeit zur Teilnahme)
> - Schwere bzw. schwer beeinflussbare Symptome
> - Häufige Konflikte mit dem Gesetz (Verhaftungen etc.)
> - Substanzmissbrauch zusätzlich zur Psychose (aber keine primäre Abhängigkeitsdiagnose)«[8]

Im Gegensatz zum Case Management wird bereits eine Selektion der möglichen Klientinnen und Klienten vorgenommen, deshalb wird das Assertive Community Treatment auch als ein Konzept im Rahmen des Case Managements in der Literatur beschrieben. Das würde jedoch voraussetzen, dass bereits ein Case Management vorgelagert implementiert ist und nach der Selektion der Klientinnen oder Klienten in der oben beschriebenen Form das Assertive Community Treatment empfohlen wird. In den meisten Fällen findet aber die Selektion nicht durch einen Case Manager statt.

15.4 Intensive Case Management (ICT)

Das Modell des Intensive Case Management entstand laut Dieterich aus der Zusammenführung von Elementen des Assertive Community Treatments in das Handlungskonzept des Case Managements mit einem Schwerpunkt auf die besondere Schwere der Fälle mit hohen Kosten.[9]

Intensive Case Management stellt eine intensive, hochfrequent aufsuchende ambulante Interventionsmöglichkeit dar, die sowohl direkte Versorgungsleistun-

7 Vgl. Dieterich et al. (2014), S. 4
8 Vgl. Abderhalden (2011) Seite 432
9 Vgl. Dieterich et al. (2014) Seite 4

gen durch den Case Manager erbring, als auch die vom Case Management geforderte, bedarfsorientierte Vernetzung in das erweiterte Versorgungssystem ermöglicht.

15.5 Evidenz zu Case Management

Die Deutsche Gesellschaft für Psychiatrie, Psychotherapie und Nervenheilkunde (DGPPN) hat bei der Erstellung der S-3 Leitlinie »Psychosoziale Therapien bei schweren psychischen Erkrankungen« die Evidenz zur Wirksamkeit des Case Managements anhand von systematischen Reviews, sowie der Metaanalyse der NICE-Leitlinie Schizophrenie begründet. Folgende Meta-Analysen wurden bewertet:

- »Marshall und Kollegen 2000 (Cochrane Review): Einschluss von 10 Studien
- Ziguras und Stuart 2000: Einschluss von 35 Studien
- Burns 2007, Intensive Case Management: Einschluss von 29 Studien
- Dieterich et al. 2010 (Cochrane-Review), Intensive Case Management: Einschluss von 38 Studien
- Metaanalyse der NICE-Guideline Schizophrenie 2009, Intensive Case Management: Einschluss von 13 Studien«[10]

Dabei wurde in der S3-Leitlinie folgende Empfehlung von der DGPPN zu Case Management gegeben:

> »Case Management kann nicht uneingeschränkt für die Routineversorgung aller Patienten empfohlen werden, sollte jedoch nach Prüfung der entsprechenden Voraussetzungen (z. B. geringe Versorgungsdichte von gemeindepsychiatrischen Ansätzen in der Region und/oder hohe Inanspruchnahme von stationären Behandlungen) gezielt zur Anwendung kommen. Empfehlungsgrad: B, Evidenzebene: 1a.«[11]

An gleicher Stelle wird darauf hingewiesen, dass der Empfehlungsgrad herabgestuft wurde, da die Studien in anderen Ländern unter anderen Versorgungskontexten erfolgten und die Evidenz dann auf die deutschen Versorgungsverhältnisse angepasst wurde.[12]

Das Case Management hat damit einen starken Evidenzgrad bei schwer psychisch erkrankten Menschen, die einen besonders individuellen Bedarf haben.

10 DGPPN (2013) Seite 56 ff.
11 Ebd. S. 61
12 Vgl. DGPPN (2013) Seite 61

15.6 Weitere Systeminterventionen mit gemeinde-psychiatrischen Versorgungsansätzen

Laut der S3-Leitlinie Psychosoziale Therapien bei schweren psychischen Erkrankungen der Deutschen Gesellschaft für Psychiatrie, Psychotherapie und Nervenheilkunde bestehen folgende Empfehlungen:

> Empfehlung 7
> »Ein aufsuchender Ansatz soll v. a. dann zur Verfügung stehen, wenn Behandlungsabbrüche drohen.
> Empfehlungsgrad: A, Evidenzebene: Ia. Abstimmung erfolgte am 09. 03. 2010 → Ergebnis: starker Konsens«[13]

> Empfehlung 9
> »Menschen mit chronischen und schweren psychischen Störungen sollen die Möglichkeit haben, auch über einen längeren Zeitraum und über akute Krankheitsphasen hinausgehend, nachgehend aufsuchend in ihrem gewohnten Lebensumfeld behandelt zu werden.
> Empfehlungsgrad: A, Evidenzebene: Ia. Abstimmung erfolgte am 09. 03. 2010 → Ergebnis: Konsens«[14]

15.7 Umsetzung des Intensive Case Managements

Das Umsetzen eines Intensive Case Managements bedarf mehrerer Prozessschritte, die zum Teil auch wiederholt durchgeführt werden. Dabei unterscheiden sich die Prozessschritte nicht von denen des Case Managements. Die einzelnen Prozessschritte sind laut Netzwerk Case Management Schweiz:

- Clearing und Intake
- Assessment
- Ziel und Handlungsplanung
- Durchführung und Leistungssteuerung
- Evaluation[15]

---

13 Ebd. S. 16 ff.
14 DGPPN (2013) Seite 17
15 Vgl. Netzwerk Case Management Schweiz (2014) S. 8

Clearing und Intake

Dieser Prozessschritt beschäftigt sich mit der Auswahl geeigneter Klienten nach den Kriterien des jeweiligen Case Management Ansatzes. Außerdem werden die Ansprache des Klienten, die Information und die Einwilligung des Klienten in die Maßnahme durchgeführt. Mit der Einwilligung wird eine Vereinbarung getroffen, welche Leistungen der Klient von seinem Case Manager erwarten kann, welche Anteile der Klient zu erfüllen hat. [16]

Assessment

Im Assessment erhebt der Case Manager umfassend die individuellen Bedarfe sowie die Lebens- und Versorgungssituation. Zudem wird die individuelle Problem- und Ressourcenlage erfasst und dokumentiert. Alle bereits vorhandenen Hilfen, sowohl im professionellen als auch persönlichen Umfeld werden ebenfalls erfasst und dokumentiert.[17]

Ziel- und Handlungsplanung

In der Ziel- und Handlungsplanung werden die im Assessment erfassten Bedarfe in kurz-, mittel- und langfristige Ziel umformuliert. Daraus entwickelt sich dann der individuelle Handlungsplan in dem alle Maßnahmen zur Erreichung der Ziele festgehalten werden.[18]

Durchführung und Leistungssteuerung

Die Durchführung und Leistungssteuerung umfasst die Vermittlung an Leistungserbringer und Unterstützungsangebote, die Vernetzung der Leistungserbringer untereinander, sowie die Aufrechterhaltung der Kommunikation und Weitergabe relevanter Informationen an alle Beteiligten. Der Case Manager übernimmt in erster Linie die Steuerung aller Prozesse, kann aber auch selber als Leistungserbringer tätig werden.[19]

Evaluation

Die Evaluation findet in regelmäßigen Schritten oder nach Bedarf statt, sollte aber mindestens einmal im laufenden Case Managementprozess durchgeführt werden. In der Überprüfung werden die Ausgangssituation mit der jetzigen Situation verglichen, die angestrebten Ziele im Handlungsplan überprüft, bei Bedarf Änderungen besprochen und dokumentiert. Hier gilt es mit dem Klienten und den Be-

16 Vgl. Ebd., S. 8
17 Vgl. Ebd., S. 8 + 9
18 Ebd., S. 9 + 10
19 Ebd., S. 10

teiligten zusammen wenn nötig eine Anpassung der Leistungsdurchführung und Steuerung anzubahnen. Ebenso findet zum Abschluss des Case Managements eine Evaluation der erreichten Ziele statt, auch um nach dem Case Management einer etwaigen Nachsorge die nötigen Informationen zukommen zu lassen. So wird ein Kernelement des Case Managements, die Informationsweitergabe, aktiv weitergeführt.[20]

15.8 Handlungsmodell Adherence Coaching

Adherence Coaching als ein Modell des Intensive Case Managements, steuert schwer psychisch erkrankte Menschen sektorenübergreifend durch die Versorgungslandschaft. Der Ansatz ist patientenzentriert, aufsuchend, vernetzend, Verantwortung und Inklusion fördernd. Die Maßnahme des Adherence Coachings ist eine zusätzliche Maßnahme, alle weiteren Unterstützungsmöglichkeiten der Regelversorgung können und sollen weiterhin genutzt und in Anspruch genommen werden. Das Modell des Adherence Coachings ist bislang in fünf Bundesländern in Deutschland umgesetzt.

Ziele des Adherence Coachings

Der Versorgungsansatz des Adherence Coachings erbringt Leistungen als Komplexleistungen, die im bisherigen Sozial- und Versorgungssystem nicht von einem Leistungsträger, sondern von verschiedenen Trägern (z.B. Krankenkasse, Sozialamt, Pflege- oder Rentenversicherung usw.) erbracht oder finanziert wurden. Dadurch kam es zu einer für den Klienten unüberschaubaren Anzahl von Ansprechpartnern, verschiedenen Anträgen und Zuständigkeiten. Um diesem Missstand zu begegnen verfolgt der Adherence Coaching Ansatz folgende Ziele, die dann auf die individuellen Bedarfe der Klienten angepasst werden.

- Anbindung des Klienten bedarfsorientiert im ambulanten, stationären und teilstationären psychiatrischen und somatischen Setting
- Förderung von Teilhabe und Inklusion
- Verbesserung und Weiterentwicklung der Fähigkeiten, nach der Maßnahme selbstständig im sozial-psychiatrischen, sozialen und beruflichen Umfeld agieren zu können
- Verbesserung der individuellen Lebensqualität und des medizinischen und pflegerischen Outcomes

20 Ebd., S 10–11

- Verbesserung des Hilfesuchverhaltens, der Adherence und des Krankheitsverständnisses
- Entwicklung eines individuellen Krankheits- und Krisenmanagements

Diese Maßnahmen werden immer in Absprache mit dem Klienten und den weiteren am Prozess beteiligten Fachpersonen durchgeführt.

Adherence Coaches

Alle Mitarbeiter im Rahmen des Adherence Coachings sind Pflegefachpersonen mit einer mindestens fünfjährigen Expertise im Bereich Psychiatrie und werden als Adherence Coaches bezeichnet. Die Mitarbeiter werden in dem jeweiligen Auftragsgebiet gesucht und dort auch in Festanstellung beschäftigt. Das hat den Vorteil, dass die sozialpsychiatrische Versorgungslandschaft bekannt und eine Vernetzung einfacher zu gestalten ist. Die Adherence Coaches werden mit allen notwendigen Betriebsmitteln wie Fahrzeug, Tankkarte, Handy und IPad zur Dokumentation vor Ort ausgerüstet. Regionale Büroräume werden nicht angemietet. Die Adherence Coaches vertreten sich bei Urlaub oder im Krankheitsfall gegenseitig.

Clearing und Intake

In die Maßnahme des Adherence Coachings können alle Menschen mit psychischen Erkrankungen der ICD-10 Systematik F2 – F6 aufgenommen werden. Reine Suchterkrankungen sind gerade in Erprobung. Doppeldiagnosen mit Missbrauch oder begleitender Abhängigkeit von Suchtstoffen werden bereits aufgenommen. Des Weiteren sind demenziellen Erkrankungen ausgenommen, da eine Verbesserung der Symptomatik nur in den seltensten Fällen zu erwarten ist.

Die Selektion der Klientinnen und Klienten durch die Krankenversicherer:

- Selektion der Klientinnen und Klienten durch die Krankenversicherer im GKV und PKV-System anhand der Kostenentwicklung der letzten 24 bis 36 Monate
- Selektion der Klientinnen und Klienten aufgrund auffälliger Arbeitsunfähigkeitsmeldungen durch die Krankenversicherer
- Selektion der Klientinnen und Klienten wegen Auffälligkeiten bei den Case- und Fallmanagern der Krankenversicherer

Aufgrund der geltenden Datenschutzbestimmungen werden die Klientinnen und Klienten vom Krankenversicherer schriftlich oder telefonisch kontaktiert, nach Zustimmung der Klientin oder des Klienten darf dann der Kontakt zum Dienstleister hergestellt werden.

Die Selektion der Klientinnen und Klienten durch Kliniken:

- Klientinnen oder Klienten mit mehrfachen Klinikaufenthalten
- Klientinnen oder Klienten, die nicht mehr von einer stationären Aufenthalten profitieren
- Klientinnen oder Klienten, die einen erhöhten sozialpsychiatrischen Bedarf im ambulanten Bereich haben
- Klientinnen oder Klienten, die aufgrund ihrer Erkrankung das ambulante System nicht oder nicht optimal nutzen können.

Die Zuweisung erfolgt direkt über die Klinik, meist vermittelt über den Sozialdienst. Bei Krankenversicherungen mit denen bereits ein Vertrag besteht wird dort die Anfrage gestellt, sonst erfolgt die Anfrage im Rahmen eines Einzelfallantrages.

Die Selektion der Klientinnen oder Klienten durch niedergelassen Ärzte, Sozialämter oder andere Einrichtungen:

- Klientinnen oder Klienten die einen erhöhten sozialpsychiatrischen Bedarf im ambulanten Bereich haben
- Klientinnen oder Klienten die aufgrund der sozialen oder familiären Situation einen Versorgungsbedarf haben, aber noch keinen oder ineffizienten Kontakt zum sozialpsychiatrischen Versorgungsnetz haben
- Straffällig gewordene Klientinnen oder Klienten die in eine ambulante Versorgungssituation vernetzt werden sollen

Das erste persönliche Treffen findet bei stationären Klientinnen und Klienten in der Klinik oder Tagesklinik statt, um die Überleitung in das ambulante Setting gemeinsam mit allen am Prozess beteiligten zu planen. Bei der Gelegenheit wird auch die Teilnahmeerklärung der Klientin oder des Klienten vorgelegt und unterschrieben. Das Angebot wird nochmals vorgestellt, die ersten Informationen für das Assessment erhoben und eine Vereinbarung darüber getroffen, welche Leistungen die Klientin oder der Klient erwarten kann.

Assessment
Das Assessment beinhaltet mehrere Schritte. Erfassung der ersten Informationen im Aufnahmegespräch. Kontaktaufnahme mit anderen professionellen Beteiligten und den Angehörigen um weitere Informationen zu sammeln. Diese werden dann vom Adherence Coach in die vom Autor in Kooperation mit einer Fachärztin für Psychiatrie entwickelte PIUMA-Scale© (PrognostIc Use Of Mental Health

Services Assessment Scale) eingetragen. Erfasst werden in der PIUMA-Scale© folgende Domänen:

Domäne 1: Medizinischer Störungsschweregrad
Domäne 2: Nutzung des Systems (Ist-Zustand)
Domäne 3: Coping-Strategien
Domäne 4: Dynamik der sozialen Sicherheit
Domäne 5: Kassenleistungen psychiatrisch/psychosomatisch
Domäne 6: Kassenleistungen somatisch
Domäne 7: Leistungen Bezirk u. a. Träger (komplementär, kirchlich, u. a.)
Domäne 8: Leistungen Bundesagentur für Arbeit
Domäne 9: Leistungen Rententräger

Die in der Skala erfassten Punktwerte werden zur Auswertung in einem Index zusammengeführt. Eine Begleitung wird ab einem PIUMA-Index von 50 empfohlen. Die PIUMA-Scale© wird auch als Selektionsinstrument für verschiedene Krankenversicherer genutzt um eine gezielte Einsteuerung passender Klientinnen und Klienten nachzuweisen. Dabei findet immer ein persönlicher Kontakt statt, eine Einschätzung anhand der Krankenkassendaten reicht nicht aus.

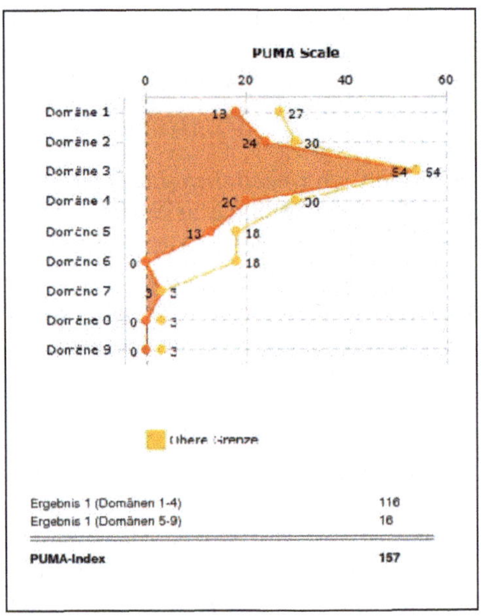

Abbildung 15.1 Assessment PIUMA-Scale© Auswertung Beispiel (Quelle: Dr. Grosch Consulting GmbH)

In einem zweiten Schritt werden aus dem Ergebnis der PIUMA-Scale© und den weiterführenden Informationen die individuellen Bedarfe herausgearbeitet und dann mit der Klientin, dem Klienten besprochen und dokumentiert.

Ziel und Handlungsplanung

Durch die Erfassung der Bedarfe aus der PIUMA-Scale© und der weiteren Informationssammlung wird mit der Klientin/dem Klienten eine Ziel- und Handlungsplanung erstellt. Dabei werden die Ziele in kurzfristige, mittelfristige und langfristige Ziele unterteilt. Im weiteren Prozess wird festgehalten, wer welche Aufgaben übernimmt. Hier hat der Adherence Coach die Aufgabe, die verschiedenen Leistungen zu erklären, Kontakte anzubahnen aber auch die Klientin/den Klienten gezielt in die Maßnahme zu begleiten, sodass die Klientin/der Klient die Maßnahme auch nutzen kann und nutzt.

Durchführung und Leistungssteuerung

Für die Durchführung des Adherence Coachings stehen dem Adherence Coach in aller Regel 24 Monate zur Verfügung. Der Adherence Coach steuert sich und seine Klienten selbst, kann also auf einen sich verändernden Bedarf jederzeit reagieren und seine Ressourcen entsprechend den Anforderungen bei den Klienten einsetzen.

Am Anfang der Unterstützung steht der Aufbau einer tragfähigen Arbeitsbeziehung mit der Klientin/dem Klienten. Dann beginnt gemäß der Planung die Vernetzungsarbeit mit den oben genannten Professionen und Hilfesystemen. Die Vernetzung wird durch eine rollen- und mandantenfähige Dokumentationsplattform ergänzt, zu der jeder am Versorgungsprozess Beteiligte gemäß den Datenschutzbestimmungen einen entsprechenden Zugang bekommen kann. Auch der Coach übernimmt in seinen regelmäßigen Treffen eine Unterstützungsfunktion und bespricht bei jedem Termin anliegende Probleme und unterstützt die Klientin, den Klienten alltagspraktisch. Gezielt werden die Klientin/der Klient gefördert aber auch gefordert. Eine reine Versorgungsleistung findet nicht statt.

Sollte der Bedarf sich dahingehend verändern, dass eine Begleitung im Moment nicht nötig erscheint, eine Belastungserprobung stattfinden soll, so kann die Maßnahme des Adherence Coachings ruhen, die Klientin/der Klient bleiben in lockerem Kontakt. Sollte innerhalb der 24 Monate wieder Bedarf entstehen, so kann die Maßnahme ohne weitere Bewilligung sofort wieder aufgenommen werden.

Evaluation und Qualitätssicherung

Im Rahmen der Qualitätssicherung der Maßnahme finden verschiedene Evaluationen statt. Bei jeder Änderung der persönlichen oder gesundheitlichen Lage wird situativ eine neue Einschätzung der Situation (Reassessment) durchgeführt.

Bei Veränderungsbedarf wird sowohl die einzelnen Maßnahmen und Leistungen als auch das Zeitkontingent geändert und im Hilfeplan entsprechend verändert.

Außer den durch die Klientin, den Klienten erforderlichen Änderungen findet spätestens alle drei Monate eine Überprüfung der geplanten Maßnahmen statt. Der Adherence Coach wird hierbei aktiv durch das Dokumentationssystem aufgefordert die Planung zu überprüfen.

Zur Qualitätssicherung werden noch weitere Instrumente eingesetzt.

- Erfassung der Lebensqualität alle sechs Monate und Auswertung
- Überprüfung der Bedarfe durch ein Reassessment der PIUMA-Scale© alle sechs Monate, auch hier kann ein Verlauf dargestellt werden
- Erfassung und Auswertung der Vernetzung der Klientin/des Klienten
- Planung der Bedarfe und Handlungsfelder anhand der Praxisorientierten Pflegediagnostik (POP)
- Auswertung der Kosten durch den Auftraggeber/Versicherer
- Wöchentliche Telefonkonferenzen über eine gesicherte Leitung zum Austausch und zur Intervision
- Angebot der Einzelfallsupervision
- Dreitägige Fortbildung pro Quartal für die Adherence Coaches
- Kontinuierliche Weiterentwicklung des Adherence Coachings und der einzelnen Instrumente
- Zertifiziert nach DIN EN ISO 9001

Alle erfassten Daten werden anonym ausgewertet und stehen sowohl für die Kostenträger als auch für eine wissenschaftliche Auswertung zur Verfügung.

Die Ergebnisqualitätskriterien lassen sich anhand des medizinischen Outcomes und der Lebensqualitätsmessungen und durch die Kostenerfassung der Versicherer darstellen. Im Bereich der Verbesserung der Lebensqualität konnte in einer Auswertung in mehreren Domänen eine signifikante Verbesserung dargestellt werden.

Alle bisherigen Auswertungen mit Krankenkassen konnte eine Rückgang der Hospitalisierungstage um mehr als 50 % darstellen, trotz der Projektkosten durch die Versicherer wurden die Gesamtkosten um ca. 40 % reduziert.

Skala QLiS	Erhebung 1 - Erhebung 2 n=65	Erhebung 1 - Erhebung 3 n=34
Soziale Kontakte	0,0085	0,0075
Akzeptanz durch Andere	0,079	0,061
Beziehung zur Familie	0,0435	0,185
Beurteilung der Pharmakotherapie	0,0395	0,047
Bewertung der psychopathologischen Symptome	0,0345	0,001
Kognitive Leistungsfähigkeit	0,236	0,116
Fähigkeit zur Alltagsbewältigung	0,0065	0,009
Beurteilung der Wohnung/Unterkunft	0,0755	0,055
Finanzielle Situation	0,3355	0,4365
Normale Lebensgestaltung	0,019	0,026
Zuversicht	0,0285	0,0005
Globale Lebenszufriedenheit	0,0745	0,011
Arbeit	0,092	0,015

p<0,05
p<0,01
p<0,001

Abbildung 15.2 Signifikanz QLiS Erhebung (Eigene Abbildung)

15.9 Resümee

Die Veränderungen des nationalen Versorgungssystems in den letzten 30 Jahren und die Notwendigkeit, psychisch erkrankte Menschen integrativer und vor allem im häuslichen Umfeld zu versorgen, haben zu einer regional inhomogenen Versorgungsstruktur geführt. Menschen in besonderen seelischen Situationen können die Versorgungslandschaft nicht mehr überblicken und auch aufgrund ihrer Erkrankung oftmals nur suboptimal nutzen.

Die Notwendigkeit, immer effektiverer Therapieangebote, die gleichzeitig zu Einsparungsmaßnahmen der Leistungsträger führen sollen, legt den Einsatz von Case Management im psychiatrischen Bereich nahe.

Erfahrungen mit Case Management bestehen vor allem im anglo-amerikanischen Raum und sind dort durch verschiedene Studien belegt. In der S3-Leitlinie Psychosoziale Therapien bei schweren psychischen Erkrankungen der Deutschen Gesellschaft für Psychiatrie, Psychotherapie und Nervenheilkunde wird Case Management für psychisch erkrankte Menschen, die in einer schlecht versorgten Region leben oder eine hohe Inanspruchnahme von stationären Behandlungen zeigen, auf der höchsten Evidenzebene Ia empfohlen.

Im Rahmen der Strukturqualitätsanforderungen werden den Adherence Coaches durch kleine Hierarchieebenen, Beteiligung an der Weiterentwicklung der

Dienstleistung, Bereitstellen aller betriebsnotwendigen Arbeitsmittel sowie der regelmäßigen Durchführung von interne und externen Fortbildungsveranstaltungen und Supervision die Möglichkeit gegeben, sich sowohl inhaltlich als auch in der Ausübung im hohen Maße selbst zu steuern. Diese Freiheit der Steuerung ermöglicht eine individualisierte und wirklich bedarfsorientierte Begleitung und Unterstützung der Klienten.

Im Rahmen der Prozessqualitätskriterien werden verschiedene Assessmentinstrumente genutzt. Darunter sind eingeführte Instrumente wie die Praxisorientierte Pflegediagnostik die bereits ausreichend validiert sind. Andere Assessmentinstrumente sind noch nicht wissenschaftlich validiert und bedürfen der Überprüfung durch eine Studie, um die Aussagekraft als Assessmentinstrument zu bestätigen. Die rollen- und mandantenfähige Dokumentationsplattform ermöglicht professionsübergreifend eine integrative Vernetzung der am Prozess Beteiligten.

Zudem kann die Zielerreichung über die Pflegeplanung und Veränderungen anhand der PIUMA-Scale© ausgewertet werden. Die Anforderungen des Case Managements und des Intensive Case Managements sind im Ansatz des Adherence Coachings erfüllt und in einem funktionalen Versorgungssystem umgesetzt.

Das Modell des Adherence Coachings lässt sich prinzipiell an jede regionale Struktur anpassen, die Erfahrungen mit der Kooperation anderer Professionen und Organisationen sind weitgehend positiv.

Somit stellt das Adherence Coaching ein überregionales und flächendeckendes Versorgungsangebot speziell für schwer psychisch erkrankte Menschen dar und kann eine in der Versorgungslandschaft bislang klaffende Lücke schließen. Die Auswirkungen des Adherence Coachings auf die Versorgungssituation und den medizinisch und pflegerischen Outcome sind noch nicht wissenschaftlich evaluiert. Dies soll in Zusammenhang mit der Validierung der PIUMA-Scale© in einer Multi-Center-Studie im Jahr 2016 begonnen werden.

Literatur

Abderhalden, C. (2011) Case Management; In: Abderhalden, Ch.; Needham, S.; Sauter, D.; Wolff, S. (Hrsg.):Lehrbuch Psychiatrische Pflege; 3., vollständig überarbeitete und erweiterte Auf; Bern 2011; S 427 ff.

Deutsche Gesellschaft für Psychiatrie, Psychotherapie und Nervenheilkunde – DGPPN (Hrsg.) (2013); S3-Leitlinie Psychosoziale Therapien bei schweren psychischen Erkrankungen; S3-Leitlinien in Psychiatrie & Psychotherapie; 1. Aufl; Berlin Heidelberg 2013

Deutscher Bundestag (1975): Drucksache 7/4200 Deutscher Bundestag – 7. Wahlperiode, Zusammenfassung, Bundesanzeiger 1975

Dieterich et al. (2014); Intensive Case Management for severe mental illness, Europe PMC Funders Group, The Cochrane Collaboration (2014) S 4 ff.

Grötzinger et al. (2010): DGPPN – Nachwuchskampagne Teil 4 »Psychiatrie und Psychotherapie ohne Ärzte? Die aktuelle Perspektive«, Nervenarzt 2010 – 81, S 243 ff

Härter, M. et al. (2014); Faktencheck Depression – Regionale Unterschiede in der Diagnostik und Behandlung von Depressionen, Themenblatt, Bertelsmann Stiftung (Hrsg.), 1. Aufl, Berlin

Intaglia, J. (1982): Improving the Quality of Community Care for the Chronically Mentally Disable: The Role of Case Management in: Issue Theme. The Impact of Schizophrenia on Patients, Families, and Professionals, Schizophrenia Bulletin, Vol. 8, No. 4 (1982), S 655–674

Netzwerk Case Management Schweiz (2014): Definition und Standards Case Management, Genehmigt von der Generealversammlung am 31. März 2014, S 5 ff. http://www.netzwerk-cm.ch/sites/default/files/uploads/fachliche_standards_netzwerk_cm_-_version_1_0_-_definitiv_0.pdf; zugegriffen 25. 07. 2015

Wendt, R. W. (2012) Case Management, In Thielscher, C. (Hrsg.) Medizinökonomie: Band 1: Das System der medizinischen Versorgung, 1. Aufl Wiesbaden 2012, S 506

World Health Organisation (2005): Mental Health Atlas 2005 http://www.who.int/mental_health/evidence/mhatlas05/en; zugegriffen 14. 08. 2015

Rechtsgrundlagen zur Finanzierung von PatientenCoaching

16

Arnd Grosch und John N. Weatherly

16.1 Einleitung

Das größte Problem beim Coachen der Patienten ist nach wie vor die sehr unklare Finanzierungsgrundlage.

Es gibt hier mit den Kostenträgern immer wieder unerquickliche Diskussionen über Kosten und Nutzen. Sind diese aber eindeutig nachgewiesen, dann flüchten sich die Kolleginnen und Kollegen öfters in die Argumentation ihrer eigenen, internen Kassenwelt. Die häufigste gemachte Aussage ist dann, das der Kostenträger, trotz eindeutig nachgewiesener positiver Kosten-Nutzenstruktur nur dann finanzieren kann, wenn gleichzeitig gewährleistet wird, das die Versorgungsmenge, die jetzt ambulant geleistet wird, in Summe an Betten Kapazitäten abgebaut wird. Damit ist das auch inhaltlich noch so gute Konzept obsolet und nicht weiter zu verfolgen.

Effekt für die Kostenträger ist, dass man beim Altvertrauten bleiben kann, sich und seine administrativen Abläufe nicht verändern muss, und zu allem Überfluss wird auch noch die volle Leistung aus dem Gesundheitsfond gegenfinanziert.

Solange solche guten Verhältnisse für die Kostenträger existieren, wird deren Blockadehaltung bei Innovationen wie zum Beispiel integrierter Versorgung und PatientenCoaching sich nicht verändern.

Das Krankenhaus zu finden, dass sich an einem innovativem Projekt beteiligt, welches wenn es dann funktioniert, das Krankenhaus zum Verlierer in der Prozesskette macht, weil es Betten abbauen muss, ist nach wie vor so gut wie unmöglich.

Die im Folgenden zusammengestellten Tabellen 16.1 und 16.2 offerieren die derzeit vorhandenen Möglichkeiten, für nichtzugelassene Leistungserbringer und Kollektivvertragspartner PatientenCoaching zu finanzieren.

16.2 Rechtsgrundlagen PatientenCoaching in der Übersicht für nicht zugelassene Leistungserbringer

Einfach-heit	Zahler	Leistung	Vertragsform	Rechts-grundlage	Mittelherkunft	Anmerkung
1	Selbstzahler, PKV	Patienten-coaching Überleitungs-management	Dienstleistungs-vertrag	Vertrags-recht	Sonder-ausgaben Leistungs-ausgaben	
2	GKV	Patienten-coaching	Einzelfallantrag	§ 11 Abs 4 SGB V	Leistungs-ausgaben	
3	GKV	Überleitungs-management	Dienstleistungs-vertrag Einzelfallantrag	§ 39 Abs 1 SGB V	Leistungs-ausgaben	
4	GKV u. a. m.	Patienten-coaching	Persönliches Budget	§ 17 SGB IX	Leistungs-ausgaben	
5	GKV	Patienten-coaching	Dienstleistungs-vertrag Einzelfallantrag	§ 43 Abs 1 Nr. 1+2 SGB V	Leistungsaus-gaben, ggf. Verwaltungs-kosten	
6	Arbeitgeber, GKV	Betriebliche Gesundheits-förderung	Dienstleistungs-vertrag	§ 20 SBG V	Betriebs-ausgaben Leistungs-ausgaben	
7	PV	Patienten-coaching	Erheblicher Be-treuungsbedarf	§ 45 SGB XI	Leistungs-ausgaben	
8	GKV	Patienten-coaching	Selektivvertrag	§ 140 a–d SGB V	Leistungs-ausgaben	Änderung 01.07.2015
9	GKV	Patienten-coaching	Modellversuch	§§ 63 und 64b SGB V	Leistungs-ausgaben	Änderung 01.07.2015
10	Jugendamt, GKV	Patienten-coaching	Dienstleistungs-vertrag	§ 35a SGB VIII, § 20 Abs. 1+2 SGB V	Steuergelder, Leistungsaus-gaben	
11	DRV	Patienten-coaching	Dienstleistungs-vertrag	§ 31 Abs. 1 Satz 1 Nr. 1 und 2 SGB VI	Präventions-budget	
12	GKV	Krankengeld-management	Dienstleistungs-vertrag	§ 44 Abs. 4 SGB V	Leistungs-ausgaben	Änderung 01.07.2015

Tabelle 16.1 Rechtsgrundlagen Patientencoaching für nicht zugelassene Leistungserbringer (Arnd Grosch 2015)

16.3 Rechtsgrundlagen PatientenCoaching in der Übersicht für Kollektivvertragspartner

Zahler	Leistung	Vertragsform	Rechtsgrundlage	Mittelherkunft
GKV	Soziotherapie	Verordnung	§ 37c SGB V	Leistungsausgaben
GKV	Strukturvertrag	Ermächtigung	§ 73a SGB V	Leistungsausgaben
GKV	Hausarztzentrierte Versorgung	Ermächtigung	§ 73b SGB V	Leistungsausgaben
GKV	Spezialärztliche Versorgung	Ermächtigung	§ 73c SGB V	Leistungsausgaben
GKV	Ambulante Behandlung im Krankenhaus	Ermächtigung	§ 116b SGB V	Leistungsausgaben
GKV	PIA	Ermächtigung	§ 118 SGB V	Leistungsausgaben

Tabelle 16.2 Rechtsgrundlagen Patientencoaching für Kollektivvertragspartner (Quelle: Arnd Grosch 2015)

16.4 Basis der Gesetzgebungen

SGB V
Sozialgesetzbuch (SGB) Fünftes Buch (V) – Gesetzliche Krankenversicherung – (SGB V)

§ 11 Leistungsarten
§ 11 hat 9 frühere Fassungen und wird in 28 Vorschriften zitiert

(1) Versicherte haben nach den folgenden Vorschriften Anspruch auf Leistungen

1) bei Schwangerschaft und Mutterschaft (§§ 24c bis 24i),
2) zur Verhütung von Krankheiten und von deren Verschlimmerung sowie zur Empfängnisverhütung, bei Sterilisation und bei Schwangerschaftsabbruch (§§ 20 bis 24b),
3) zur Erfassung von gesundheitlichen Risiken und Früherkennung von Krankheiten (§§ 25 und 26),
4) zur Behandlung einer Krankheit (§§ 27 bis 52),
5) des Persönlichen Budgets nach § 17 Abs. 2 bis 4 des Neunten Buches.

(2) Versicherte haben auch Anspruch auf Leistungen zur medizinischen Rehabilitation sowie auf unterhaltssichernde und andere ergänzende Leistungen, die notwendig sind, um eine Behinderung oder Pflegebedürftigkeit abzuwenden, zu beseitigen, zu mindern, auszugleichen, ihre Verschlimmerung zu verhüten oder ihre Folgen zu mildern. Leistungen der aktivierenden Pflege nach Eintritt von Pflegebedürftigkeit werden von den Pflegekassen erbracht. Die Leistungen nach Satz 1 werden unter Beachtung des Neunten Buches erbracht, soweit in diesem Buch nichts anderes bestimmt ist.

(3) Bei stationärer Behandlung umfassen die Leistungen auch die aus medizinischen Gründen notwendige Mitaufnahme einer Begleitperson des Versicherten oder bei stationärer Behandlung in einem Krankenhaus nach § 108 oder einer Vorsorge- oder Rehabilitationseinrichtung nach § 107 Absatz 2 die Mitaufnahme einer Pflegekraft, soweit Versicherte ihre Pflege nach § 66 Absatz 4 Satz 2 des Zwölften Buches durch von ihnen beschäftigte besondere Pflegekräfte sicherstellen.

(4) Versicherte haben Anspruch auf ein Versorgungsmanagement insbesondere zur Lösung von Problemen beim Übergang in die verschiedenen Versorgungsbereiche; dies umfasst auch die fachärztliche Anschlussversorgung. Die betroffenen Leistungserbringer sorgen für eine sachgerechte Anschlussversorgung des Versicherten und übermitteln sich gegenseitig die erforderlichen Informationen. Sie sind zur Erfüllung dieser Aufgabe von den Krankenkassen zu unterstützen. In das Versorgungsmanagement sind die Pflegeeinrichtungen einzubeziehen; dabei ist eine enge Zusammenarbeit mit Pflegeberatern und Pflegeberaterinnen nach § 7a des Elften Buches zu gewährleisten. Das Versorgungsmanagement und eine dazu erforderliche Übermittlung von Daten darf nur mit Einwilligung und nach vorheriger Information des Versicherten erfolgen. Soweit in Verträgen nach § 140a nicht bereits entsprechende Regelungen vereinbart sind, ist das Nähere im Rahmen von Verträgen mit sonstigen Leistungserbringern der gesetzlichen Krankenversicherung und mit Leistungserbringern nach dem Elften Buch sowie mit den Pflegekassen zu regeln.

(5) Auf Leistungen besteht kein Anspruch, wenn sie als Folge eines Arbeitsunfalls oder einer Berufskrankheit im Sinne der gesetzlichen Unfallversicherung zu erbringen sind. Dies gilt auch in Fällen des § 12a des Siebten Buches.

(6) Die Krankenkasse kann in ihrer Satzung zusätzliche vom Gemeinsamen Bundesausschuss nicht ausgeschlossene Leistungen in der fachlich gebotenen Qualität im Bereich der medizinischen Vorsorge und Rehabilitation (§§ 23, 40), der Leis-

tungen von Hebammen bei Schwangerschaft und Mutterschaft (§ 24d), der künstlichen Befruchtung (§ 27a), der zahnärztlichen Behandlung ohne die Versorgung mit Zahnersatz (§ 28 Absatz 2), bei der Versorgung mit nicht verschreibungspflichtigen apothekenpflichtigen Arzneimitteln (§ 34 Absatz 1 Satz 1), mit Heilmitteln (§ 32) und Hilfsmitteln (§ 33), im Bereich der häuslichen Krankenpflege (§ 37) und der Haushaltshilfe (§ 38) sowie Leistungen von nicht zugelassenen Leistungserbringern vorsehen. Die Satzung muss insbesondere die Art, die Dauer und den Umfang der Leistung bestimmen; sie hat hinreichende Anforderungen an die Qualität der Leistungserbringung zu regeln. Die zusätzlichen Leistungen sind von den Krankenkassen in ihrer Rechnungslegung gesondert auszuweisen.

Text in der Fassung des Artikels 1 Präventionsgesetz (PrävG) G. v. 17. Juli 2015 BGBl. I S. 1368, 1781 m. W. v. 25. Juli 2015

§ 39 Krankenhausbehandlung
§ 39 hat 5 frühere Fassungen und wird in 35 Vorschriften zitiert

(1) Die Krankenhausbehandlung wird vollstationär, teilstationär, vor- und nachstationär (§ 115a) sowie ambulant (§ 115b) erbracht. Versicherte haben Anspruch auf vollstationäre Behandlung in einem zugelassenen Krankenhaus (§ 108), wenn die Aufnahme nach Prüfung durch das Krankenhaus erforderlich ist, weil das Behandlungsziel nicht durch teilstationäre, vor- und nachstationäre oder ambulante Behandlung einschließlich häuslicher Krankenpflege erreicht werden kann. Die Krankenhausbehandlung umfasst im Rahmen des Versorgungsauftrags des Krankenhauses alle Leistungen, die im Einzelfall nach Art und Schwere der Krankheit für die medizinische Versorgung der Versicherten im Krankenhaus notwendig sind, insbesondere ärztliche Behandlung (§ 28 Abs. 1), Krankenpflege, Versorgung mit Arznei-, Heil- und Hilfsmitteln, Unterkunft und Verpflegung; die akutstationäre Behandlung umfasst auch die im Einzelfall erforderlichen und zum frühestmöglichen Zeitpunkt einsetzenden Leistungen zur Frührehabilitation.

(1a) Die Krankenhausbehandlung umfasst ein Entlassmanagement zur Unterstützung einer sektorenübergreifenden Versorgung der Versicherten beim Übergang in die Versorgung nach Krankenhausbehandlung. § 11 Absatz 4 Satz 4 gilt. Das Krankenhaus kann mit Leistungserbringern nach § 95 Absatz 1 Satz 1 vereinbaren, dass diese Aufgaben des Entlassmanagements wahrnehmen. § 11 des Apothekengesetzes bleibt unberührt. Der Versicherte hat gegenüber der Krankenkasse einen Anspruch auf Unterstützung des Entlassmanagements nach Satz 1; soweit Hilfen durch die Pflegeversicherung in Betracht kommen, kooperieren Kranken-

und Pflegekassen miteinander. Soweit dies für die Versorgung des Versicherten unmittelbar nach der Entlassung erforderlich ist, können die Krankenhäuser die in § 92 Absatz 1 Satz 2 Nummer 6 genannten Leistungen verordnen und die Arbeitsunfähigkeit feststellen; hierfür gelten die Bestimmungen über die vertragsärztliche Versorgung. Bei der Verordnung von Arzneimitteln können Krankenhäuser eine Packung mit dem kleinsten Packungsgrößenkennzeichen gemäß der Packungsgrößenverordnung verordnen; im Übrigen können die in § 92 Absatz 1 Satz 2 Nummer 6 genannten Leistungen für die Versorgung in einem Zeitraum von bis zu sieben Tagen verordnet und die Arbeitsunfähigkeit festgestellt werden (§ 92 Absatz 1 Satz 2 Nummer 7). Der Gemeinsame Bundesausschuss bestimmt in den Richtlinien nach § 92 Absatz 1 Satz 2 Nummer 6 und 7 die weitere Ausgestaltung des Verordnungsrechts nach Satz 7. Die weiteren Einzelheiten zu den Sätzen 1 bis 7, insbesondere zur Zusammenarbeit der Leistungserbringer mit den Krankenkassen, regeln der Spitzenverband Bund der Krankenkassen auch als Spitzenverband Bund der Pflegekassen, die Kassenärztliche Bundesvereinigung und die Deutsche Krankenhausgesellschaft unter Berücksichtigung der Richtlinien des Gemeinsamen Bundesausschusses bis zum 31. Dezember 2015 in einem Rahmenvertrag; § 118a Absatz 2 Satz 2 gilt entsprechend; kommt eine Vereinbarung nicht zustande, kann auch das Bundesministerium für Gesundheit das Schiedsamt anrufen. Vor Abschluss des Rahmenvertrages ist der für die Wahrnehmung der wirtschaftlichen Interessen gebildeten maßgeblichen Spitzenorganisation der Apotheker sowie den Vereinigungen der Träger der Pflegeeinrichtungen auf Bundesebene Gelegenheit zur Stellungnahme zu geben. Das Entlassmanagement und eine dazu erforderliche Erhebung, Verarbeitung und Nutzung personenbezogener Daten dürfen nur mit Einwilligung und nach vorheriger Information des Versicherten erfolgen. Die Einwilligung kann jederzeit widerrufen werden. Information, Einwilligung und Widerruf bedürfen der Schriftform.

(2) Wählen Versicherte ohne zwingenden Grund ein anderes als ein in der ärztlichen Einweisung genanntes Krankenhaus, können ihnen die Mehrkosten ganz oder teilweise auferlegt werden.

(3) Die Landesverbände der Krankenkassen, die Ersatzkassen und die Deutsche Rentenversicherung Knappschaft-Bahn-See gemeinsam erstellen unter Mitwirkung der Landeskrankenhausgesellschaft und der Kassenärztlichen Vereinigung ein Verzeichnis der Leistungen und Entgelte für die Krankenhausbehandlung in den zugelassenen Krankenhäusern im Land oder in einer Region und passen es der Entwicklung an (Verzeichnis stationärer Leistungen und Entgelte). Dabei sind die Entgelte so zusammenzustellen, dass sie miteinander verglichen werden können. Die Krankenkassen haben darauf hinzuwirken, dass Vertragsärzte und Versi-

cherte das Verzeichnis bei der Verordnung und Inanspruchnahme von Krankenhausbehandlung beachten.

(4) Versicherte, die das achtzehnte Lebensjahr vollendet haben, zahlen vom Beginn der vollstationären Krankenhausbehandlung an innerhalb eines Kalenderjahres für längstens 28 Tage den sich nach § 61 Satz 2 ergebenden Betrag je Kalendertag an das Krankenhaus. Die innerhalb des Kalenderjahres bereits an einen Träger der gesetzlichen Rentenversicherung geleistete Zahlung nach § 32 Abs. 1 Satz 2 des Sechsten Buches sowie die nach § 40 Abs. 6 Satz 1 geleistete Zahlung sind auf die Zahlung nach Satz 1 anzurechnen.

Text in der Fassung des Artikels 1 GKV-Versorgungsstärkungsgesetz (GKV-VSG) G. v. 16. Juli 2015 BGBl. I S. 1211 m. W. v. 23. Juli 2015

§ 43 Ergänzende Leistungen zur Rehabilitation
§ 43 hat 2 frühere Fassungen und wird in 9 Vorschriften zitiert

(1) Die Krankenkasse kann neben den Leistungen, die nach § 44 Abs. 1 Nr. 2 bis 6 sowie nach §§ 53 und 54 des Neunten Buches als ergänzende Leistungen zu erbringen sind,

1) solche Leistungen zur Rehabilitation ganz oder teilweise erbringen oder fördern, die unter Berücksichtigung von Art oder Schwere der Behinderung erforderlich sind, um das Ziel der Rehabilitation zu erreichen oder zu sichern, aber nicht zu den Leistungen zur Teilhabe am Arbeitsleben oder den Leistungen zur allgemeinen sozialen Eingliederung gehören,
2) wirksame und effiziente Patientenschulungsmaßnahmen für chronisch Kranke erbringen; Angehörige und ständige Betreuungspersonen sind einzubeziehen, wenn dies aus medizinischen Gründen erforderlich ist, wenn zuletzt die Krankenkasse Krankenbehandlung geleistet hat oder leistet.

(2) Die Krankenkasse erbringt aus medizinischen Gründen in unmittelbarem Anschluss an eine Krankenhausbehandlung nach § 39 Abs. 1 oder stationäre Rehabilitation erforderliche sozialmedizinische Nachsorgemaßnahmen für chronisch kranke oder schwerstkranke Kinder und Jugendliche, die das 14. Lebensjahr, in besonders schwerwiegenden Fällen das 18. Lebensjahr, noch nicht vollendet haben, wenn die Nachsorge wegen der Art, Schwere und Dauer der Erkrankung notwendig ist, um den stationären Aufenthalt zu verkürzen oder die anschließende ambulante ärztliche Behandlung zu sichern. Die Nachsorgemaßnahmen umfassen die

im Einzelfall erforderliche Koordinierung der verordneten Leistungen sowie Anleitung und Motivation zu deren Inanspruchnahme. Angehörige und ständige Betreuungspersonen sind einzubeziehen, wenn dies aus medizinischen Gründen erforderlich ist. Der Spitzenverband Bund der Krankenkassen bestimmt das Nähere zu den Voraussetzungen sowie zu Inhalt und Qualität der Nachsorgemaßnahmen.

Text in der Fassung des Artikels 1 Gesetz zur Weiterentwicklung der Organisationsstrukturen in der gesetzlichen Krankenversicherung (GKV-OrgWG) G. v. 15. Dezember 2008 BGBl. I S. 2426 m. W. v. 18. Dezember 2008

§ 20 Primäre Prävention und Gesundheitsförderung
§ 20 hat 6 frühere Fassungen und wird in 25 Vorschriften zitiert

(1) Die Krankenkasse sieht in der Satzung Leistungen zur Verhinderung und Verminderung von Krankheitsrisiken (primäre Prävention) sowie zur Förderung des selbstbestimmten gesundheitsorientierten Handelns der Versicherten (Gesundheitsförderung) vor. Die Leistungen sollen insbesondere zur Verminderung sozial bedingter sowie geschlechtsbezogener Ungleichheit von Gesundheitschancen beitragen. Die Krankenkasse legt dabei die Handlungsfelder und Kriterien nach Absatz 2 zugrunde.

(2) Der Spitzenverband Bund der Krankenkassen legt unter Einbeziehung unabhängigen, insbesondere gesundheitswissenschaftlichen, ärztlichen, arbeitsmedizinischen, psychotherapeutischen, psychologischen, pflegerischen, ernährungs-, sport-, sucht-, erziehungs- und sozialwissenschaftlichen Sachverstandes sowie des Sachverstandes der Menschen mit Behinderung einheitliche Handlungsfelder und Kriterien für die Leistungen nach Absatz 1 fest, insbesondere hinsichtlich Bedarf, Zielgruppen, Zugangswegen, Inhalt, Methodik, Qualität, intersektoraler Zusammenarbeit, wissenschaftlicher Evaluation und der Messung der Erreichung der mit den Leistungen verfolgten Ziele. Er bestimmt außerdem die Anforderungen und ein einheitliches Verfahren für die Zertifizierung von Leistungsangeboten durch die Krankenkassen, um insbesondere die einheitliche Qualität von Leistungen nach Absatz 4 Nummer 1 und 3 sicherzustellen. Der Spitzenverband Bund der Krankenkassen stellt sicher, dass seine Festlegungen nach den Sätzen 1 und 2 sowie eine Übersicht der nach Satz 2 zertifizierten Leistungen der Krankenkassen auf seiner Internetseite veröffentlicht werden. Die Krankenkassen erteilen dem Spitzenverband Bund der Krankenkassen hierfür sowie für den nach § 20d Absatz 2 Nummer 2 zu erstellenden Bericht die erforderlichen Auskünfte und übermitteln ihm nicht versichertenbezogen die erforderlichen Daten.

(3) Bei der Aufgabenwahrnehmung nach Absatz 2 Satz 1 berücksichtigt der Spitzenverband Bund der Krankenkassen auch die folgenden Gesundheitsziele im Bereich der Gesundheitsförderung und Prävention:

1) Diabetes mellitus Typ 2: Erkrankungsrisiko senken, Erkrankte früh erkennen und behandeln,
2) Brustkrebs: Mortalität vermindern, Lebensqualität erhöhen,
3) Tabakkonsum reduzieren,
4) gesund aufwachsen: Lebenskompetenz, Bewegung, Ernährung,
5) gesundheitliche Kompetenz erhöhen, Souveränität der Patientinnen und Patienten stärken,
6) depressive Erkrankungen: verhindern, früh erkennen, nachhaltig behandeln,
7) gesund älter werden und
8) Alkoholkonsum reduzieren.

Bei der Berücksichtigung des in Satz 1 Nummer 1 genannten Ziels werden auch die Ziele und Teilziele beachtet, die in der Bekanntmachung über die Gesundheitsziele und Teilziele im Bereich der Prävention und Gesundheitsförderung vom 21. März 2005 (BAnz. S. 5304) festgelegt sind. Bei der Berücksichtigung der in Satz 1 Nummer 2, 3 und 8 genannten Ziele werden auch die Ziele und Teilziele beachtet, die in der Bekanntmachung über die Gesundheitsziele und Teilziele im Bereich der Prävention und Gesundheitsförderung vom 27. April 2015 (BAnz. AT 19.05.2015 B3) festgelegt sind. Bei der Berücksichtigung der in Satz 1 Nummer 4 bis 7 genannten Ziele werden auch die Ziele und Teilziele beachtet, die in der Bekanntmachung über die Gesundheitsziele und Teilziele im Bereich der Prävention und Gesundheitsförderung vom 26. Februar 2013 (BAnz. AT 26.03.2013 B3) festgelegt sind. Der Spitzenverband Bund der Krankenkassen berücksichtigt auch die von der Nationalen Arbeitsschutzkonferenz im Rahmen der gemeinsamen deutschen Arbeitsschutzstrategie nach § 20a Absatz 2 Nummer 1 des Arbeitsschutzgesetzes entwickelten Arbeitsschutzziele.

(4) Leistungen nach Absatz 1 werden erbracht als

1) Leistungen zur verhaltensbezogenen Prävention nach Absatz 5,
2) Leistungen zur Gesundheitsförderung und Prävention in Lebenswelten für in der gesetzlichen Krankenversicherung Versicherte nach § 20a und
3) Leistungen zur Gesundheitsförderung in Betrieben (betriebliche Gesundheitsförderung) nach § 20b.

(5) Die Krankenkasse kann eine Leistung zur verhaltensbezogenen Prävention nach Absatz 4 Nummer 1 erbringen, wenn diese nach Absatz 2 Satz 2 von einer Krankenkasse oder von einem mit der Wahrnehmung dieser Aufgabe beauftragten Dritten in ihrem Namen zertifiziert ist. Bei ihrer Entscheidung über eine Leistung zur verhaltensbezogenen Prävention berücksichtigt die Krankenkasse eine Präventionsempfehlung nach § 25 Absatz 1 Satz 2, nach § 26 Absatz 1 Satz 3 oder eine im Rahmen einer arbeitsmedizinischen Vorsorge oder einer sonstigen ärztlichen Untersuchung schriftlich abgegebene Empfehlung. Die Krankenkasse darf die sich aus der Präventionsempfehlung ergebenden personenbezogenen Daten nur mit schriftlicher Einwilligung und nach vorheriger schriftlicher Information des Versicherten erheben, verarbeiten und nutzen. Die Einwilligung kann jederzeit schriftlich widerrufen werden. Die Krankenkassen dürfen ihre Aufgaben nach dieser Vorschrift an andere Krankenkassen, deren Verbände oder Arbeitsgemeinschaften übertragen. Für Leistungen zur verhaltensbezogenen Prävention, die die Krankenkasse wegen besonderer beruflicher oder familiärer Umstände wohnortfern erbringt, gilt § 23 Absatz 2 Satz 2 entsprechend.

(6) Die Ausgaben der Krankenkassen für die Wahrnehmung ihrer Aufgaben nach dieser Vorschrift und nach den §§ 20a bis 20c sollen insgesamt im Jahr 2015 für jeden ihrer Versicherten einen Betrag in Höhe von 3,17 Euro und ab dem Jahr 2016 einen Betrag in Höhe von 7 Euro umfassen. Ab dem Jahr 2016 wenden die Krankenkassen von dem Betrag nach Satz 1 für jeden ihrer Versicherten mindestens 2 Euro jeweils für Leistungen nach den §§ 20a und 20b auf. Unterschreiten die jährlichen Ausgaben einer Krankenkasse den Betrag nach Satz 2 für Leistungen nach § 20a, so stellt die Krankenkasse diese nicht ausgegebenen Mittel im Folgejahr zusätzlich für Leistungen nach § 20a zur Verfügung. Die Ausgaben nach den Sätzen 1 und 2 sind in den Folgejahren entsprechend der prozentualen Veränderung der monatlichen Bezugsgröße nach § 18 Absatz 1 des Vierten Buches anzupassen.

Text in der Fassung des Artikels 2 Präventionsgesetz (PrävG) G. v. 17. Juli 2015 BGBl. I S. 1368, 1781 m. W. v. 1. Januar 2016

§ 37a Soziotherapie
§ 37a wird in 11 Vorschriften zitiert

(1) Versicherte, die wegen schwerer psychischer Erkrankung nicht in der Lage sind, ärztliche oder ärztlich verordnete Leistungen selbständig in Anspruch zu nehmen, haben Anspruch auf Soziotherapie, wenn dadurch Krankenhausbehandlung ver-

mieden oder verkürzt wird oder wenn diese geboten, aber nicht ausführbar ist. Die Soziotherapie umfasst im Rahmen des Absatzes 2 die im Einzelfall erforderliche Koordinierung der verordneten Leistungen sowie Anleitung und Motivation zu deren Inanspruchnahme. Der Anspruch besteht für höchstens 120 Stunden innerhalb von drei Jahren je Krankheitsfall.

(2) Der Gemeinsame Bundesausschuss bestimmt in den Richtlinien nach § 92 das Nähere über Voraussetzungen, Art und Umfang der Versorgung nach Absatz 1, insbesondere

1) die Krankheitsbilder, bei deren Behandlung im Regelfall Soziotherapie erforderlich ist,
2) die Ziele, den Inhalt, den Umfang, die Dauer und die Häufigkeit der Soziotherapie,
3) die Voraussetzungen, unter denen Ärzte zur Verordnung von Soziotherapie berechtigt sind,
4) die Anforderungen an die Therapiefähigkeit des Patienten,
5) Inhalt und Umfang der Zusammenarbeit des verordnenden Arztes mit dem Leistungserbringer.

(3) Versicherte, die das 18. Lebensjahr vollendet haben, leisten als Zuzahlung je Kalendertag der Leistungsinanspruchnahme den sich nach § 61 Satz 1 ergebenden Betrag an die Krankenkasse.

Text in der Fassung des Artikels 6 Krankenhausstrukturgesetz (KHSG) G. v. 10. Dezember 2015 BGBl. I S. 2229 m. W. v. 1. Januar 2016

§ 63 Grundsätze
§ 63 hat 4 frühere Fassungen und wird in 37 Vorschriften zitiert

(1) Die Krankenkassen und ihre Verbände können im Rahmen ihrer gesetzlichen Aufgabenstellung zur Verbesserung der Qualität und der Wirtschaftlichkeit der Versorgung Modellvorhaben zur Weiterentwicklung der Verfahrens-, Organisations-, Finanzierungs- und Vergütungsformen der Leistungserbringung durchführen oder nach § 64 vereinbaren.

(2) Die Krankenkassen können Modellvorhaben zu Leistungen zur Verhütung und Früherkennung von Krankheiten, zur Krankenbehandlung sowie bei Schwangerschaft und Mutterschaft, die nach den Vorschriften dieses Buches oder auf Grund

hiernach getroffener Regelungen keine Leistungen der Krankenversicherung sind, durchführen oder nach § 64 vereinbaren.

(3) Bei der Vereinbarung und Durchführung von Modellvorhaben nach Absatz 1 kann von den Vorschriften des Vierten und des Zehnten Kapitels dieses Buches, soweit es für die Modellvorhaben erforderlich ist, und des Krankenhausfinanzierungsgesetzes, des Krankenhausentgeltgesetzes sowie den nach diesen Vorschriften getroffenen Regelungen abgewichen werden; der Grundsatz der Beitragssatzstabilität gilt entsprechend. Gegen diesen Grundsatz wird insbesondere für den Fall nicht verstoßen, dass durch ein Modellvorhaben entstehende Mehraufwendungen durch nachzuweisende Einsparungen auf Grund der in dem Modellvorhaben vorgesehenen Maßnahmen ausgeglichen werden. Einsparungen nach Satz 2 können, soweit sie die Mehraufwendungen überschreiten, auch an die an einem Modellvorhaben teilnehmenden Versicherten weitergeleitet werden. Satz 1 gilt mit der Maßgabe, dass von § 284 Abs. 1 Satz 5 nicht abgewichen werden darf.

(3a) Gegenstand von Modellvorhaben nach Absatz 1, in denen von den Vorschriften des Zehnten Kapitels dieses Buches abgewichen wird, können insbesondere informationstechnische und organisatorische Verbesserungen der Datenverwendung, einschließlich der Erweiterungen der Befugnisse zur Erhebung, Verarbeitung und Nutzung von personenbezogenen Daten sein. Von den Vorschriften des Zehnten Kapitels dieses Buches zur Erhebung, Verarbeitung und Nutzung personenbezogener Daten darf nur mit schriftlicher Einwilligung des Versicherten und nur in dem Umfang abgewichen werden, der erforderlich ist, um die Ziele des Modellvorhabens zu erreichen. Der Versicherte ist vor Erteilung der Einwilligung schriftlich darüber zu unterrichten, inwieweit das Modellvorhaben von den Vorschriften des Zehnten Kapitels dieses Buches abweicht und aus welchen Gründen diese Abweichungen erforderlich sind. Die Einwilligung des Versicherten hat sich auf Zweck, Inhalt, Art, Umfang und Dauer der Erhebung, Verarbeitung und Nutzung seiner personenbezogenen Daten sowie die daran Beteiligten zu erstrecken; die Einwilligung kann widerrufen werden. Beim Einsatz mobiler personenbezogener Speicher- und Verarbeitungsmedien gilt § 6c des Bundesdatenschutzgesetzes entsprechend.

(3b) Modellvorhaben nach Absatz 1 können vorsehen, dass Angehörige der im Krankenpflegegesetz und im Altenpflegegesetz geregelten Berufe

1) die Verordnung von Verbandsmitteln und Pflegehilfsmitteln sowie
2) die inhaltliche Ausgestaltung der häuslichen Krankenpflege einschließlich deren Dauer

vornehmen, soweit diese auf Grund ihrer Ausbildung qualifiziert sind und es sich bei der Tätigkeit nicht um selbständige Ausübung von Heilkunde handelt. Modellvorhaben nach Absatz 1 können vorsehen, dass Physiotherapeuten mit einer Erlaubnis nach § 1 Abs. 1 Nr. 2 des Masseur- und Physiotherapeutengesetzes die Auswahl und die Dauer der physikalischen Therapie und die Frequenz der Behandlungseinheiten bestimmen, soweit die Physiotherapeuten auf Grund ihrer Ausbildung qualifiziert sind und es sich bei der Tätigkeit nicht um selbständige Ausübung von Heilkunde handelt. Satz 2 gilt im Bereich ergotherapeutischer Behandlungen entsprechend für Ergotherapeuten mit einer Erlaubnis nach § 1 Absatz 1 des Ergotherapeutengesetzes.

(3c) Modellvorhaben nach Absatz 1 können eine Übertragung der ärztlichen Tätigkeiten, bei denen es sich um selbständige Ausübung von Heilkunde handelt und für die die Angehörigen der im Krankenpflegegesetz geregelten Berufe auf Grund einer Ausbildung nach § 4 Abs. 7 des Krankenpflegegesetzes qualifiziert sind, auf diese vorsehen. Satz 1 gilt für die Angehörigen des im Altenpflegegesetz geregelten Berufes auf Grund einer Ausbildung nach § 4 Abs. 7 des Altenpflegegesetzes entsprechend. Der Gemeinsame Bundesausschuss legt in Richtlinien fest, bei welchen Tätigkeiten eine Übertragung von Heilkunde auf die Angehörigen der in den Sätzen 1 und 2 genannten Berufe im Rahmen von Modellvorhaben erfolgen kann. Vor der Entscheidung des Gemeinsamen Bundesausschusses ist der Bundesärztekammer sowie den maßgeblichen Verbänden der Pflegeberufe Gelegenheit zur Stellungnahme zu geben. Die Stellungnahmen sind in die Entscheidungen einzubeziehen.

(4) Gegenstand von Modellvorhaben nach Absatz 2 können nur solche Leistungen sein, über deren Eignung als Leistung der Krankenversicherung der Gemeinsame Bundesausschuss nach § 91 im Rahmen der Beschlüsse nach § 92 Abs. 1 Satz 2 Nr. 5 oder im Rahmen der Beschlüsse nach § 137c Abs. 1 keine ablehnende Entscheidung getroffen hat. Fragen der biomedizinischen Forschung sowie Forschungen zur Entwicklung und Prüfung von Arzneimitteln und Medizinprodukten können nicht Gegenstand von Modellvorhaben sein.

(5) Die Modellvorhaben sind im Regelfall auf längstens acht Jahre zu befristen. Verträge nach § 64 Abs. 1 sind den für die Vertragsparteien zuständigen Aufsichtsbehörden vorzulegen. Modellvorhaben nach Absatz 1, in denen von den Vorschriften des Zehnten Kapitels dieses Buches abgewichen werden kann, sind auf längstens fünf Jahre zu befristen; personenbezogene Daten, die in Abweichung von den Regelungen des Zehnten Kapitels dieses Buches erhoben, verarbeitet oder genutzt worden sind, sind unverzüglich nach Abschluss des Modell-

vorhabens zu löschen. Über Modellvorhaben nach Absatz 1, in denen von den Vorschriften des Zehnten Kapitels dieses Buches abgewichen wird, sind der Bundesbeauftragte für den Datenschutz oder die Landesbeauftragten für den Datenschutz, soweit diese zuständig sind, rechtzeitig vor Beginn des Modellvorhabens zu unterrichten.

(6) Modellvorhaben nach den Absätzen 1 und 2 können auch von den Kassenärztlichen Vereinigungen im Rahmen ihrer gesetzlichen Aufgabenstellung mit den Krankenkassen oder ihren Verbänden vereinbart werden. Die Vorschriften dieses Abschnitts gelten entsprechend.

Text in der Fassung des Artikels 1 Gesetz für sichere digitale Kommunikation und Anwendungen im Gesundheitswesen sowie zur Änderung weiterer Gesetze G. v. 21. Dezember 2015 BGBl. I S. 2408 m. W. v. 29. Dezember 2015

§ 64b Modellvorhaben zur Versorgung psychisch kranker Menschen
§ 64b hat 1 frühere Fassung und wird in 5 Vorschriften zitiert

(1) Gegenstand von Modellvorhaben nach § 63 Absatz 1 oder 2 kann auch die Weiterentwicklung der Versorgung psychisch kranker Menschen sein, die auf eine Verbesserung der Patientenversorgung oder der sektorenübergreifenden Leistungserbringung ausgerichtet ist, einschließlich der komplexen psychiatrischen Behandlung im häuslichen Umfeld. In jedem Land soll unter besonderer Berücksichtigung der Kinder- und Jugendpsychiatrie mindestens ein Modellvorhaben nach Satz 1 durchgeführt werden; dabei kann ein Modellvorhaben auf mehrere Länder erstreckt werden. Eine bestehende Verpflichtung der Leistungserbringer zur Versorgung bleibt unberührt. 4§ 63 Absatz 3 ist für Modellvorhaben nach Satz 1 mit der Maßgabe anzuwenden, dass von den Vorgaben der §§ 295, 300, 301 und 302 sowie des § 17d Absatz 9 des Krankenhausfinanzierungsgesetzes nicht abgewichen werden darf. 5§ 63 Absatz 5 Satz 1 gilt nicht. Die Meldung nach Absatz 3 Satz 2 hat vor der Vereinbarung zu erfolgen.

(2) Die Modellvorhaben nach Absatz 1 sind im Regelfall auf längstens acht Jahre zu befristen. Unter Vorlage des Berichts nach § 65 können die Krankenkassen und die Vertragsparteien bei den zuständigen Aufsichtsbehörden eine Verlängerung beantragen.

(3) Dem DRG-Institut der Selbstverwaltungspartner nach § 17b Absatz 2 des Krankenhausfinanzierungsgesetzes sind neben den nach § 21 des Krankenhausentgelt-

gesetzes zu übermittelnden Daten von den Vertragsparteien des Modellvorhabens insbesondere auch Informationen zur vereinbarten Art und Anzahl der Patientinnen und Patienten, zu spezifischen Leistungsinhalten und den der verhandelten Vergütungen zugrunde gelegten Kosten sowie zu strukturellen Merkmalen des jeweiligen Modellvorhabens einschließlich der Auswertung nach § 65 mitzuteilen. Über Art und Umfang der zu meldenden Daten sowie zur Meldung von Modellvorhaben beim DRG-Institut schließen die Selbstverwaltungspartner nach § 17b Absatz 2 des Krankenhausfinanzierungsgesetzes bis zum 31. Dezember 2012 eine Vereinbarung. § 21 Absatz 4, 5 Satz 1 und 2 sowie Absatz 6 des Krankenhausentgeltgesetzes ist für die Vereinbarung und die Datenübermittlung entsprechend anzuwenden. Für die Finanzierung der Aufgaben des DRG-Instituts gilt § 17d Absatz 5 des Krankenhausfinanzierungsgesetzes entsprechend.

(4) Private Krankenversicherungen und der Verband der privaten Krankenversicherung können sich an Modellvorhaben nach Absatz 1 und deren Finanzierung beteiligen.

Text in der Fassung des Artikels 4 Psych-Entgeltgesetz (PsychEntgG) G. v. 21. Juli 2012 BGBl. I S. 1613; zuletzt geändert durch Artikel 16c G. v. 21. 07. 2014 BGBl. I S. 1133 m. W. v. 1. August 2012

§ **73a** (aufgehoben)

§ 73b Hausarztzentrierte Versorgung
§ 73b hat 7 frühere Fassungen und wird in 32 Vorschriften zitiert

(1) Die Krankenkassen haben ihren Versicherten eine besondere hausärztliche Versorgung (hausarztzentrierte Versorgung) anzubieten.

(2) Dabei ist sicherzustellen, dass die hausarztzentrierte Versorgung insbesondere folgenden Anforderungen genügt, die über die vom Gemeinsamen Bundesausschuss sowie in den Bundesmantelverträgen geregelten Anforderungen an die hausärztliche Versorgung nach § 73 hinausgehen:

1) Teilnahme der Hausärzte an strukturierten Qualitätszirkeln zur Arzneimitteltherapie unter Leitung entsprechend geschulter Moderatoren,
2) Behandlung nach für die hausärztliche Versorgung entwickelten, evidenzbasierten, praxiserprobten Leitlinien,

3) Erfüllung der Fortbildungspflicht nach § 95d durch Teilnahme an Fortbildungen, die sich auf hausarzttypische Behandlungsprobleme konzentrieren, wie patientenzentrierte Gesprächsführung, psychosomatische Grundversorgung, Palliativmedizin, allgemeine Schmerztherapie, Geriatrie,
4) Einführung eines einrichtungsinternen, auf die besonderen Bedingungen einer Hausarztpraxis zugeschnittenen, indikatorengestützten und wissenschaftlich anerkannten Qualitätsmanagements.

(3) Die Teilnahme an der hausarztzentrierten Versorgung ist freiwillig. Die Teilnehmer verpflichten sich schriftlich gegenüber ihrer Krankenkasse, nur einen von ihnen aus dem Kreis der Hausärzte nach Absatz 4 gewählten Hausarzt in Anspruch zu nehmen sowie ambulante fachärztliche Behandlung mit Ausnahme der Leistungen der Augenärzte und Frauenärzte nur auf dessen Überweisung; die direkte Inanspruchnahme eines Kinderarztes bleibt unberührt. Die Versicherten können die Teilnahmeerklärung innerhalb von zwei Wochen nach deren Abgabe in Textform oder zur Niederschrift bei der Krankenkasse ohne Angabe von Gründen widerrufen. Zur Fristwahrung genügt die rechtzeitige Absendung der Widerrufserklärung an die Krankenkasse. Die Widerrufsfrist beginnt, wenn die Krankenkasse dem Versicherten eine Belehrung über sein Widerrufsrecht in Textform mitgeteilt hat, frühestens jedoch mit der Abgabe der Teilnahmeerklärung. Wird das Widerrufsrecht nicht ausgeübt, ist der Versicherte an seine Teilnahmeerklärung und an die Wahl seines Hausarztes mindestens ein Jahr gebunden; er darf den gewählten Hausarzt nur bei Vorliegen eines wichtigen Grundes wechseln. Das Nähere zur Durchführung der Teilnahme der Versicherten, insbesondere zur Bindung an den gewählten Hausarzt, zu weiteren Ausnahmen von dem Überweisungsgebot und zu den Folgen bei Pflichtverstößen der Versicherten, regeln die Krankenkassen in den Teilnahmeerklärungen. Die Satzung der Krankenkasse hat Regelungen zur Abgabe der Teilnahmeerklärung zu enthalten; die Regelungen sind auf der Grundlage der Richtlinie nach § 217f Absatz 4a zu treffen.

(4) Zur flächendeckenden Sicherstellung des Angebots nach Absatz 1 haben Krankenkassen allein oder in Kooperation mit anderen Krankenkassen spätestens bis zum 30. Juni 2009 Verträge mit Gemeinschaften zu schließen, die mindestens die Hälfte der an der hausärztlichen Versorgung teilnehmenden Allgemeinärzte des Bezirks der Kassenärztlichen Vereinigung vertreten. Können sich die Vertragsparteien nicht einigen, kann die Gemeinschaft die Einleitung eines Schiedsverfahrens nach Absatz 4a beantragen. Ist ein Vertrag nach Satz 1 zustande gekommen oder soll ein Vertrag zur Versorgung von Kindern und Jugendlichen geschlossen werden, können Verträge auch abgeschlossen werden mit

1) vertragsärztlichen Leistungserbringern, die an der hausärztlichen Versorgung nach § 73 Abs. 1a teilnehmen,
2) Gemeinschaften dieser Leistungserbringer
3) Trägern von Einrichtungen, die eine hausarztzentrierte Versorgung durch vertragsärztliche Leistungserbringer, die an der hausärztlichen Versorgung nach § 73 Abs. 1a teilnehmen, anbieten,
4) Kassenärztlichen Vereinigungen, soweit Gemeinschaften nach Nummer 2 sie hierzu ermächtigt haben.

Finden die Krankenkassen in dem Bezirk einer Kassenärztlichen Vereinigung keinen Vertragspartner, der die Voraussetzungen nach Satz 1 erfüllt, haben sie zur flächendeckenden Sicherstellung des Angebots nach Absatz 1 Verträge mit einem oder mehreren der in Satz 3 genannten Vertragspartner zu schließen. In den Fällen der Sätze 3 und 4 besteht kein Anspruch auf Vertragsabschluss; die Aufforderung zur Abgabe eines Angebots ist unter Bekanntgabe objektiver Auswahlkriterien auszuschreiben. Soweit die hausärztliche Versorgung der Versicherten durch Verträge nach diesem Absatz durchgeführt wird, ist der Sicherstellungsauftrag nach § 75 Abs. 1 eingeschränkt. Satz 6 gilt nicht für die Organisation der vertragsärztlichen Versorgung zu den sprechstundenfreien Zeiten.

(4a) Beantragt eine Gemeinschaft gemäß Absatz 4 Satz 2 die Einleitung eines Schiedsverfahrens, haben sich die Parteien auf eine unabhängige Schiedsperson zu verständigen, die den Inhalt des Vertrages nach Absatz 4 Satz 1 festlegt. Einigen sich die Parteien nicht auf eine Schiedsperson, so wird diese von der für die Krankenkasse zuständigen Aufsichtsbehörde bestimmt. Die Kosten des Schiedsverfahrens tragen die Vertragspartner zu gleichen Teilen. Klagen gegen die Bestimmung der Schiedsperson haben keine aufschiebende Wirkung. Klagen gegen die Festlegung des Vertragsinhalts richten sich gegen eine der beiden Vertragsparteien, nicht gegen die Schiedsperson.

(5) In den Verträgen nach Absatz 4 sind das Nähere über den Inhalt und die Durchführung der hausarztzentrierten Versorgung, insbesondere die Ausgestaltung der Anforderungen nach Absatz 2, sowie die Vergütung zu regeln; in Verträgen, die nach dem 31. März 2014 zustande kommen, sind zudem Wirtschaftlichkeitskriterien und Maßnahmen bei Nichteinhaltung der vereinbarten Wirtschaftlichkeitskriterien sowie Regelungen zur Qualitätssicherung zu vereinbaren. Eine Beteiligung der Kassenärztlichen Vereinigung bei der Ausgestaltung und Umsetzung der Anforderungen nach Absatz 2 ist möglich. Die Verträge können auch Abweichendes von den im Dritten Kapitel benannten Leistungen beinhalten, soweit sie die in § 11 Absatz 6 genannten Leistungen, Leistungen nach den §§ 20d, 25, 26, 37a und

37b sowie ärztliche Leistungen einschließlich neuer Untersuchungs- und Behandlungsmethoden betreffen, soweit der Gemeinsame Bundesausschuss nach § 91 im Rahmen der Beschlüsse nach § 92 Absatz 1 Satz 2 Nummer 5 keine ablehnende Entscheidung getroffen hat. Die Einzelverträge können Abweichendes von den Vorschriften dieses Kapitels sowie den nach diesen Vorschriften getroffenen Regelungen regeln. § 106a Abs. 3 gilt hinsichtlich der arzt- und versichertenbezogenen Prüfung der Abrechnungen auf Rechtmäßigkeit entsprechend. Zugelassene strukturierte Behandlungsprogramme nach §§ 137f und 137g sind, soweit sie die hausärztliche Versorgung betreffen, Bestandteil der Verträge nach Absatz 4.

(6) Die Krankenkassen haben ihre Versicherten in geeigneter Weise umfassend über Inhalt und Ziele der hausarztzentrierten Versorgung sowie über die jeweils wohnortnah teilnehmenden Hausärzte zu informieren.

(7) Die Vertragspartner der Gesamtverträge haben den Behandlungsbedarf nach § 87a Absatz 3 Satz 2 zu bereinigen. Die Bereinigung erfolgt rechtzeitig zu dem Kalendervierteljahr, für welches die Gesamtvergütung bereinigt werden soll, entsprechend der Zahl und der Morbiditätsstruktur der für dieses Kalendervierteljahr eingeschriebenen Versicherten sowie dem vertraglich vereinbarten Inhalt der hausarztzentrierten Versorgung nach Maßgabe der Vorgaben des Bewertungsausschusses nach § 87a Absatz 5 Satz 7. Dabei können die Bereinigungsbeträge unter Beachtung der Maßgaben nach Satz 2 auch pauschaliert ermittelt werden. Kommt eine rechtzeitige Einigung über die Bereinigung des Behandlungsbedarfs nicht zustande, können auch die Vertragspartner der Verträge über eine hausarztzentrierte Versorgung das Schiedsamt nach § 89 anrufen. Die für die Bereinigungsverfahren erforderlichen arzt- und versichertenbezogenen Daten übermitteln die Krankenkassen den zuständigen Gesamtvertragspartnern bis spätestens drei Wochen vor dem Kalendervierteljahr, für welches die Gesamtvergütung für die in diesem Kalendervierteljahr eingeschriebenen Versicherten bereinigt werden soll. Die Krankenkasse kann, falls eine rechtzeitige Bereinigung nicht festgesetzt worden ist, den Behandlungsbedarf unter Beachtung der Maßgaben nach Satz 2 vorläufig bereinigen. Sie kann auch die Anerkennung und Umsetzung des geltenden Bereinigungsverfahrens für die Bereinigung der Gesamtvergütung für an der hausarztzentrierten Versorgung teilnehmende Versicherte mit Wohnort im Bezirk anderer Kassenärztlichen Vereinigungen von diesen Kassenärztlichen Vereinigungen verlangen. Für die Bereinigung des Behandlungsbedarfs nach Satz 7 sowie für den Fall der Rückführung von Bereinigungsbeträgen bei Beendigung der Teilnahme eines Versicherten sind die Verfahren gemäß § 87a Absatz 5 Satz 9 anzuwenden. Die Kassenärztlichen Vereinigungen haben die zur Bereinigung erforderlichen Vorgaben im Rahmen ihrer gesetzlichen Aufgaben umzusetzen.

(8) Die Vertragsparteien nach Absatz 4 können vereinbaren, dass Aufwendungen für Leistungen, die über die hausärztliche Versorgung nach § 73 hinausgehen und insoweit nicht unter die Bereinigungspflicht nach Absatz 7 fallen, aus Einsparungen und Effizienzsteigerungen, die aus den Maßnahmen von Verträgen nach Absatz 4 erzielt werden, finanziert werden.

(9) Die Einhaltung der nach Absatz 5 Satz 1 vereinbarten Wirtschaftlichkeitskriterien muss spätestens vier Jahre nach dem Wirksamwerden der zugrunde liegenden Verträge nachweisbar sein; § 88 Absatz 2 des Vierten Buches gilt entsprechend.

Text in der Fassung des Artikels 1 GKV-Versorgungsstärkungsgesetz (GKV-VSG) G. v. 16. Juli 2015 BGBl. I S. 1211 m. W. v. 23. Juli 2015

§ 73c (aufgehoben)

§ 116 Ambulante Behandlung durch Krankenhausärzte

§ 116 hat 2 frühere Fassungen und wird in 9 Vorschriften zitiert

Ärzte, die in einem Krankenhaus, einer Vorsorge- oder Rehabilitationseinrichtung, mit der ein Versorgungsvertrag nach § 111 Absatz 2 besteht, oder nach § 119b Absatz 1 Satz 3 oder 4 in einer stationären Pflegeeinrichtung tätig sind, können, soweit sie über eine abgeschlossene Weiterbildung verfügen, mit Zustimmung des jeweiligen Trägers der Einrichtung, in der der Arzt tätig ist, vom Zulassungsausschuss (§ 96) zur Teilnahme an der vertragsärztlichen Versorgung der Versicherten ermächtigt werden. Die Ermächtigung ist zu erteilen, soweit und solange eine ausreichende ärztliche Versorgung der Versicherten ohne die besonderen Untersuchungs- und Behandlungsmethoden oder Kenntnisse von hierfür geeigneten Ärzten der in Satz 1 genannten Einrichtungen nicht sichergestellt wird.

Text in der Fassung des Artikels 3 Pflege-Neuausrichtungs-Gesetz (PNG) G. v. 23. Oktober 2012 BGBl. I S. 2246 m. W. v. 30. Oktober 2012

§ 118 Psychiatrische Institutsambulanzen

§ 118 hat 3 frühere Fassungen und wird in 11 Vorschriften zitiert

(1) Psychiatrische Krankenhäuser sind vom Zulassungsausschuss zur ambulanten psychiatrischen und psychotherapeutischen Versorgung der Versicherten zu er-

mächtigen. Die Behandlung ist auf diejenigen Versicherten auszurichten, die wegen Art, Schwere oder Dauer ihrer Erkrankung oder wegen zu großer Entfernung zu geeigneten Ärzten auf die Behandlung durch diese Krankenhäuser angewiesen sind. Der Krankenhausträger stellt sicher, dass die für die ambulante psychiatrische und psychotherapeutische Behandlung erforderlichen Ärzte und nichtärztlichen Fachkräfte sowie die notwendigen Einrichtungen bei Bedarf zur Verfügung stehen.

(2) Allgemeinkrankenhäuser mit selbständigen, fachärztlich geleiteten psychiatrischen Abteilungen mit regionaler Versorgungsverpflichtung sind zur psychiatrischen und psychotherapeutischen Behandlung der im Vertrag nach Satz 2 vereinbarten Gruppe von Kranken ermächtigt. Der Spitzenverband Bund der Krankenkassen mit der Deutschen Krankenhausgesellschaft und der Kassenärztlichen Bundesvereinigung legen in einem Vertrag die Gruppe psychisch Kranker fest, die wegen ihrer Art, Schwere oder Dauer ihrer Erkrankung der ambulanten Behandlung durch die Einrichtungen nach Satz 1 bedürfen. Kommt der Vertrag ganz oder teilweise nicht zu Stande, wird sein Inhalt auf Antrag einer Vertragspartei durch das Bundesschiedsamt nach § 89 Abs. 4 festgelegt. Dieses wird hierzu um Vertreter der Deutschen Krankenhausgesellschaft in der gleichen Zahl erweitert, wie sie jeweils für die Vertreter der Krankenkassen und der Kassenärztlichen Bundesvereinigung vorgesehen ist (erweitertes Bundesschiedsamt). Das erweiterte Bundesschiedsamt beschließt mit einer Mehrheit von zwei Dritteln der Stimmen der Mitglieder. Absatz 1 Satz 3 gilt. Für die Qualifikation der Krankenhausärzte gilt § 135 Abs. 2 entsprechend.

(3) Absatz 2 gilt für psychosomatische Krankenhäuser und Allgemeinkrankenhäuser mit selbstständig, fachärztlich geleiteten psychosomatischen Abteilungen mit regionaler Versorgungsverpflichtung entsprechend.

(4) Die in den Absätzen 1 und 2 genannten Krankenhäuser sind vom Zulassungsausschuss auch dann zur ambulanten psychiatrischen und psychotherapeutischen Versorgung zu ermächtigen, wenn die Versorgung durch räumlich und organisatorisch nicht angebundene Einrichtungen der Krankenhäuser erfolgt, soweit und solange die Ermächtigung notwendig ist, um eine Versorgung nach Maßgabe der Absätze 1 und 2 sicherzustellen.

Text in der Fassung des Artikels 1 GKV-Versorgungsstärkungsgesetz (GKV-VSG) G. v. 16. Juli 2015 BGBl. I S. 1211 m. W. v. 23. Juli 2015

§ 17 Ausführung von Leistungen, Persönliches Budget
§ 17 wird in 19 Vorschriften zitiert

(1) Der zuständige Rehabilitationsträger kann Leistungen zur Teilhabe

1) allein oder gemeinsam mit anderen Leistungsträgern
2) durch andere Leistungsträger oder
3) unter Inanspruchnahme von geeigneten, insbesondere auch freien und gemeinnützigen oder privaten Rehabilitationsdiensten und -einrichtungen (§ 19)

ausführen. Er bleibt für die Ausführung der Leistungen verantwortlich. Satz 1 gilt insbesondere dann, wenn der Rehabilitationsträger die Leistung dadurch wirksamer oder wirtschaftlicher erbringen kann.

(2) Auf Antrag können Leistungen zur Teilhabe auch durch ein Persönliches Budget ausgeführt werden, um den Leistungsberechtigten in eigener Verantwortung ein möglichst selbstbestimmtes Leben zu ermöglichen. Bei der Ausführung des Persönlichen Budgets sind nach Maßgabe des individuell festgestellten Bedarfs die Rehabilitationsträger, die Pflegekassen und die Integrationsämter beteiligt. Das Persönliche Budget wird von den beteiligten Leistungsträgern trägerübergreifend als Komplexleistung erbracht. Budgetfähig sind auch die neben den Leistungen nach Satz 1 erforderlichen Leistungen der Krankenkassen und der Pflegekassen, Leistungen der Träger der Unfallversicherung bei Pflegebedürftigkeit sowie Hilfe zur Pflege der Sozialhilfe, die sich auf alltägliche und regelmäßig wiederkehrende Bedarfe beziehen und als Geldleistungen oder durch Gutscheine erbracht werden können. An die Entscheidung ist der Antragsteller für die Dauer von sechs Monaten gebunden.

(3) Persönliche Budgets werden in der Regel als Geldleistung ausgeführt, bei laufenden Leistungen monatlich. In begründeten Fällen sind Gutscheine auszugeben. Persönliche Budgets werden auf der Grundlage der nach § 10 Abs. 1 getroffenen Feststellungen so bemessen, dass der individuell festgestellte Bedarf gedeckt wird und die erforderliche Beratung und Unterstützung erfolgen kann. Dabei soll die Höhe des Persönlichen Budgets die Kosten aller bisher individuell festgestellten, ohne das Persönliche Budget zu erbringenden Leistungen nicht überschreiten.

(4) Enthält das Persönliche Budget Leistungen mehrerer Leistungsträger, erlässt der nach § 14 zuständige der beteiligten Leistungsträger im Auftrag und im Namen der anderen beteiligten Leistungsträger den Verwaltungsakt und führt das weitere Verfahren durch. Ein anderer der beteiligten Leistungsträger kann mit den

Aufgaben nach Satz 1 beauftragt werden, wenn die beteiligten Leistungsträger dies in Abstimmung mit den Leistungsberechtigten vereinbaren; in diesem Fall gilt § 93 des Zehnten Buches entsprechend. Die für den handelnden Leistungsträger zuständige Widerspruchsstelle erlässt auch den Widerspruchsbescheid.

(5) § 17 Abs. 3 in der am 30. Juni 2004 geltenden Fassung findet auf Modellvorhaben zur Erprobung der Einführung Persönlicher Budgets weiter Anwendung, die vor Inkrafttreten dieses Gesetzes begonnen haben.

(6) In der Zeit vom 1. Juli 2004 bis zum 31. Dezember 2007 werden Persönliche Budgets erprobt. Dabei sollen insbesondere modellhaft Verfahren zur Bemessung von budgetfähigen Leistungen in Geld und die Weiterentwicklung von Versorgungsstrukturen unter wissenschaftlicher Begleitung und Auswertung erprobt werden.

§ 140a Besondere Versorgung
§ 140a hat 5 frühere Fassungen und wird in 38 Vorschriften zitiert

(1) Die Krankenkassen können Verträge mit den in Absatz 3 genannten Leistungserbringern über eine besondere Versorgung der Versicherten abschließen. Sie ermöglichen eine verschiedene Leistungssektoren übergreifende oder eine interdisziplinär fachübergreifende Versorgung (integrierte Versorgung) sowie unter Beteiligung vertragsärztlicher Leistungserbringer oder deren Gemeinschaften besondere ambulante ärztliche Versorgungsaufträge. Verträge, die nach den §§ 73a, 73c und 140a in der am 22. Juli 2015 geltenden Fassung geschlossen wurden, gelten fort. Soweit die Versorgung der Versicherten nach diesen Verträgen durchgeführt wird, ist der Sicherstellungsauftrag nach § 75 Absatz 1 eingeschränkt. Satz 4 gilt nicht für die Organisation der vertragsärztlichen Versorgung zu den sprechstundenfreien Zeiten.

(2) Die Verträge können Abweichendes von den Vorschriften dieses Kapitels, des Krankenhausfinanzierungsgesetzes, des Krankenhausentgeltgesetzes sowie den nach diesen Vorschriften getroffenen Regelungen beinhalten. Die Verträge können auch Abweichendes von den im Dritten Kapitel benannten Leistungen beinhalten, soweit sie die in § 11 Absatz 6 genannten Leistungen, Leistungen nach den §§ 20d, 25, 26, 27b, 37a und 37b sowie ärztliche Leistungen einschließlich neuer Untersuchungs- und Behandlungsmethoden betreffen. Die Sätze 1 und 2 gelten insoweit, als über die Eignung der Vertragsinhalte als Leistung der gesetzlichen Krankenversicherung der Gemeinsame Bundesausschuss nach § 91 im Rahmen

der Beschlüsse nach § 92 Absatz 1 Satz 2 Nummer 5 oder im Rahmen der Beschlüsse nach § 137c Absatz 1 keine ablehnende Entscheidung getroffen hat und die abweichende Regelung dem Sinn und der Eigenart der vereinbarten besonderen Versorgung entspricht, sie insbesondere darauf ausgerichtet ist, die Qualität, die Wirksamkeit und die Wirtschaftlichkeit der Versorgung zu verbessern. Die Wirtschaftlichkeit der besonderen Versorgung muss spätestens vier Jahre nach dem Wirksamwerden der zugrunde liegenden Verträge nachweisbar sein; § 88 Absatz 2 des Vierten Buches gilt entsprechend. Für die Qualitätsanforderungen zur Durchführung der Verträge gelten die vom Gemeinsamen Bundesausschuss sowie die in den Bundesmantelverträgen für die Leistungserbringung in der vertragsärztlichen Versorgung beschlossenen Anforderungen als Mindestvoraussetzungen entsprechend. Gegenstand der Verträge dürfen auch Vereinbarungen sein, die allein die Organisation der Versorgung betreffen.

(3) Die Krankenkassen können nach Maßgabe von Absatz 1 Satz 2 Verträge abschließen mit:

1) nach diesem Kapitel zur Versorgung der Versicherten berechtigten Leistungserbringern oder deren Gemeinschaften,
2) Trägern von Einrichtungen, die eine besondere Versorgung durch zur Versorgung der Versicherten nach dem Vierten Kapitel berechtigte Leistungserbringer anbieten,
3) Pflegekassen und zugelassenen Pflegeeinrichtungen auf der Grundlage des § 92b des Elften Buches,
4) Praxiskliniken nach § 115 Absatz 2 Satz 1 Nummer 1,
5) pharmazeutischen Unternehmern,
6) Herstellern von Medizinprodukten im Sinne des Gesetzes über Medizinprodukte,
7) Kassenärztlichen Vereinigungen zur Unterstützung von Mitgliedern, die an der besonderen Versorgung teilnehmen.

Die Partner eines Vertrages über eine besondere Versorgung nach Absatz 1 können sich auf der Grundlage ihres jeweiligen Zulassungsstatus für die Durchführung der besonderen Versorgung darauf verständigen, dass Leistungen auch dann erbracht werden können, wenn die Erbringung dieser Leistungen vom Zulassungs-, Ermächtigungs- oder Berechtigungsstatus des jeweiligen Leistungserbringers nicht gedeckt ist.

(4) Die Versicherten erklären ihre freiwillige Teilnahme an der besonderen Versorgung schriftlich gegenüber ihrer Krankenkasse. Die Versicherten können die

Teilnahmeerklärung innerhalb von zwei Wochen nach deren Abgabe in Textform oder zur Niederschrift bei der Krankenkasse ohne Angabe von Gründen widerrufen. Zur Fristwahrung genügt die rechtzeitige Absendung der Widerrufserklärung an die Krankenkasse. Die Widerrufsfrist beginnt, wenn die Krankenkasse dem Versicherten eine Belehrung über sein Widerrufsrecht in Textform mitgeteilt hat, frühestens jedoch mit der Abgabe der Teilnahmeerklärung. Das Nähere zur Durchführung der Teilnahme der Versicherten, insbesondere zur zeitlichen Bindung an die Teilnahmeerklärung, zur Bindung an die vertraglich gebundenen Leistungserbringer und zu den Folgen bei Pflichtverstößen der Versicherten, regeln die Krankenkassen in den Teilnahmeerklärungen. Die Satzung der Krankenkasse hat Regelungen zur Abgabe der Teilnahmeerklärungen zu enthalten. Die Regelungen sind auf der Grundlage der Richtlinie nach § 217f Absatz 4a zu treffen.

(5) Die Erhebung, Verarbeitung und Nutzung der für die Durchführung der Verträge nach Absatz 1 erforderlichen personenbezogenen Daten durch die Vertragspartner nach Absatz 1 darf nur mit Einwilligung und nach vorheriger Information der Versicherten erfolgen.

(6) Für die Bereinigung des Behandlungsbedarfs nach § 87a Absatz 3 Satz 2 gilt § 73b Absatz 7 entsprechend; falls eine Vorabeinschreibung der teilnehmenden Versicherten nicht möglich ist, kann eine rückwirkende Bereinigung vereinbart werden. Die Krankenkasse kann bei Verträgen nach Absatz 1 auf die Bereinigung verzichten, wenn das voraussichtliche Bereinigungsvolumen einer Krankenkasse für einen Vertrag nach Absatz 1 geringer ist als der Aufwand für die Durchführung dieser Bereinigung. Der Bewertungsausschuss hat in seinen Vorgaben gemäß § 87a Absatz 5 Satz 7 zur Bereinigung und zur Ermittlung der kassenspezifischen Aufsatzwerte des Behandlungsbedarfs auch Vorgaben zur Höhe des Schwellenwertes für das voraussichtliche Bereinigungsvolumen, unterhalb dessen von einer basiswirksamen Bereinigung abgesehen werden kann, zu der pauschalen Ermittlung und Übermittlung des voraussichtlichen Bereinigungsvolumens an die Vertragspartner nach § 73b Absatz 7 Satz 1 sowie zu dessen Anrechnung beim Aufsatzwert der betroffenen Krankenkasse zu machen.

Text in der Fassung des Artikels 1 GKV-Versorgungsstärkungsgesetz (GKV-VSG) G. v. 16. Juli 2015 BGBl. I S. 1211 m. W. v. 23. Juli 2015

§ **140b** (aufgehoben)

§ **140c** (aufgehoben)

§ **140d** (aufgehoben)

SGB VI
Sozialgesetzbuch (SGB) Sechstes Buch (VI) – Gesetzliche Rentenversicherung – (SGB VI)

§ 31 Sonstige Leistungen

§ 31 hat 3 frühere Fassungen und wird in 5 Vorschriften zitiert

(1) Als sonstige Leistungen zur Teilhabe können erbracht werden:

1) Leistungen zur Eingliederung von Versicherten in das Erwerbsleben, insbesondere nachgehende Leistungen zur Sicherung des Erfolges der Leistungen zur Teilhabe,
2) medizinische Leistungen zur Sicherung der Erwerbsfähigkeit für Versicherte, die eine besonders gesundheitsgefährdende, ihre Erwerbsfähigkeit ungünstig beeinflussende Beschäftigung ausüben,
3) Nach- und Festigungskuren wegen Geschwulsterkrankungen für Versicherte, Bezieher einer Rente sowie ihre Angehörigen,
4) stationäre Heilbehandlung für Kinder von Versicherten, Beziehern einer Rente wegen Alters, wegen verminderter Erwerbsfähigkeit oder für Bezieher einer Waisenrente, wenn hierdurch voraussichtlich eine erhebliche Gefährdung der Gesundheit beseitigt oder eine beeinträchtigte Gesundheit wesentlich gebessert oder wiederhergestellt werden kann,
5) Zuwendungen für Einrichtungen, die auf dem Gebiet der Rehabilitation forschen oder die Rehabilitation fördern.

Für Kinderheilbehandlungen findet § 12 Abs. 2 Anwendung.

(2) Die Leistungen nach Absatz 1 Satz 1 Nr. 1 setzen voraus, dass die persönlichen und versicherungsrechtlichen Voraussetzungen, die Leistungen nach Absatz 1 Satz 1 Nr. 2 und die Leistungen für Versicherte nach Absatz 1 Satz 1 Nr. 3, dass die versicherungsrechtlichen Voraussetzungen erfüllt sind, die Leistungen nach Absatz 1 Satz 1 Nr. 4, dass der Versicherte die versicherungsrechtlichen Voraussetzungen für Leistungen zur medizinischen Rehabilitation erfüllt. Sie werden nur

auf Grund von Richtlinien der Deutschen Rentenversicherung Bund erbracht, die im Benehmen mit dem Bundesministerium für Arbeit und Soziales erlassen werden. Die Träger der Rentenversicherung beteiligen sich an der nationalen Präventionsstrategie nach §§ 20d bis 20f des Fünften Buches mit den Leistungen nach Absatz 1 Satz 1 Nummer 2.

(3) Die Aufwendungen für nichtstationäre Leistungen nach Absatz 1 Satz 1 Nr. 1 sowie für sonstige Leistungen nach Absatz 1 Satz 1 Nr. 2, 4 und 5 dürfen im Kalenderjahr 7,5 vom Hundert der Haushaltsansätze für die Leistungen zur medizinischen Rehabilitation, die Leistungen zur Teilhabe am Arbeitsleben und die ergänzenden Leistungen nicht übersteigen.

Text in der Fassung des Artikels 3 Präventionsgesetz (PrävG) G. v. 17. Juli 2015 BGBl. I S. 1368, 1781 m. W. v. 25. Juli 2015

(SGB VIII)
SGB VIII Sozialgesetzbuch (SGB) Achtes Buch (VIII) Kinder- und Jugendhilfe

§ 35a Eingliederungshilfe für seelisch behinderte Kinder und Jugendliche
§ 35a wird in 22 Vorschriften zitiert

(1) Kinder oder Jugendliche haben Anspruch auf Eingliederungshilfe, wenn

1) ihre seelische Gesundheit mit hoher Wahrscheinlichkeit länger als sechs Monate von dem für ihr Lebensalter typischen Zustand abweicht, und
2) daher ihre Teilhabe am Leben in der Gesellschaft beeinträchtigt ist oder eine solche Beeinträchtigung zu erwarten ist

Von einer seelischen Behinderung bedroht im Sinne dieses Buches sind Kinder oder Jugendliche, bei denen eine Beeinträchtigung ihrer Teilhabe am Leben in der Gesellschaft nach fachlicher Erkenntnis mit hoher Wahrscheinlichkeit zu erwarten ist. § 27 Abs. 4 gilt entsprechend.

(1a) Hinsichtlich der Abweichung der seelischen Gesundheit nach Absatz 1 Satz 1 Nr. 1 hat der Träger der öffentlichen Jugendhilfe die Stellungnahme

1) eines Arztes für Kinder- und Jugendpsychiatrie und -psychotherapie,
2) eines Kinder- und Jugendpsychotherapeuten oder

3) eines Arztes oder eines psychologischen Psychotherapeuten, der über besondere Erfahrungen auf dem Gebiet seelischer Störungen bei Kindern und Jugendlichen verfügt,

einzuholen. Die Stellungnahme ist auf der Grundlage der Internationalen Klassifikation der Krankheiten in der vom Deutschen Institut für medizinische Dokumentation und Information herausgegebenen deutschen Fassung zu erstellen. Dabei ist auch darzulegen, ob die Abweichung Krankheitswert hat oder auf einer Krankheit beruht. Die Hilfe soll nicht von der Person oder dem Dienst oder der Einrichtung, der die Person angehört, die die Stellungnahme abgibt, erbracht werden.

(2) Die Hilfe wird nach dem Bedarf im Einzelfall

1) in ambulanter Form,
2) in Tageseinrichtungen für Kinder oder in anderen teilstationären Einrichtungen,
3) durch geeignete Pflegepersonen und
4) in Einrichtungen über Tag und Nacht sowie sonstigen Wohnformen geleistet.

(3) Aufgabe und Ziel der Hilfe, die Bestimmung des Personenkreises sowie die Art der Leistungen richten sich nach § 53 Abs. 3 und 4 Satz 1, den §§ 54, 56 und 57 des Zwölften Buches, soweit diese Bestimmungen auch auf seelisch behinderte oder von einer solchen Behinderung bedrohte Personen Anwendung finden.

(4) Ist gleichzeitig Hilfe zur Erziehung zu leisten, so sollen Einrichtungen, Dienste und Personen in Anspruch genommen werden, die geeignet sind, sowohl die Aufgaben der Eingliederungshilfe zu erfüllen als auch den erzieherischen Bedarf zu decken. Sind heilpädagogische Maßnahmen für Kinder, die noch nicht im schulpflichtigen Alter sind, in Tageseinrichtungen für Kinder zu gewähren und lässt der Hilfebedarf es zu, so sollen Einrichtungen in Anspruch genommen werden, in denen behinderte und nicht behinderte Kinder gemeinsam betreut werden.

SGB IX
Sozialgesetzbuch Neuntes Buch (SGB IX) – Rehabilitation und Teilhabe behinderter Menschen – (SGB IX)

§ 17 Ausführung von Leistungen, Persönliches Budget
§ 17 wird in 19 Vorschriften zitiert

(1) Der zuständige Rehabilitationsträger kann Leistungen zur Teilhabe

1) allein oder gemeinsam mit anderen Leistungsträgern,
2) durch andere Leistungsträger oder
3) unter Inanspruchnahme von geeigneten, insbesondere auch freien und gemeinnützigen oder privaten Rehabilitationsdiensten und -einrichtungen (§ 19)

ausführen. Er bleibt für die Ausführung der Leistungen verantwortlich. Satz 1 gilt insbesondere dann, wenn der Rehabilitationsträger die Leistung dadurch wirksamer oder wirtschaftlicher erbringen kann.

(2) Auf Antrag können Leistungen zur Teilhabe auch durch ein Persönliches Budget ausgeführt werden, um den Leistungsberechtigten in eigener Verantwortung ein möglichst selbstbestimmtes Leben zu ermöglichen. Bei der Ausführung des Persönlichen Budgets sind nach Maßgabe des individuell festgestellten Bedarfs die Rehabilitationsträger, die Pflegekassen und die Integrationsämter beteiligt. Das Persönliche Budget wird von den beteiligten Leistungsträgern trägerübergreifend als Komplexleistung erbracht. Budgetfähig sind auch die neben den Leistungen nach Satz 1 erforderlichen Leistungen der Krankenkassen und der Pflegekassen, Leistungen der Träger der Unfallversicherung bei Pflegebedürftigkeit sowie Hilfe zur Pflege der Sozialhilfe, die sich auf alltägliche und regelmäßig wiederkehrende Bedarfe beziehen und als Geldleistungen oder durch Gutscheine erbracht werden können. An die Entscheidung ist der Antragsteller für die Dauer von sechs Monaten gebunden.

(3) Persönliche Budgets werden in der Regel als Geldleistung ausgeführt, bei laufenden Leistungen monatlich. In begründeten Fällen sind Gutscheine auszugeben. Persönliche Budgets werden auf der Grundlage der nach § 10 Abs. 1 getroffenen Feststellungen so bemessen, dass der individuell festgestellte Bedarf gedeckt wird und die erforderliche Beratung und Unterstützung erfolgen kann. Dabei soll die Höhe des Persönlichen Budgets die Kosten aller bisher individuell festgestellten, ohne das Persönliche Budget zu erbringenden Leistungen nicht überschreiten.

(4) Enthält das Persönliche Budget Leistungen mehrerer Leistungsträger, erlässt der nach § 14 zuständige der beteiligten Leistungsträger im Auftrag und im Namen der anderen beteiligten Leistungsträger den Verwaltungsakt und führt das weitere Verfahren durch. Ein anderer der beteiligten Leistungsträger kann mit den Aufgaben nach Satz 1 beauftragt werden, wenn die beteiligten Leistungsträger dies in Abstimmung mit den Leistungsberechtigten vereinbaren; in diesem Fall gilt § 93 des Zehnten Buches entsprechend. Die für den handelnden Leistungsträger zuständige Widerspruchsstelle erlässt auch den Widerspruchsbescheid.

(5) § 17 Abs. 3 in der am 30. Juni 2004 geltenden Fassung findet auf Modellvorhaben zur Erprobung der Einführung Persönlicher Budgets weiter Anwendung, die vor Inkrafttreten dieses Gesetzes begonnen haben.

(6) In der Zeit vom 1. Juli 2004 bis zum 31. Dezember 2007 werden Persönliche Budgets erprobt. Dabei sollen insbesondere modellhaft Verfahren zur Bemessung von budgetfähigen Leistungen in Geld und die Weiterentwicklung von Versorgungsstrukturen unter wissenschaftlicher Begleitung und Auswertung erprobt werden.

Literatur

Sozialgesetzbuch (SGB) Fünftes Buch (V) – Gesetzliche Krankenversicherung – (SGB V)

Sozialgesetzbuch (SGB) Sechstes Buch (VI) – Gesetzliche Rentenversicherung – (SGB VI)

SGB VIII Sozialgesetzbuch (SGB) Achtes Buch (VIII) Kinder- und Jugendhilfe

Sozialgesetzbuch Neuntes Buch (SGB IX) – Rehabilitation und Teilhabe behinderter Menschen – (SGB IX)

(entnommen aus www.buzer.de/gesetze/2497)

IV. Kapitel

Checklisten als Analyse und Bewertungsinstrument zur bürgerorientierten interaktiven Gesundheitsgestaltung – Grundlagen und Zweck der Checklisten

Vorbemerkung

17

Monika Knetsch und Ralf Pourie

In diesem Artikel stellen wir den Leserinnen und Lesern ein wertvolles Instrument zur Verfügung, das in der DGbV-Arbeitsgruppe Versorgungsprozesse und PatientenCoaching Plus in multiprofessionellen und interinstitutionellen Experten-Workshops erarbeitet wurde. Die Checklisten sind im Folgenden wiedergegeben und dienen dem Zweck, Transparenz bei Angeboten (Produktideen und Versorgungs-Konzepten) zu bürgerorientierten Versorgungsprozessen herstellen zu können, diese vergleichbar zu machen und Versorgungs-Ergebnisse an Hand von Erfolgsindikatoren zu erfassen und zu bewerten. Dies ist nicht nur im Interesse der Patienten sondern auch im Interesse der Kostenträger wünschenswert.

Bürgerorientierte Versorgungsprozesse stellen ein wirksames Instrument dar, um alle Beteiligten zu unterstützen, ihren Beitrag für eine verbesserte Versorgung zu leisten. Voraussetzung ist allerdings eine gesicherte und nachvollziehbare Qualität der Leistung.

Bürgerorientierte Versorgungsprozesse müssen nicht nur hinsichtlich der ökonomischen Ergebnisse, sondern immer auch hinsichtlich der Bedeutung für die Lebensqualität der Patienten, der Patientensicherheit und der mittel- und langfristigen volkswirtschaftlichen Auswirkungen betrachtet werden.

Es sollte immer kritisch hinterfragt werden, ob da, wo Bürgerorientierung »draufsteht«, auch wirklich Bürgerorientierung im eigentlichen Sinne »drin ist« und ob die Definition des bürgerorientierten Versorgungsprozesses erfüllt sind. Deshalb dienen die Checklisten der Klärung wichtiger Fragen. Wir wünschen Ihnen erfolgsorientierte Ergebnisse bei der Anwendung.

Checklisten als Analyse- und Bewertungsinstrument zur bürgerorientierten interaktiven Gesundheitsgestaltung – Grundlagen und Zweck der Checklisten

18

Ralf Pourie und Monika Knetsch

18.1 Einleitung

Bürger- und Patientenorientierung steht bei allen Beteiligten im Gesundheitswesen ganz oben auf der Agenda. Der Bürger oder der Patient soll das Handeln maßgeblich mitgestalten. Überall gibt es Veranstaltungen, Workshops und andere Angebote zur Patientenzentrierung für die unterschiedlichsten Akteure. Bürgerorientiertes Versorgungsmanagement wird zwar von allen Beteiligten im Gesundheitswesen begrüßt, ist nach wie vor aber sehr vage in der Ausgestaltung. Jeder im Gesundheitswesen definiert die Inhalte selbst und einen Ansatz die unterschiedlichen Herangehensweisen zu vergleichen findet man zunächst nicht. Aus diesem Grund und auf der Basis dieser Ausgangssituation wurden die im Folgenden dargestellten Checklisten als Analyse- und Bewertungsinstrument zur bürgerorientierten interaktiven Gesundheitsgestaltung entwickelt.

18.2 Kontext von bürgerorientierten Versorgungsprozessen

> *»Staatsbürger haben das Recht, die grundlegenden Tatsachen zu kennen, und sie haben eine Verantwortung, Entscheidungen über ihre Gesundheit auf der Grundlage der besten verfügbaren Evidenz zu treffen.«* (Gigerenzer, Gray 2012)

Im 19. Jahrhundert wurden die Grundlagen der modernen professionalisierten Medizin gelegt. Das 20. Jahrhundert mit seinen großen wissenschaftlichen und technischen Errungenschaften kann als das Zeitalter der Ärzte, der Kliniken und der Industrie bezeichnet werden, in dem der Medizinbetrieb hierarchisch organisiert ist und die Patienten vorwiegend Objekte einer hochentwickelten Medizin sind. Jetzt befinden wir uns am Beginn des »Jahrhunderts des Patienten« (Gigerenzer, Gray 2012), das gekennzeichnet ist durch eine deutliche Zunahme an chronischen verhaltensabhängigen Volkskrankheiten. Daraus folgt eine höhere Verantwortung der Bürger und Patienten für ihre Gesundheit und ein neues Rollenverständnis für alle Akteure und Nutzer des Gesundheitswesens.

Bürgerorientierte Versorgungsprozesse stellen ein wirksames Instrument dar, um alle Beteiligten zu unterstützen, ihren Beitrag für eine verbesserte Versorgung zu leisten. Voraussetzung ist allerdings eine gesicherte und nachvollziehbare Qualität der Leistung. Im Folgenden stellen wir eine Checkliste vor, mit der die entsprechenden Leistungsangebote für bürgerorientierte Versorgungsprozesse analysiert, bewertet und hinterfragt werden können.

18.3 Grundlagen und Zweck der Checklisten

Bürgerorientiertes Versorgungsmanagement wird zwar von allen Beteiligten im Gesundheitswesen begrüßt, ist nach wie vor ein ungeschützter Begriff. Jeder im Gesundheitswesen definiert die Inhalte selbst. Leider existieren in Deutschland weder allgemein anerkannte Qualitätsstandards noch ein gemeinsames Verständnis darüber, was einen bürgerorientierten Versorgungsprozess ausmacht.

Die DGbV sieht deshalb die Notwendigkeit für klare Definitionen und dafür, die Angebote auf dem Markt »messen« und bewerten zu können. Denn nicht jedes Angebot entspricht den speziellen Anforderungen an Bürgerorientierung oder der Definition von bürgerorientierten Versorgungsprozessen, wie sie die Deutsche Gesellschaft für bürgerorientiertes Versorgungsmanagement für angemessen hält.

In der DGbV-Arbeitsgruppe Versorgungsprozesse und Patientencoaching Plus wurden in multiprofessionellen und interinstitutionellen Experten-Workshops entsprechende Definitionen erarbeitet und die Checklisten entwickelt. Sie sind im Folgenden wiedergegeben und dienen dem Zweck, Transparenz bei Angeboten zu bürgerorientierten Versorgungsprozessen herstellen zu können, diese vergleichbar zu machen und Versorgungs-Ergebnisse an Hand von Erfolgsindikatoren zu erfassen und zu bewerten. Dies ist nicht nur im Interesse der Patienten sondern auch im Interesse der Kostenträger wünschenswert. Dabei wurde versucht möglichst alle wichtigen Aspekte und Kriterien zu hinterfragen.

Bürgerorientierte Versorgungsprozesse müssen nicht nur hinsichtlich der ökonomischen Ergebnisse, sondern immer auch hinsichtlich der Bedeutung für die Lebensqualität der Patienten, der Patientensicherheit und der mittel- und langfristigen volkswirtschaftlichen Auswirkungen betrachtet werden.

Es sollte immer kritisch hinterfragt werden, ob da, wo Bürgerorientierung »draufsteht«, auch wirklich Bürgerorientierung im eigentlichen Sinne »drin ist« und ob die Definition des bürgerorientierten Versorgungsprozesses erfüllt sind. Deshalb dienen die Checklisten der Klärung wichtiger Fragen wie

- richtiger Interpretation der Begriffe »Bürgerorientierung« und »Versorgungsprozess«,
- Art und Qualität der Produktideen und Konzepten für den Versorgungsprozess,
- Bewertung bestehender Versorgungsprojekte.

Darüber hinaus dienen die Checklisten

- der Abgrenzung von anderen Versorgungsangeboten,
- der Schaffung von Transparenz für den Grad der Bürgerorientierung von Versorgungsprozessen,
- der Erfassung von Ergebnissen bürgerorientierter Versorgungsprozesse an Hand fest gesetzter Erfolgs- und Bewertungsindikatoren.

Sie können und sollen laufend durch neue Erfahrungen und Erkenntnisse aktualisiert werden.

18.4 Wie ist ein bürgerorientierter Versorgungsprozess zu definieren?

Aktuell gibt es kein einheitliches gemeinsames Verständnis darüber, was Bürgerorientierung bedeutet und was einen Versorgungsprozess kennzeichnet. Deshalb sei hier noch einmal auf die entsprechenden Definitionen hingewiesen:

- **DGbV-Definition Bürgerorientierung**
  »Bürgerorientierung heißt, die Menschen als aktive und mitverantwortliche Partner und Handelnde im Rahmen ihrer individuellen und kollektiven Bedarfe, Bedürfnisse und Möglichkeiten in das Versorgungsgeschehen einzubinden. Es bedeutet den Bürgern Orientierung zu geben!«

- **DGbV-Definition Versorgungsprozess**
  »Ein Versorgungsprozess ist die aufeinander abgestimmte Folge von mittelbaren und unmittelbaren Aktivitäten zur Versorgung von Bürgern mit definiertem Start, Ende und Zielen.«

18.5 Checklisten als Analyse- und Bewertungsinstrument zur bürgerorientierten interaktiven Gesundheitsgestaltung

Das Themenspektrum der Checklisten

Mit den Checklisten können zahlreiche Parameter standardisiert abgefragt werden. Dazu gehören:

1) Prozesselemente
2) Beteiligte
3) Methodik/Mittel
4) Wissensorganisation
5) Kommunikation
6) Daten
7) Qualität, Qualitätssicherung
8) Evaluation

In den folgenden Kapiteln werden die einzelnen Kategorien vorgestellt und erläutert.

Um die Checklisten optimal einsetzen zu können, ist eine Gewichtung der Kategorien und der Einzelparameter erforderlich in Abhängigkeit von den individuellen Schwerpunkten dessen, der die Checklisten anwendet.

Mit den gewichteten Kategorien und Einzelparametern sollen im Anschluss verschiedene Projekte oder Konzepte analysiert, miteinander verglichen und in eine Rangfolge gebracht werden.

18.6 Prozesselemente

Der Ausgangspunkt der Betrachtungen für diese Kategorie ist der generalisierte Prozessablauf für einen Versorgungsprozess, wie er in der Arbeitsgruppe erarbeitet worden ist. Je nach Indikation und Zielstellung ist eine Detaillierung der Prozesselemente gegebenenfalls noch erforderlich.

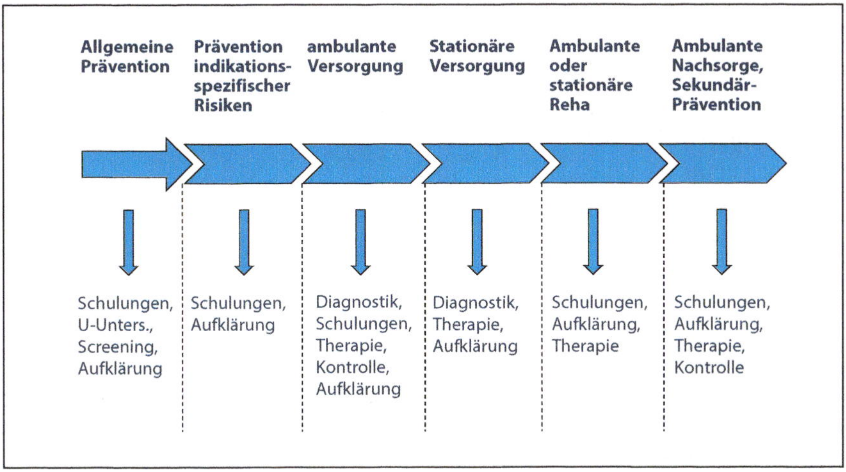

Abbildung 18.1 Generalisierter Prozessablauf (Quelle: DGbV – eigene Darstellung)

Im Rahmen der Checklisten müssen folgende Parameter im Bereich der Prozesselemente erhoben und bewertet werden:

- Bandbreite der Prozessabdeckung
  Welche oder wie viele der genannten generalisierten Prozessabschnitte werden abgedeckt?
- Flexibilität
  Handelt es sich bei dem Versorgungsprozess eher um einen starren Prozessablauf oder gibt es Flexibilitäten?
- Mobilität der Leistungserbringung
  Wo werden die Leistungen erbracht? Gibt es die Möglichkeit, dass die Leistung zum Bürger kommt?
- Prozessmerkmale
  Was sind die wesentlichen Prozessmerkmale?
- Prozesstransparenz
  Ist der gesamte Prozess transparent beschrieben und dargestellt?
- Prozessvarianten in Abhängigkeit vom Krankheitsstadium
  Gibt es verschiedene Prozessvarianten in Abhängigkeit vom Krankheitsstadium der Betroffenen?
- Prozesszeiten
  Wie sehen die Prozesszeiten aus (Dauer der einzelnen Schritte und Gesamtprozesszeiten)?

- Sektor übergreifend
  Welche Sektoren im Gesundheitswesen sind am Prozess beteiligt?
- Überweisungsverhalten
  Gibt es Regelungen für das Überweisungsverhalten zwischen den beteiligten Leistungserbringern?
- Umgang mit Notfällen
  Gibt es dedizierte Regelungen für den Umgang mit Notfällen und gegebenenfalls Eskalationsregelungen?

Beteiligte

Auf die richtige Auswahl kommt es an
Für einen bürgerorientierter Versorgungsprozess ist die Auswahl der Beteiligten ein wesentliches Kriterium. Allerdings geht die Checkliste in diesem Bereich noch weit darüber hinaus und betrachtet folgende Parameter:

- Akquise der Beteiligten
  Wie erfahren potentielle Beteiligte vom Prozess? Welche Voraussetzungen sind für die Beteiligten erforderlich?
- Prozessbeteiligte
  Welche Prozessbeteiligten gibt es?
- Qualifizierung der Beteiligten
  Sind spezielle Qualifizierungen erforderlich, um am Prozess teilzunehmen?
- Befähigung
  Welche Elemente in Bezug auf die Befähigung der Bürger gibt es?
- Beteiligung
  Welche Elemente in Bezug auf die Befähigung der Bürger gibt es?
- Entscheidungsbefugnis (Delegation, Substitution)
  Gibt es klare Regelungen für Entscheidungsbefugnisse und sind diese auf verschiedenen Beteiligte verteilt?
- Individuelles Handeln
  Wird individuelles Handeln ermöglicht und gefördert?
- Kooperation mit anderen Leistungserbringern insbesondere der Pflege
  Sind Kooperationen zwischen verschiedenen Leistungserbringern vorgesehen und werden diese gefördert?
- Spezialisierung der Leistungserbringer
  Werden spezialisierte Leistungserbringer im Prozess eingesetzt und wird eine Spezialisierung gefördert?
- Empathie/Menschlichkeit
  Welchen Stellenwert hat die Menschlichkeit im gesamten Prozess?

Methodik/Mittel

Bürgerorientierte Versorgungsprozesse unterscheiden sich in der Regel auch durch die eingesetzten Methoden und/oder die angewendeten Mittel. Daher werden in dieser Kategorie folgende Parameter betrachtet:

- Aktive Einbindung in Entscheidungen
  Werden Methoden und Mittel zur aktiven Einbindung der Bürger in relevante Entscheidungen angewendet?
- Eingesetzte Interventionen
  Welche Arten von Interventionen kommen im Prozess zum Einsatz?
- Eingesetzte Verfahren und Methoden
  Welche Verfahren und Methoden kommen zum Einsatz?
- Interaktion zwischen Professionen
  Gibt es Interaktionen zwischen den Professionen und wie genau sind diese beschrieben?
- Koordination der Behandlung
  Wer ist für die Koordination der Behandlung verantwortlich und wie wird dies überwacht?
- Partizipation
  Gibt es eine klare Partizipation der Bürger am Versorgungsprozess mit entsprechenden Regelungen und Dokumentationen?
- Prozesskoordination
  Wer übernimmt die Prozesskoordination und ist diese von der Koordination der Behandlung getrennt?
- Selbstverantwortung der Bürger
  Wird die Selbstverantwortung der Bürger gefördert, gestärkt uns sogar aktiv eingefordert?
- Zieldefinition
  Wird mit Zieldefinitionen gearbeitet und werden die Zielerreichungen dokumentiert und ausgewertet?

Wissensorganisation

Für einen bürgerorientierten Versorgungsprozess ist die Wissensorganisation innerhalb des Prozesses und bei den Beteiligten zu betrachten. Die Kernparameter hierfür sind:

- Lernen von außen
- Validität von Informationen
  Wo kommen die Informationen für den Versorgungsprozess her und wie valide sind sie?
- Verfügbarkeit von Informationen für den Bürger
  Sind alle notwendigen Informationen für den Bürger verfügbar und verständlich aufbereitet?
- Wissensweitergabe
  Wie erfolgt die Wissensweitergabe zwischen den unterschiedlichen Prozessbeteiligten und an neue Beteiligte?
- Wissensorganisation des Prozesses
  Bei all diesen Punkten geht es darum festzustellen, wie das gewährleistet wird.
  - Relevante Informationen sind rasch verfügbar
  - Informationen werden regelmäßig auf Validität geprüft
  - Wissensweitergabe über Schnittstellen funktioniert
  - Erfahrungen werden systematisch erfasst
  - Probleme werden rasch gelöst
  - Kontinuierliche Verbesserung ist etabliert

Kommunikation

Für bürgerorientierte Versorgungsprozesse mit mehreren Beteiligten aus verschiedenen Bereichen des Gesundheitswesens ist die Kommunikation ein nicht unerheblicher Faktor. Durch die Betrachtung der folgenden Parameter ergibt sich ein Gesamtbild für den Gesamtprozess:

- Angebotstransparenz
  Ist das gesamte Angebot für alle Beteiligten transparent und nachvollziehbar?
- Eingesetzte Kommunikationswege
  Sind die eingesetzten Kommunikationswege beschrieben? Gibt es die Möglichkeit verschiedene Kommunikationswege zu nutzen?
- Informationsfluss
  Wie funktioniert der Informationsfluss zwischen einzelnen Prozessschritten beziehungsweise zwischen Prozessbeteiligten?

- Kommunikation zu Angehörigen
  Erfolgt eine Kommunikation mit den Angehörigen? Wenn ja, wie?
- Kommunikation zu Patienten
  Erfolgt eine Kommunikation mit den Patienten? Wenn ja, wie?
- Kommunikation zwischen den Beteiligten
  Erfolgt eine Kommunikation zwischen den Beteiligten? Wenn ja, wie?
- Kommunikationsstrukturen
  Welche Kommunikationsstrukturen sind im Versorgungsprozess vorgesehen und wie werden sie umgesetzt?
- PR für das Angebot
  Gibt es eine entsprechende Pressearbeit für das bürgerorientierte Versorgungskonzept?
- Servicetransparenz
  Sind die Services für alle Beteiligten transparent und nachvollziehbar?
- Vernetzung
  Wie stark ist die Vernetzung zwischen den Beteiligten und wie sehr ist diese Vernetzung im normalen Alltag etabliert?

Daten

Für einen reibungslosen, strukturierten und standardisierten Prozessablauf ist die Erhebung, Verarbeitung und Nutzung von Daten zu betrachten. Dies geschieht durch diese Checklistenparameter:

- Datenfluss
  Gibt es Datenflüsse zwischen den Beteiligten, über Sektorengrenzen hinweg und sind die Inhalte klar definiert?
- Datenstrukturen
  Sind die notwendigen Datenstrukturen zwischen den Beteiligten abgestimmt und standardisiert?
- Datentransparenz
  Wissen alle Beteiligten, welche Daten, wann und wie ausgetauscht werden?
- Datenschutz
  Werden alle Kriterien des Datenschutzes eingehalten?
- Konnektivität
  Sind die verschiedenen Systeme und Beteiligten miteinander verbunden und sind entsprechende Standards eingesetzt?
- Technische Vernetzung
  Welche technischen Grundlagen werden für die Vernetzung angewendet? Entspricht dies dem Stand der Technik und vor allem auch: Ist dies datenschutzkonform?

Qualität, Qualitätssicherung

Im Bereich der Qualität bürgerorientierter Versorgungsprozesse finden sich viele Elemente wieder, die auch in anderen Bereichen der Gesundheitsversorgung eine wesentliche Rolle spielen. In der vorliegenden Checkliste wurden folgende Einzelparameter aufgenommen:

- Ergebnisqualität
  Wie wird die Ergebnisqualität gemessen?
- Lebensqualität
  Wie wird die Lebensqualität gemessen?
- Prozessqualität
  Wie wird die Prozessqualität gemessen?
- Strukturqualität
  Wie wird die Strukturqualität gemessen?
- Qualität medizinischer Parameter
  Wie wird die Qualität medizinsicher Parameter gemessen?
- Organisation der Prozessbeteiligten
  Liegt eine Beschreibung zur Organisation der Prozessbeteiligten vor?
- Prozessreifegrad
  Einstufung des Prozessreifegrads nach den weiter unten genannten Kriterien
- Stand der Standardisierung (eingesetzte Standards)
  Werden etablierte Standards eingesetzt oder haben sich die Beteiligten auf prozessspezifische Standards geeinigt?
- Umsetzung von Leitlinien
  Wie weit orientiert sich der Versorgungsprozess an vorliegenden Behandlungsleitlinien?
- Dokumentation
  Ist der Prozess komplett dokumentiert?

Gerade der Prozessreifegrad unterstützt dabei die Bewertung der verschiedensten Konzepte und Modelle. Generell können folgende Prozessreifegrade unterschieden werden:

1) Initial
   Hier handelt es sich um Ad-hoc Prozesse, In- und Output ist bekannt, die Vorgehensweise ist bekannt, es gibt keine konsequente Planung, der Zeitbedarf ist nicht vorhersehbar, die Qualität ist nicht vorhersehbar und die Organisation ist chaotisch

2) Wiederholbar
   Es geht um stabile dokumentierte Prozesse, In- und Output sind dokumentiert, Erfahrungen werden berücksichtigt, die Zeiten sind planbar, die Qualität ist überprüfbar aber schwankend
3) Definiert
   Es geht um Standard-Prozesse, In- und Output sind dokumentiert, eine Organisationseinheit für die Umsetzung ist definiert, Kennzahlen sind definiert, die Zeiten sind zuverlässig planbar, die Qualität ist noch schwankend und die Organisation erfolgt proaktiv
4) Gelenkt
   Diese Prozesse werden mittels Kennzahlen gemessen, quantitative Ziele sind definiert, die Zielerreichung wird gemessen, Zeiten und Qualität sind zuverlässig kontrollierbar, die Organisation agiert serviceorientiert
5) Optimiert
   Der Prozess ist Routine, ein kontinuierlicher Verbesserungsprozess ist etabliert, die Ziele sind strategisch, Prozessaudits finden regelmäßig statt, die Organisation agiert wertschöpfend, Schwächen werden systematisch gesucht

Evaluation

Ohne eine entsprechende Evaluation ist die Bewertung verschiedener bürgerorientierter Versorgungsprozesse nicht möglich. Daher sind die folgenden Checklistenparameter für die Analyse und Bewertung verschiedenster Angebote zu beachten. Im Rahmen von entsprechender Evaluation sollten Aussagen zu folgenden Themen vorliegen:

- Finanzierung
  Wie wird der Versorgungsprozess finanziert? Wie sind die aktuellen Ergebnisse hierzu?
- Kennzahlen
  Gibt es Kennzahlen zum Prozess und regelmäßige Auswertungen? Wie sind die aktuellen Ergebnisse hierzu?
- Messung der Zielerreichung
  Wird die Zielerreichung gemessen, ausgewertet und in den Veränderungsprozess überführt? Wie sind die aktuellen Ergebnisse hierzu?
- Erfolgsmessung
  Wie sind die aktuellen Ergebnisse hierzu?
- Audits
  Werden regelmäßige Audits durchgeführt und fließen die Ergebnisse in den Veränderungsprozess ein?

- Nutzen im Alltag
  Wie wird dies gemessen? Wie sind die aktuellen Ergebnisse hierzu?
- Ökonomie
  Wie wird dies gemessen? Wie sind die aktuellen Ergebnisse hierzu?
- Zufriedenheit mit dem Angebot
  Wie wird dies gemessen? Wie sind die aktuellen Ergebnisse hierzu?

Literatur

DGbV Versorgungsmanagement konkret II. Quartal 2014 Ausgabe 1

Gerd Gigerenzer, J. A. Muir Gray, Bessere Ärzte, bessere Patienten, bessere Medizin, MWV 2013

V. Kapitel

Versorgungsmanagement KONKRET – Konzepte, Projekte und Modelle: Orientierung über Transparenz im Gesundheitswesen

19 Vorbemerkung

John N. Weatherly

Hier wollen wir dem geneigten Leser anhand von existierenden Modellen zeigen, dass alles zuvor dargestellte nicht »Theorie« ist, sondern in die Realität und Alltagspraxisarbeit aufgenommen werden kann. Das bedeutet natürlich auch zunächst ein Umdenken und einen ganz anderen Ansatz im Qualitätsmanagement zu fahren, als bisher.

An dieser Stelle hätten wir gerne noch viel mehr Projekte aufgeführt und sie gerne auch mit unseren verbandsinternen Checklisten auf Bürgerorientiertheit geprüft.

Auch dies ist noch ein großes Problem, da die Projekte zum Teil nicht transparent bzw. öffentlich sind und die Projektzuständigen ängstlich sind, kopiert oder von Aufsichtsbehörden gegängelt zu werden.

Da wir hier unseren verbliebenen Autoren danken wollen für die Transparenz in der Darstellung haben wir den Gedanken des offiziellen Beurteilens der Projekte durch Checklisten fallengelassen und überlassen es dem Leser, sofern er es möchte, das selbst mit den Checklisten aus dem vorangegangenen Kapitel zu tun.

Versorgungsmanagement bei COPD

20

Ralf Pourie

20.1 Hintergrund und Idee

Etwa 15 Prozent der deutschen Erwachsenen leiden unter chronischer Bronchitis, auch chronisch obstruktive Bronchitis, kurz COPD genannt. Weltweit ist COPD – im Volksmund als Raucherhusten bekannt – die vierthäufigste Todesursache. Die Abkürzung COPD stammt aus dem Englischen und steht für »Chronic Obstructive Pulmonary Disease«, auf Deutsch: »Chronisch Obstruktive Lungenerkrankung«. COPD ist somit eine dauerhafte Verengung der Bronchien. Das Hauptsymptom ist die Atemnot, die die Betroffenen besonders bei Belastungen wie Treppensteigen quält. Weitere Symptome sind chronischer Husten, der teilweise auch von Auswurf begleitet wird.

Risikofaktor Nummer Eins für COPD ist das Rauchen. Neun von zehn Erkrankten sind nikotinabhängig oder haben früher viel geraucht. Unabhängig vom Auslöser ist die Zerstörung des so genannten Flimmerepithels die Ursache für COPD. Diese Schicht überzieht unsere Bronchien und erzeugt Schleim, der Schmutz und Schadstoffe aus unserer Lunge transportiert. Wird diese Schicht zerstört, kann der Schleim immer schlechter nach außen gelangen. Außerdem wird vermehrt Schleim gebildet, die Bronchialschleimhaut schwillt an und die Muskulatur der Atemwege verkrampft. Das führt zu der charakteristischen Verengung der Atemwege.

Bei Verdacht auf COPD kann ein Lungenfunktionstest Aufschluss geben. COPD muss möglichst rasch behandelt werden, da die Krankheit schlimmstenfalls durch eine Zerstörung der Lungenbläschen tödlich verlaufen kann. Die Therapie erfolgt in der Regel medikamentös und wird durch Inhalationen unterstützt. Die Mitarbeit des Patienten ist für die Behandlung besonders wichtig: Die körperliche Leistungsfähigkeit sollte mit an die Erkrankung angepasster Bewegung erhalten werden.

Damit gehört COPD zu den chronischen Erkrankungen. Erfahrungen und Untersuchungen aus den USA haben ergeben, dass 65 bis 80 % aller chronisch Erkrankten nach vorheriger Konsultation eines Arztes und bei gelegentlichen ärztlichen Kontrollen ihre Krankheit mit einer problemorientierten Unterstützung eines Gesundheitsberaters selbst managen können.

Bei etwa 20 bis 30 % aller chronisch Erkrankten ist eine intensivere Unterstützung durch einen Gesundheitsberater mit einer gezielten Anleitung zum Selbstmanagement sinnvoll.

Eine Anleitung zum Selbstmanagement durch das Patientencoaching ist somit für eine ausgewählte Gruppe der chronisch Kranken eine zielführende und sinnvolle Ergänzung zu gelegentlichen ärztlichen Kontrollen, um den Patienten für eine aktivere Rolle im Behandlungsverlauf anzuleiten und vorzubereiten.

Ein wesentlicher Bereich einer möglichen Kosteneinsparung bzw. der Verhinderung von Kostensteigerungen ist die Vermeidung von Wiedereinweisungen im stationären Bereich. Für das Programm geeignet sind insbesondere alle Versicherten mit Erkrankungen, bei denen Maßnahmen zur Verbesserung der leitliniengerechten Versorgung in einem definierten Zeitraum durchführbar sind.

Studien zum Nutzen von Telemonitoring bei chronischen Erkrankungen zeichnen uneinheitliche Bilder und bleiben derzeit eher skeptisch, was eine flächendeckende Anwendung betrifft. Eine neue Untersuchung der Universität Edinburgh (Pinnock et al. 2013, BMJ) legt nahe, dass Telemonitoring allein weder Hospitalisierung und den Gesundheitsstatus bei COPD-Patienten signifikant verbessert zumindest bei Anwendung als rein technikbasiertes »Add-on«. Dass leicht Erkrankte ebenso wenig wie depressiv verstimmte Patienten von diesem Telemonitoring-Ansatz profitieren, überrascht nicht wirklich. Ein niedergeschlagener Patient mag sich mit zusätzlicher Geräteüberwachung noch mehr der technisierten und unpersönlichen Medizin ausgeliefert fühlen, und möglicherweise auch kränker als er ohnehin ist. Die 4sigma setzt Telemonitoring daher bedarfsorientiert als zusätzliche Komponente eines Patientencoachings ein.

20.2 Der konkrete Weg zum Modell, zur Konzeption, Aufbauorganisation

Konzept

Die Bevölkerung in der Bundesrepublik befindet sich in einem demographischen Wandel. Die Zahl der Menschen in höheren Altersstufen wächst immer mehr an und bekommt dadurch eine höhere Gewichtung. Mit der höheren Lebenserwartung nehmen Morbidität, Multimorbidität und Immobilität zu.

Bei etwa 20 bis 30 % aller chronisch Erkrankten ist eine intensivere Unterstützung durch einen Gesundheitsberater mit einer gezielten Anleitung zum Selbstmanagement sinnvoll.

Eine Anleitung zum Selbstmanagement durch Patientencoaching ist also für eine ausgewählte Gruppe der chronisch Kranken eine zielführende und sinnvolle Ergänzung zu gelegentlichen ärztlichen Kontrollen, um den Patienten für eine aktivere Rolle im Behandlungsverlauf anzuleiten und vorzubereiten.

Ziel der Auftraggeberin ist es deshalb, im Rahmen eines Modellprojektes, Versicherten, die an COPD leiden, ein Programm anzubieten und zu analysieren, ob deren Lebensqualität steigt, eine leitlinienkonforme Behandlung gefördert, die Anzahl der stationären Krankenhausaufenthalte reduziert, Pflegebedürftigkeit verhindert und die Patienten-Compliance nachhaltig erhöht wird. Das Modellprojekt wird auf den Zeitraum von zwei Jahren mit der Möglichkeit zur Verlängerung um ein weiteres Jahr befristet. Nach Abschluss der Interventionsmaßnahme werden die erzielten Resultate analysiert und bilden die Entscheidungsgrundlage für die zukünftige Ausrichtung bzw. Herangehensweise der Auftraggeberin im Bereich der Betreuung von versorgungsintensiven Versichertengruppen.

Im vorliegenden Projektansatz werden Patienten mit stationärer Behandlung einer COPD Exacerbation in den letzten 2 Monaten von einer festen Pflegekraft der 4sigma für ein Jahr telefonbasiert betreut. Angepasst an ihr jeweiliges persönliches Risikoprofil, Erkrankungs- und Lebenssituation erfolgen Schulungs- und Coachinggespräche, die ein kompetentes Selbstmanagement der Erkrankung zum Ziel haben. Die behandelnden Ärzte können mit in das Projekt eingebunden werden: sie können bei der Aufnahme des Patienten wichtige Informationen und Empfehlungen für die Programmplanung einfließen lassen und erhalten in Folge pro Quartal eine schriftliche Übersicht über die aktuelle Situation ihres Patienten im Coaching. Auf Wunsch wird der Arzt im Bedarfsfall auch telefonisch eingebunden, z. B. wenn es gilt, konkrete Empfehlungen abzusprechen.

In Rahmen des vorliegenden Projektes werden ferner telemetrische Spirometer eingesetzt. Die Rückmeldung zu den Messergebnissen erfolgt jedoch nicht automatisiert, wie in der eingangs erwähnten Studie, sondern über den Berater und bettet die Rückmeldung unmittelbar in eine Bewertung und eine Handlungsempfehlung ein. Das Telemonitoring dient im 4sigma Setting weniger einer intensivierten medizinischen Überwachung als einem technischen Hilfsmittel zum Erlernen gesundheitsförderlicher und Vermeiden gesundheitsschädlicher Verhaltensweisen. Nach Möglichkeit wird die telemetrische Begleitung nach 6 Monaten beendet, in den verbleibenden 6 Betreuungsmonaten wendet der Teilnehmer die erlernten Verhalten und Kontrollen selbst unter Begleitung seines Coachs durch.

Welche Ziele werden verfolgt?

Das Ziel ist es, die potentiellen Teilnehmer möglichst zeitnah in Bezug auf das vorliegende Erkrankungsereignis anzusprechen.

Gemeinsame Ziele der Auftraggeberin und der Auftragnehmerin im Rahmen dieses Modellprojektes sind, die Auswirkungen des Programms »Patientencoaching« auf

a) die Verbesserung von medizinischen Parametern von teilnehmenden Versicherten;
b) die Förderung des selbstbestimmten Lebens von teilnehmenden Versicherten;
c) die Stärkung des Selbstmanagements bei den Patienten;
d) die Senkung der stationären Behandlungskosten für die Indikation;

zu analysieren.

20.3 Wie erfolgt die konkrete Umsetzung, Ablauforganisation?

Leistungen im Programm Patientencoaching COPD

Um die Projektziele zu erreichen, gliedert sich das Programm in vier Phasen:

1) Analysephase (1 Monat)
2) Aufnahmephase (1 Monat)
3) Stabilisierungsphase (4 Monate)
4) Selbstmanagementphase (7 Monate)

In den folgenden Kapiteln wird inhaltlich auf die einzelnen Phasen konkreter eingegangen.

Der Interventionszeitraum beginnt immer mit der Aufnahmephase.

Ab der Stabilisierungsphase werden eine telemetrische Betreuung und telefonische Interventionen eingesetzt, um Kosteneinsparungen und eine Verbesserung der Lebensqualität zu erzielen.

Weitere Details zur telemetrischen Betreuung sind im entsprechenden Unterkapitel zur Stabilisierungs- und Selbstmanagementphase erläutert.

Analysephase

Aufgabe der Analysephase ist eine Gruppierung der Teilnehmer aus den vorliegenden Routinedaten im Bereich der Krankenhausbehandlung. Diese Phase ist für die weiteren Schritte von wesentlicher Bedeutung.

Die Analysephase wird durch die Auftraggeberin durchgeführt.

Die Aufgreifkriterien für die Analyse werden auf Basis der Routinedaten zwischen Auftragnehmerin und der Auftraggeberin festgelegt.

Daten für die Analyse sind:

- Stationäre Aufenthalte inklusive ICD-10 in den vergangenen 2 Wochen soweit sie vorliegen,
- Alter, Geburtsdatum, Geschlecht.

Zusätzlich zu den Aufgreifkriterien werden in einer Ausschluss-Selektion abschließend noch alle Versicherten aus der Analyseliste entfernt, welche gravierende Komorbiditäten, wie zum Beispiel Demenz oder Krebserkrankungen im Endstadium, aufweisen.

Das Analyseergebnis aus allen Prozessschritten beendet die Analysephase und ist gleichzeitig auch der Ausgangspunkt für die beginnende Aufnahmephase.

Die Analyse wird in regelmäßigen Abständen wiederholt, um den Zeitraum zwischen den möglichen Aufgreifkriterien und der Teilnahme am Patientencoaching so gering wie möglich zu halten.

Aufnahmephase

Aufgabe der Aufnahmephase ist es, möglichst viele Teilnehmer für das Programm Patientencoaching zu gewinnen. Die Teilnahme am Programm wird von den Versicherten durch Unterschrift einer programmspezifischen Teilnahme- und Einwilligungserklärung (TE) sowie optional einer Schweigepflichtentbindung für die behandelnden Ärzte dokumentiert. Diese TE kann per FAX oder Brief von den Teilnehmern an die Auftraggeberin geschickt werden. Weitere Komponenten in dieser Phase sind die Terminvereinbarung für das Assessment (TV ASS), das Assessment selber (ASS) und der Versand der ersten Erhebungsbögen zur Lebensqualität (LQ Bögen). Hierfür wird ein standardisierter kombinierter Fragebogen zum Alltagsleben (FAL) und zur Erhebung von Kontrollüberzeugungen zu Krankheit und Gesundheit (KKG) eingesetzt.

Ausgangspunkt für diese Phase ist die Liste der potentiellen Teilnehmer nach der durchgeführten Ausschlussselektion.

Rekrutierungsmailing an potentielle Teilnehmer

Die Aufnahmephase beginnt mit der Rekrutierung. Die Erstellung des Anschreibens übernimmt die Auftraggeberin zusammen mit der Auftragnehmerin.

Die Auftraggeberin schreibt alle selektierten Teilnehmer aus dem Analyseergebnis an. Folgende Unterlagen sind hierfür notwendig:

- Anschreiben mit kurzer Programminformation
- Teilnahme- und Einverständniserklärung (TE)
- Schweigepflichtentbindung für die behandelnden Ärzte
- Faxnummer der Auftraggeberin und/oder frankierter Rückumschlag mit Anschrift der Auftraggeberin

Die potentiellen Teilnehmer können jetzt die Teilnahme- und Einverständniserklärung und die Schweigepflichtenbindung per FAX oder Brief an den Auftraggeber zurückschicken. Erhält der Auftraggeber eine Zusage, beginnt der nächste Prozessschritt »Terminvereinbarung und Erstinformation«. Ist jedoch keine Zusage eingegangen, fasst die Auftraggeberin mit einem Nachfassgespräch nochmals aktiv nach.

Nachfassgespräch

Die potentiellen Teilnehmer, die auf das Anschreiben nicht reagieren, werden von der Auftraggeberin angerufen. Hier können Unklarheiten und Unsicherheiten von Seiten der Versicherten beseitigt werden, mit dem Ziel, diese für das Programm Patientencoaching zu gewinnen. Ist der Teilnehmer nicht zu erreichen, versucht die Auftraggeberin es insgesamt dreimal jeweils zu unterschiedlichen Tageszeiten. Erreicht man den potentiellen Teilnehmer, sind maximal insgesamt zwei Nachfassgespräche vorgesehen, wenn die Zusage innerhalb von zwei Wochen nach dem letzten Kontakt noch nicht eingegangen ist. Der Prozess Nachfassgespräch kann entfallen bzw. endet, wenn eine TE eingegangen ist.

Terminvereinbarung Aufnahmegespräch und kurze Programminformation

Ist die TE eines Versicherten eingegangen, kann die Auftragnehmerin mit der telefonischen Kontaktaufnahme beginnen. In diesem ersten Gespräch werden die Versicherten kurz über das Programm und das weitere Vorgehen informiert. Sie lernen ihre persönliche Kontaktperson kennen und erhalten deren Telefonnummer für eventuelle Rückfragen oder Terminverschiebungen während der gesamten Programmdauer. Als Abschluss wird noch ein Termin für das ausführliche Aufnahmegespräch vereinbart.

Aufnahmegespräch
Gemäß Terminvereinbarung, meldet sich die persönliche Beraterin der Auftragnehmerin bei den betreffenden Versicherten. Mit den Versicherten wird ein ausführliches Aufnahmegespräch geführt. Das Gespräch soll folgende Ziele erreichen:

- Kennenlernen der persönlichen Situation der Versicherten
- Ausführliche Aufnahme der individuellen Erkrankungssituation
- Erfragen des aktuellen Umgangs mit der Erkrankung
- Erfragen des aktuellen Verhaltens im Umgang mit der Erkrankung
- Hinweis auf und Aufklärung zu den Vorteilen einer aktiven Arzteinbindung durch Entbindung des behandelnden Arztes von der Schweigepflicht
- Festlegung der Schulungsinhalte anhand des Wissensdefizit der Versicherten für die Folgephase

Risikostratifizierung
Die persönliche Beraterin der Auftragnehmerin führt anhand von festgelegten Kriterien eine Risikostratifizierung durch.

Die Risikostratifizierung kann zu folgenden Ergebnissen führen:

- Versicherter kommt für das Programm nicht in Frage
- Versicherter kommt für das Programm in Frage

Wenn ein Versicherter für das Programm in Frage kommt muss die Beraterin weiterhin entscheiden, welches telemetrische Gerät der Teilnehmer erhält.

Optional Arztinformation
Optional können an dieser Stelle der behandelnde Haus- oder Facharzt eingebunden werden, um den Risikostratifizierungsvorschlag zu bestätigen und die wichtigsten Diagnosen und Therapien des Versicherten mitzuteilen. Dies geschieht nur dann, wenn der Teilnehmer den entsprechenden Arzt von der Schweigepflicht entbunden hat. Die Entscheidung obliegt somit ausschließlich dem Teilnehmer.

Programmplanung
Im Rahmen der Programmplanung werden die kommenden Monate mit konkreten Schulungsinhalten und Terminen für die Schulungsanrufe der Stabilisierungsphase gefüllt. Die Schulungsinhalte richten sich nach den im Aufnahmegespräch ermittelten Wissensdefiziten der Teilnehmer, um die Beratungsinhalte möglichst individuell auf die Bedürfnisse des Teilnehmers abzustimmen.

Im Programmplan ist der Einsatz von telemedizinischen Geräten geplant. Daher wird hier direkt der Versand der telemetrischen Geräte von der Auftragnehmerin initiiert und koordiniert. Nach Auslieferung der Geräte an den Teilnehmer erhält dieser telefonisch vom Auftragnehmer eine entsprechende Einweisung in die Bedienung und Nutzung der Geräte.

Stabilisierungsphase

Aufgabe der Stabilisierungsphase ist es, jeden Teilnehmer individuell mit den notwendigen Informationen zu seiner Krankheit vertraut zu machen, die das persönliche Selbstmanagement unterstützen. Weiterhin geht es darum, die Bereiche zu identifizieren, in denen eine Lebensstilveränderung notwendig ist (zum Beispiel im Bereich der Ernährung) oder in denen eine mangelnde Therapietreue identifiziert wurde (zum Beispiel bei der Einnahme der verordneten Medikamente). In allen identifizierten Bereichen wird der Patient geschult und zu den notwendigen Veränderungen motiviert. Ziel ist es, dass die Versicherten rechtzeitig Änderungen erkennen und geeignete Maßnahmen zur Vorbeugung ergreifen.

Aufgrund der Individualität variiert die Kontaktfrequenz in dieser Phase. Grundsätzlich kann davon ausgegangen werden, dass jeder Teilnehmer 14-tägig oder monatlich telefonisch kontaktiert wird. Die Phase dauert 4 Monate.

Ausgangspunkt für diese Phase ist das Ergebnis der durchgeführten Assessments.

Schulungsanrufe

Zu Beginn der Stabilisierungsphase erhalten die Teilnehmer einen Schulungsanruf, der an einem gemeinsam vereinbarten Termin stattfindet. Inhalte sind:

- das geplante und vorgesehene Schulungsthema und offene Fragen hierzu und
- das aktuelle Befinden.

Wie bereits beschrieben richtet sich der Schulungsinhalt nach dem Bedarf des Teilnehmers, damit dem Ziel des Selbstmanagements eine Basis gegeben wird. Haben die Versicherten keine weiteren Fragen, wird ein Termin für das nächste Schulungsgespräch vereinbart. Der zeitliche Abstand zwischen den einzelnen Schulungsanrufen liegt im Ermessen des persönlichen Beraters des Teilnehmers.

Ergänzend zu den Schulungsanrufen können Kurzinterventionen eingeplant werden. Die Aufgabe dieser Interventionen wird im nächsten Kapitel erläutert.

Interventionsanrufe

Interventionsanrufe finden immer dann statt, wenn es aufgrund der telemetrisch erfassten Daten zu Abweichungen kommt. Dies führt zur Auslösung von entsprechenden Alarmmeldungen bei der Beraterin, die daraufhin einen Interventionsanruf initiiert.

Bei Bedarf wird der Patient direkt kontaktiert, es wird über Probleme und Abweichungen mit ihm gesprochen und mögliche Maßnahmen zur Vermeidung werden festgehalten. Eventuell wird ein Arztbesuch zur Abklärung empfohlen. Handelt es sich um einen Notfall muss der Notarzt informiert werden. Diese Kurzintervention hat nicht den Umfang einer Schulung. Die Probleme und Ursachen werden gezielt ermittelt und nur hierauf wird interveniert und beraten.

Optionale Einbindung der Ärzte

Bei der optionalen Einbindung der Ärzte erhalten diese einmal pro Quartal per FAX eine Gesamtübersicht über die aktuelle Situation ihrer Patienten. Der Arzt hat somit die Möglichkeit, sich ein stimmiges Bild seiner Patienten zu verschaffen und die Medikation oder andere Parameter in der Behandlung anzupassen. Dies kann nur dann geschehen, wenn der Teilnehmer den entsprechenden Arzt von der Schweigepflicht entbunden hat.

Bei Vorliegen einer Schweigepflichtentbindung und auf Wunsch des Teilnehmers wird gegebenenfalls der Arzt telefonisch kontaktiert, um mit ihm den konkreten Behandlungsverlauf zu besprechen und eventuell mögliche Behandlungsoptionen zu besprechen.

Selbstmanagementphase

Aufgabe der Selbstmanagementphase ist es, jeden Teilnehmer zu motivieren, die begonnenen Veränderungen konsequent weiter umzusetzen. In der Selbstmanagementphase lernt der Versicherte, allein mit der Krankheit zu recht zu kommen, Veränderungen selbstständig zu erkennen und rechtzeitig zu beheben. Aufgrund der Individualität variiert die Kontaktfrequenz in dieser Phase in Abhängigkeit der bereits erzielten Erfolge aus der Stabilisierungsphase. Schwerpunkt dieser Phase ist die Motivation, allerdings kann es notwendig sein, das eine oder andere Schulungsthema erneut aufzugreifen.

Ausgangspunkt für diese Phase ist das Ergebnis der durchgeführten Stabilisierung.

Motivationsanruf

Um die Versicherten in der Selbstmanagementphase bei den begonnenen Lebensstilveränderungen zu stärken und ihre Therapietreue in Bezug auf notwendige Veränderungen zu erhalten, beginnt diese Phase mit einem Motivationsanruf. Hier werden gezielt Erfolge angesprochen und positiv durch Anerkennung und Lob verstärkt. Im Anschluss entscheidet die Beraterin, ob für die Versicherten noch weitere Kurzinterventionen erforderlich sind.

Interventionsanrufe

Interventionsanrufe finden immer dann statt, wenn es aufgrund der telemetrisch erfassten Daten zu Abweichungen kommt. Dies führt zur Auslösung von entsprechenden Alarmmeldungen bei der Beraterin, die daraufhin einen Interventionsanruf initiiert.

Bei Bedarf wird der Patient direkt kontaktiert, es wird über Probleme und Abweichungen mit ihm gesprochen und mögliche Maßnahmen zur Vermeidung werden festgehalten. Ggf. wird ein Arztbesuch zur Abklärung empfohlen. Handelt es sich um einen Notfall muss der Notarzt informiert werden. Die Kurzintervention hat nicht den Umfang einer Schulung. Die Probleme und Ursachen werden gezielt ermittelt, die Intervention und Beratung ausschließlich hierauf abgestellt.

Abschlussgespräch

Das Programm endet mit einem Abschlussgespräch, in dem die Abholung von eventuell gelieferten Geräten durch die Auftragnehmerin angekündigt und organisiert wird und der Patient aus dem Programm verabschiedet wird. Der Versicherte wird über den Fragebogen zur Lebensqualität informiert, welcher ihm zugesendet wird.

Optionale Einbindung der Ärzte

Bei der optionalen Einbindung der Ärzte erhalten diese einmal pro Quartal per FAX eine Gesamtübersicht über die vorliegenden Informationen zu ihren Patienten. Der Arzt hat somit die Möglichkeit, sich ein stimmiges Bild seiner Patienten zu verschaffen und die Medikation oder andere Parameter in der Behandlung anzupassen. Gegebenenfalls wird der Arzt telefonisch kontaktiert, um mit ihm den konkreten Behandlungsverlauf zu besprechen und eventuell mögliche Behandlungsoptionen zu besprechen. Dies kann nur dann geschehen, wenn der Teilnehmer den entsprechenden Arzt von der Schweigepflicht entbunden hat.

Phasenübergreifende Leistungen

Projektmanagement
Die Auftragnehmerin steuert und plant das gesamte Projekt. Dies beinhaltet insbesondere:

- Die gesamte Terminplanung und -koordination.
- Die Kommunikation mit der Auftraggeberin.
- Die Kommunikation mit dem telemedizinischen Dienstleister
- Die Kommunikation mit den beteiligten Ärzten.
- Die Überwachung der Projektphasen.
- Die Betreuung der telemetrischen Infrastruktur.
- Die Koordination der beteiligten Ärzte.

Hotline
Während der gesamten Laufzeit wird für die Versicherten eine Hotline eingerichtet, bei der sie sich an 7 Tagen in der Woche von 7 bis 22 Uhr melden können. Hier besteht die Möglichkeit offene Fragen schnell und von professionellen Fachkräften beantwortet zu bekommen.

20.4 Ergebnisse – Zielerreichungsgrad und Kosten-Nutzen-Vergleich

Allgemeine Datenauswertung

Um die Zielerreichung der im Vertrag genannte Ziele feststellen zu können, werden die von 4sigma in den Gesprächen erhobenen Daten ausgewertet.

Für folgende Ziele muss die Zielerreichung festgestellt werden:

a) die Verbesserung von medizinischen Parametern von teilnehmenden Versicherten;
b) die Förderung des selbstbestimmten Lebens von teilnehmenden Versicherten;
c) die Stärkung des Selbstmanagements bei den Patienten;

Dazu werden unter anderem folgende Daten für die Teilnehmer am Programm durch entsprechende Selbstauskünfte beim Teilnehmer erhoben:

- medizinische Daten für die Erkrankung COPD, wie FEV1 Wert, Gewicht, Bewegungsaktivität, Komorbiditäten, Schweregrad

- Parameter zur Bestimmung des Selbstmanagements (Compliance, Impfstatus, regelmäßige Haus- und Fachartbesuche, Nutzung eines Peak Flow Meters, Notfallmanagement vorhanden)

Die Auswertungen werden dem Auftraggeber präsentiert und elektronisch zur Verfügung gestellt.

Evaluation des Programms

Für die Evaluation des Programms erfolgt eine Bewertung gegenüber einer kontrolliert randomisierten Kontrollgruppe. In der folgenden Abbildung ist die entsprechende Vorgehensweise grafisch dargestellt:

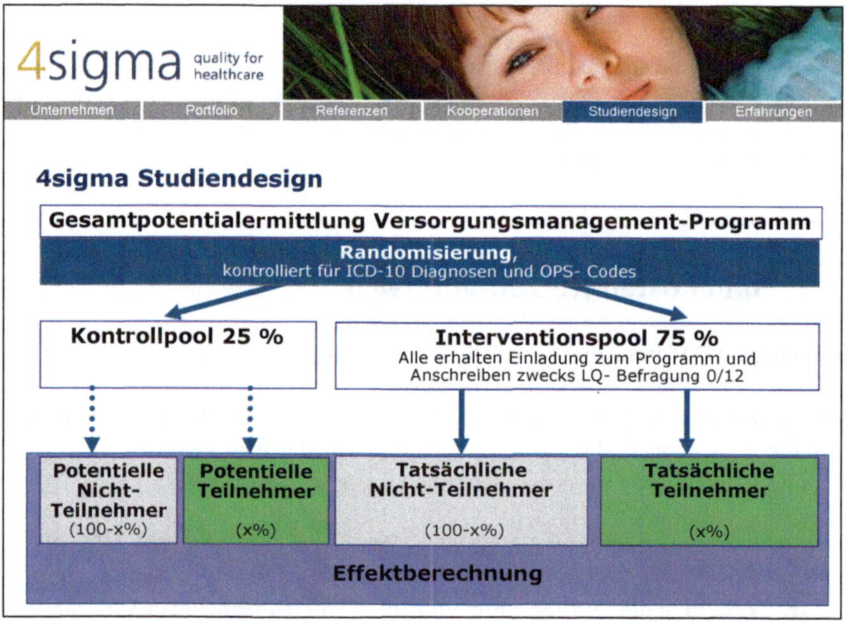

Abbildung 20.1 Studiendesign (Quelle: 4sigma – eigene Darstellung)

Da eine laufende Einschreibung in das Programm vorgenommen wird, muss auch der Kontrollpool laufend weiter aufgebaut werden. Dazu werden bei jeder Potentialselektion entweder die entsprechenden Anzahlen an potentiellen Teilnehmern für den Kontrollpool vorgesehen (wenn mindestens 4 Personen als Potential selektiert wurden) oder es wird jede zweite Selektion dem Kontrollpool zugeschlagen, wenn die Anzahl an potentiellen Teilnehmern zu gering ist.

Eine Eingangsrandomisierung nach ICD-10 Diagnose ist nicht erforderlich, da nur Versicherte mit der Entlassungsdiagnose J44 für die Teilnahme in Frage kommen.

Die Ermittlung von erzielten Einsparungen für die Schlussabrechnung erfolgt durch folgende Schritte des vereinfachten Studienprotokolls:

1) Aus dem ermittelten Gesamtpotential für das Programm werden kontrolliert für ICD-10 Diagnosen 25 % des Gesamtpotentials als Kontrollgruppe definiert.
2) Nach durchgeführter Einschreibung trennt sich die Interventionsgruppe (IG) in die Gruppen der tatsächlichen Teilnehmer (TN) und Nicht-Teilnehmer (NTN).
3) Für die Kontrollgruppe (KG) darf angenommen werden, dass sich die prozentuale Verteilung von potentiellen Teilnehmern (gTN) und Nicht-Teilnehmern (gNTN) analog zur Interventionsgruppe verhält.
4) Für die Gruppen der tatsächlichen Teilnehmer (TN) und Nicht-Teilnehmer (NTN) sowie für die gesamte Kontrollgruppe können die Leistungsausgaben in den 12 Monaten des Programms ermittelt werden. Die Bestimmung des Interventionszeitraumes erfolgt für die Gruppe der tatsächlichen Teilnehmer taggenau mit dem Tag der Durchführung des Aufnahmegespräches. Über die gesamte Gruppe der tatsächlichen Teilnehmer wird der durchschnittliche Tagesabstand zwischen Eingang Teilnahmeerklärung und Durchführung Aufnahmegespräch ermittelt. Dieser wird zur Bestimmung des Interventionszeitraumes sowohl für die Nicht-Teilnehmer der Interventionsgruppe, als auch für die Teilnehmer der Kontrollgruppe herangezogen. Für die Kontrollgruppe wird auf den Tag der durchgeführten Randomisierung für die Kontrollgruppe der ermittelte durchschnittliche Tagesabstand addiert und dies ergibt den Beginn des Interventionszeitraumes. Bei der Berücksichtigung der stationären Kosten wird als Datum zum Einen der Aufnahmetag und zum Anderen der Entlassungstag gemäß der bei der Auftraggeberin vorliegenden stationären Routinedaten herangezogen. Für die Bestimmung, ob ein stationärer Aufenthalt in den Interventionszeitraum hineinfällt oder nicht, gelten folgende Regelungen:
   a) Wenn der Aufnahmetag des stationären Aufenthaltes im Interventionszeitraum liegt, zählt der Aufenthalt zum Interventionszeitraum unabhängig vom Entlassungstag.
   b) Wenn der Aufnahmetag außerhalb des Interventionszeitraumes liegt, zählt der Aufenthalt nicht zum Interventionszeitraum unabhängig vom Entlassungstag.

5) Es wird angenommen, dass tatsächliche und potentielle Nicht-Teilnehmer keine voneinander abweichenden Kosten verursachen und damit identische Durchschnittskosten aufweisen.
6) Für den Vergleich der Leistungsausgaben während der Betreuung zwischen den tatsächlichen Teilnehmern (TN) der Interventionsgruppe und den potentiellen Teilnehmern (gTN) der Kontrollgruppe werden die Leistungsausgaben der potentiellen Teilnehmer (gTN) rein rechnerisch nach dem folgenden Dreisatz ermittelt:
   a) Die Gesamtausgaben der Kontrollgruppe (Gesamt€_Kontrollgruppe) werden ermittelt.
   b) Die Gesamtausgaben der potentiellen Teilnehmer (Gesamt€_gTN) ergeben sich aus der Differenz der Gesamt-Leistungsausgaben der gesamten Kontrollgruppe (Gesamt€_Kontrollgruppe) abzüglich der Gesamt-Leistungsausgaben der potentiellen Nicht-Teilnehmer der Kontrollgruppe (Gesamt€_gNTN):
      Gesamt€_gTN = Gesamt€_Kontrollgruppe – Gesamt€_gNTN
      Die Gesamtausgaben der potentiellen Nicht-Teilnehmer werden dabei wie folgt berechnet:
   c) Aus den Gesamtausgaben der Nicht-Teilnehmer (Gesamt€_NTN) der Interventionsgruppe wird die durchschnittliche Pro Kopf-Ausgabe der Nicht-Teilnehmer der Interventionsgruppe (ProKopf€_NTN) berechnet. Es ist anzunehmen, dass diese der Pro Kopf-Ausgabe der potentiellen Nicht-Teilnehmer (ProKopf€_gNTN) der Kontrollgruppe entspricht. Daher werden diese Ausgaben gleichgesetzt. Die Anzahl der potentiellen Nicht-Teilnehmer (gNTN) sowie der potentiellen Teilnehmer (gTN) der Kontrollgruppe ergibt sich aus der analogen prozentualen Verteilung von Teilnehmern und Nicht-Teilnehmern der Interventionsgruppe. Durch die Multiplikation der potentiellen Pro Kopf-Ausgaben der potentiellen Nicht-Teilnehmer der Kontrollgruppe mit der Anzahl der potentiellen Nicht-Teilnehmer der Kontrollgruppe ergibt sich dann die Gesamtausgabe der potentiellen Nicht-Teilnehmer der Kontrollgruppe (Gesamt€_gNTN).
   d) Da die Anzahl der tatsächlichen Teilnehmer der Interventionsgruppe und die Anzahl der potentiellen Teilnehmer der Kontrollgruppe bekannt sind, lässt sich nun aus den Gesamtausgaben der tatsächlichen Teilnehmer und den Gesamtkosten der potentiellen Teilnehmer die jeweilige durchschnittliche Pro Kopf-Ausgabe (ProKopf€_TN) und (ProKopf€_gTN) berechnen und miteinander vergleichen. Bei den Gesamtausgaben für die tatsächlichen Teilnehmer werden die angefallenen Programmkosten (maximal 12 mal € 50 = € 600,–) selbstverständlich mit berücksichtigt.

e) Die erzielten Einsparungen im Projekt ergeben sich dann aus der Differenz der Pro-Kopf-Ausgaben der tatsächlichen und potentiellen Teilnehmer, multipliziert mit der Anzahl der tatsächlichen Teilnehmer.
Einsparung = (ProKopf€_gTN – ProKopf€_TN) × Anzahl TN

7) Die Einsparungen liefern die Basis für die Schlussabrechnung. Bei einer negativen Einsparung erfolgt keine weiter Zahlung über die bereits geleisteten Betreuungspauschalen (siehe 4.2) hinaus.

An dem folgenden Beispiel soll das Vorgehen der Berechnung im Rahmen der Schlussabrechnung veranschaulicht werden, wobei die fett dargestellten Felder als zum Berechnungszeitpunkt gegeben gelten:

Gruppe	Anzahl Versicherte	Versicherte prozentual	Pro-Kopf-Ausgaben	Gesamtausgaben
Interventionsgruppe gesamt	**750**	100,00 %	2 310 €	**1 732 500 €**
Interventionsgruppe Nicht-Teilnehmer	**600**	80,00 %	2 300 €	**1 380 000 €**
Interventionsgruppe Teilnehmer (inkl. Programmkosten)	**150**	20,00 %	2 350 €	**352 500 €**
Interventionsgruppe Abbrecher aus den Teilnehmern	**15**	10 % aus allen Teilnehmern	2 350 €	**35 250 €**
Interventionsgruppe regulär beendete Teilnehmer (inkl. Programmkosten)	**135**	90 % aus allen Teilnehmern	2 350 €	**317 250 €**
Kontrollgruppe gesamt	**250**	100,00 %	2 400 €	**600 000 €**
KG erwartete Nichtteilnehmer	200	80,00 %	2 300 €	460 000 €
KG erwartete Teilnehmer	50	20,00 %	2 800 €	600.00 – 460 000 = 140 000€
KG erwartete Abbrecher aus den Teilnehmern	5	10 % aus allen erwarteten Teilnehmern	2 350 €	11 750 €
KG regulär beendete Teilnehmer	45	90 % aus allen erwarteten Teilnehmern	2 850 €	= 600 000 – 460 000 – 11 750 = 128 250 €

Tabelle 20.1 Berechnungsbeispiel (Quelle: 4sigma – eigene Darstellung)

Da man davon ausgehen kann, dass sowohl die erwarteten Nichtteilnehmer als auch die Abbrecher in beiden Gruppen identische pro Kopf Ausgaben haben, lassen sich die zu ergänzenden Felder rein rechnerisch wie folgt ermitteln:

Gesamtausgaben(KGErwartetTN) =
2400 € * 250 – Gesamtausgaben (KGErwartetNichtTN) – Gesamtausgaben (KG Abbrecher) = 2400€ * 250 – 2300 € * 200 – 2350 € * 5
Daraus ergibt sich dann ein pro Kopf Programmeffekt von 2850 € – 2350 € = 500 €.

Bei dem hier angegebenen Verteilungsschlüssel von 30 % für 4sigma führt dies zu einer erfolgsorientierten Vergütung für 4sigma von 150,00€ pro Teilnehmer. Dies ergibt dann als Gesamtsumme bei 135 angenommenen Teilnehmern einen Betrag von 20 250,00€.

Regelung für Programmausschlüsse
Teilnehmer, die vor der Durchführung des Aufnahmegesprächs, die Programmteilnahme beenden oder deren Teilnahme durch 4sigma nach erfolgten Aufnahmegespräch oder von der Krankenkasse abgebrochen wird, werden für die erfolgsorientierte Abrechnung nicht herangezogen. Sie werden für die Gruppenbildung wie Nicht-Teilnehmer betrachtet.

Regelung für Programmabbrecher
Teilnehmer, die während der regulären Programmlaufzeit von 12 Monaten ab durchgeführtem Aufnahmegespräch das Programm abbrechen oder für die das Programm von der Krankenkasse abgebrochen wird, werden für die erfolgsorientierte Abrechnung nicht herangezogen. Allerdings werden diese Teilnehmer erfasst. Es wird hierfür eine separate Gruppe innerhalb der Teilnehmer aufgemacht, deren Verhalten dann prozentual auf die Teilnehmer der Kontrollgruppe »gespiegelt« wird. Damit ist diese Gruppe sowohl in der Teilnehmer- als auch in der Kontrollgruppe berücksichtigt.

Regelung für Verstorbene
Teilnehmer, die während der regulären Programmlaufzeit von 12 Monaten ab durchgeführtem Aufnahmegespräch versterben, werden für die erfolgsorientierte Abrechnung nicht herangezogen.

20.5 Aktueller zeitlicher Ablauf

Ausgehend vom Starttermin 01.07.2013 und einer damit verbundenen Aufnahmezeit bis 30.06.2015 ergeben sich die folgenden einzelnen wesentlichen Schritte bis zur endgültigen Schlussauswertung:

Datum	Aktion
Juli 2013	Beginn der Randomisierung und Aufnahme von Teilnehmern
Juni 2014	Ende für die ersten Teilnehmer nach einer 12 monatigen Intervention
Juni 2015	Letzter Monat der Aufnahme von neuen Teilnehmern
Juni 2016	Ende für die letzten Teilnehmer nach einer 12 monatigen Intervention
Dezember 2016	Durchführung der finalen Schlussabrechnung für alle Teilnehmer aus der Interventions- und Kontrollgruppe

Tabelle 20.2 Zeitplan (Quelle: 4sigma – eigene Darstellung)

20.6 Was haben Sie während des Projektaufbaus gelernt? Was würden Sie beim nächsten Mal anders machen, wie und warum?

Positiv zu bewerten ist der Aufnahmeprozess, da durch den zeitlich sehr nahe liegenden stationären Aufenthalt die Sensibilität der potentiellen Teilnehmer geschärft und der Leidensdruck beziehungsweise das aktuelle Hilfesuchverhalten sehr hoch ist. Das lässt sich auch an den hohen Teilnahmequoten von über 20 % und den geringen Abbruchquoten belegen.

Ein Ziel des Projektes war das rechtzeitige Erkennen von drohenden Exazerbationen im Endeffekt durch die Betroffenen selbst. Das soll durch die Selbstmessung und Selbstbeobachtung gefördert werden. Inhaltlich hat sich herausgestellt, dass der Einsatz eines Spirometers nicht das optimale Vorgehen ist. Daher würden wir bei einem weiteren COPD-Projekt ein Pulsoximeter als telemetrisches Gerät einsetzen.

Literatur

Pinnock et al. 2013, BMJ

Kroegel C., Die globale Initiative für COPD in Pneumologie 2004

Nationale Versorgungsleitlinie COPD, Version 1.8, April 2011, ÄZQ – Redaktion Nationale VersorgungsLeitlinien

Versorgungsmanagement im ABC-Programm

Innovative, effektive und ökonomische Sekundärprävention zahlreicher Volkskrankheiten

Gabriele Stumm

21

21.1 Die Idee

Gesundheit, Fitness und ein selbstbestimmtes Leben – das sind die Wünsche, die viele Menschen in Deutschland heute auch mit hohem Alter verbinden. Doch nicht wenige davon werden unter den Versäumnissen aus jungen oder »besten« Jahren leiden: Der Anteil adipöser Menschen ist in den letzten Jahren laut DEGS (Mensink et al.2014) unter jungen Frauen und Männern aller Altersklassen ungebremst gestiegen. Nun muss Übergewicht allein zwar noch nicht krankheitswertig sein. Doch Adipositas, also ein BMI über 30 kg/m2, erhöht das Risiko für verschiedene Erkrankungen wie Diabetes mellitus Typ 2, Herzkreislauferkrankungen einschließlich Herzinfarkt, periphere Verschlusserkrankung und Schlaganfall, sowie bestimmte Krebsarten deutlich (Wirth et al. 2014). Eine besonders ungünstige Konstellation ist die Kombination von bauchbetontem Übergewicht, Bluthochdruck, Zucker- und Fettstoffwechsel-Störungen, ein Verbund bezeichnet als »metabolisches Syndrom« oder »tödliches Quartett«.

In eher seltenen Fällen ist Adipositas syndromal, Folge von hormonellen Störungen oder Nebenwirkung von Medikamenten wie Corticosteroide oder Psychopharmaka. In den überwiegenden Fällen beruht sie auf dauerhaft ungesunder Ernährung und mangelnder Bewegung – und ist somit kein unabwendbares Schicksal, sondern »hausgemacht« und mit eigentlich einfachen Mitteln vermeidbar. Die Finnish Diabetes Prevention Study beispielsweise zeigte, dass allein durch Lebensstiländerung Diabeteserkrankungen drastisch vermindert werden könnten. Laut EPIC-Norfolk Studie (Lindström et al. 2003) leben Menschen, die vier »einfache« Lebensstil-Regeln – rauchfrei leben, nur mäßig trinken, gesund essen und sich regelmäßig bewegen – einhalten, im Schnitt 14 Jahre länger als solche, die keine der Regeln beherzigen. Dabei geht es nicht nur um mehr Lebenszeit, sondern bei geringerer Morbidität auch um mehr Lebensqualität.

Trotz der klaren Bedeutung der Lebens- und Ernährungsgewohnheiten musste die Deutsche Diabetes Gesellschaft zum Weltdiabetestag 2014 »ein klares Versagen der Primärprävention«, der Gesundheitserziehung also, konstatieren. Aber selbst in der Sekundärprävention, wenn also schon erkennbare Gesundheitsstörungen in Zusammenhang mit Übergewicht und Bewegungsmangel aufgetreten sind, werden Lebensstilinterventionen zwar stets gefordert, doch selten ernsthaft angeleitet und begleitet – im Gegensatz zu medikamentöser Therapie und teuren minimalinvasiven und operativen Verfahren, die häufig nur Symptome behandeln und Schäden reparieren, statt die Ursache der Erkrankung zu bekämpfen.

Warum schaffen es Maßnahmen, die nachweislich so effektiv sind, nicht in die flächendeckende Umsetzung? Gäbe es nicht wenigstens in der Sekundärprävention Versorgungsformen, die es den Patienten ermöglichen würden, das, was ihnen in Sachen Lebensstiländerungen empfohlen wird, auch umzusetzen? Welche Anreize, welche Komponenten wären dafür notwendig, welche Hürden gälte es dafür zu überwinden? Dies fragte sich die Arbeitsgruppe um Prof. Claus Luley und Prof. Sabine Westphal am Institut für Klinische Chemie der Universität Magdeburg, die in der Labordiagnostik ihrer Patienten tagtäglich Unzulänglichkeiten der bisherigen Standardversorgung in Sachen Sekundärprävention beobachten mussten.

21.2 Der Bedarf

Die praktikable, flächendeckende und kosteneffektive Umsetzung solcher Lebensstilmaßnahmen stellt in der Tat nach wie vor eine große Herausforderung dar. Denn das Körpergewicht zu normalisieren, ist leichter gesagt als getan. Die reine Aufforderung zu einer gesunden Lebensweise, der alleinige Hinweis auf gesundheitsgefährdende Verhaltensweisen hat sich als unzureichend erwiesen.

Daher empfiehlt die neue S3 Leitlinie Adipositas, betroffenen Patienten konkrete strukturierte Gewichtsreduktionprogramme anzubieten. Auch die Leitlinien zu Typ-2 Diabetes oder Herzkreislauferkrankungen betonen die Bedeutung von »Allgemeinmaßnahmen« bzw. dem »Risikofaktormanagement«. Ist die moderne Medizin von heute exzellent in der Reparatur, z. B. im Stenting verengter Koronargefäße, der Implantation neuer Gelenke oder der Akutbehandlung von Schlaganfällen in Stroke Units, so unzulänglich präsentiert sie sich häufig in der ambulanten Nachbetreuung und beschränkt sich nicht selten in der Verordnung von Medikamenten. Doch senken beispielsweise orale Antidiabetika den Langzeitblutzucker HbA1c um etwa 0,8 – 1 %, in Kombination bis maximal 1,5 %. Eine Gewichtsnormalisierung und reichlich Bewegung aber würde eine HbA1c-Senkung um 2 % Punkte erreichen (Nationale Versorgungsleitlinie Therapie Diabetes Typ 2,

2014) – würde der Patient sie denn schaffen. Ebenso würden ein aktiver Lebensstil und eine Gewichtsnormalisierung die Belastungsfähigkeit und die Langzeitprognose von KHK- und Herzinsuffizienz-Patienten bessern, Rücken- und Gelenkbeschwerden lindern, das Risiko eines Brustkrebsrezidivs senken oder könnten übergewichtigen Frauen mit polycystischen Ovarien ihren Kinderwunsch erfüllen. Nicht zu vergessen: soziales Leben, Bewegungsfreiheit und Lebensqualität korrelieren nicht selten mit dem Fitnesszustand des eigenen Körpers.

21.3 Der konkrete Weg

Das Active-Body-Control(ABC)-Programm des Instituts für Klinische Chemie der Universität Magdeburg, das diese Lücke füllen wollte, entstand im Rahmen einer Untersuchung zur Gewichtsreduktion bei Familien mit mehreren adipösen Mitgliedern. Diese Studie sollte klären, welchen Einfluss bestimmte Formen der Ernährungsberatung, eine telemedizinische Begleitung der Ernährungs- und Bewegungsumstellung und finanzielle Anreizsysteme auf den Erfolg von Gewichtsreduktionsbemühungen haben. Insgesamt nahmen daran 110 Familien teil, in denen mindestens ein Elternteil und ein Kind übergewichtig waren. Familien, die sich an der »Magdeburger Dualen Diät« orientierten, einer Kost mit Bevorzugung von Lebensmittel mit komplexen Kohlenhydraten (niedriger glykämischer Index), nahmen annähernd doppelt so viel ab wie solche, die lediglich Empfehlungen zu einer Kalorienreduktion erhielten. Ein ähnliches Ergebnis zeigte sich beim Vergleich zwischen Familien, die einen Aktivitätssensor mit Minicomputer benutzten und jenen ohne Bewegungsmessung. Die Kombination aus »Magdeburger Dualer Diät«, Aktivitätssensor und einem finanziellen Incentive, also Geldzahlungen für abgenommene Kilos, war am effektivsten: Familien, deren Betreuung alle untersuchten Anreizelemente enthielt, erzielten nach 6 Monaten eine Gewichtsreduktion von durchschnittlich 14 kg.

21.4 Die Ziele

Auf Basis dieser Ergebnisse (Luley et al. 2010) wurde das ABC-Programm in seiner jetzigen Form entwickelt. Eine Ernährungsschulung, gefolgt von einer engmaschigen telemedizinischen Begleitung mit individuellem Feedbacksystem sollte für eine Reihe sekundärpräventiver Ansätze erprobt werden – und bei positiven Ergebnissen organisatorisch so angepasst werden, dass das Programm prinzipiell in ganz Deutschland zur Verfügung gestellt und auch finanziert werden kann.

21.5 Konkrete Umsetzung – die Studien

Die Wirksamkeit des ABC-Programms wurde nach seiner grundsätzlichen Etablierung in weiteren wissenschaftlichen Forschungsprojekten in verschiedenen sekundärpräventiven Ansätzen untersucht.

So führten in einer randomisiert-kontrollierten Studie 70 übergewichtige Patienten mit Typ-2-Diabetes, im Schnitt 59 Jahre alt, über 6 Monate das ABC-Programm durch. Die mittlere Gewichtsabnahme von 11,8 kg ging einher mit einer Normalisierung des Nüchtern-Blutzuckers, der HbA1c-Werte, des Fettstoffwechsels und der Leberfunktion. Wiesen zu Programmbeginn noch 86 % der Patienten der ABC-Gruppe und 89 % der Kontrollgruppe einen HbA1c-Wert von über 6,5 % auf, so war dies bei ABC-Teilnehmern nach 6 Monaten nur noch bei 45 % der Fall. In der unbetreuten Kontrollgruppe war der HbA1c-Wert dagegen angestiegen, 97 % der Patienten hatten pathologische Werte über 6,5 % (siehe Abbildung 21.1). Die Abbruchrate der Teilnehmer war mit 6 % außerordentlich niedrig für eine Lebensstilintervention. Viele Patienten konnten gemeinsam mit ihrem Arzt die Dosis für ihre Diabetes-Medikamente senken oder manche Präparate gar absetzen. (Luley et al. 2011).

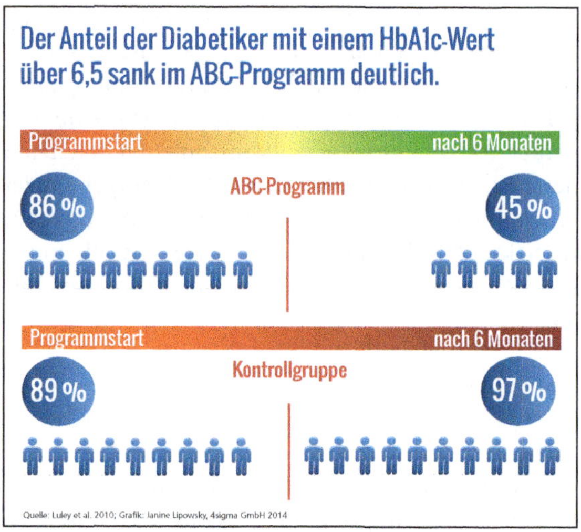

Abbildung 21.1 Beeinflussung des HbA1c durch das ABC-Programm (Quelle: nach Luley et al. 2011)

In einer weiteren Studie wurden 180 Patienten mit Metabolischem Syndrom (bauchbetontes Übergewicht mit mindestens zwei weiteren Risikofaktoren wie Bluthochdruck, Glukosetoleranzstörung oder Fettstoffwechselstörung), aber noch keiner Diabetes oder Herzkreislauferkrankung ein Jahr lang betreut. Der Studienarm, der das ABC-Programm durchführte, hatte im Mittel nicht nur 12,2 kg abgenommen (»Intention-to-treat«-Ansatz, 13,8 kg om LOCF-Ansatz), sondern diesen Erfolg auch bis zum Programmende gehalten. Von diesen Teilnehmern hatten 47 % mehr als 15 kg abgenommen. Stark übergewichtige Teilnehmer konnten sogar noch deutlich höhere Gewichtsabnahmen bis zu 39 kg in 12 Monaten erzielen. Erfreulicherweise besserten sich sämtliche Risikoparameter wie Bauchumfang, Blutdruck, Blutfette, HOMA-Index oder CRP statistisch signifikant. (Luley et al. 2014).

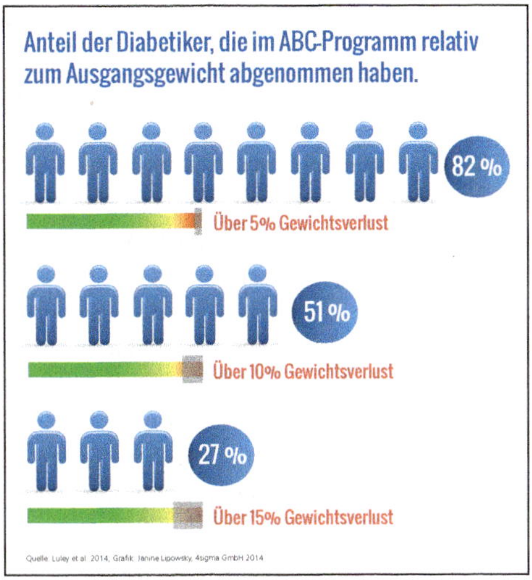

Abbildung 21.2 Ausmaß der Gewichtsreduktion in % vom Ausgangsgewicht durch das ABC-Programm (Quelle: nach Luley et al. 2014)

Schließlich wurde der Effekt des ABC-Programms bei Frauen mit polycystischem Ovar-Syndrom (PCOS) getestet. Beim PCOS kommt es neben dem Übergewicht auch zu Menstruationsunregelmäßigkeiten, häufig unerfülltem Kinderwunsch, einer hormonellen Vermännlichung und einer ausgeprägte Tendenz zur Zuckerkrankheit. Die teilnehmenden Frauen konnten mit dem ABC-Programm in sechs Monaten knapp 10 kg Gewicht reduzieren, bei einem Drittel stellte sich im Verlauf der Studie eine Schwangerschaft ein (unpublished data).

21.6 Der Ablauf

Das ABC-Programm besteht aus 3 Elementen, die sich von den meisten üblichen Methoden unterscheiden und zu einem nachhaltigen Erfolg entscheidend beitragen:

21.6.1 Abnehmen soll auch schmecken

Der Begriff Abnehmen erzeugt bei vielen Menschen negative Gefühle und Gedanken an langweilige Gerichte, Verzicht und leeren Magen. Beim ABC-Programm geht es deshalb darum, mit abwechslungsreichem Essen und ohne Formula-Pulver an Kalorien einzusparen, nicht aber an wichtigen Nährstoffen und an geschmackvollen Gerichten. Bei einer Umstellung gemäß der Empfehlungen der Deutschen Gesellschaft für Ernährung enthält die alltagstaugliche Kost weniger Kalorien und weniger »schnelle Zucker«, dafür vollwertige Lebensmittel, die länger satt machen und Heißhunger vermeiden. Denn: Wenn die Insulinausschüttung durch die Ernährung befeuert wird, lagert der Körper automatisch auch Fett ein. Insulinspitzen im Blut führen im Nachgang zu Unterzuckerungen, die Heißhunger auslösen. Mit der Magdeburger Dualen Diät, also mäßige Kalorienrestriktion in Kombination mit Bevorzugung von Kohlehydraten mit niedrigem glykämischen Index, werden diese Insulin-Anstiege vermieden, die das Abnehmen so schwer machen. In einem direkten Vergleich zwischen Magdeburger Dualer Diät und reiner Kalorienrestriktion erwies sich der erste Ansatz als doppelt so effektiv hinsichtlich der Gewichtsreduktion (Luley et al. 2010).

21.6.2 Alltagsbewegung ist entscheidend

Die Angst vor schweißtreibendem Sportprogramm mit kilometerlangem Joggen hält viele Ungeübte davon ab, das für das Abnehmen so wichtige Bewegungspensum zu erreichen. Was viele nicht wissen: Bereits regelmäßig mehr Alltagsbewegung als in unserer heutigen Lebensweise üblich bringt auf Dauer erstaunlich viel. Beim ABC-Programm steigert der Teilnehmer sein tägliches Bewegungspensum mithilfe der Rückmeldung des Bewegungssensors Aipermotion deutlich. Dieser Sensor ist kein einfacher Schrittzähler, sondern er erfasst auch Alltagsbewegungen im Stehen wie z. B. Malern, Werken, Bügeln oder Kochen. Er unterscheidet auch, ob der Träger in der Ebene geht oder Treppen steigt. Zudem informiert er nicht nur den Teilnehmer selbst, sondern auch dessen Betreuer über Bewegungsintensität, Kalorienverbrauch und Gehstrecken. Ziel ist es, die tägliche Bewegung im Alltag zu steigern und mehr Energie zu verbrennen. Dabei wird vor allem die Ausdauermuskulatur benutzt, die bevorzugt auf gespeichertes Körperfett als Energiereserve zurückgreift und dieses verbrennt. Außerdem können am Gerät weitere Daten eingeben werden wie Körpergewicht, eingenommene Mahlzeiten und nicht direkt messbare Aktivitäten wie Schwimmen, Krafttraining oder Fahrradfahren. Der Sensor wird von morgens bis abends in einem kleinen Täschchen an Gürtel, Hosen- oder Rockbund getragen. Zu jedem Zeitpunkt kann sich der Teilnehmer über seinen Sensor über seine momentane Energiebilanz informieren, die am Ende des Tages jeweils negativ sein sollte (Abbildung 21.3).

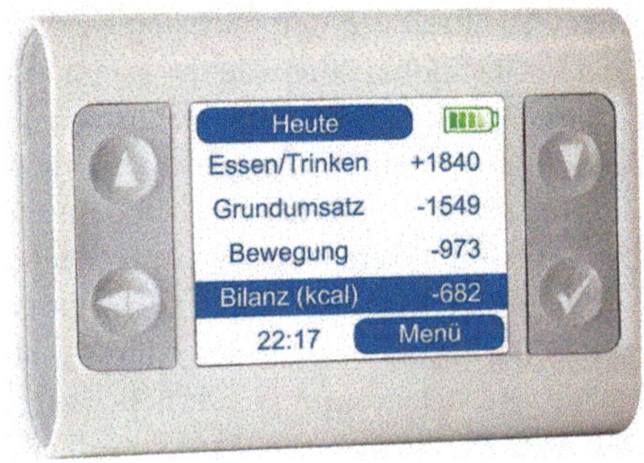

Abbildung 21.3 Energiebilanzanzeige des Aipermotion 500 Aktivitätssensors (Quelle: Abbildung der Firma Aipermon)

21.6.3 Persönliche Unterstützung beim Abnehmen einfordern

Mehrere Studien (Khaylis et al 2010) haben inzwischen gezeigt, dass persönliche Betreuung und individuelles Feedback ausschlaggebend für erfolgreiches Abnehmen sind. Diese Komponenten werden daher auch in der neuen Leitlinie Adipositas empfohlen. Beides adressiert das ABC-Programm: Wöchentliche Briefe mit grafischer Darstellung der individuellen Fortschritte, aber auch Hürden, verbessern das Durchhaltevermögen und lassen die Teilnehmer deutlich erfolgreicher abnehmen als in vielen vergleichbaren Studien. Anders als andere Programme setzt das ABC-Programm auf Fernbetreuung mit telemedizinischer Technik.

Dadurch entfallen zwar feste Gruppensitzungen oder Gesprächstermine, was die Teilnahme besonders Berufstätigen und in ländlichen Regionen erleichtert. Dennoch beobachtet ein fest zuständiger Berater, dem Teilnehmer aus der initialen Gruppenschulung persönlich bekannt, engmaschig die Aktivitäten des Teilnehmers und gibt wöchentlich detailliert dazu Rückmeldung und setzt Anregungen und Ziele für die nächste Woche.

21.7 Die Ressourcen

Das ABC-Programm steht sowohl Endkunden (Selbstzahlern) wie auch Krankenkassen als Präventions- oder Therapiemaßnahmen oder Arbeitgebern als Maßnahme zur betrieblichen Gesundheitsförderung zur Verfügung.

Entsprechend qualifizierte Ärzte und Ernährungsberater haben inzwischen begonnen, ein flächendeckendes Netz an Beratern zu knüpfen. Seit 2011 sind 98 Ärzte, Ökotrophologen und Diätassistenten aus ganz Deutschland in einem Betreuertraining an der Universität Magdeburg zertifiziert worden. Das Netz der zertifizierten Betreuer findet sich auf der ABC-Webseite (www.abcprogramm.de unter »Wo finde ich den nächsten zertifizierten Betreuer?«). Darüber hinaus bietet der Gesundheitsdienstleiter 4sigma das ABC Programm bei entsprechender Gruppengröße für die initiale Schulung derzeit bayernweit, für ausgewählte Orte auch im gesamten Bundesgebiet an (www.abnehmen-abc-programm.de). Da Teilnehmer nur eine einmalige Gruppenschulung zu Beginn des Programms besuchen müssen, ist eine Anreise zum Berater ebenfalls zumutbar.

Die Kosten von 471,– € (Standardpreis, variiert nach Einsatz, z. B. Gruppenrabatte, oder leicht erhöhte Betreuungskosten in speziellen Settings) für das 6-monatige ABC-Programm gliedern sich auf in Gerätekosten und Betreuungskosten. Der Aktivitätssensor für 183,– € verbleibt nach der Betreuungsphase beim Teilnehmer und sollte von ihm weiter im Selbstmanagement genutzt werden. Die Betreuungskosten liegen im Durchschnitt bei 288,– € für die initiale Gruppenschulung plus 26 Feedbackbriefe sowie eine webbasierte oder telefonische Hotline. Eine Verlängerung zu vereinbaren, ist individuell möglich.

Da der Teilnehmer das ABC-Programm in der Regel selbst bezahlen muss, bzw. in Vorleistung gehen muss, sind die Teilnahmekosten häufig ein Hemmnis für den Endkunden. Immerhin kann er bei regelmäßiger Teilnahme eine anteilige Kostenerstattung bei seiner Krankenkasse beantragen. Die Erstattungskonditionen variieren je nach Krankenversicherung stark. Bei nachgewiesener ärztlicher Notwendigkeit (BMI > 30kg/m^2 bzw. BMI > 25kg/m^2 und übergewichtsassoziierte Gesundheitsstörungen) liegt der Erstattungsanteil z. B. bei:

Techniker Krankenkasse	85 % der Kosten
AOK Sachsen-Anhalt	80 % der Kosten
Deutsche BKK	350 € Zuschuss
KKH, DAK	127 € Zuschuss
Barmer GEK	160 € Zuschuss

Das ABC-Programm kann auch im Rahmen von Maßnahme zur betrieblichen Gesundheitsförderung (z. B. »Fit heute – fit morgen«-Projekt) für den Teilnehmer kostenfrei oder mit geringer Selbstbeteiligung stattfinden. Als erste Krankenkasse hat Die Schwenninger eigene Berater zertifizieren lassen und bewirbt das Programm proaktiv auf ihrer Homepage. Auch bietet sie das Programm gezielt Patienten mit chronischen Erkrankungen an, die nach einem intensiven Selbstmanagementcoaching im Sinne einer Sekundärprävention nachbetreut werden.

21.8 Die Ergebnisse – Der Mehrwert

Mehrwert für den Teilnehmer

- In fast allen Fällen gelingt eine Gewichtsreduktion (Abbildung 21.4, Gewichtsverlaufskurven).

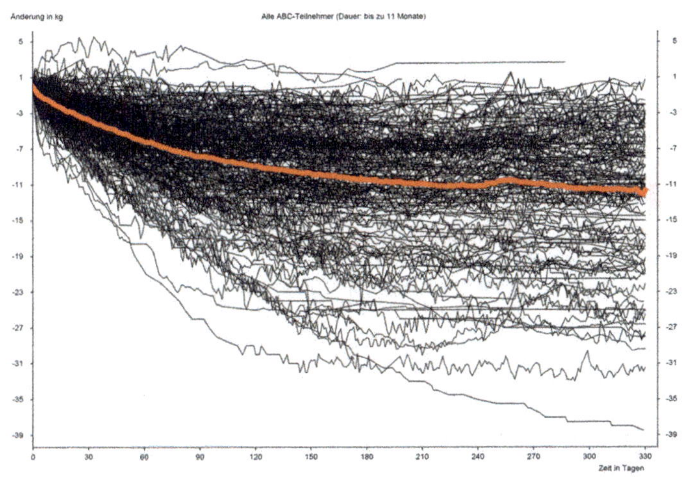

Abbildung 21.4 Gewichtskurven aller Teilnehmer des ABC-Programms bis Juli 2015 (Quelle: www.abcprogramm.de)

- Nach Analysen der ABC-Studien erreichen eine prozentuale Reduktion vom Ausgangskörpergewicht um
  - > 5 % KG: 82 % der Teilnehmer
  - > 10 % KG: 57 % der Teilnehmer
  - > 15 % KG: 43 % der Teilnehmer.

- Im Gefolge der Gewichtsreduktion normalisieren sich Stoffwechselparameter (z. B. Blutzucker, Blutfette, Entzündungsparameter, Leberwerte) und Blutdruckwerte.
- Das Diabetes- und Herzkreislaufrisiko sinkt (Diabetes-Risiko Score und Procam Score).
- Im Gefolge der Gewichtsreduktion können bei Typ-2 Diabetikern Medikamente reduziert oder abgesetzt werden.
- Im Gefolge der Gewichtsreduktion steigt die Lebensqualität statistisch signifikant an (Abbildung 21.5, Luley et al. 2014).

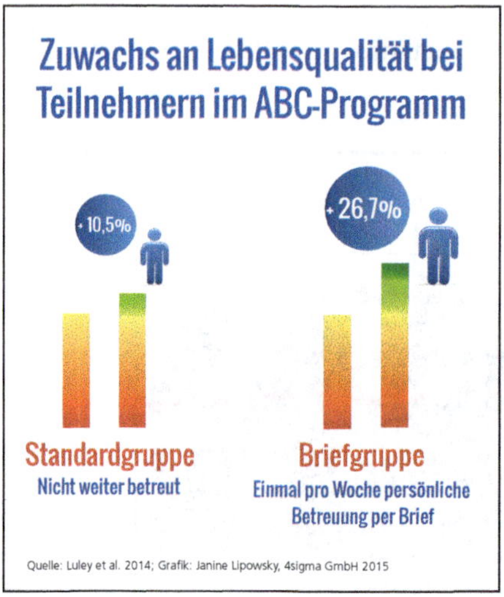

Abbildung 21.5 Einfluss des ABC-Programms auf die Lebensqualität (Quelle: nach Luley et al. 2014)

Mehrwert für den Leistungserbringer (i. d. R. Hausarzt)

- Dem behandelnden Arzt steht mit dem ABC-Programm ein strukturiertes, medizinisch qualifiziertes Gewichtsreduktionsprogramm zur Verfügung, das er seinem Patienten als konkrete Maßnahme empfehlen kann, wenn allgemeine Hinweise und die Eigenmotivation seines Patienten nicht ausreichen.
- Er kann sich selbst zertifizieren lassen oder mit einem zertifizierten Berater zusammenarbeiten (bei ABC-Programm durch 4sigma z. B. stets Einbindung des behandelnden Arztes empfohlen und möglich), um die gewünschten Lebensstiländerungen mit zu steuern und mit entsprechender Medikationsanpassung zu begleiten.

Mehrwert für das Gesundheitssystem

- Bereits kurzfristig verbessert sich die Gesundheitssituation und ermöglicht eine Reduktion von Medikamentenkosten.
- Mittel- bis langfristig stellt das Programm positive Auswirkungen aus der aktiven Auseinandersetzung des Teilnehmers mit seiner Gesundheit und seinem Alltagsverhalten hinsichtlich ausgewogener Ernährung und ausreichend täglicher Bewegung in Aussicht. Gerade der in Deutschland häufige Bewegungsmangel zeigt sich nicht nur für Übergewicht, sondern viele weitere Gesundheitsstörungen von Herzkreislauferkrankungen über Rückenleiden bis hin zu Krebs und psychischen Störungen verantwortlich, wie immer mehr aktuelle Untersuchungen zeigen.

21.9 Der Kosten-Nutzen-Vergleich

Viele regionale Präventionsprojekte haben in wissenschaftlichen Studien gute Wirksamkeit erwiesen, scheiterten bislang aber an einer rentablen und vor allem flächendeckenden Umsetzung. Daher zielt das Konzept des ABC-Programms neben medizinischer Effektivität gerade auf Kosteneffizienz und einen dezentralen bundesweiten Einsatz.

Vergleicht man die gegenwärtig in Deutschland verfügbaren kommerziellen Gewichtsreduktionsangebote, so erzielt das ABC-Programm unter den Programmen, die nicht mit Nahrungsergänzungsmitteln arbeiten, die mit Abstand höchste Gewichtsreduktion (siehe Tabelle 21.1). Auch verglichen mit Formula-Diäten schneidet das ABC-Programm gut ab, nur Opti-fast-52 zeigt eine höhere Gewichtsreduktion, allerdings auch bei einem deutlich höheren Durchschnitts-BMI. Für eine erfolgreiche Sekundärprävention, also eine messbare Verbesserung von medizinischen Risikoparametern wie Blutdruck und Stoffwechsel, ist eine Gewichtsreduktion von mindestens 5–10 kg gefordert. Dieser Effekt wird von den kostengünstigen, eher auf Primärprävention angelegten und weniger betreuungsintensiven Produkten nicht erreicht. Die 10 kg Marke wurde nur von den ABC- und Opti-fast-52-Programmen erreicht.

Setzt man nun die erreichte Gewichtsreduktion in Relation zu den Programmkosten, zeigt sich das ABC-Programm unter den ausreichend effektiven Programmen als deutlich am günstigsten: Die Kosten pro abgenommenes Kilogramm betragen je nach Studie zwischen 39 und 43 € (Tabelle 21.1). Darunter liegen nur die Kosten für »Weight Watchers« und das AOK-Programm »Abnehmen mit Genuss« mit 40 € respektive 18 €, wobei aber deren erzielte Gewichtsabnahmen mit 5,1 kg respektive 2,2–2,9 kg beträchtlich niedriger sind. Bei Formula-Diäten muss

	Ich nehme ab (DGE)	Abnehmen mit Genuss (AOK)	Weight Watchers	SMART (TeLiPro, WDGZ)	Body-med	**ABC (Studie Uni MD & 4sigma)**	MOBILIS (Uni FR)	Opti-fast-52
Endkunden	+	–	+	+	+	+	+	+
BMI	30	31	31,4	32,7	33,4	34.0	35,7	41,8
Dauer (Monate)	12	6	offen	12	3	6 (- 12)	12	offen
Kosten	278 €	45 €	199 €	960 €	Produkt ~ 1500 €	471 €	785 €	Produkt ~ 3000 €
Δ kg (1 Jahr)	–2,3 bis –4,1 (BOCF)	–2,2 bis –2,9 (BOCF)	–5,1 (LOCF)	–6,7	–9,8 (LOCF)	**–12,2 (LOCF)**	–5,1 (LOCF)	16,4 (LOCF)
ca. Kosten pro Kilogramm	93 €	18 €	40 €	143 €	153 €	39 €	154 €	183 €
Formula-Diät	–	–	–	+	+	–	–	+
Telemedizin	–	–	–	+	–	+	–	–
RCT publiziert	+	–	+	+	+	+	+	(+)

Tabelle 21.1 Vergleich in Deutschland gängiger Gewichtsreduktionsprogramme (Quelle: nach Luley 2016 und Stumm et al. 2016)

dagegen, aufgrund der Produktkosten, zwischen 150 und 200 € pro abgenommenes Kilogramm veranschlagt werden.

Diese günstige Kosten-Nutzenrelation des ABC-Programms ergibt sich aus der innovativen telemedizinischen Begleitung: Während es bei den üblichen Präsenzberatungen zu Unterbrechungen zwischen den Terminen kommt, in denen der Teilnehmer quasi unbeobachtet in alte Muster zurückverfallen kann, hat der ABC-Teilnehmer ständig einen kleinen Begleiter dabei und hält so nahtlos die Verbindung zu seinem Berater. Der Zeitaufwand für regelmäßige Schulungen und Fahrten entfällt, sowohl für den Abnehmwilligen wie auch für den Berater. Die Pflege des Sensors wie auch der Abruf der Daten und das Generieren der individuellen Feedbackbriefe kann in den Alltag beider Parteien gut integriert werden und ist wenig zeit- und kostenaufwändig.

21.10 Die Lerneffekte und nächsten Schritte

Das Programm steht prinzipiell zur flächendeckenden Anwendung zur Verfügung. Allerdings sind einige Regionen noch unterrepräsentiert. Da eine gewisse Mindestanzahl von Teilnehmern für die Gruppenschulung aus Kostengründen erforderlich ist, verzögert sich der Start in das Programm manchmal, insbesondere in dünn besiedelten Regionen. So sind innovative Weiterentwicklungen gefragt, erprobt wird derzeit die Möglichkeit einer Gruppenschulung über interaktive Webinars.

Eingeschränkt ist das ABC-Programm durch seinen noch geringen Bekanntheitsgrad. Da die Finanzierung nicht über Produktplacement erfolgt und weitgehend zum Selbstkostenpreis angeboten wird, gibt es kein Werbebudget, um es in Funk und Fernsehen zu bewerben. Die Rekrutierung der Teilnehmer erfolgt daher derzeit überwiegend durch Eigeninitiativen der jeweiligen zertifizierten Berater und Präsentation der Studienergebnisse auf Fachkongressen. Um auf das erfolgreiche und kosteneffektive Programm aufmerksam zu machen, sind intensive Gespräche mit Arbeitgebern (insbesondere mit hohem Anteil von sitzenden bzw. bewegungsarmen Tätigkeiten) und Krankenversicherungen (Sekundärprävention bei bestehenden Begleiterkrankungen, Alternative zu oder Unterstützung bei bariatrischer Chirurgie) geplant.

Derzeit ist das Programm stark auf seine medizinische Anwendung bei Risikopersonen ausgerichtet. Da der Anteil adipöser Menschen in Deutschland über die letzten 20 Jahre jedoch besonders in der jungen Bevölkerung zugenommen hat, ist eine Adaptation der Technik auf diese Zielgruppe notwendig: eine Übertragung der Funktionalität des genutzten Aktivitätssensors auf mobile Endgeräte wird derzeit geprüft.

Literatur

Bundesärztekammer (BÄK), Kassenärztliche Bundesvereinigung (KBV), Arbeitsgemeinschaft der Wissenschaftlichen Medizinischen Fachgesellschaften (AWMF). Nationale Versorgungsleitlinie Therapie des Typ-2-Diabetes – Langfassung, 1. Auflage. Version 4. 2013, zuletzt geändert: November 2014. Available from: www.dm-therapie.versorgungsleitlinien.de; [cited: 25. 07. 2015]; DOI: 10.6101/AZQ/000213

Khaw, K. T., Wareham, N., Bingham, S., Welch, A., Luben, R., et al. (2008). Combined impact of health behaviours and mortality in men and women: the EPIC-Norfolk Prospective Population study. PLoS Med 5(1), e12. doi: 10.1371/journal.pmed.0050012

Khaylis, A., Yiaslas, T., Bergstrom, J., Gore-Felton, C. (2010). A review of efficacious technology-based weight-loss interventions: Five Key Components. Telemedicine and e-Health, vol. 16, no. 9, 931 – 938

Lindström, J., Louheranta, A., Mannelin, M., Rastas, M., Salminen, V., Eriksson, J., Uusitupa, M., Tuomilehto, J.; Finnish Diabetes Prevention Study Group. (2003). The Finnish Diabetes Prevention Study (DPS) – Lifestyle intervention and 3-year results on diet and physical activity. Diabetes Care 26, 3230–3236

Luley, C., Blaik, A., Aronica, S., Dierkes, J., Kropf, S., Westphal, S. (2010). Evaluation of three new strategies to fight obesity in families. J Nutr Metab pii:751905

Luley, C., Blaik, A., Reschke, K., Klose, S., Westphal, S. (2011). Weight loss in obese patients with type 2 diabetes: Effects of telemonitoring plus a diet combination – The Active Body Control (ABC) Program. Diabetes Research and Clinical Practice, 91 (3), 286–292

Luley, C., Blaik, A., Götz, A., Kicherer, F., Kropf, S., Isermann, B., Stumm, G., Westphal, S. (2014). Weight Loss by Telemonitoring of Nutrition and Physical Activity in Patients with Metabolic Syndrome for 1 Year. Journal of The American College of Nutrition, 33 (5), 363–374

Luley, C. (2016) Active Body Control (ABC)-Programm – Gewichtsreduktion durch Telemonitoring und Telecoaching. Methode, Wirksamkeit und Grenzen. Adipositas 10 (1): 31–37.

Mensink, G. B., Schienkiewiz, A., Haftenberger, M., Lampert, T., Ziese, T., Scheidt-Nave, C. (2013). Overweight and obesity in Germany. Results of the German Health Interview and Examination Survey for Adults (DEGS1) Bundesgesundheitsblatt 56 (5/6), 786–794.

Stumm, G., Blaik, A., Kropf, S. Westphal, S., Hantke, T. K., Luley, C. (2016) Long-Term Follow-Up of the Telemonitoring Weight-Reduction Programm »Active Body Control«. J.Diabetes Res. 2016: 3798729.

Wirth, A., Wabitsch, M., Hauner, H. (2014). Clinical practice guideline: The prevention and treatment of obesity. Dtsch. Arztebl. Int. 111, 705–13. DOI: 10.3238/arztebl.2014.0705

Versorgungsmanagement im Selektivvertrag »Diabetisches Fußsyndrom« 22

Petra Riesner und Sandra Feldt

22.1 Das Diabetische Fußsyndrom – eine Spätkomplikation des Diabetes mellitus

Die Zuckerkrankheit Diabetes mellitus ist eine weltweit sehr häufig vorkommende Erkrankung, die gekennzeichnet ist durch stark erhöhte Blutzuckerwerte und einen chronischen Verlauf. Deutschlandweit sind etwa 6 Millionen Erwachsene (9 % dieser Bevölkerungsgruppe) an der Stoffwechselstörung erkrankt (Robert Koch-Institut 2011). Im Jahr 2015 wurde die Prävalenz von Diabetes mellitus bei den Versicherten der AOK Nordost – Die Gesundheitskasse erhoben. Die AOK Nordost betreut Versicherte in den Bundesländern Berlin, Brandenburg und Mecklenburg-Vorpommern. Die geschlechts- und altersadjustierte Erhebung unter allen Versicherten (Erwachsene und Kinder) zeigte deutlich erhöhte Diabetes-Prävalenzen bei den Versicherten der AOK Nordost: Sie lag bei durchschnittlich 12 %. Je nach betrachtetem Bundesland ging diese Prävalenz hoch bis auf 13,5 % in Mecklenburg-Vorpommern.

Die durch die Diabeteserkrankung dauerhaft erhöhten Blutzuckerspiegel bedingen bei langjährig bestehender Erkrankung eine Veränderung der Gefäße. Diese Gefäßveränderungen führen zu Spätkomplikationen des Diabetes, welche sich beispielsweise als Herzleiden, Nieren- und Augenschäden zeigen können.

Eine der häufigsten und schwerwiegendsten Komplikationen des Diabetes mellitus ist das Diabetische Fußsyndrom (DFS). Das Krankheitsbild des DFS ist ein oft vernachlässigtes Folgeproblem eines langjährigen Diabetes. Im Allgemeinen beschreibt dieser Begriff das Vorliegen einer Verletzung an Füßen von Diabetikern, unabhängig von der Art der Wunde oder des Diabetes-Typs (Lawall 2015). Ein Diabetisches Fußsyndrom entsteht aus dem Zusammentreffen mehrerer Folgeerscheinungen eines Diabetes: einer eingeschränkten sensorischen Empfindung durch Nervenschädigungen (Polyneuropathie) sowie Schäden an größeren und kleineren Gefäßen, die zu einer Minderdurchblutung führen (Makro- und Mikroangiopathie). Die Polyneuropathie bewirkt, dass Diabetiker ein eingeschränktes Empfinden in den Füßen haben. So werden Verletzungen, wie beispielsweise Druckstellen an den Füßen, nicht bemerkt, weil kein warnender Schmerz empfunden werden kann. Bleiben solche Wunden längere Zeit unbehandelt bestehen, können sie sich leicht entzünden und verschlimmern. Liegen darüber hinaus Durchblutungsstörungen durch Mikro- und Makroangiopathien vor, ist das Risiko, dass sich eine Wunde infiziert und später schlecht abheilt, besonders hoch.

Je nach Schweregrad (eingeteilt nach Wagner-Graden von 0 bis 5) liegt das Diabetische Fußsyndrom als geschlossene, oberflächliche oder tiefergehende Wunde bis hin zur Nekrose (abgestorbenes Gewebe) von Fußteilen oder des gesamten Fußes vor. Zusätzlich kann eine Infektion oder Ischämie (Minderdurchblutung) einzeln oder in Kombination vorliegen (eingeteilt nach Armstrong-Stadien A bis D). Etwa 7 % der erwachsenen Diabetiker geben das Vorliegen eines Diabetischen Fußsyndrom an (Robert Koch-Institut 2011). Im Laufe einer langjährigen Diabeteserkrankung erleidet etwa jeder vierte Diabetiker eine solche chronische Wunde am Fuß (Lawall 2015). Das Vorliegen eines Diabetischen Fußsyndroms geht mit einem hohen Risiko des Verlustes des betroffenen Körperteils einher. Unterschieden werden dabei Teilamputationen (Minoramputation), beispielsweise eines Zehs, und Amputationen des gesamtes Fußes oder darüber hinaus (Majoramputation). Von den 62 000 im Jahr 2004 durchgeführten Minor- und Majoramputationen wurden 70 %, also etwa 40 000 Amputationen, an Diabetikern durchgeführt (Spraul 2011). In der Erhebung des Robert Koch-Institutes von 2011 gaben 2 % der erwachsenen Diabetiker eine durchgeführte Amputation an. Diabetesassoziierte Amputationen sind ein ernstzunehmendes Problem, welches nicht vollständig vermieden, aber dennoch positiv beeinflussbar ist. Neben den enormen körperlichen Einschränkungen, die eine Amputation mit sich führen kann, steigt durch sie auch das Risiko des Versterbens des Patienten: 50 % der Patienten mit Majoramputation versterben nach 3 Jahren (Spraul 2011).

22.2 Entwicklung eines Vertrages zur verbesserten Versorgung von Patienten mit Diabetischem Fußsyndrom

Die ambulante Versorgung hat sich für Diabetiker mit der Einführung der Disease-Management-Programme (DMP) vor mehr als 10 Jahren insgesamt verbessert. Seit 2003 gibt es das DMP Diabetes mellitus Typ 2 und seit 2005 das DMP Diabetes mellitus Typ 1. In diesen Programmen sind Regelungen integriert, welche die diabetesbedingten Folgeerkrankungen unter anderem frühzeitig erkennen und behandeln lassen sollen. Bezogen auf die diabetische Begleiterkrankung Diabetisches Fußsyndrom bedeutet das, dass mindestens einmal jährlich bei allen Diabetikern eine Fußinspektion und -untersuchung durchgeführt werden soll. Liegt bereits ein erhöhtes Risiko vor, sind diese ärztlichen Kontrolluntersuchungen in kürzeren Intervallen durchzuführen.

Bei der ärztlichen Fußuntersuchung wird die Berührungssensibilität mit dem sogenannten Mono-Filament-Test und das Vibrationsempfinden mit dem Stimmgabeltest durchgeführt. Ergänzend bekommt der Diabetiker Informations- und Aufklärungsmaterialien in denen hilfreiche Tipps gegeben werden, die dem Betroffenen ermöglichen sollen selbst eine regelmäßige Fußbeobachtung durchzuführen, um frühzeitig Warnsignale zu erkennen. Die AOK Nordost hält hierzu eine Auswahl an speziell an die Betroffenen gerichtetem Informationsmaterial vor. Unterstützt durch Bilder werden z. B. anschauliche Tipps zur selbstständigen und richtig durchgeführten Fußpflege gegeben. Ein Diabetiker sollte angehalten werden, jeden Tag seine Füße anzuschauen und auf Veränderungen zu achten. Stellt er Veränderungen fest, sollte unverzüglich der behandelnde Arzt konsultiert werden, um gemeinsam die nächsten Behandlungsschritte zu besprechen und einzuleiten. Hierzu kann auch die Überweisung zu einem, auf die Behandlung des DFS spezialisierten Arztes (z. B. Diabetologe mit Fußeinrichtung) gehören. Die frühzeitige Einleitung einer multiprofessionellen Behandlung kann schwere Endstadien der Folgeerkrankungen des Diabetes positiv beeinflussen. So ist es das höchste Ziel, Patienten mit einem DFS vor einer Amputation zu bewahren. Amputationen gehen für die Betroffenen mit einer großen Einschränkung der Lebensqualität und hoher Mortalität einher.

Wichtiger Bestandteil der DMP-Verträge sind auch die Regelungen zur Qualitätssicherung. Konkret sind hier Qualitätsziele festgelegt, die über Qualitätsindikatoren auf Basis der Angaben in der elektronischen DMP-Dokumentation (die viertel- oder halbjährlich von jedem Arzt für jeden seiner Patienten erstellt wird) ausgewertet werden. Bezogen auf den Fußstatus des Versicherten, ist sowohl die Überprüfung und Auswertung der mindestens einmal jährlichen Fußinspektion, der erhobene Fußstatus, als auch die Einhaltung der Regelungen zur Überweisung zwecks Mitbehandlung durch eine auf die Behandlung des Diabetischen Fußes spezialisierte Einrichtung, möglich.

Die AOK Nordost prüft ganz gezielt die Zielerreichungsgrade und analysiert diese Ergebnisse. Abweichungen und Auffälligkeiten werden näher untersucht und entsprechend dem Handlungsbedarf steuernde Maßnahmen eingeleitet.

So wurde in der Vergangenheit bei der DMP-Datenauswertung festgestellt, dass z. B.:

- die im DMP festgelegte, einmal jährliche Fußuntersuchung nicht lückenlos bei allen Diabetikern durchgeführt wurde,
- bei der Feststellung eines auffälligen Fußstatus nicht immer eine Überweisung oder eine zu späte Überweisung zu einem Spezialisten erfolgte,
- die Mit- und Weiterbehandlung des auffälligen Fußes erst stark verzögert eingeleitet wurde,
- es zu Amputationen kam, obwohl in den DMP-Dokumentationen stetig nur niedrige Schweregrade (wie z. B. Wagner/Armstrong 0A) angegeben waren. Hier werden unplausible Fehlangaben in den DMP-Dokumentationen vermutet.

Diese Auffälligkeiten in den Datenauswertungen nahm die AOK Berlin, jetzt AOK Nordost, im Jahr 2010 zum Anlass, mittels einer Stichprobenbefragung bei den betroffenen Versicherten den Ergebnissen auf den Grund zu gehen. Hierzu wurden 105 Versicherte bei denen ein »auffälliger Fußstatus« erhoben wurde telefonisch befragt. Ein Teil der Versicherten war in der hausärztlichen (64 Versicherte) und ein Teil in der fachärzlichen, diabetologischen Betreuung. Dabei fiel auf, dass insbesondere in der Versichertengruppe mit der hausärztlichen Versorgung, 53 Versicherte (das sind ca. 83 %) keine Überweisung zur fachärztlichen Mitbehandlung hatten. Positiv konnte dagegen festgestellt werden, dass ca. 89 % der angerufenen Diabetiker angaben, dass sie ihre Füße eigenständig oder mit Hilfe von Angehörigen kontrollieren und auf Auffälligkeiten untersuchen.

Seit 2008 ist es möglich geworden, dass Krankenkassen die DMP-Dokumentation auch gezielt über die Angaben zu den Wagner-Graden (0 bis 5) und den Armstrong-Klassifikationen (A bis D) auswerten können. Dabei zeigte sich in den Daten der AOK Nordost für die Region Berlin, dass es zwar absolut mehr Typ 2-Diabetiker mit einem auffälligen Fußstatus gibt, der Anteil der Betroffenen unter den Typ 1-Diabetikern aber prozentual höher liegt. Der Schweregrad nach Wagner/Armstrong-Ausprägung war bei den Typ 1-Diabetikern wiederum niedriger als bei den Typ 2-Diabetikern.

Die Ergebnisse aus den DMP-Dokumentationen für das Jahr 2011 ergab folgendes Bild.

Für Typ 1-Diabetiker, dass

- bei rund 219 Versicherten ein Diabetisches Fußsyndrom dokumentiert wurde, das entsprach rund 14,5 %.

Für Typ 2-Diabetiker, dass

- bei rund 6088 Versicherten ein Diabetisches Fußsyndrom dokumentiert wurde, das entsprach rund 9,5 %.

Bei den 219 Typ 1-Diabetikern wurden 201 im Stadium Wagner-Grad 0 dokumentiert und 18 Versicherte hatten ein höheres Fuß-Stadium, das entspricht einem Anteil von 8,2 %.

Bei den 6088 Typ 2-Diabetikern wurden 5098 im Stadium Wagner-Grad 0 dokumentiert und 990 Versicherte hatten ein höheres Fuß-Stadium. Das entspricht einem Anteil von 16,26 %. Damit ist dieser Anteil beim Typ 2-Diabetiker doppelt so hoch wie beim Typ 1-Diabetiker.

Im Fazit der Auswertungen musste festgestellt werden, dass trotz der Regelungen im DMP auch nach Jahren keine optimale Versorgungsituation hinsichtlich des Diabetischen Fußsyndroms erreicht wurde. Die Anzahl der Betroffenen mit einem DFS war relativ hoch, die Überweisungen zu besonders spezialisierten Ärzten bzw. Diabetologen war nur unzureichend und die diabetesbedingte Anzahl der Amputationen waren noch immer auf einem negativ hohen Niveau.

Die AOK Nordost hatte sich zum Ziel gesetzt, die Anzahl der diabetesbedingten Amputationen positiv zu beeinflussen und in der Folge zu senken. Durch die Stärkung von einfachen und zuverlässigen Maßnahmen sollten schnell und sicher die Hauptursachen diagnostiziert sowie Vorsorge- bzw. Behandlungsmaßnahmen eingeleitet werden. Versicherte mit einem Risikofuß sollten die Möglichkeit erhalten, dauerhaft und kontinuierlich eine Sekundärprophylaxe bei, auf die Behandlung des Diabetischen Fußes, spezialisierten Ärzten wahrnehmen zu können.

22.3 Inhalte des Vertrages

Als Reaktion auf die unzureichende Versorgung im Rahmen der Disease-Management-Programme hat die AOK Nordost im 3. Quartal 2011 für die Region Berlin einen Versorgungsvertrag zur Behandlung von Patienten mit Diabetischem Fußsyndrom geschlossen. Vertragspartner sind Ärztinnen und Ärzte mit dem Schwerpunkt Diabetologie sowie einer Spezialisierung auf die Behandlung Diabetischer Füße. Eine besondere Teilnahmevoraussetzung ist die ambulante Zertifizierung als Fußbehandlungseinrichtung durch die AG Fuß der Deutschen Diabetes Gesellschaft (DDG). Diese sollte die Grundlage für eine hochspezialisierte ärztliche Versorgung sein.

Teilnehmende Ärzte an diesem Versorgungsvertrag sind nicht nur zertifiziert, sondern sie sind untereinander vernetzt, nehmen an regelmäßigen Qualitätszirkeln teil und unterliegen einem jährlichen Benchmarking zur Selbstkontrolle.

Alle Versicherten der AOK Nordost, die an Diabetes erkrankt sind, im DMP Diabetes mellitus Typ 1 oder Typ 2 eingeschrieben sind und bei denen ein auffälliger Fußstatus festgestellt wurde, können sich in diesen Vertrag von einem teilnehmenden Diabetologen einschreiben lassen.

Die angestrebten Ziele des Versorgungsvertrages sind neben der Reduktion der Mortalität und der Erhöhung der Lebensqualität der Patienten mit Diabetischem Fußsyndrom, die Reduktion oder gar die Vermeidung von Amputationen, insbesondere von Majoramputationen.

Erreicht werden sollte dies durch die Einflussnahme auf eine regelmäßige und frühzeitige Fußkontrolle. Der Diabetiker als Risikopatient mit einem Diabetischen Fußsyndrom verbleibt, ggf. auch zusätzlich zu seiner Behandlung beim Hausarzt, dauerhaft in der kontinuierlichen, begleitenden, präventiven Mitbetreuung beim spezialisierten Diabetologen. So sind beste Voraussetzungen gegeben, eventuell entstehende Druckstellen oder Wunden im frühen Stadium zu erkennen und entsprechende Maßnahmen unverzüglich einzuleiten. Hierfür sind bei diesen Diabetologen qualifizierte Wundschwestern angestellt. Die Vertragsärzte koordinieren den gesamten interdisziplinären (also alle Fachdisziplinen einbeziehenden) Behandlungsprozess über alle Versorgungsebenen (also sowohl im ambulanten und stationären bzw. rehabilitativen Versorgungsbereich). So sollen schwere Wundstadien, immer wiederkehrende Wundzustände (Rezidive) und Amputationen vermieden sowie die Wundheilungszeit und Behandlungsdauer verkürzt werden.

Derzeit nehmen 21 Ärztinnen und Ärzte am Vertrag »Zur Behandlung des Diabetischen Fußsyndroms in der Region Berlin« teil und behandeln aktuell etwa 1500 Patientinnen und Patienten mit auffälligen Füßen (Stand Mai 2016).

22.4 Evaluation des Vertrages

Mit einer in regelmäßigen Zeitabständen durchgeführten Evaluation werden die Wirkungen des Vertrages überprüft. Die Evaluation dient sowohl der ökonomischen Bewertung als auch der Feststellung von Versorgungsverbesserungspotentialen. Besonderes Augenmerk wird dabei auf die Anzahl der Amputationen und Rezidive gelegt.

In Bezug auf die Amputationen wird geprüft, ob in der Interventionsgruppe (IG) weniger Amputationen auftreten als in einer Kontrollgruppe (KG). Außerdem wird analysiert und bewertet, ob mit den Kosten der verhinderten Amputationen die Kosten des Programms gedeckt werden können. Die Evaluation erfolgt als retrospektive Kohortenstudie (siehe Abbildung 22.2 über das Studiendesign). Zugrunde liegen Abrechnungsdaten der AOK Nordost. Es wird ein Kontrollgruppendesign gewählt.

Dabei wird unterschieden zwischen einer Interventionsgruppe:

> = Versicherte, welche am Diabetes-DMP sowie am Versorgungsvertrag zur Behandlung des DFS der AOK Nordost teilnehmen

und einer Kontrollgruppe:

> = Versicherte, welche Teilnehmer am Diabetes-DMP sind und mindestens eine Dokumentation über einen auffälligen Fuß aufweisen, aber nicht am genannten Versorgungsvertrag der AOK Nordost teilnehmen.

Aufgrund zweier unterschiedlicher Behandlungsansätze werden beide Untersuchungsgruppen in jeweils zwei Subpopulationen unterteilt:

1) die Amputationssubpopulation (AP) und
2) die Präventionssubpopulation (PP).

Die Amputationssubpopulation (AP) enthält Versicherte, bei welchen mindestens einmal ein Wagner-Stadium größer 0 dokumentiert wurde. Diese Versicherten sind ab der Dokumentation eines Wagner-Grades > 0 amputationsgefährdet.

Die Präventionssubpopulation (PP) enthält Versicherte, bei denen die DMP-Dokumentation nur Wagner-Stadien gleich 0 aufweist. Diese Versicherten sind nicht amputationsgefährdet.

Beim Vergleich der Untersuchungsgruppen (IG und KG) werden jeweils die AP der IG gegen die AP der KG und die PP der IG gegen die PP der KG verglichen. Die Versicherten der IG und KG teilen sich jeweils wie in Abb. 22.1 dargestellt auf die Subpopulationen auf.

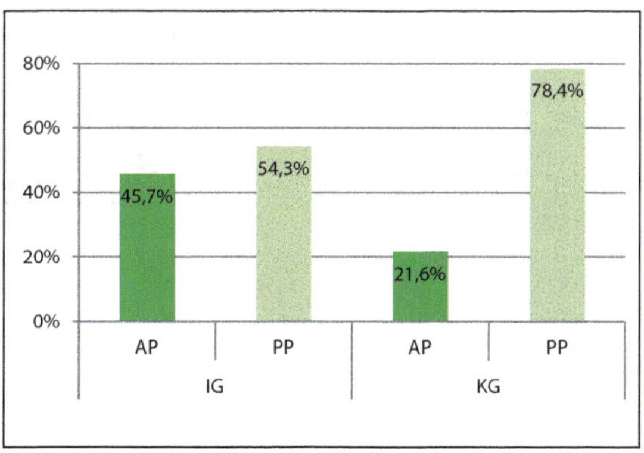

Abbildung 22.1 Prozentuale Verteilung der Versicherten auf die Subpopulationen in beiden Untersuchungsgruppen (Quelle: AOK Nordost (2014). Ergebnisse der Evaluation des Vertrages zur Versorgung von Versicherten mit DFS)

In einem vorab für jeden Versicherten definierten Beobachtungszeitraum (1 bis 3 Jahre) wird ermittelt, ob die Versicherten Amputationen erleben und welche Amputations-, Amputationsfolgekosten, und sonstige DFS- und/oder Diabetes-assoziierte Leistungsausgaben generiert werden. Die amputationsgefährdeten Versicherten der AP werden in dieser Beobachtungsstudie ab der erstmaligen Dokumentation eines Wagner-Stadiums größer 0 bezüglich Amputationsereignissen und Leistungsinanspruchnahmen beobachtet. Bei den nicht amputationsgefährdeten Versicherten der PP werden nur die definierten Leistungsausgaben im Beobachtungszeitraum ermittelt.

Wegen der fehlenden Randomisierung wird versucht, den Einfluss der bekannten und messbaren Störfaktoren mit geeigneten Verfahren (Adjustierungen) zu kontrollieren. Allerdings sind, wie bei allen Beobachtungsstudien, weitere systematische Verzerrungen durch nicht messbare und/oder unbekannte Störfaktoren möglich.

Das zugrunde liegende Studiendesign stellt sich schematisch wie folgt dar (Abb. 22.2):

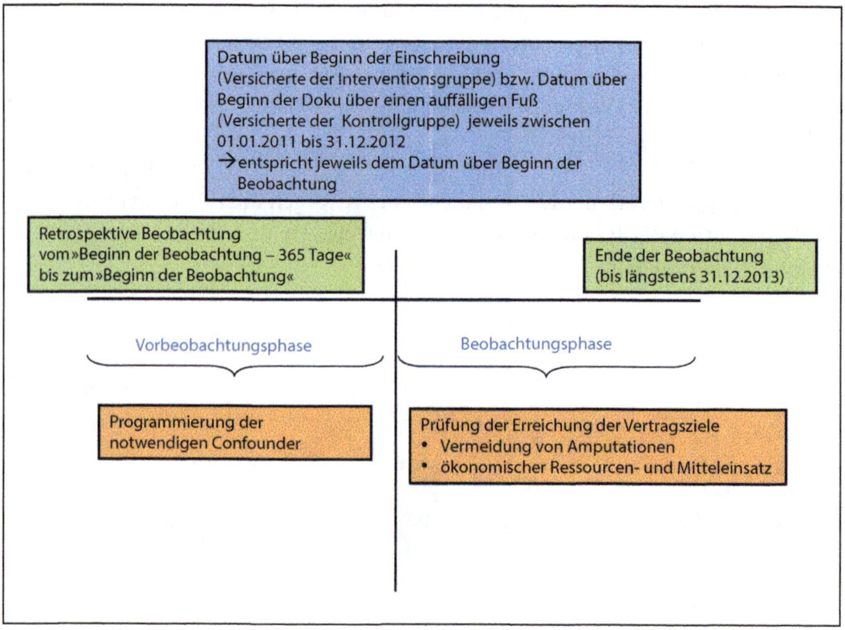

Abbildung 22.2 Studiendesign (Quelle: AOK Nordost (2014). Ergebnisse der Evaluation des Vertrages zur Versorgung von Versicherten mit DFS)

Erste Ergebnisse zeigen:

- Die Amputationsquoten (Anzahl der Amputationen/Anzahl der amputationsgefährdeten Versicherten) sind unter den amputationsgefährdeten Versicherten (AP) im Beobachtungszeitraum in der IG (22,55 %) geringer als in der KG (26,60 %).
- In der AP der IG kommt es mit durchschnittlich 1,7 Amputationen pro amputierten Versicherten im Beobachtungszeitraum seltener zu Mehrfachamputationen als in der AP der KG. Hier sind es 1,9 Amputationen pro amputierten Versicherten.
- Die Inzidenzrate (im Beobachtungszeitraum neu aufgetretene Amputationsfälle/Gesamtrisikozeit) ist in der AP der IG deutlich niedriger als in der AP der KG: 7,69 Amputationen in 100 Personenjahren in der AP der IG versus 13,32 Amputationen in 100 Personenjahren in der AP der KG.
- In der AP der IG treten im Beobachtungszeitraum 23 Amputationen weniger auf als nach den Verhältnissen in der AP der KG zu erwarten gewesen wären.
- Eine COX-Regression ergab, dass das Risiko, im Beobachtungszeitraum amputiert zu werden, in der AP der IG um ca. 16 % niedriger ist als in der AP der KG (Hazard Ratio = 0,84; KI 0,63–1,12). Die Schätzung ist allerdings noch ziemlich unpräzise und das Ergebnis noch nicht statistisch signifikant.
- Durch die vermiedenen Amputationen entwickeln sich die Kosten für Amputationen in der AP der IG günstiger als in der AP der KG.

	Inzidenzraten		
Teilnahme	**alle Amputationen**	**Majoramputationen**	**Minoramputationen**
KG	13,32	7,7	8,97
IG	7,69	1,77	7,81

Tabelle 22.1 Inzidenzraten aller Amputationen, sowie differenziert nach Major- und Minoramputationen (Anzahl der Amputationen in 100 Personenjahren) (Quelle: AOK Nordost (2014). Ergebnisse der Evaluation des Vertrages zur Versorgung von Versicherten mit DFS)

Die günstigere Entwicklung von Häufigkeiten und Kosten von Amputationen in der AP der IG im Vergleich zur AP der KG ist im Wesentlichen durch reduzierte Majoramputationen bedingt. Darüber hinaus müssen auch Kosten für weitere Diabetes-assoziierte Leistungen berücksichtigt werden. Als weitere Diabetes-assoziierte Leistungen werden in dieser Evaluation Antidiabetika (Insuline und orale Antidiabetika), Verbandstoffe, podologische Behandlungen, orthopädische

Schuhversorgung und die Versorgung mit Prothesen definiert. Hier kommt es zu einer ungünstigeren Kostenentwicklung in der IG im Vergleich zur KG im Beobachtungszeitraum in beiden Subpopulationsvergleichen.

Die Ausgaben für die Leistungspositionen Krankenhausaufenthalte wegen Diabetes ohne Amputationen, Podologie und Schuhversorgung sind in der IG höher als in der KG. Die Ausgaben für die Leistungspositionen Verbandstoffe, orale Antidiabetika und Prothesen sind in der IG geringer als in der KG. Während der KH-Aufenthalte mit Diabetes ohne Amputation erfolgen sehr viele Maßnahmen zur Diagnostik von Neuropathie und Angiopathie. Die Diagnose über Neuro- und/oder Angiopathie ist wiederum Voraussetzung für Verordnungen über Fußpflege und orthopädische Schuhe.

Aus der Evaluation können folgende Hypothesen abgeleitet werden:

- Eine intensivierte Behandlung des Diabetischen Fußes in der IG führt zur Verringerung von Amputationen (insbesondere Majoramputationen) und zur Verringerung von Amputationskosten im Vergleich zur nächstbesten Alternative (Behandlung des Diabetischen Fußes im Rahmen eines Diabetes-DMPs in der KG).
- Eine intensivere stationäre Diagnostik zu Neuro- und Angiopathien in der IG führt zu höheren Leistungsausgaben für podologische Heilbehandlungen und orthopädische Schuhe in der IG im Vergleich zur KG und trägt letztlich dazu bei, Amputationen zu verhindern.
- Durch die deutliche Verringerung von Amputationen in der AP der IG im Vergleich zur AP der KG kann indirekt auf einen Nutzen für die Versicherten geschlossen werden, da Amputationen, die Lebensqualität erheblich einschränken und häufig in kurzer Zeit zum Tod führen.

22.5 Ausblick

Die wichtigsten Ergebnisse des besonderen Versorgungsangebotes sind die Verringerung der Anzahl der Amputationen in der AP der IG im Vergleich zur AP der KG im Beobachtungszeitraum. Dadurch konnten auch Kosten für Krankenhausaufenthalte mit Amputationen in der AP der IG im Vergleich zur AP der KG im Beobachtungszeitraum reduziert werden. Ausgaben für sonstige Diabetes-assoziierte Leistungen sind im Beobachtungszeitraum in der IG höher als in der KG. Diese höheren Ausgaben sind aber für eine besonders qualifizierte und hochwertige Behandlung zunächst notwendig und tragen höchstwahrscheinlich dazu bei, letztlich Anzahl und Kosten von Amputationen zu verringern.

Die Sicherstellung einer kontinuierlichen Betreuung durch spezialisiertes Personal, auch in Phasen ohne akute Behandlungsnotwendigkeit, also nur zur Fuß-Kontrolle zeigt ihre Wirkung. Diese Ergebnisse bestärken die AOK Nordost und ihre Vertragspartner bei der Behandlung des Diabetischen Fußsyndroms den richtigen Weg gegangen zu sein. Als nächsten Schritt sollten die Vertragsinhalte weiterentwickelt werden, um die bisherigen Ergebnisse zu halten und weiter zu verbessern.

Aus diesem Grund wurde in 2015 erstmalig eine Befragung unter den am Vertrag teilnehmenden Versicherten durchgeführt. Hierfür wurden alle am Vertrag teilnehmenden Versicherten telefonisch kontaktiert und anhand eines strukturierten Fragebogens um ihre Einschätzung zur Behandlung ihres DFS und deren Qualität gebeten. Ziel war es, die Versicherten der AOK Nordost, die von der Folgekomplikation des Diabetes betroffen sind, in die Weiterentwicklung des Versorgungsangebotes einzubeziehen. Von den ca. 1500 kontaktierten Personen nahmen über 500 bis zum Schluss an der Befragung teil – ein Hochlauf, der das große Interesse der Versicherten am Versorgungsvertrag ausdrückt.

Die Ergebnisse der Befragung waren ebenso erfreulich: Über 80 % der befragten Versicherten sind sehr zufrieden mit der Behandlung durch ihren Arzt im Rahmen des Programmes. Etwa 70 % sind sehr zufrieden mit der Teilnahme am Versorgungsprogramm, genauso viele würden die Teilnahme am Programm auf jeden Fall weiterempfehlen. Eine Wiederholung der Versichertenbefragung ist geplant.

Um das Ziel der Verminderung von Krankenhausaufenthalten wegen Diabetes zukünftig zu erreichen, sollten Möglichkeiten der Diagnostik zur Neuro- und Angiopathie in der Ambulanz diskutiert, andere Ursachen für verstärkte Krankenhauseinweisungen wegen Diabetes ergründet und Maßnahmen zu deren zukünftigen Verhinderung festgelegt werden.

Für Folgeevaluationen ist weiterhin eine Fallzahlerhöhung zur präziseren Schätzung der Amputationschancen in der COX-Regression anzustreben.

Ein besonders wichtiges Ziel ist es auch, weitere Ärzte zur Teilnahme am Vertrag zu motivieren, um eine flächendeckende Versorgung auf diesem hohen Versorgungsniveau gewährleisten zu können und alle betroffenen Versicherten der AOK Nordost zu motivieren Teilnehmer dieses Versorgungsangebotes zu werden.

Literatur

AOK Nordost (2014). Ergebnisse der Evaluation des Vertrages zur Versorgung von Versicherten mit DFS. Bislang unveröffentlichtes Dokument.

Deutsche Gesellschaft für Epidemiologie (2008). Leitlinien und Empfehlungen zur Sicherung von Guter Epidemiologischer Praxis. http://www.rki.de/DE/Content/Gesundheitsmonitoring/Studien/Methodik/Empfehlungen/empfehlungen_pdf. Zugegriffen: 03. August 2015

Lawall, Holger (2015). Das Diabetische Fuß-Syndrom. In diabetesDE – Deutsche Diabeteshilfe (Hrsg.), *Deutscher Gesundheitsbericht Diabetes 2015. Die Bestandsaufnahme* (S. 82–93). Mainz: Kirchheim Verlag.

Robert Koch-Institut (2011). *Diabetes mellitus in Deutschland.* GBE kompakt: Berlin.

Spraul, Maximilian (2011). Amputationshäufigkeiten in Deutschland. *Diabetes-Forum,* 23 (5), 10–13.

Versorgungsmanagement im bürgerorientierten Versorgungsprozess Diabetes

23

»Die Wegbeschreibung zum Projekt«

Monika Knetsch und Ralf Pourie

23.1 Hintergründe

Das Thema Versorgung und damit einhergehend das dazugehörige Management in bestimmten Bereichen und Indikationen ist leider noch immer nicht im Gesundheitssystem so angekommen und etabliert, das die Bürger im Krankheitsfall sich individuell ihrem Krankheitsbild entsprechend orientieren, informieren und sich beteiligen können. Vielfältige Angebote und mangelnde Transparenz in den Behandlungs-und Versorgungsprozessen sorgen im Gesundheitswesen für Chaos. Und somit auch für Ineffizienz, da keine Steuerbarkeit und keine Verlässlichkeit gegeben ist. Es macht in der Öffentlichkeit den Anschein, dass gerade die Volkskrankheiten, wie zum Beispiel der Diabetes mellitus, optimal wissenschaftlich erforscht und sektorenübergreifend behandelt wird. Und so entsteht Aufgrund der veröffentlichten zahlreichen Studienergebnisse, der Disease-Management-Programme (DMP) und Analysen im Markt die Annahme, eine bestmögliche Versorgung für Diabetespatienten in allen Bereichen ist sichergestellt.

Weit gefehlt. Wenn multiprofessionelle Akteure aus dem Gesundheitswesen aus allen Sektionen regelmäßig in Arbeitsgruppen fachlich tagen, sich mit der beschriebenen Thematik über Jahre auseinandersetzen, werden die Versorgungslücken und Defizite eruiert, entstehen Fakten und Lösungswege, wird der bürgerorientierte Versorgungsprozess Diabetes gemeinsam definiert und es wird ein Modellprojekt dazu entstehen.

Genau diesen Ansatz fährt die DGbV-Arbeitsgruppe »Versorgungsprozesse«, die seit 2010 am Start ist, zunächst unter Leitung von Monika Knetsch.

Seit Anfang 2014 als gemeinsame Arbeitsgruppe »Versorgungsprozesse und Patientencoaching Plus« unter Leitung von Monika Knetsch und Ralf Pourie.

23.2 Bedarf

Der Bedarf wurde aus zwei wesentlichen, validen Fakten eruiert.

> »Staatsbürger haben das Recht, die grundlegenden Tatsachen zu kennen, und sie haben eine Verantwortung, Entscheidungen über ihre Gesundheit auf der Grundlage der besten verfügbaren Evidenz zu treffen.« (Gigerenzer, Gray 2011)

Basierend auf dieser Aussage wird der Aufbruch in das Jahrhundert des Patienten beschrieben. Der Vollständigkeit halber ein kurzer Rückblick bis ins 19. Jahrhundert. Im 19. Jahrhundert begannen die Anfänge der modernen professionalisierten Medizin mit der Teilhabe an medizinischen Errungenschaften. Diese war von sozialer Schicht und Bildung abhängig. Das 20. Jahrhundert war geprägt als das Zeitalter des Arztes, der Kliniken und der Industrie. Der Medizinbetrieb ist hierarchisch organisiert. Im 21. Jahrhundert, dem Jahrhundert des Patienten, gelingt hoffentlich der Übergang aus dem Jahrhundert der Ärzte. Es steht für Gesundheitskompetenz und Patienten-Empowerment.

Gemeint ist damit die Patientenbeteiligung. Die Zunahme chronischer verhaltensabhängiger Volkskrankheiten, das mehr an Verantwortung für Patienten, die Orientierung im netzwerkförmig organisierten Medizinbetrieb und nicht zuletzt genannt der Aufbruch in neue Rollen für Akteure und Nutzer machen es sehr deutlich, dass eine Neujustierung nicht nur im Bereich der Versorgung und des Managements erforderlich ist.

Stellvertretend für viele Akteure im Versorgungsmanagement übernimmt die DGbV diese Rolle und erarbeitet einen möglichen Weg innerhalb der Neujustierung. Der Begriff der Bürgerorientierung (Abb. 23.1) wird geprägt. Daraus folgend:

Bleiben wir bei dem Begriff der Bürgerorientierung. Die gemeinsame AG Versorgungsprozesse und Patientencoaching Plus, die sich u. a. mit Optimierung von Versorgungsprozessen hinsichtlich der Qualitätsaspekte Struktur, Prozess, Ergebnis und Verbesserung der Versorgungsqualität bei gleichzeitiger Kostenstabilität oder Kostensenkung beschäftigt, sowie das Feld der Prozessoptimierer bestellt, stellte sich nun die Frage: Wie kann denn nun der Bürger im Krankheitsfall konkret orientiert werden? Wie kann er sich selber orientieren?

Wann ist ein Versorgungsprozess tatsächlich bürgerorientiert? Konkrete Antworten darauf geben Experten im Gesundheitswesen bisher nicht.

Diese Fragestellung bildet den lückenlosen Übergang zum zweiten validen Faktum zur Ermittlung des Bedarfes. Bei der Erstellung des definierten, generalisierten Prozessablaufes als Basis für die Vorgehensweise im Konzept wird sehr schnell deutlich, das in den einzelnen Prozesselementen sehr wohl eine Versorgung der Diabetes-Patienten stattfindet, in der Versorgungskette allerdings große Lücken existieren. Angefangen in der *vorausschauenden Gesundheitsgestaltung* (ein wirksames Wort für Prävention) und im weiteren Prozessablauf zu sehen. Die beschriebenen Lücken sollen im möglichen Modell Projekt geschlossen werden. Mit dem Inkrafttreten des Präventionsgesetzes 2015 hatten die Akteure im Gesundheitswesen die Hoffnung auf Besserung der Umsetzung aus der politischen Ebene hinaus zu den Krankenkassen und den Patienten. Wirkungsvolle Maßnahmen blieben bisher aus.

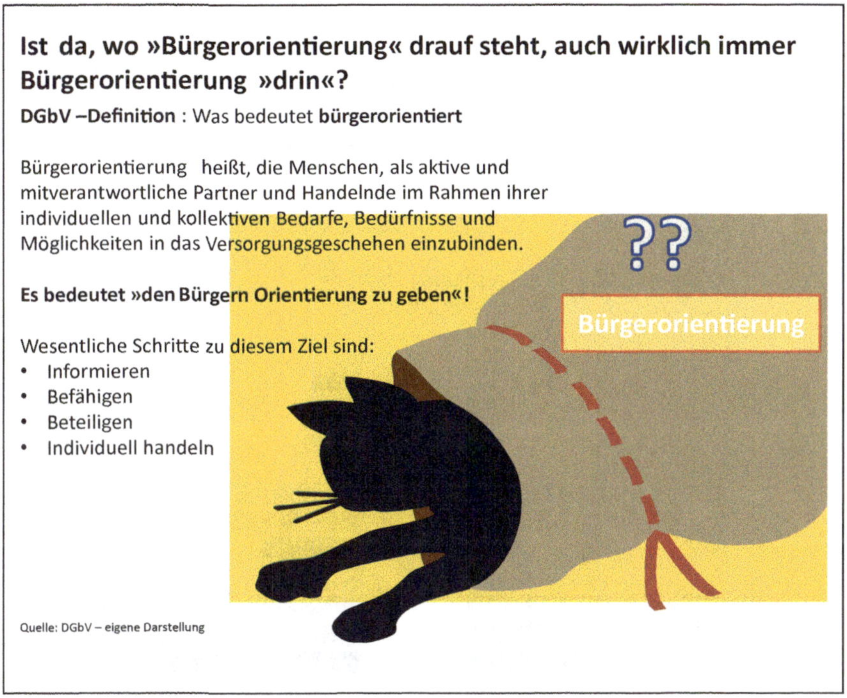

Abbildung 23.1 Definition Bürgerorientierung (Quelle: DGbV – eigene Darstellung)

23.3 Die konkrete Wegbeschreibung zum Projekt

Einführung

Wann ist ein Versorgungsprozess bürgerorientiert? Die Bearbeitung dieser Fragestellung erfolgt in 4 Phasen (Abb. 23.3) zunächst am Beispiel der Indikation Diabetes Mellitus. Doch bevor detailliert auf die einzelnen Phasen und die Prozessebene eingegangen werden kann, folgt eine kurze Beschreibung zur Auswahl der Indikation. Diabetes Mellitus wurde sehr bewusst in der gemeinsamen AG von allen multiprofessionellen Teilnehmern ausgewählt. Eine schon weit erforschte Erkrankung mit validen Kennzahlen, Studienergebnissen, Disease-Management Programmen und Auswertungen, Analysen. Auf Erfahrungen aus vergangenen Ansätzen kann zurückgegriffen werden. Eine Basis auf der aufgesetzt werden kann, ist vorhanden.

Diabetes mellitus gehört zu den großen Volkskrankheiten mit steigender Tendenz. In Deutschland ist heute schätzungsweise jeder 13. an Diabetes erkrankt.

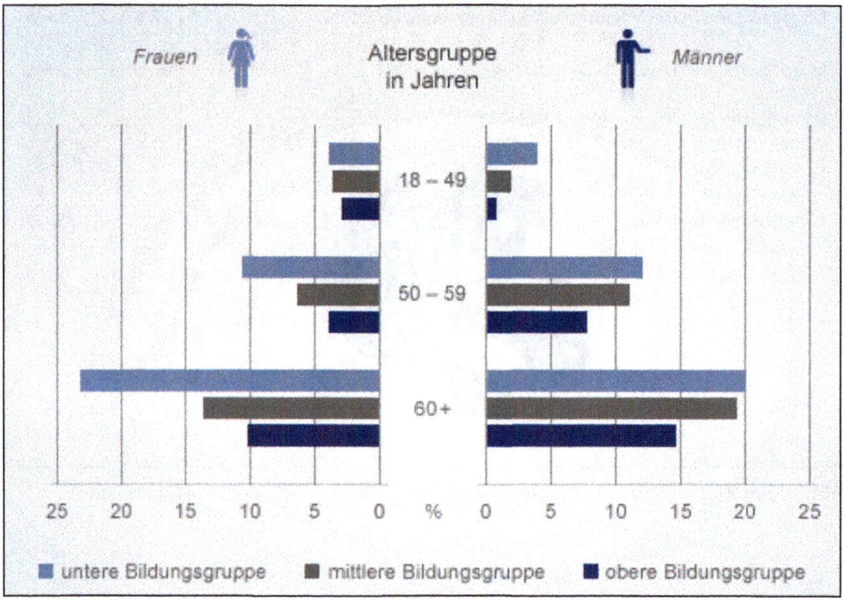

Abbildung 23.2 Häufigkeit nach Bildung und Alter (Quelle: Robert Koch-Institut)

Laut Schätzungen der veröffentlichten sechsten Ausgabe des Diabetes-Atlas der *International Diabetes Federation (IDF)*, sind derzeit rund 382 Millionen Menschen im Alter zwischen 20 und 79 Jahren weltweit und davon 56 Millionen Europäer an Diabetes erkrankt. In **Deutschland** betrifft die Erkrankung einschließlich der geschätzten hohen Dunkelziffer zwölf Prozent bzw. **rund 7,5 Millionen Menschen mit Typ-1- oder Typ-2-Diabetes.** Von diesen Menschen wissen nach Schätzungen der IDF etwa ein Drittel bzw. rund 2,7 Millionen Menschen nicht, dass sie an Diabetes erkrankt sind. Da sich diese Hochrechnungen auf die Altersgruppen zwischen 20 und 79 beziehen, bleiben schätzungsweise etwas mehr als eine Million Menschen mit Diabetes ab 80 Jahren unberücksichtigt. Als Erkrankung des höheren Lebensalters hängen die Diabeteszahlen von der Altersstruktur der Gesellschaft ab. Für den internationalen Vergleich publiziert die IDF daher neben nationalen Diabeteszahlen eine »Vergleichshäufigkeit«, die an die Weltbevölkerung angepasst ist. Hiernach wären in Deutschland 8,3 Prozent der Menschen zwischen 20 und 79 Jahren an Diabetes erkrankt, wenn die deutsche Altersstruktur der jüngeren Weltbevölkerung entspräche.

Im *Deutschen Gesundheitsbericht Diabetes 2016* ist die Bestandsaufnahme sehr deutlich beschrieben. Zu späte Diagnose und Behandlung tragen erheblich zum Auftreten von Folgekomplikationen bei. Nach wie vor sterben ca. 75 Prozent der Menschen mit Diabetes verfrüht an kardiovaskulären Komplikationen, nach wie vor werden in Deutschland jährlich 40 000 Amputationen durchgeführt und Typ 2 Diabetes ist nach wie vor die häufigste Erkrankung, die zu Nierenversagen und Dialysepflicht führt.

23.4 Das 4-Phasen-Modell – Der bürgerorientierte Versorgungsprozess Diabetes

Ziele und Zeitabläufe werden an dieser Stelle kurz vorgestellt: Alle erstellten Instrumente werden entsprechend kompatibel einsetzbar sein für weitere Indikationen. Die Anfänge, die Vorbereitungen für das Modell begannen im Jahr 2014, die Phasen 1–3 wurden im November 2015 erfolgreich abgeschlossen. Die Entwicklung und der Transfer des innovativen Modells in den Gesundheitsmarkt werden perspektivisch 2017/2018 erfolgen. Die finalisierte Checkliste **als Analyse- und Bewertungsinstrument zur bürgerorientierten interaktiven Gesundheitsgestaltung** kann bereits jetzt schon für entstehende oder bestehende Projekte im Versorgungsmanagement extrem hilfreich sein.

Phase I. Standortbestimmung (Grad der Versorgung der Diabetes Patienten in den einzelnen Segmenten und Überleitungen) Welche Prozessoptimierer sind hilfreich.

Phase II. Erarbeitung eines Analysetools (Parametererstellung) für bürgerorientierte Versorgungsprozesse als Baustein für die Checkliste

Phase III. *Zwischenziel* → **Checklistenerstellung.** Sie gibt Antworten auf unterschiedliche Fragestellungen:
1. Zur Analyse von Produktideen und Konzepten in der Diabetesversorgung im Hinblick auf bürgerorientiertes Versorgungsmanagement in den Prozessen
2. Zur Bewertung bestehender Projekte in der Diabetesversorgung bei definierter Gewichtung

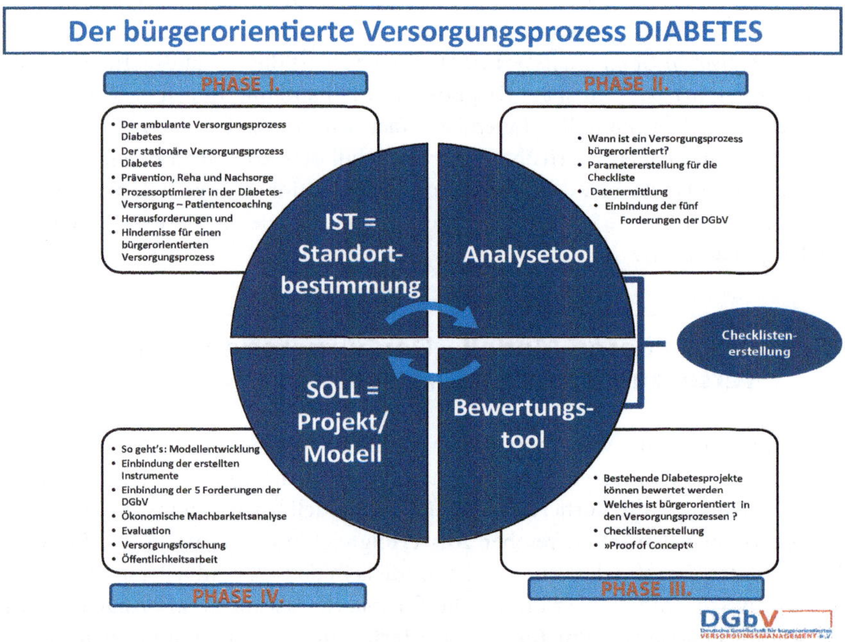

Abbildung 23.3 Das 4-Phasen-Modell (Eigene Darstellung)

Phase IV. *Finales Ziel:* Modellentwicklung und -umsetzung auf Basis der erstellten Instrumente. Die Checkliste bildet in dem Rahmen den Schwerpunkt. Zum einen geben die Parameter der Checkliste die Konzeption vor, zum anderen wird der »Proof of Concept« des entwickelten Modells über die Checkliste die Bürgerorientierung und somit auch den großen Part der vorrausschauenden koordinierten Gesundheitsgestaltung durch aktives Handeln der Bürger und Patienten im erforderlichen Maß überprüfen. Eine ökonomische Machbarkeitsanalyse testet im Vorfeld die Funktionalität im System.

Phase I. Standortbestimmung

In regelmäßigen Sitzungen beschäftigte sich die gemeinsame Arbeitsgruppe mit der Standortbestimmung und dem Schnittstellenmanagement in den Sektoren. Die Zielbeschreibung für diese Phase wurde entsprechend definiert: Wie erfolgt die Versorgung der Diabetes Patienten in den einzelnen Segmenten. Wie koordiniert erfolgen die Übergänge. Der generalisierte Prozessablauf wurde entwickelt. (Abb. 23.4) Basierend auf diesem Prozessablauf wurden Musterprozesse in den einzelnen Segmenten des bürgerorientierten Versorgungsprozess Diabetes anhand konkreter Praxisbeispiele diskutiert. Aus jedem Segment wurden Experten eingeladen, die Ihre Arbeit oder ein entsprechendes Projekt vorstellten. Daraus wurden Analyse- und Bewertungskriterien abgeleitet und in die Checkliste integriert. Exemplarisch werden an dieser Stelle einige Ergebnisse aus den Sitzungen genannt. Unter dem Punkt Herausforderungen und Hindernisse für einen bürgerorientierten Versorgungsprozess zu verstehen und die Aussagen/Analysen sind in keinster Weise als abschließend zu betrachten.

- DMP-Einschreibung ist eher zufällig, keine Anreize (Folge: Eingeschränkte Information und Beteiligung für Patienten)
- DMP Daten regional sind nicht valide, Versorgungsforschungsdaten müssen generiert werden
- Diagnose wird im Mittel nur zu ca. 60 % gestellt (hohe Dunkelziffer – Folge: durch Schaffung von vielen Strukturen fühlt sich niemand verantwortlich. Recht der Bürger auf valide Gesundheitsinformationen fehlt und für chronisch Kranke das Recht auf Gesundheitskompetenz)
- Betroffene müssen früher den Zugang in die zertifizierte Einrichtung schaffen – Strukturen sind vorhanden – um die Qualität zu optimieren sind individuelle strukturierte Behandlungsabläufe erforderlich
- Im Notfall sind Akutstationen oft nicht speziell auf Diabetespatienten ausgerichtet.

- Die Zertifizierung (»Klinik für Diabetiker geeignet«) ist bezogen auf die Fach-Station.
- Diabetikerpass check des Patienten durch das behandelnde Team (im ambulanten Bereich) erfolgt nur zu ca. 60 %
- Der »Fuß« wird selten gesehen (40 000 Amputationen/Jahr – Folge: Fehlen der vorausschauenden Gesundheitsgestaltung durch mangelnde Information, Befähigung und Beteiligung der Patienten)
- Die € Anreize der DRG's sind groß für die Leistungserbringer (Folge: OP anstelle der Gesundheitsaufklärung und gemeinsamen Erarbeitung der Kompetenz.)
- Medizinische Schuhe (Nachhaltigkeit der Verordnung kontrollieren): Schuhmacher und der Arzt sind Kooperationspartner in einem Konstrukt mit Absprachen
  Die Schuhe müssen getragen werden – an dieser Stelle muss mehr Bewusstsein durch Einsatz des Prozessoptimierer **Patientencoaching** erfolgen.
- Schulungen aller beteiligten finden seltener statt (Folge: Eingeschränkte Information und Befähigung der Patienten, Schulung der Gesundheitsberufe in Bürgerorientierung fehlt)
- Die ambulante/stationäre Wundversorgung ist eine Herausforderung – ambulante Schnittstelle könnte durch Weiterbildung/Ausbildung der Pflegedienste optimiert werden
- Qualitätsstandards der Diabetes-Schwerpunktpraxen wird geprüft – dennoch Mängel sichtbar
- »Die Patienten können ihre Krankheit gut verheimlichen« (Patient/Arzt Gespräch – Folge: Gesundheitskompetenz kann nicht erlangt werden)
- Leitliniengerechte Überweisung entspricht nicht immer den Standards. (Fehlendes Controlling innerhalb der Allgemeinarztpraxis/Diabetes-Schwerpunktpraxis – Folge: fehlende Verantwortung für den einzelnen Patienten – fehlende Entscheidung)
- G BA muss den neuen Kriterienkatalog für DMP schärfen – Update des Bogens – Kontrolle, das ist eine Herausforderung.
- Bisher zu wenige Telematik Ansätze z. B. (eine Funduskamera zur Messung des Augenhintergrundes) zum optimierten Screening/Diagnostikverfahren
- Transparenz und Monitoring durch Ärzte und Kassen zu gering – keine Nachhaltigkeit vorhanden im Therapieverlauf in den einzelnen Prozessebenen
- Entlass-Management muss mit der aktuellen Therapie und der Wertigkeit der Therapie dem Hausarzt mitteilt werden. Im Zeitalter des elektronischen Entlass-Managements sollte es keinen Grund mehr geben, das der Brief nicht vorher kommt, bevor der Patient in der Praxis ist

- Blutzucker-Einstellung der Wert ist im Mittel mit (9,2) nicht zufriedenstellend bei all den Kosten und Aufwendungen im Gesundheitssystem.
- Als Leistung wird oft nur Blutzuckermessung angesehen – nicht die Diabetesberatung
- »schlechte Codierungen « sind indirekte Kosten
  Falsche, unzureichende Codierung bedeutet den Verlust € aus dem Morbi RSA für die Krankenkassen
- Es ist bislang keine nationale Diabetes-Strategie vorhanden
- Ambulant vor stationär?
  Kommunikation der Sektoren optimieren
  Das Klinikum wünscht Informationen aus dem ambulanten Bereich
  Erreichbarkeit der niedergelassenen Ärzte optimieren
- Fallpauschalen erhöhen
- Soziales Begleitmanagement erforderlich
- Vorhandene Versorgungsstrukturen müssen flächendeckend implementiert werden z. B. zum DFS (Diabetische Fuß Syndrom) dazu findet sich eine Projektbeschreibung in diesem Buch.

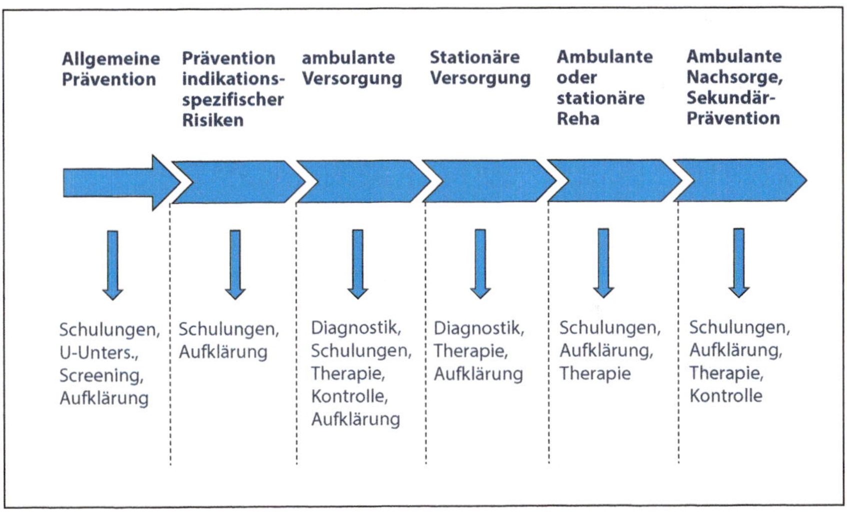

Abbildung 23.4 Der generalisierte Prozessablauf (Quelle: Eigene Darstellung DGbV)

Phase II.

Die Phase II. war schwerpunktmäßig geprägt von der Erstellung/Erarbeitung eines Analysetools (Parametererstellung)für bürgerorientierte Versorgungsprozesse als Baustein für die Checkliste. Gemeinsam in der Arbeitsgruppe wurden der Kontext und Abgrenzungen definiert.

- Definition des Begriffes »Versorgungsprozess«:
  Ein Versorgungsprozess ist die aufeinander abgestimmte Folge von mittelbaren und unmittelbaren Aktivitäten zur Versorgung von Bürgern mit definiertem Start, Ende und Zielen.

Die Definition des Begriffes »bürgerorientiert« wurde bereits zum Anfang der Artikels beschreiben.Unabdingbar folgt die Definition des Versorgungsprozesses Diabetes als Beispiel

- Festlegung der Ziele der Prozessbeschreibung
- Definition und Visualisierung des Prozesses
- Festlegung der Qualitätskriterien
- Festlegung von Analyse-Kategorien
- »Proof of Concept« anhand des Versorgungsprozesses Diabetes
- Veröffentlichung

Ergebnisse: Mögliche Analyse- und Bewertungskategorien

- Prozessbeteiligte
  - Über Sektorengrenzen hinweg, Interaktion zwischen verschiedenen Professionen
  - Entscheidungsbefugnisse (Delegation, Substitution)
- Prozessmerkmale
  - Eingesetzte Interventionen
  - Eingesetzte Verfahren und Methoden
  - Umsetzung von Leitlinien
- Strukturen
  - Kommunikationsstrukturen
  - Datenstrukturen, Stand der Standardisierung
  - Technische Vernetzung

- Kommunikation
  - Zwischen den Beteiligten
  - Zu Patienten und/oder Angehörigen
  - Eingesetzte Kommunikationswege
- Koordination
  - Wer koordiniert den Prozessablauf?
- Qualität
  - Strukturqualität
  - Prozessqualität
  - Ergebnisqualität: Qualität der medizinischen Versorgung (med. Parameter, Lebensqualität, Zufriedenheit)

- Erfolgsmessung
  - Vorliegende Evaluationen
  - Kennzahlen
- Finanzierung/Ökonomie
- Bandbreite der Prozessabdeckung
  - In welchen Prozessbereichen wird unterstützt?
- Tiefe der Bürgerorientierung
  - Information, Befähigung, Beteiligung, individuelles Handeln
  - Werden Patienten zur Beteiligung befähigt?
- Selbst-/Eigenverantwortung der Bürger
  - Lebensqualität
  - Nutzen im Alltag
  - Verfügbarkeit von Informationen
  - Aktive Einbindung in Entscheidungen
- Wissensorganisation des Prozesses
  - Relevante Informationen sind rasch verfügbar
  - Informationen werden regelmäßig auf Validität geprüft
  - Wissensweitergabe über Schnittstellen funktioniert
  - Erfahrungen werden systematisch erfasst
  - Probleme werden rasch gelöst
  - Kontinuierliche Verbesserung ist etabliert
  - Lernen von außen ist etabliert
  - Kommunikationsverhalten
  - Konnektivität
  - Informationsfluss
  - Datenfluss
  - Mobilität (Dienstleistungen, Geräte, Abläufe)

- Partizipation
- Menschlichkeit/Empathie
- Flexibilität
- Datentransparenz
- Prozesstransparenz
- Servicetransparenz
- Produkttransparenz

23.5 Phase III. Zwischenziel: Checklistenerstellung

Die Checkliste wird im Kapitel 18 in diesem Band sehr ausführlich dargestellt.

Bürgerorientiertes Versorgungsmanagement wird zwar von allen Beteiligten im Gesundheitswesen begrüßt, ist nach wie vor ein ungeschützter Begriff. Jeder im Gesundheitswesen definiert die Inhalte selbst. Leider existieren in Deutschland weder allgemein anerkannte Qualitätsstandards noch ein gemeinsames Verständnis darüber, was einen bürgerorientierten Versorgungsprozess ausmacht.

Die DGbV sieht deshalb die Notwendigkeit für klare Definitionen und dafür, die Angebote auf dem Markt »messen« und bewerten zu können. Denn nicht jedes Angebot entspricht den speziellen Anforderungen an Bürgerorientierung oder der Definition von bürgerorientierten Versorgungsprozessen, wie sie die Deutsche Gesellschaft für bürgerorientiertes Versorgungsmanagement für angemessen hält.

In der DGbV-Arbeitsgruppe Versorgungsprozesse und Patientencoaching Plus wurden in multiprofessionellen und interinstitutionellen Experten-Workshops entsprechende Definitionen erarbeitet und die Checklisten entwickelt. Sie sind im Folgenden widergegeben und dienen dem Zweck, Transparenz bei Angeboten zu bürgerorientierten Versorgungsprozessen herstellen zu können, diese vergleichbar zu machen und Versorgungs-Ergebnisse an Hand von Erfolgsindikatoren zu erfassen und zu bewerten. Dies ist nicht nur im Interesse der Patienten sondern auch im Interesser der Kostenträger wünschenswert. Dabei wurde versucht möglichst alle wichtigen Aspekte und Kriterien zu hinterfragen.

Bürgerorientierte Versorgungsprozesse müssen nicht nur hinsichtlich der ökonomischen Ergebnisse, sondern immer auch hinsichtlich der Bedeutung für die Lebensqualität der Patienten, der Patientensicherheit und der mittel- und langfristigen volkswirtschaftlichen Auswirkungen betrachtet werden.

Es sollte immer kritisch hinterfragt werden, ob da, wo Bürgerorientierung »draufsteht«, auch wirklich Bürgerorientierung im eigentlichen Sinne »drin ist« und ob die Definition des bürgerorientierten Versorgungsprozesses erfüllt sind. Deshalb dienen die Checklisten der Klärung wichtiger Fragen wie

- richtiger Interpretation der Begriffe »Bürgerorientierung« und »Versorgungsprozess«,
- Art und Qualität der Produktideen und Konzepten für den Versorgungsprozess,
- Bewertung bestehender Versorgungsprojekte.

Darüber hinaus dienen die Checklisten

- der Abgrenzung von anderen Versorgungsangeboten,
- der Schaffung von Transparenz für den Grad der Bürgerorientierung von Versorgungsprozessen,
- der Erfassung von Ergebnissen bürgerorientierter Versorgungsprozesse an Hand fest gesetzter Erfolgs- und Bewertungsindikatoren.

Sie können und sollen laufend durch neue Erfahrungen und Erkenntnisse aktualisiert werden.

23.6 Phase IV. Finales Ziel: Modellentwicklung

Ausgehend von den gewonnenen Erkenntnissen aus der Checklistenerstellung geht es in dieser Phase darum ein Versorgungsmodell zu entwickeln, in dem ein bürgerorientierter Versorgungsprozess beschrieben wird, der möglichst vielen Kriterien aus der Checkliste erfüllt. Gerade durch die Zusammensetzung der Arbeitsgruppe als multiprofessionelles Team unabhängig von Sektoren kann hier ein Mustermodell entwickelt werden.

Jedes Modell hat ein Grundmuster. Es enthält

- Akteure und Zielgruppe
- Ziele
- Aufgaben
- Methoden
- Rahmenbedingungen.
- Strukturen

Ein Modell stellt einen **Handlungsrahmen** dar. Es ermöglicht eine **kritische Analyse der aktuellen (Bedarfs-)Situation (IST)** und eine **kreative Perspektivengestaltung (SOLL).**

Ein Modell ist kein **Handlungsplan**, aber es gibt eine Orientierung für ein

- strukturiertes
- planvolles
- zielorientiertes.

Handeln in der Zukunft.

Ein Modell wird im Rahmen der Projektentwicklung **immer benötigt** als Handlungsgrundlage:

- für die Suche von Kooperationspartnern
- für die Suche nach Finanzierungsmöglichkeiten
- um öffentliches Interesse zu wecken (Öffentlichkeitsarbeit)
- damit alle Projektakteure informiert sind über die Ziele und
- Aufgaben und sich entsprechend mit dem Projekt identifizieren
- können
- um Ergebnisse zu sichern und evtl. eine Modifizierung des Konzeptes vorzunehmen
- um eine Reproduzierbarkeit zu ermöglichen

23.7 Ausblick

Ein solches Modell soll für einen bürgerorientierten Versorgungsprozess Diabetes erstellt und im Anschluss daran möglichst umgesetzt werden.

Dieser Schritt wurde bisher noch nicht begonnen, soll aber dazu beitragen, dass ein Leuchtturmprojekt für bürgerorientiertes Versorgungsmanagement entstehen kann.

Literatur

»Aufbruch in das Jahrhundert des Patienten« (deutsche Übersetzung aus »Better Doctors, Better Patients, Better Decisions: Envisioning Health Care 2020«, herausgegeben von Gerd Gigerenzer und J. A. Muir Gray. Strüngmann Forum Report, April 2011).

Vorrausschauende Gesundheitsgestaltung/Begriff entwickelt von Hanswerner Voss im Rahmen des Projektes WISUM und INGES.(GCN HealthNet)

http://www.rki.de/DE/Content/Gesundheitsmonitoring/Gesundheitsberichterstattung/GBEDownloadsK/2011_3_diabetes.html/ Zugegriffen am 13.11.2015 http://www.diabetes-heute.uni-duesseldorf.de/news/index.html?TextID=3967/IDF-Diabetesatlas 2016/zugegriffen am 13. 11. 2015

http://www.diabetesde.org/fileadmin/users/Patientenseite/PDFs_und_TEXTE/Infomaterial/Gesundheitsbericht_2016.pdf/Zugegriffen am 14. 11. 2015

VI. Kapitel

Analysen, Evaluationen im Versorgungsmanagement – Ergebnisse aus dem Qualitätsmanagement

24 Vorbemerkung

John N. Weatherly

Ein großes Problem stellt heute die Nichtverfügbarkeit von ausreichend aussagefähigen Versorgungsforschungsdaten dar.

Viele angelegte und auch datengepflegte Datenspeicher sind bei den unterschiedlichen Playern im deutschen Gesundheitswesen nicht kompatibel gestaltet. Viele weitere Daten sind aus Datenschutztechnischen Gründen nicht verfügbar.

Ohne flächendeckende Datenaussagen sind aber gewisse Prognosen, Verlaufsformen und Präventivprogramme nicht vernünftig und ökonomisch zu installieren. Evaluation ist ein unverzichtbarer Bestandteil eines qualifizierten Versorgungsmanagementansatzes. Es gilt also an zuständiger Stelle abzuwägen, wann Daten zur Verfügung gestellt werden versus wieso und wann die verständlichen und nachvollziehbaren Einwände der Datenschützer erfolgen.

Datenwertung wird zukünftig, noch wesentlich mehr als bisher, ein eigenes interaktives Geschäftsfeld darstellen und wer sich heute darin gut aufstellt, sorgt für die Zukunft gut vor.

Analysen, Evaluation im Versorgungsmanagement

25

Daniel Dröschel, Maik Stendera und Uwe Imkamp

25.1 Evaluation des Versorgungsmanagements

Jeder Versorgungsmanagementvertrag beinhaltet Herausforderungen klinischer, administrativer oder finanzieller Art, sowohl für Kostenträger als auch für Leistungserbringer, ohne dass hinreichende Erfahrungswerte auf beiden Seiten existieren. Erfolgreiche Versorgungsverträge garantieren eine bedarfsgerechte und wirtschaftliche Versorgung, die Zufriedenheit der Versicherten und ermöglichen einen ausreichenden Zugang zu den Versorgungsleistungen. Gerade die Indikationen mit enorm differierenden Behandlungsstrategien, hoher Volatilität in der Inanspruchnahme und stark variierenden Kosten stellen erhebliche Herausforderungen dar und setzen eine rechtzeitige Früherkennung und entsprechend aufbauende Versorgungsprozesse voraus. Verträge, die keinen ausreichenden Zugang gewährleisten, schlechte medizinische Ergebnisse (Outcomes) produzieren und hohe administrative Kosten verursachen, resultieren auch in Image- und Absatzproblemen für die Kostenträger.

Um diese Voraussetzungen zu schaffen und Probleme erkennen und beheben zu können, werden mittels Programmevaluationen, das sind angewandte Forschungsarbeiten, einzelne Interventionen oder ganze Interventionspakete evaluiert. Die Evaluationsforschung ist dabei die explizite Verwendung wissenschaftlicher Methoden, die den möglichst kausalen Nachweis der Wirksamkeit und Effizienz einer Intervention erbringen soll.

Die Evaluation des Versorgungsmanagements hat zum Ziel, die Effektivität und Effizienz der Versorgung innerhalb der einzelnen Versorgungsformen zu steigern,[1] und ist ein systematischer Ansatz zur Identifizierung und Behebung von Fehlentwicklungen. Qualitäts-, Leistungs- und Ergebniskriterien sind die Schlüs-

1 Pfaff, H., 2010, F 34.

selfaktoren für die Evaluation des Versorgungsmanagements und entscheidende Kontroll- und Steuerungsinstrumente der Evaluation. Wenn diese Schlüsselfaktoren klar und einvernehmlich definiert sind, können indikationsspezifische Leistungskriterien, Qualitätskriterien und finanzielle Ergebniskriterien als Basis für die Feststellung der Effizienz und Effektivität des Versorgungsmanagements festgelegt werden.

Um tatsächliche Qualitäts-, Zufriedenheits- und Kosteneffekte nachweisen zu können, bedarf es geeigneter Methoden, die Unterschiede und Anforderungen der verschiedenen Versorgungsprogramme bzw. Versorgungsverträge hinsichtlich der Inanspruchnahme medizinischer Leistungen und der Kosten, der Risikofaktoren und der Versorgungsform als solcher berücksichtigen und Instrumente bereitstellen.

25.2 Versorgungsevaluation – Perspektiven und Dimensionen

Dazu ist es zunächst notwendig, die Perspektiven der Evaluation zu definieren und diese in einen funktionellen Zusammenhang zu bringen.

25.3 Hauptperspektiven

Vier Hauptperspektiven der Versorgungsevaluation sind leitend für den Evaluationsprozess, da sie die Versorgung aus individueller Patientensicht, die Prozessqualität, die Wirtschaftlichkeit und die medizinische Qualität betrachten und die notwendige Perspektivenvielfalt für eine umfassende Evaluation berücksichtigen. Diese Dimensionen sind auch leitend und übergeordnet für die weiteren Ebenen des Versorgungsmanagements und der Versorgungsansätze.

Zufriedenheit

Der Begriff der Patientenzufriedenheit konnte bisher in keiner wissenschaftlich allgemein anerkannten Definition gefasst werden.[2] In der Literatur wird dieser Terminus im Wesentlichen durch Theorien der Zufriedenheitsforschung und Kundenorientierung erklärt. In diesem Zusammenhang entspricht die Patientenzufriedenheit der subjektiven Bewertung als dynamischer, multidimensionaler

2 Grau, B., Jähnigen, J., 2007, S. 79–81; Ziesche, A., 2008, S. 51–54.

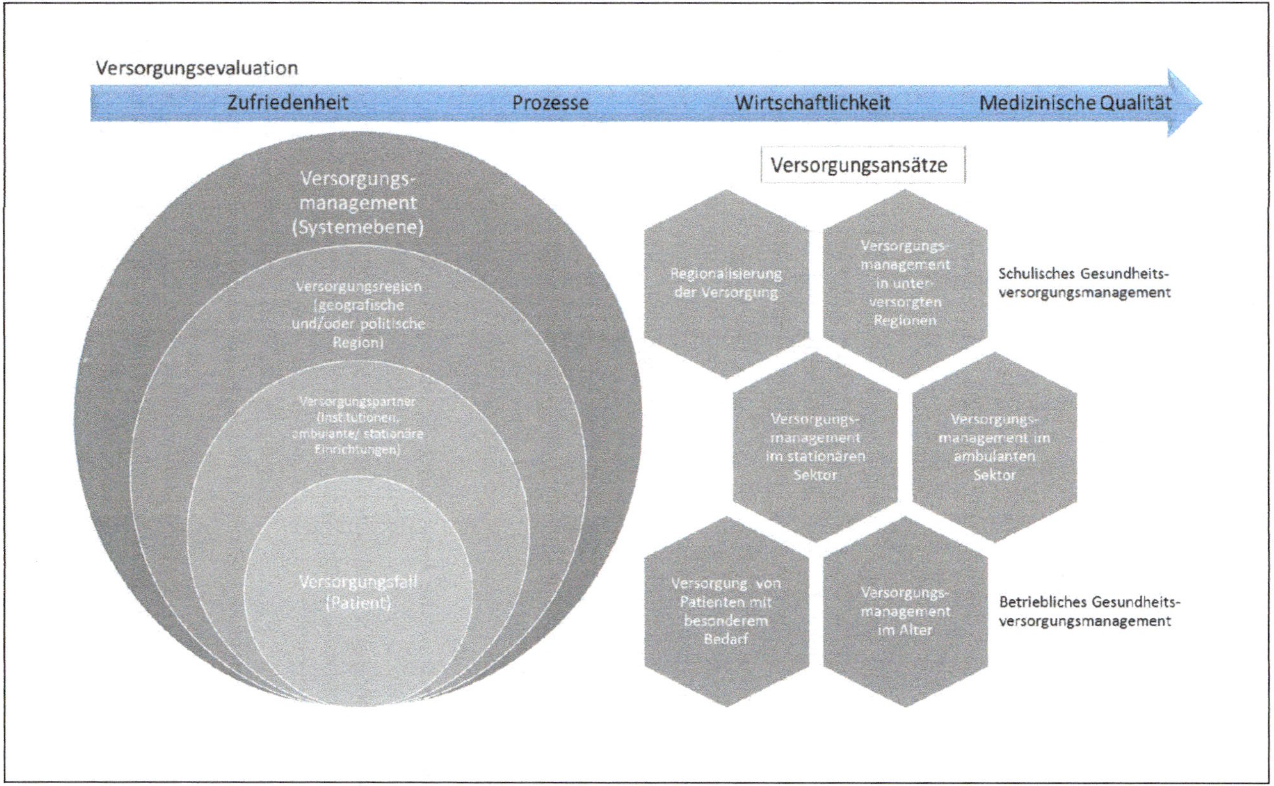

Abbildung 25.1 Funktioneller Zusammenhang der Perspektiven der Evaluation des Versorgungsmanagements (Quelle: Eigene Darstellung D. Dröschel)

Abwägung zwischen Erwartung und Erfüllung von medizinischen und psychologischen Versorgungsleistungen.[3]

Folgt man der allgemeinen Definition der Zufriedenheit und erweitert diese auf die Patientenzufriedenheit, die meist durch Befragungen (retrospektiv) die subjektiv empfundene Versorgungsqualität evaluieren soll, ergeben sich je nach Versorgungssetting unterschiedliche Dimensionen. Die Literatur orientiert sich dabei hauptsächlich an zwei Modellen: dem Evaluationsmodell und dem Diskrepanzmodell. Das Evaluationsmodell beschreibt das multidimensionale Konzept der Patientenzufriedenheit, bei dem der Patient während der Behandlung verschiedene Dimensionen beurteilt.[4] Folgende Dimensionen können dabei u. a. in Betracht kommen:

1) **Verfügbarkeit:** Erreichbarkeit der medizinischen Hilfe, Dichte der Krankenhäuser, niedergelassenen Ärzte und anderer ambulanter Leistungserbringer sowie allgemeiner Zustand des Gesundheits- und Versorgungssystems (zunehmend besser beurteilbar und wichtiges Entscheidungskriterium je nach Leistung);
2) **Finanzierung:** Vorher- und Nachher-Betrachtung, inwieweit das Preis-Leistungs-Verhältnis stimmt, insbesondere wenn der Patient ganz oder teilweise die Kosten der Behandlung trägt (Wahlleistungen, Selbstbeteiligung, Kostenerstattung, IGeL etc.);
3) **Organisatorische Versorgungsqualität:** Wartezeiten, Terminvergabe, Einweisungs- und Entlassmanagement (sehr gut für den Patienten beurteilbar);
4) **Technische Versorgungsqualität:** fachliche Kompetenz der Mitarbeiter im Krankenhaus und Grad der evidenzbasierten Versorgung (schwer beurteilbar für den Patienten);
5) **Räumlich-technische Ausstattung:** Ausstattung des Krankenhauses, der Arztpraxis oder der Pflegeeinrichtung (Atmosphäre), Übersichtlichkeit, Diagnostik und Therapiemöglichkeiten (teilweise gut beurteilbar für den Patienten);
6) **Versorgungskontinuität:** Nutzung von Versorgungsmanagementinstrumenten wie Behandlungspfaden, (Case-)Fallmanagement und Diseasemanagement, die den Patienten geführt durch den Behandlungsprozess bringen (je nach Vorhandensein hinsichtlich der Qualität sehr gut beurteilbar für den Patienten);
7) **Psychosoziale Versorgungsqualität:** alle nichtmedizinischen Aspekte wie Umgang mit dem Patienten, emotionale Unterstützung, Informationsqualität (Aufklärung); sie spielt eine wesentliche Rolle, da sie vom Patienten direkt er-

3 Vgl. Zink, M., 2011, S. 6.
4 Blum, K., 1998, S. 8 ff.

lebt und empfunden wird (sehr gut beurteilbar, aber schwer messbar – Objektivierung der Subjektivität ist ein Problem);

8) **Behandlungsergebnis:** Besserung des Gesundheitszustands (siehe auch die Ausführungen zur medizinischen Qualität; Patient kann sehr gut das subjektive Wohlbefinden beurteilen, schwieriger jedoch Ergebnisse, die sich in Parametern wie z. B. Laborwerten ausdrücken, aber keine wesentlichen Beschwerden machen).

Das Diskrepanzmodell beurteilt hingegen, ob bestimmte Erwartungen, Ansprüche und Werte, die auch behandlungsunabhängig sein können, erfüllt werden. Eine Zufriedenheit ist dann erreicht, wenn die Qualität der Behandlung mit den Erwartungen und Ansprüchen übereinstimmt. Dazu ist es notwendig, die subjektive Bedeutung der Behandlungsaspekte für die Patienten mit in die Bewertung einzubeziehen, sodass auch große Abweichungen nur dann einen Einfluss auf das Maß der Zufriedenheit haben, wenn sie von größerer Bedeutung für die Patienten sind, und umgekehrt.[5]

Fasst man diese bestimmenden Dimensionen zusammen, zeigt sich,

- dass bedacht werden muss, dass die Bewertungskriterien sowie die Patientenurteile als Merkmale mit einem mehr oder weniger großen Streuungs- oder Toleranzbereich zu betrachten sind;
- dass die Folge einer kognitiven Umdeutung dazu führt, dass eine Kongruenz zwischen den Erwartungen bzw. Ansprüchen und tatsächlicher Erfahrung erzielt und rein aus diesem Grund eine bessere Versorgungsqualität impliziert wird. Diese kognitive Umdeutung entsteht, wenn entweder
  - Diskrepanzen zwischen den beiden Merkmalen durch eine Abschwächung der persönlichen Maßstäbe entstehen; das bedeutet, dass die Patienten umso zufriedener sind, je niedriger ihre Erwartungen und Ansprüche sind, oder
  - dass durch eine Relativierung der individuellen Behandlungsbewertung bspw. die in der Wertehierarchie weit oben stehenden Behandlungselemente besser abschneiden
- dass der Patient erst dann im stärkeren Maße Unzufriedenheit artikuliert, wenn subjektive Standards und tatsächliche Erfahrungen so stark voneinander abweichen, dass die Diskrepanz zwischen ihnen nicht mehr umgedeutet werden kann.[6]

---

5 Blum, K., 1998, S. 8 ff.

6 Neugebauer, B., Porst, R., 2001, S. 8.

Prozessqualität

Der Begriff der Prozessqualität ist »ein Aspekt der Qualität der medizinischen Versorgung, der alle medizinischen Aktivitäten unter Einbeziehung der interpersonellen und interaktionalen Aspekte umfasst.«[7] Dabei geht es um die Art und Weise der Diagnostik und Therapie und um die Vermeidung von Diskontinuitäten und Redundanzen im Versorgungs- und Behandlungspfad. Beispiele dafür sind Leitliniengerechte Schmerztherapie, Medikamentenverordnung, aber auch die Gesprächsführung oder Anamneseerhebung. Die Persönlichkeit und Einstellung von Arzt und Patient und die Wechselwirkung zwischen beiden haben dabei genauso Einfluss wie gesellschaftliche und ethische Gesichtspunkte.

Bei der Qualitätsbeurteilung im Gesundheitswesen wird in Anlehnung an das Qualitätsmodell nach Donabedian auch von Prozessqualität gesprochen. In diesem Modell wird zusätzlich noch zwischen Strukturqualität und Ergebnisqualität unterschieden. Im Sinne des systemtheoretischen Modells des Versorgungssystems (Input – Throughput – Output – Outcome) geht es um den Throughput, bei dem ein gegebener Input durch interne Verarbeitungsprozesse so gezielt verändert wird, dass der gewünschte Output als eine bestimmte Versorgungsleistung entsteht.[8]

Wirtschaftlichkeit

Wirtschaftlichkeit im Sinne des deutschen Gesundheitswesens ist definiert im § 12 Abs. 1 SGB V (Sozialgesetzbuch – Fünftes Buch) unter dem Begriff »Wirtschaftlichkeitsgebot«:

> »Die Leistungen müssen ausreichend, zweckmäßig und wirtschaftlich sein; sie dürfen das Maß des Notwendigen nicht überschreiten. Leistungen, die nicht notwendig sind, können Versicherte nicht beanspruchen, dürfen Leistungserbringer nicht bewirken und die Krankenkassen nicht bewilligen.«[9]

Der Begriff »Wirtschaftlichkeit« wird hierbei charakterisiert durch die ihn qualifizierenden Begriffe »ausreichend«, »zweckmäßig«, »wirtschaftlich« und »notwendig«.

7 http://www.aezq.de/aezq/kompendium_q-m-a/15-glossar (07. 01. 2016).
8 Vgl. Pfaff, H., 2003, S. 13.
9 http://www.gesetze-im-internet.de/sgb_5/__12.html (07. 01. 2016).

- »Ausreichend« meint dabei, die Leistungen müssen dem Einzelfall angepasst sein, dem allgemein anerkannten Stand der medizinischen Erkenntnisse entsprechen und den medizinischen Fortschritt berücksichtigen.[10] Das bedeutet, dass durch die Leistung, lediglich der beabsichtigte Heilerfolg zu erreichen ist, folglich der Leistungserbringer nicht mehr, aber auch nicht weniger erbringen soll, um dies zu erreichen.
- »Zweckmäßig« ist eine ärztliche Maßnahme, die objektiv geeignet ist, auf den angestrebten Zweck, den Heilerfolg, hinzuwirken.[11] Entscheidend ist demnach, dass die Leistung für das Behandlungsziel dienlich ist, der Arzt also die richtige Maßnahme ergreift.
- »Wirtschaftlich« ist die angestrebte therapeutische oder diagnostische Maßnahme, wenn das Behandlungsziel durch die Leistung effektiv und effizient zu erreichen ist. Das bedeutet, dass der Leistungserbringer die (notwendigen, ausreichenden und zweckmäßigen) Leistungen mit einem möglichst geringen Kostenaufwand (im Sinne von Ausgaben der Krankenkassen) erbringt.[12]
- Als »notwendig« kann die Leistung bezeichnet werden, wenn sie objektiv erforderlich ist und im Einzelfall dann auch ausreichend und zweckmäßig erbracht werden kann.[13] Das bedeutet, dass die Behandlung nicht über den Umfang dessen hinausgeht, was im Einzelfall zur Erhaltung oder Wiederherstellung der Gesundheit unentbehrlich ist.

Bei dieser Perspektive geht es um die Erhöhung der Qualität, Wirtschaftlichkeit und Transparenz der Versorgung. Durch strukturelle und gesetzliche Rahmenbedingungen ist es zu einer »Intensivierung des Wettbewerbs« und einer Konzentration auf das Versorgungsmanagement als Wettbewerbsparameter gekommen.

Medizinische Qualität

Donabedian definiert medizinische Qualität als »the extent to which actual care is in conformity with preset criteria for good care«[14]. Dabei besteht der Grad (»extent«) aus der Konformität zwischen der tatsächlichen Behandlung (»actual care«) und den Anforderungen (»preset criteria for good care«). Damit entspricht diese Definition hinsichtlich ihrer Aktualität der DIN EN ISO 9000:2015, die unter »Qualität« den »Grad, in dem ein Satz inhärenter Merkmale Anforderungen

10 Vgl. http://www.aok-bv.de/lexikon/w/index_00056.html (07. 01. 2016).
11 Urteil Bundessozialgericht vom 29. Mai 1962 – 6 RKA 24/59.
12 Vgl. http://www.aok-bv.de/lexikon/w/index_00056.html (07. 01. 2016).
13 Ebenda.
14 http://www.aezq.de/aezq/kompendium_q-m-a/15-glossar (07. 01. 2016).

erfüllt«, versteht. Die Benennung »Qualität kann zusammen mit Adjektiven wie schlecht, gut oder ausgezeichnet verwendet werden. ›Inhärent‹ bedeutet im Gegensatz zu ›zugeordnet‹ ›einer Einheit innewohnend‹, insbesondere als ständiges Merkmal.«[15]

Man unterscheidet im Gesundheitswesen zwischen Prozess-, Struktur- und Ergebnisqualität:

- »›Strukturqualität‹ ist ein Aspekt der Qualität der medizinischen Versorgung, der bestimmt wird durch die Rahmenbedingungen im Einzelfall und durch die politischen und ökonomischen Faktoren, unter denen ärztliche Tätigkeit stattfindet (z.B. technische Ausstattung der Praxis, Zugangsmöglichkeiten für Patienten, Fähigkeiten des Praxispersonals, Genauigkeit der Datendokumentation, Ausbildungsstand des Arztes).
- ›Prozessqualität‹ umfasst die Qualität aller medizinischen Aktivitäten unter Einbeziehung der interpersonellen und interaktionalen Aspekte. Hierzu gehören Art und Weise der Diagnostik und Therapie, z.B. der Medikamentenverordnung, aber auch der Gesprächsführung, der Anamneseerhebung, Rechtzeitigkeit, Angemessenheit usw. Beeinflusst wird der Behandlungsprozess u.a. durch die Persönlichkeit und Einstellung von Arzt und Patient und [die] Wechselwirkung zwischen beiden, aber auch durch gesellschaftliche und ethische Gesichtspunkte.
- ›Ergebnisqualität (outcome quality)‹ bezeichnet Veränderungen des Gesundheitszustandes eines Patienten bzw. einer Bevölkerungsgruppe als Ergebnis bestimmbarer therapeutischer oder diagnostischer Maßnahmen bzw. Interventionen in die Versorgungsabläufe.«[16]

Vom Institute of Medicine der US-amerikanischen National Academy of Sciences wurde 1990 eine Definition des medizinischen Qualitätsbegriffs entwickelt, die sich am Patienten orientiert. Diese Definition lässt sich folgendermaßen sinngemäß übersetzen: »Die Qualität der Behandlung ist das Maß, in dem die gesundheitliche Versorgung von Individuen oder Gruppen die Wahrscheinlichkeit erhöht, dass vom Patienten erwünschte auf die Gesundheit bezogene Ergebnisse erzielt werden und zwar in Übereinstimmung mit dem aktuellen Wissen des Berufsstandes.«[17]

---

15 Vgl. DIN EN ISO 9000:2015, http://www.iso.org/iso/home/standards/management-standards/iso_9000.htm (07.01.2016).

16 http://www.leitlinien.de/leitlinienmethodik/leitlinien-glossar/glossar/barrieren-gegen-leitlinien/qualitaetsbegriff (07.01.2016).

17 »Quality of care is the degree to which health services for individuals and populations incre-

Eine weitere Definition der GMDS-Arbeitsgruppe Qualitätsmanagement in der Medizin stellt ebenfalls auf eine Patientenzentrierung ab und berücksichtigt die normativen Anforderungen des SGB V: »Qualität im Gesundheitswesen bedeutet eine ausreichende und zweckmäßige, d. h. patienten- und bedarfsgerechte, an der Lebensqualität orientierte, fachlich qualifizierte, aber auch wirtschaftliche medizinische Versorgung mit dem Ziel, die Wahrscheinlichkeit erwünschter Behandlungsergebnisse bei Individuen und in der Gesamtbevölkerung zu erhöhen.«[18]

Die AEZQ schreibt dazu: »Dieses Erfordernis wird als Qualitätsanforderung bezeichnet, die von den Patienten an eine Einrichtung des Gesundheitswesens (z. B. Arztpraxis) gestellt wird[,] und bezieht sich sowohl auf die Qualität, die von der Einrichtung explizit zugesichert wird, als auch auf die Qualität, die vom Patienten stillschweigend vorausgesetzt wird: eine Anforderung ist definiert als ›Erfordernis oder Erwartung, das oder die festgelegt, üblicherweise vorausgesetzt oder verpflichtend ist‹ (GMDS-Arbeitsgruppe, 2008).

Somit wird der Qualitätsbegriff verstanden als Erfüllungsgrad festgelegter (Qualitätsziele), vorausgesetzter (Patientenorientierung, Behandlungsergebnis) oder verpflichtender (Berufsordnung, Hygiene, Wartung) Anforderungen – ein ›Anforderungsprofil‹.«[19]

25.4 Ebenen des Versorgungsmanagements

Zum Aufbau, zur Erfolgsmessung und zur Weiterentwicklung bedarfsgerechter Angebote im Versorgungsmanagement sind Analysen auf folgenden Ebenen notwendig:

- Ebene des Versorgungsmanagements (Systemebene);
- Ebene der Versorgungsregion (geografische und/oder politische Region);
- Ebene der Versorgungspartner (Institutionen, ambulante/stationäre Einrichtungen);
- Ebene des Versorgungsfalls (Patient).

ase the likelihood of desired health outcomes and are consistent with current professional knowledge.« Die deutsche Übersetzung stammt aus Klemperer, D., 1996, S. 1.

18 GMDS-Arbeitsgruppe, 2008 in http://www.aezq.de/aezq/kompendium_q-m-a/2-definitionen-und-konzepte-des-qualitaetsmanagements/#6 (07. 01. 2016).

19 Ebenda.

Ziel ist neben der Informationssammlung und -weitergabe die Erfassung von Indikatoren und Kennzahlen zur späteren Evaluation der Leistungen im Versorgungsgeschehen und des Versorgungsmanagements selbst. Das geschieht durch die Anwendung der nachfolgend eingeführten Instrumente und Methoden, mittels der jeweilig zugrundeliegenden Messkriterien.

Ein weiterer gesundheitspolitischer Aspekt zum Vergleich von Versorgungsregionen ist der notwendige Aufbau von Benchmarksystemen auf der Grundlage von Indikatoren.

Ebene des Versorgungsmanagements (Systemebene)

Gesundheitssysteme sind ein spezifischer Sektor der gesamtwirtschaftlichen Wohlfahrtsordnung. Sie müssen makroökonomisch evaluiert werden, um langfristig den Nutzenbeitrag für die Gesellschaft nachzuweisen. Die beteiligten Akteure müssen sich darauf verständigen, worin die zu messende Wertschöpfung einer neuen Versorgungsform besteht oder welche potenzielle Wertschöpfung mit der Evaluation nachgewiesen werden soll. Darüber hinaus kann eine mögliche Versorgungsverbesserung in mehreren Dimensionen gemessen werden. Eine vergleichende Einordnung von unterschiedlichen Konzepten des Versorgungsmanagements bietet die vom Bundesverband Managend Care entwickelte Bewertungsmatrix (BMC-Matrix). Die Matrix lässt sich je nach Versorgungskontext modifizieren, was die notwendige Flexibilität berücksichtigt, um verschiedenen Schwerpunkten gerecht zu werden.

Die BMC-Matrix (Tabelle 25.1) besteht aus vier Dimensionen, die evaluiert werden sollen – das Gesundheitssystem; die medizinische Versorgung, die Patienten und das Management bzw. die Betreiber. Sie zeigt auf, welche Outcomes der Dimensionen erhoben werden können und welche Erwartung an das Versorgungsmanagement gestellt wird. Im Fokus steht der Mehrwert (Abbildung 25.2), den diese für das Gesamtsystem produzieren. Dabei ist zu beachten, dass der Mehrwehrt insbesondere auf den horizontalen Dimensionen entstehen muss, da ansonsten das Potenzial für neue Versorgungsformen nicht gegeben wäre.[20] Die BMC-Matrix eignet sich ebenfalls als Instrument, um die nachfolgenden Ebenen teilweise oder ganz anhand der Dimensionen zu evaluieren.

20 Amelung, V. et al. 2010, S. 25 ff

BMC Matrix	sehr niedrig	niedrig	mittel	hoch	sehr hoch	nicht relevant/ nicht beurteilbar
a) Gesundheitssystem						
gesundheitsökonomisches Potenzial						
Innovationsgrad						
Nachhaltigkeit und Zukunftsorientierung						
Orientierung am Versorgungsbedarf						
Beitrag zur Verringerung von Qualitätsdefiziten/ Unterversorgung						
KURZE BEGRÜNDUNG/ERLÄUTERUNG:						
b) Medizinische Versorgung						
ganzheitliches Behandlungskonzept						
Sicherstellung langfristiger Behandlungskonzepte						
Verbesserung der Kommunikation und Koordination						
Abbau von Zugangsbarrieren						
Optimierung der berufsfeldübergreifenden Versorgung						
Komplexität der Versorgung						
Transparenz						
KURZE BEGRÜNDUNG/ERLÄUTERUNG:						
c) Patienten						
Verbesserung der medizinischen Versorgung						
Berücksichtigung unterschiedlicher Bedürfnisse						
Verständlichkeit und Transparenz						
Förderung der Compliance						
Einbindung in Entscheidungen						
Wahlmöglichkeiten und Zugang						
finanzielle Anreize						
KURZE BEGRÜNDUNG/ERLÄUTERUNG:						
d) Management/Betreiber						
Wertschöpfungspotenzial						
Organisationsgrad						
Komplexität						
Nachhaltigkeit						
Risiko/Vulnerabilität						
finanzielle Anreize für Leistungserbringer						
Grad der Risikoübernahme (risk-sharing/P4P)						
nicht-monetäre Anreize						
Bekanntheitsgrad in der Zielgruppe						
KURZE BEGRÜNDUNG/ERLÄUTERUNG						

Tabelle 25.1 Die BMC-Matrix (Quelle: Amelung et al. 2010, S. 27 ff.)

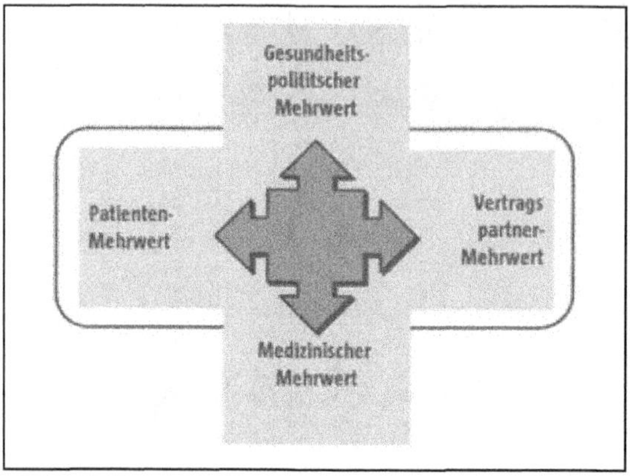

Abbildung 25.2 Einordnungsdimensionen des Versorgungsmanagements (Quelle: Amelung et al. 2008)

Ebene der Versorgungsregion

Als Mikroebene des Gesamtsystems können die Versorgungsregionen als regionale, eingegrenzte Versorgungssysteme betrachtet werden. Diese Eingrenzung ist abhängig vom Versorgungsradius zentraler medizinischer Einrichtungen (Krankenhäuser und niedergelassene Leistungserbringer) und darüber hinaus nachstationärer Versorgungseinrichtungen wie solchen zur Rehabilitation, Pflege oder für therapeutische Leistungen. Traditionell sind diese durch Verwaltungsgrenzen in Form von Landkreisen und kreisfreien Städten (politische Region) begrenzt. Je nach Ausrichtung und Kapazität kann das Versorgungsmanagement aber auch kleinteiliger, z. B. stadtteilbezogen oder auch überregional, wirken – auch das ist dann als Versorgungsregion zu verstehen. Diese wird zunehmend bedeutender, da die versorgungsplanerische Aufgabe durch die veränderten strukturellen (Landflucht/Urbanisierung) und soziodemografischen (Altersentwicklung; Chronifizierung von Erkrankungen; Wandel beruflicher Modelle etc.) Rahmenbedingungen neu ausgerichtet werden muss.

Städte und Kommunen erheben Daten zur Bevölkerungsentwicklung. Diese sind jedoch selten spezifisch auf das Versorgungsgeschehen im Gesundheitssystem ausgerichtet.

Analysen zur Versorgungsregion beziehen sich deshalb überwiegend auf die Bevölkerungsstruktur (z. B. Altersgruppenentwicklung, Schwerpunktaufgaben, Trends, Zuzug/Abwanderung, Mengen), mit dem Ziel, Erkenntnisse für zukünftige Versorgungsstrukturen zu erhalten. Sinnvoll, aber bisher nur wenig genutzt, wäre eine Fortschreibung spezifischer Daten und eine regelmäßige Analyse, um den Zustand der »Versorgungslandschaft«, aktuelle Mängel und Bedarfe, etwa den Bedarf zur Wiederbesetzung von Arztsitzen (z. B. durch den Ruhestand von Ärzten), oder die Analyse der Altersstruktur bei Fachkräften und Hilfskräften in der Region sowie Trends wie »Zu-Hause-Leben im Alter«, Quartierskonzepte oder demenzielle Erkrankungen für die Versorgungsplanung zu erhalten. Darüber hinaus werden die planerischen Aktivitäten auch durch Marktentwicklungen, die sich aus politischen Impulsen (z. B. Pflegegrade im Pflegestärkungsgesetz II) ergeben, beeinflusst. Häufig fehlt aber die Verknüpfung von Wissen über die Versorgungsregion und den Anforderungen, Möglichkeiten und Chancen aus solchen Impulsen, sodass die intendierte Wirkung ihr Potenzial nicht vollständig erreicht und die Region von der Versorgung nicht vollständig profitiert.

Ebene der Versorgungspartner

Der Impuls zum Aufbau regionaler Strukturen eines Versorgungsmanagements wird oft durch das Steuerungsdilemma der Trennung der Sektoren und medizinischen Disziplinen gegeben. Schnittstellenprobleme zwischen Einrichtungen zeigen sich insbesondere durch ungesteuerte Versorgungsfälle, die als eine der wesentlichen Ursachen für Ineffizienzen und mangelnde Zufriedenheit gelten, also auch nur sehr eingeschränkte Steuerungsmöglichkeiten zulassen und die mitunter bis hin zur Gefährdung medizinischer Behandlungsergebnisse führen können. Diese beschriebenen Hürden wird seit 1997 mit der Einführung der Modellvorhaben, mit Ansätzen, die im Sinne einer interdisziplinären und intersektoralen Versorgung die Abstimmung und die Kooperation zwischen den verschiedenen Versorgungsbereichen verbessern sollen, versucht zu begegnen.

Mit diesem Umbau der Versorgungslandschaft ist aber auch ein ganz neuer Bedarf zur systemischen Evaluation des Versorgungsgeschehens entstanden. Es geht um die Identifizierung von Steuerungsmöglichkeiten und die dadurch resultierende Strukturierung von Versorgungsabläufen und Behandlungswegen. Durch bessere Abstimmung und Kooperation soll die Qualität der Versorgung verbessert und durch die Vermeidung von Doppeluntersuchungen und nicht wirksamen Behandlungsformen wirtschaftlich rationaler gearbeitet werden.

Mit zunehmender Vielfalt und Komplexität von Behandlung und Betreuung – besonders bei chronischen Krankheiten – sind die Behandlungsqualität und die Patientensicherheit direkt vom Zusammenspiel aller Beteiligten abhängig. Es reicht daher heute nicht mehr, wenn einzelne Untersuchungen, Behandlungen und Betreuungsmaßnahmen qualitativ hochwertig sind. Qualität und Sicherheit entstehen nicht mehr nur an lokaler Stelle, sondern auch im Rahmen eines funktionierenden Zusammenspiels der beteiligten Akteure. Dieses stellt offensichtlich eine umso größere Herausforderung dar, je mehr Personen und Institutionen am Behandlungs- und Betreuungsprozess beteiligt sind.

Darüber entfalten ökonomische Anreize zwar für einzelne Akteure betriebswirtschaftlich erwünschte Wirkungen, leider aber auch medizinisch unerwünschte Nebenwirkungen. »Beispielhaft dafür ist die in Deutschland im Rahmen der DRG-Einführung zu beobachtende Zergliederung der Patientenprozesse in (ökonomisch) definierte Teile, die ihrerseits zu neuen Informationsbrüchen und Pannen führen können«.[21]

Für die umfassende Analyse bedarf es der möglichst vollständigen Einbeziehung von medizinischen, pflegerischen und sozialen Einrichtungen.

Dabei ergeben sich verschiedene Perspektiven der Analyse:

- Bedarfsanalyse: zur Einschätzung des notwendigen Ressourceneinsatzes zur Optimierung der Prozesse; zur Planung des Versorgungsangebots etc.;
- Prozessanalyse: beispielsweise der Ablauf, die Aufgabenteilung, Kompetenzen, Verantwortlichkeiten, Kapazitätsgrenzen, Kosten;
- Ergebnisanalyse: beispielsweise medizinisches Outcome, Patientenzufriedenheit oder gesundheitsbezogene Lebensqualität; oder auch im Sinne einer Risikoanalyse zur Feststellung der Art und Häufigkeit von Fehlern, Störungen und Risiken.

Ebene des Versorgungsfalls

Auf der Ebene des Versorgungsfalls als kleinster Einheit geht es gezielt um die Fallsteuerung des einzelnen Patienten. Die wesentlichen Konzepte dazu sind das Case- und Disease-Management sowie Behandlungspfade. Ausgehend von der Perspektive der Patienten und deren Bedürfnissen erlauben patientenzentrierte Behandlungsabläufe eine systematische Ausschöpfung von Effektivitäts- und Effizienzpotenzialen über alle Stufen der Behandlung hinweg (vertikale Integration). Von der ambulanten Erstabklärung über die Diagnostik, der vor- als auch der nachstationären Versorgung in Arztpraxen, die stationäre Versorgung, die Physiotherapie, die ambulante Pflege und die stationäre Langzeitpflege bis hin zur Entlassung aus der Behandlung können diese Behandlungspfade alles umfassen.

Leitlinien bilden oft die Grundlage für die Erarbeitung von klinischen Behandlungspfaden (clinical pathways) – Case-, aber auch Diseasemanagement –, mit denen der Ablauf der Patientenversorgung zeitlich und über die Disziplinen hinweg koordiniert werden soll. Sie reflektieren dabei die Ziele der Patienten und Leistungserbringer und beinhalten die idealen organisatorischen und zeitlichen Abläufe, um diese Ziele mit größter Effizienz zu erreichen.

21 Bechthold, P., Primary Care: 2007, S. 317

Während Case-Management die Koordination und Steuerung des einzelnen Falles (z. B. der Schlaganfall von Herrn Hubertus) bedeutet, geht es bei Disease-Management um Patientenkollektive (z. B. die Diabetiker).[22]

Darüber hinaus können die Überarbeitung klinischer Kernprozesse und die Implementierung patientenzentrierter Behandlungspfade bzw. -abläufe einen Beitrag zur Erhöhung der klinischen Qualität bzw. auch der Servicequalität leisten. Eine wichtige Prozessvariable ist die Einhaltung von Behandlungspfaden. Die Behandlungspfade können sich im Einzelfall als nicht geeignet erweisen und schließlich können organisatorische Hemmnisse für eine Abweichung verantwortlich sein.

Die Evaluation auf der Patientenebene wird idealerweise entlang dieser gesteurten Versorgungssituation gemessen. Eine Vielzahl von Instrumenten können dabei zum Einsatz kommen. Dabei werden vor allem Faktoren wie der medizinische Outcome, die Lebensqualität und die Patientenzufriedenheit mit dem Versorgungsprozess strukturiert erhoben und gemessen.

Wissens- und Kenntnislücken existieren auch über die realen und potenziellen Nutzer von Informations- und Beratungsangeboten, die Art ihres Informationsbedarfs, die Informationsnutzung und die Informationsverläufe. Um den Ausbau dieses an Bedeutung gewinnenden Aufgabengebiets/Versorgungssegments voranzutreiben, werden Methoden der »Beratungs- und Informationsforschung« für die systematische Steuerung entwickelt. Dabei sollte ggf. auch die Ergebnisqualität und Entscheidungsrelevanz entsprechender Beratungsangebote für Patienten und Nutzer betrachtet werden.[23]

25.5 Instrumente und Methoden zur Evaluation

Die Instrumente und Methoden zur Evaluation von Versorgung sind vielseitig und ergeben sich aus dem jeweiligen Informationsbedarf in der Versorgungssituation. Diese Vielzahl von möglichen Methoden und Instrumenten ergibt sich aus unterschiedlichen wissenschaftlichen Disziplinen, selbst der Versuch, diese vollständig und in ihrer Detailliertheit darzustellen, wäre notwendig zum Scheitern verurteilt. Die nachfolgenden Ausführungen sollen daher pragmatische Ansätze liefern, sich dem Thema der Evaluation grundsätzlich zu widmen, und Hinweise auf mögliche Methoden und Instrumente geben.

22 Vgl. SVR, Sondergutachten 2012, S. 164.
23 SVR, Sondergutachten 2012, S. 116

Kontinuierlicher Verbesserungsprozess (KVP) als Grundprinzip der Evaluation

Ein Instrument bzw. Konzept, das sich jedenfalls grundsätzlich anbietet, um den Prozess des Versorgungsansatzes wie auch seine Evaluation im Sinne eines kontinuierlichen Verbesserungsprozesses (KVP) zu ordnen und zu definieren, ist der sogenannte PDCA-Zyklus, der aus den Phasen Plan, Do, Check und Act besteht. Jeder Versorgungsansatz und jede Evaluation kann – spezifiziert für die jeweiligen individuellen Anforderungen – in einzelne Phasen im Gesamtprozess unterteilt werden. Die entsprechenden Maßnahmen werden dann in der PLAN-Phase entwickelt, in der DO-Phase umgesetzt, in der CHECK-Phase hinsichtlich ihrer Zielerreichung überprüft und in der ACT-Phase auf Grundlage der CHECK-Ergebnisse umgesetzt bzw. verbessert.

Beide Prozesse, jeweils adaptiert, können als einzelne, unabhängige PDCA-Zyklen verstanden und umgesetzt werden. Das große Problem des Versorgungsmanagements ist jedoch genau diese Trennung der Versorgung von ihrer Evaluation, die regelmäßig zu Reibungsverlusten führt. Das Problem dabei ist, dass sich diese bei einer unabhängig voneinander erfolgenden Implementierung später meistens nicht mehr miteinander verzahnen lassen. Es braucht aber für einen erfolgreichen synergetischen Output die Betrachtung als Gesamtprozess. Daher erweitern wir das Bild nachfolgend (siehe Abbildung 25.3), indem der Evaluationsprozess als Teilprozess des Versorgungsmanagements eingefügt und als »Zahnrad« in der CHECK-Phase des PDCA-Zyklus des Versorgungsansatzes angestoßen wird. Der dadurch ausgelöste PDCA-Zyklus der Evaluation vollzieht sich dann folgendermaßen: Erstellung eines Studienprotokolls und Auswahl der Evaluationsmethode (PLAN), Durchführung der Evaluation (DO), Validierung und Darstellung der Ergebnisse (CHECK) sowie Maßnahmenableitung und Implementierungsempfehlung (ACT). Umgesetzt werden die ermittelten Maßnahmen dann in der ACT-Phase des Versorgungsansatzes und verbessern die Versorgung.

Die konkrete Umsetzung einzelner KVP-Prozesse erfolgt also immer in Form von Evaluationsteilprojekten, die gemäß dem PDCA-Zyklus gestaltet werden. Dieser Ansatz lässt sich darüber hinaus auf alle denkbaren Dimensionen des Versorgungsmanagements, auf die Versorgungsansätze (z. B. im Alter, für Patienten mit besonderem Bedarf) und auf einzelne Instrumente (z. B. Behandlungspfade, Leitlinien) übertragen. Eines dieser Teilprojekte ist die Auswahl der Evaluationsmethode. Die Ableitung von Maßnahmen bzw. Konsequenzen für spezifische Fragestellungen im Versorgungsprozess sowie die Entwicklung von Standards für Evaluationsmaßnahmen sind wichtige Aspekte, die noch stärker verfolgt werden sollten und an denen die Ausführungen zu den Instrumenten nachfolgend verstärkt ansetzen.

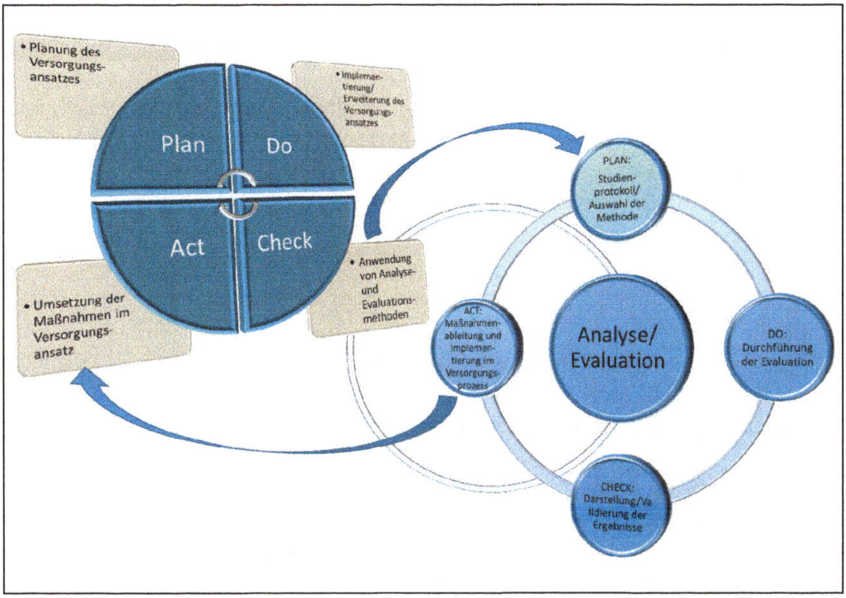

Abbildung 25.3 KVP des Versorgungsmanagements als »Zahnrad«-Prozess zweier sich bedingender PDCA-Zyklen (Versorgungsansatz + Evaluationsprozess) (Eigene Darstellung D. Dröschel)

25.6 Evaluationsmethoden

Für das Versorgungsmanagement und dessen effektive Steuerung der Versorgungsprozesse werden Informationen über die Hauptperspektiven – Zufriedenheit, Prozesse, Wirtschaftlichkeit und medizinische Qualität – benötigt, die in Evaluationsstudien ermittelt werden. Wenngleich Evaluationsmethoden bislang noch nicht in einem breiten Rahmen angewendet werden, ist zu erwarten, dass sie in Zukunft an Bedeutung gewinnen werden.

Unter einer Evaluation versteht man in den Gesundheitswissenschaften eine umfassende Messung und Bewertung des Nutzens und der Kosten von Gesundheitstechnologien. Der Begriff »Gesundheitstechnologien« wird dabei beispielsweise von Amelung et al. sehr weit gefasst und beinhaltet folgende Prozesse und Produkte:

- »Programme zur Prävention und Früherkennung von Erkrankungen (z. B. Impfprogramme oder screenings von Cholesterin- und Blutdruckwerten).

- Medizinische Verfahren zur Behandlung bestimmter Erkrankungen (Bypass-Operationen, minimalinvasive Eingriffe, Herztransplantationen, Rehabilitationsprogramme u. ä.).
- Medikamente, medizinisch-technische Diagnose- und Therapiegeräte und sonstige Medizinprodukte (u. a. Medikamente zur Senkung der Cholesterin- und Blutdruckwerte, Computertomographen, Herzschrittmacher).
- Die medizinische Versorgung in alternativen Organisationsformen (z. B. ambulante oder stationäre Versorgung von Dialysepatienten oder Schlaganfallpatienten).
- Neue Organisationsformen in der Versorgung (→ HMOs, → IDS, → gatekeeping).
- Neue Steuerungsinstrumente (disease management-Programme, Qualitätsmanagementkonzepte).
- Informationstechnologien (Telematik).«[24]

Bei der Evaluation können die verschiedenen Instrumente des Versorgungsmanagements hinsichtlich der Hauptperspektiven oder funktional danach unterschieden werden, ob sie selbst einen Evaluationscharakter haben oder ob es einer Evaluationsmethode bedarf, um die Effekte des Instruments zu messen.

Instrumente auf der Patientenzufriedenheitsebene

- **Patient Benefit Index (PBI):** Ein Instrument zur Erfassung des patientendefinierten Nutzens. Es wurde erstmals in der Psoriasistherapie eingesetzt und in mehreren Studien evaluiert. Das Prinzip des PBI besteht darin, vor Behandlungsbeginn definierte Therapieziele (Patient Needs Questionnaire [PNQ]) hinsichtlich ihrer subjektiven Bedeutung und nach Abschluss der Behandlung die jeweilige Zielerreichung (Patient Benefit Questionnaire [PBQ]) zu bewerten.[25]
- **Patientenzufriedenheitsindex:** Ein Beispiel dafür ist die Entwicklung und klinische Anwendung des Freiburg Life Quality Assessment (FLQA), eines deutsch- und englischsprachigen Fragebogens, mit dem die Lebensqualität (LQ) von Patienten mit chronischer Veneninsuffizienz (CVI) zuverlässig erhoben werden konnte. Der FLQA zeigt gute psychometrische Eigenschaften hinsichtlich Validität und Reliabilität. Klinisch fanden sich stadienabhängige Einschränkungen der Lebensqualität. Anwendungsbereiche dieser Lebensqua-

24 Amelung, V. E. et al., 2012, S. 313.
25 Vgl. Feuerhahn, J., Blome, C., Radtke, M. A., Augustin, M., 2012, Abstract.

litätserhebung sind vornehmlich klinische Studien und gesundheitsökonomische Fragestellungen. Die Auswirkungen der Messergebnisse auf die Lebensqualität sollten jedoch auch in der ärztlichen Praxis berücksichtigt werden.[26]

Funktional sind diese Instrumente immer reine Evaluationsinstrumente, weil sie eine konkrete Versorgungssituation auf die Patientenzufriedenheit hin untersuchen.

Instrumente auf der Versorgungsprozessebene

- **Leitlinien und Standards (Guidelines):** Guidelines sind systematisch entwickelte Aussagen, die den gegenwärtigen Erkenntnisstand wiedergeben und den behandelnden Ärzten und ihren Patienten die Entscheidungsfindung für eine angemessene Behandlung spezifischer Krankheitssituationen erleichtern. Da Leitlinien ein Instrument sind, das keinen evaluatorischen Charakter hat, müssen entsprechende Evaluationsmethoden genutzt werden, um die Effekte zu messen. Leitlinien sind idealerweise als lernendes System implementiert, anhand dessen man im Sinne der Abfolge »Input – Throughput – Output – Outcome«[27] die Ressourcen, die Technologien, die Adhärenz und die Ergebnisse bzw. Wirkungen mit entsprechenden Methoden untersucht.
- **Behandlungspfade (Clinical Pathways):** Behandlungspfade reflektieren die Ziele der Patienten und Leistungserbringer und beinhalten die idealen organisatorischen und zeitlichen Abläufe, um diese Ziele mit größter Effizienz zu erreichen. Funktional ist ein Behandlungspfad primär ein Steuerungsinstrument, bietet aber den Vorteil, dass er unmittelbar Effekte widerspiegelt, wenn davon abgewichen wird. Häufige Instrumente zur Evaluation der Behandlungspfade sind die Kodierungsanalyse oder Varianzanalyse sowie die Qualitätssicherung im Sinne von Qualitäts- und Risikomanagement.
- **Case Management (Fallmanagement):** Instrument zur integrierten Versorgungssteuerung, das auf den individuellen Patienten (Case) fokussiert. In den meisten Fällen liegt der Schwerpunkt in der Optimierung der administrativen Abläufe. Es geht dabei um die möglichst optimale Führung eines einzelnen Patienten mit z. T. mehreren Erkrankungen. Case Management kann im gesamten Spektrum des Versorgungsmanagements eingesetzt werden. Der funktionale Zusammenhang: Es ist ein Instrument zur Gestaltung von Leistungsprozessen, sieht aber evaluatorische Methoden (z. B. Interviews oder Befragungen von Patienten und weiteren Beteiligten) vor.

---

26 Vgl. Augustin, M., Zschocke, I., Vanscheidt, W., Schöpf, S., 1999, Abstract.
27 Angelehnt an Pfaff, H., 2003.

- **Demand Management:** Telefonische oder internetbasierte Informations- und Beratungsdienste zur Steuerung der Versorgungsleistungen. Damit soll neben einer effizienten Versorgung auch einer steigenden Nachfrage nach rasch verfügbarer und einfach zugänglicher ärztlicher Beratung – entweder nur außerhalb der Sprechzeiten oder sogar rund um die Uhr – Rechnung getragen werden. Durch solche Telefonberatungsteams wird eine Minimierung der Belastung der einzelnen Ärzte außerhalb der Sprechzeiten und eine Reduzierung der Hausbesuche angestrebt. Dazu stehen speziell ausgebildete Pflegefachpersonen oder Ärzte für die Anrufe der Patienten zur Verfügung, nehmen eine Triage der Krankheitssymptome vor, geben Krankheitsinformationen und Ratschläge zur Selbstbehandlung bzw. verweisen bei fehlender Qualifikation auf (Fach-)Ärzte und erläutern ggf. weitere Schritte zur diagnostischen Abklärung bzw. zum Behandlungsweg. Demand Management ist funktional gesehen ebenfalls ein den Leistungsprozess steuerndes Instrument, allerdings lässt sich das Instrument auch dazu nutzen, bestimmte Evaluationen (beispielsweise Qualitätssicherung oder Patientenzufriedenheit) durchzuführen.
- **Disease Management:** Ansatz, um möglichst optimale Behandlungs- und Betreuungsprozesse für definierte Gesundheitsstörungen bzw. für eine bestimmte Erkrankung zu erreichen. Nach internationaler Literatur stellt Disease Management eine sektorenübergreifende, indikationsbezogene Organisations- bzw. Versorgungsform dar, die sich an Patientengruppen mit spezifischen Risiken oder Erkrankungen richtet, auf einer evidenzgestützten Wissensbasis mit entsprechenden Leitlinien beruht und im Sinne eines kontinuierlichen Verbesserungsprozesses ihren Erfolg an belegten Outcome-Parametern evaluiert. Dabei wird in zunehmendem Maß die aktive Beteiligung der Patienten am Heilungsprozess in die Definition miteinbezogen. Das Disease Management ist gesetzlich in einem eigenen Paragrafen geregelt (§ 137f SGB V). Auch besteht der funktionale Zusammenhang darin, dass es primär ein Instrument zur Leistungsprozesssteuerung ist und darüber hinaus die Evaluation als Prozessbestandteil integriert.

Instrumente auf der Wirtschaftlichkeitsebene

- **Ökonomische Evaluationsverfahren:** Darunter versteht man in den Gesundheitswissenschaften eine umfassende Messung und Bewertung des Nutzens und der Kosten von Gesundheitstechnologien. Neben klassischem Controlling und Medizin-Controlling, die eine Monitoring-Funktion erfüllen, kommen Kosteneffektivitäts-, Kosten-Nutzen-, Kosten-Nutzwert- oder Budget-Einfluss-Bewertungen zum Einsatz. Darüber hinaus kommen auch statistische Methoden wie das Propensity-Scoring zum Einsatz, z.B. in der Versorgungsvertragsevaluation. Funktional sind diese Verfahren als reine Evaluationsinstrumente einzuordnen.

- **Qualitätsmanagement (QM):** Auf der Grundlage von Qualitätszielen werden Anreizsysteme und Organisationsmodelle entwickelt, die besonders bei der Finanzierung eine Verbesserung möglich machen. Daher ist QM in Teilen auch ein Instrument zur Wirtschaftlichkeitssteuerung. Funktional ist es ebenfalls ein Evaluationsinstrument.

Instrumente auf der Ebene der medizinischen Qualität

- **Qualitätsmanagement:** Ist die systematische Bewertung der Qualität der medizinischen Versorgung. Entsprechend der DIN EN ISO 9000:2015 handelt es sich um aufeinander abgestimmte Tätigkeiten zum Leiten und Lenken einer Organisation, die darauf abzielen, die Qualität der produzierten Produkte oder der angebotenen Dienstleistung zu verbessern. Gemeint sind damit alle Maßnahmen und Tätigkeiten, durch die die Qualitätspolitik, die Ziele und die Verantwortlichkeiten in einem Betrieb, z. B. einer Arztpraxis, festgelegt sowie diese durch Mittel wie Qualitätsplanung, -lenkung, -sicherung und -verbesserung verwirklicht werden. QM ist aus funktionaler Sicht ein direktes Evaluationsinstrument.
- **Utilization Review und Utilization Management:** Dabei wird auf Grundlage individueller Fallbetrachtungen eine Überprüfung der Angemessenheit der induzierten Leistungen durchgeführt. In der Regel bezieht sich diese Form der Leistungskontrolle auf die Leistungserbringer, sie kann jedoch auch bei Patienten durchgeführt werden. Auch hierbei handelt es sich um ein Evaluationsinstrument im funktionalen Zusammenhang.

25.7 Umsetzung der Evaluation

Um diese Voraussetzungen zu schaffen und Probleme erkennen und beheben zu können, werden mittels Programmevaluationen, das sind angewandte Forschungsarbeiten, einzelne Interventionen oder ganze Interventionspakete evaluiert. Die Evaluationsforschung ist dabei die explizite Verwendung wissenschaftlicher Methoden, die den möglichst kausalen Nachweis der Wirksamkeit und Effizienz einer Intervention erbringen soll. Dazu stehen, wie in Tabelle 25.2 aufgezeigt, verschiedene Verfahren zur Verfügung.

	Ökonomische Evaluationsverfahren	Präferenzmessung	Evidenzbasierte Medizin (EBM)	Outcomes-Forschung	Health-Technology-Assessment
Merkmal	Einbeziehung von Kosten und monetären Ergebnisindikatoren in die Evaluation	Berücksichtigung von Patientenpräferenzen	Analyse der Wirksamkeit (efficacy) einer medizinischen Technologie	Analyse der Beziehung zwischen Struktur-, Prozess- und Ergebnisqualität (effectiveness)	zusätzliche Einbeziehung von ethischen, rechtlichen und sozialen Faktoren
Entscheidungsproblem	Nutzenmaximierung bzw. Kostenminimierung von Gesundheitstechnologien	Offenlegung versteckter Bedürfnisse und Präferenzen	Selektion und Beurteilung relevanter Daten	Optimierung der Ergebnisse (outcomes)	Auswahl und Timing von Gesundheitstechnologien
Theoretische Basis	• Ökonomische Wohlfahrtstheorie • Entscheidungstheorie (Cost-Effectiveness, Cost-Benefit, Cost-Utility, Budget Impact)	• Conjoint-Analyse • Discrete-Choice-Experimente	• Epidemiologie • Metaanalyse	• Qualitätsansatz von Donabedian • Gesundheitssystemforschung	Technologiefolgenbewertung
Anwendung im Versorgungsmanagment	• Guidelines • Case Management	• Neue Versorgungsformen • Disease Management • Leistungskatalog • Demand Management • Patientencoaching	• Guidelines • Disease Management	• QM • Vergütungsformen • Disease Management	• Leistungskatalog • Positivlisten

Tabelle 25.2 Evaluationsverfahren (Quelle: Eigene Darstellung in Anlehnung an Amelung, V. E. et al., 2012, S. 314)

Bevor eine Beurteilung von Parametern durchgeführt werden kann, müssen diese definiert werden. Entsprechend den oben genannten Verfahren kommen quantitative und qualitative Methoden zum Einsatz. Die Inanspruchnahme, die Compliance und die Adhärenz wird durch die Erwartungen, Bedürfnisse und Prioritäten der Patienten beeinflusst, die insbesondere berücksichtigt werden sollten.

Daraus ergibt sich nunmehr aber auch, dass sich das Informationsbedürfnis unterscheidet und damit das Interesse und Ziel einer Evaluation eine unterschiedliche Ausrichtung hat. Es stellt sich z. B. die Frage, ob eine implementierte Leitlinie und ihre Inhalte bekannt sind oder ob die Empfehlungen als umsetzbar angesehen werden.

Einer erfolgreichen Implementierungsstrategie sollte deshalb auch eine Analyse der fördernden und hemmenden Faktoren eines Versorgungsansatzes folgen, und die Strategie muss dementsprechend vorbereitet und angepasst sein. Dabei muss z. B. gefragt werden, welche Implementierungsstrategien die Umsetzung fördern, ob z. B. das Case Management tatsächlich umgesetzt wird und ob die Patienten davon profitieren oder die Versorgungsqualität steigt.

Versorgungsansätze sind idealerweise als lernendes System implementiert, anhand dessen man im Sinne der Abfolge »Input – Throughput – Output – Outcome«[28] die Ressourcen, die Technologien, die Adhärenz und die Ergebnisse bzw. Wirkungen mit entsprechenden Methoden untersucht.

Man kann dabei auch zwischen formativen Evaluationsverfahren unterscheiden, die dabei eine Monitoring-Funktion erfüllen und daher eher kontinuierlich den jeweiligen Prozess anhand von Indikatoren analysieren. Die formative Evaluation fragt dabei z. B. nach der Funktionalität der Leitlinie oder dem Effekt der Implementierungsstrategie des Case Managements. Die sogenannte summative Evaluation, die eine abschließende Wertung vorsieht und damit eine einzelne Fragestellung untersucht, fragt insbesondere nach der Validität des Versorgungsansatzes und der Messgrößen bzw. Qualitätsindikatoren.[29] Letztere werden in Deutschland beispielsweise durch das QUALIFY-Instrument des BQS-Instituts zur Bewertung der methodischen Güte von Qualitätsindikatoren möglich.

Formative Evaluationsverfahren kommen insbesondere für den Input und teilweise für den Throughput des lernenden Systems infrage, während summative Verfahren besonders geeignet sind, den Throughput, Output und Outcome zu analysieren.

Den Input eines Versorgungsansatzes oder Instruments, der sich auf die eingesetzten Ressourcen bezieht, kann man z. B. mit folgenden Methoden analysieren und kontrollieren:

- Befragungen;
- Interviews;
- Think aloud und Fokusgruppen;
- Inhaltsanalysen;
- Pilottests oder
- Peer Reviews.

---

28 Vgl. Pfaff, H., 2003.
29 Rossi, P., Lipsey, M., Freeman, H., 2004.

Zu diesen formativen Instrumenten gehören insbesondere das Utilization Review und das Qualitätsmanagement, auch das Demand Management kann als Evaluationsweg zur Anwendung kommen.

Eine summative Evaluation des Throughputs, Outputs oder Outcomes kann beispielsweise mit folgenden Methoden und Instrumenten erfolgen:

- Kohortenstudien im Prä-Post-Design. Das sind (kontrollierte) Vorher-Nachher Analysen, z. B. zur Analyse der Versorgungssituation vor und nach Verbreitung einer Leitlinie oder Einführung eines Case Managements;
- Fall-Kontroll-Studien, z. B. zur Messung des Outcomes bei Anwendung von Behandlungspfaden vs. keinen Behandlungspfaden;
- cluster-randomisierte klinische Studien (cRCT), um die Effekte von Implementierungsmaßnahmen zu evaluieren;
- Querschnittstudien bzw. Registeranalysen, um z. B. die Versorgungssituation oder den Umsetzungsgrad eines Disease Managements zu evaluieren;
- qualitative Studien bzw. Fokusgruppeninterviews können z. B. dazu dienen, eine Barrierenanalyse zur Planung einer Leitlinienimplementierung durchzuführen; mögliche Instrumente hierfür sind:
    - Stepped wegde design;
    - Zeitreihenanalysen (Interrupted time series analysis);
    - Befragungen;
    - Teilnehmerbeobachtungen;
    - Dokumentenanalysen;
    - Fallvignetten.

Die Informationen aus der Evaluation eines Versorgungsprogramms können dann die Basis für eine Weiterentwicklung des Versorgungsansatzes oder z. B. auch für eine ergebnisorientierte Vergütung sein. Auch im Interesse der Patienten sollten die Kosten der Versorgungsprogramme bzw. der Vertragsgestaltung und deren Effekte auf die klinische Qualität der Versorgung und die Patientenzufriedenheit evaluiert werden.[30]

Nachfolgend werden noch die gesundheitsökonomische Evaluation, das Qualitätsmanagement und das Utilization Review als die wesentlichen implementierten Evaluationsmethoden eingeführt.

30 Vgl. Busse, R., Schreyögg, J., Stargardt, T., 2012, S. 451 ff.

Ökonomische Evaluierung

Eine Grundannahme der Ökonomie ist, dass Ressourcen immer und überall knapp sind und dass alle Entscheidungsträger – Individuen oder Institutionen – entscheiden müssen, wie knappe Ressourcen allokiert werden. Gesundheitsökonomen untersuchen Allokationsregeln und versuchen, diese Regeln anzuwenden, um den Bedürfnissen dieses speziellen Charakters der Gesundheit gerecht zu werden. Die Herausforderung liegt darin, den Konflikt zwischen der ökonomischen und der ethischen Betrachtungsweise zu lösen, wenn es um die Aufteilung knapper Ressourcen geht – sei es innerhalb des Gesundheitswesens oder zwischen Gesundheit und anderen Bedürfnissen.[31]

Die gesundheitsökonomische Evaluation ist ein strukturierter Ansatz, der Entscheidungsträger dabei unterstützt, zwischen der alternativen Verwendung von Ressourcen bestmöglich entscheiden zu können. Sie befasst sich im Wesentlichen damit, Effizienz in den Bereichen zu messen, wo öffentliche Interessen involviert und keine marktbasierten Mechanismen vorhanden sind, die diese regulieren könnten. In diesem Zusammenhang ist auch der Effizienzbegriff ein wichtiges Grundkonzept, das sich über die sogenannten Opportunitätskosten erklären lässt. Das sind Kosten von konsumierbaren Ressourcen, ausgedrückt als Wert der nächstbesten Alternative, was bedeutet, dass es nicht möglich ist, mehr von einem Gut (A) zu produzieren, ohne weniger eines anderen Gutes (B) zu produzieren. Und da die Entscheidung für Alternative A eine Entscheidung gegen die Alternative B ist, entstehen Kosten, ohne eine Ausgabe gemacht zu haben, obwohl der Wert nicht notwendigerweise von einem »Markt« bestimmt wird.[32]

Es besteht darüber hinaus ein genereller Bedarf, die Ressourcen anhand geeigneter physischer und natürlicher Einheiten (z. B. Pflegeminuten, Verweildauer, Dosis) zu quantifizieren, um dann eine Allokationsentscheidung zu treffen. In der gesundheitsökonomischen Evaluation unterscheidet man gewöhnlich zwischen direkten und indirekten Kosten, die mit der Intervention (z. B. dem Versorgungsansatz) anfallen, und den sogenannten intangiblen Kosten, die zwar schwer zu quantifizieren sind, die aber ebenfalls infolge von Interventionen entstehen und daher berücksichtigt werden sollten.

Direkte Kosten werden am häufigsten erhoben und kategorisiert als:

- Kapital oder Investitionskosten (Gebäude, Ausstattung);
- Gemeinkosten (Overheads), also Kosten, die für gemeinsam genutzte Ressourcen (z. B. Heizkosten, Elektrizität, Verwaltung oder Verpflegung) anfallen;

31 Schöffski, O., Schulenburg, Graf von der, M. J., 2008, S. 479 ff.
32 Brouwer, W., Rutten, F., Koopmanschap, M., 2001, S. 68 ff.

- Arbeits- oder Humankapitalkosten (medizinisches und nichtmedizinisches Personal);
- Verbrauchsgüter (Einwegartikel wie Verbandmaterialien, Katheter und Medikamente).

Direkte Kosten können auch kategorisiert werden als:

- direkte medizinische Kosten (Medikamente, Arbeitszeit, medizinische Ausstattung, Transportkosten, Selbstbeteiligungen etc.);
- direkte nichtmedizinische Kosten (Administration, Verpflegung etc.).

Indirekte Kosten sind Kosten, die aufgrund von Krankheit und deren Behandlung entstehen, aber nicht direkt assoziiert sind (Arbeitsunfähigkeit, Zeit die nicht anderweitig produktiv genutzt werden kann).

Intangible Kosten sind schließlich jene Kosten, die nicht direkt messbare Effekte wie Schmerz und physische Beschränkungen, zu deren Messung es verschiedene Ansätze gibt. Eine Möglichkeit ist beispielsweise die Messung der Zahlungsbereitschaft. Dabei wird durch Befragung erhoben wie ein individueller Mensch den potentiellen Gewinn oder Verlust an Leben oder Lebensqualität in Geldeinheiten ausdrücken würde. Diesem Befragungsverfahren wird in der Literatur verbreitet unterstellt, unethisch und/ oder unmöglich zu sein. Man unterscheidet physische, psychische und soziale Faktoren wie beispielsweise Angst, Schmerz, Stress, Freude, Glück, Veränderung der Compliance oder der Lebensqualität.[33]

Gesundheitsökonomische Evaluation ist also der Vergleich von Kosten und Konsequenzen einer Maßnahme, z. B. der Einführung eines neuen Medikaments, des Baus eines neuen Krankenhauses oder des Einkaufs von Medizinprodukten. Sie kann dabei helfen, die limitierten Ressourcen optimal zu nutzen:

1) Bewertung der Effizienz oder des monetären Werts (Value for Money);
2) Vergleich von Kosten und Konsequenzen;
3) Anwendung im Zusammenhang mit einer Reihe von Richtlinien:
   - rationale Verbreitung und Nutzung von Gesundheitstechnologien;
   - bei der Reform von Finanzierungsansätzen oder
   - bei der Entwicklung von Versorgungsleitlinien;
4) Bewertung von gesundheitsproduzierenden Maßnahmen in verschiedenen Sektoren der Wirtschaft (Verkehrssicherheit, Umweltschutz, betriebliche Gesundheit, …).

33 http://edoc.hu-berlin.de/dissertationen/auerbach-holger-2006-03-20/HTML/N194C9.html (08. 04. 2016).

Die grundlegende Aufgabe der gesundheitsökonomischen Evaluation ist es zu …

- identifizieren,
  - Kosten: Welche Inputs werden gebraucht?
  - Nutzen: Wer profitiert davon?
- messen,
  - Kosten: finanzielle, ökonomische – z. B., was wir bei einer Kosten-Nutzen-Bewertung tun.
  - Nutzen: Welchen Nutzen (Utility, Benefit) erhalten wir?
- bewerten,
  - Kosten: monetäre Bewertung;
  - Nutzen: Nutzenwerte (Utilities, Benefits);
- vergleichen,
- Kosten: Opportunitätskosten;
- Nutzen: Alternativen;

… in Bezug auf die Kosten und Konsequenzen der betrachteten Alternativen.

Gesundheitsökonomische Werkzeuge können dahin gehend unterschieden werden, ob sie z. B. das Gesundheitsergebnis messen (wie beispielsweise Quality-adjusted Life-Years [QALYs]), ob sie Kosten (z. B. Gesamtkosten, die Bestandteile von Kosten und ihre Verteilung) oder die gesundheitsökonomische Evaluation bestimmen (wenn z. B. die Kosteneffektivität eines neuen Medizinprodukts bestimmt werden soll), ob sie bei der Entwicklung und Verbreitung von Gesundheitstechnologien benötigt werden (z. B. Anreize für F&E und zur vermehrten Nutzung bestimmter Technologien) oder ob sie bei der gesundheitsökonomischen Modellierung Anwendung finden sollen (z. B. in Entscheidungsbaummodellen, multikriteriellen Entscheidungsmodellen, mathematischen Modellen und ökonometrischen Ansätzen).

Gesundheitsökonomische Evaluation gibt dabei jedoch keinen Aufschluss über Bezahlbarkeit (Affordability), die Verteilungsgerechtigkeit (Equity), ethische Überlegungen (Ethical Concerns), Angemessenheit (Acceptability) oder politische Machbarkeit (Political Feasibility). Dazu benötigt man jeweils andere sozial- und wirtschaftswissenschaftliche Methoden.

Es gibt im Wesentlichen fünf Formen gesundheitsökonomischer Evaluation, die man für die vergleichende Analyse der Kosten und Konsequenzen alternativer Behandlungsmethoden einsetzen kann.

Methode	Kosten	Konsequenzen	Ergebnis	Inkremental-analyse
Kostenvergleich/ Kostenminimierung (Cost Minimization)	monetärer Wert (z. B. €)	identisch in allen Ergebnissen	Alternative mit den niedrigsten Kosten	min (C1, C2)
Kosteneffektivität (Cost Effectiveness)	monetärer Wert (z. B. €)	unterschiedliche Ausprägungen eines gemeinsamen Messwerts, z. B. LJ gewonnen, Re-Infarkt vermieden	Kosten pro Einheit der Konsequenz, z. B. Kosten pro gewonnenem LJ	**K1 – K2** E1 – E2
Kosten-Nutzenwert (Cost Utility)	monetärer Wert (z. B. €)	einzelne oder multiple Effekte, nicht unbedingt eines gemeinsamen Messwerts, bewertet als Nutzen, z. B. QALY	Kosten pro Einheit der Konsequenz, z. B. Kosten pro QALY	**K1 – K2** N1 – N2
Kosten-Nutzen (Cost Benefit)	monetärer Wert (z. B. €)	wie beim Kosten-Nutzenwert, aber bewertet in Geld, z. B. Zahlungsbereitschaft	Nettonutzen: Monetärer Wert (€) der Kosten im Verhältnis zum Nutzen	(B1 – C1) – (B2 – C2)
Budget-Einfluss-Analyse (Budget Impact Analysis)	monetärer Wert (z. B. €)	gegeben als Ergebnis des Nutzens der Intervention in der jeweiligen Einheit, z. B. QALY, PFS, LJg	monetärer Wert (€) der Konsequenzen einer Intervention auf das Budget	I >/< = B

Tabelle 25.3 Gesundheitsökonomische Evaluationsverfahren (Quelle: Eigene Darstellung D. Dröschel)

Kostenminimierungsanalyse (Cost Minimization Analysis [CMA]): Bei der Kostenminimierungsanalyse werden nur die Kosten der Interventionsalternativen untersucht. Es wird dann unterstellt, dass die Interventionsalternativen bezüglich der (gesundheitsökonomisch relevanten) Effektparameter identisch sind. Ein entsprechender Nachweis sollte in einer klinischen Studie erfolgt sein.[34]

Kosteneffektivitätsanalyse (Cost Effectiveness Analysis [CEA]): Bei Kosteneffektivitätsanalysen werden die Outcomes in realen Einheiten gemessen. Es lassen sich klinische Parameter wie Blutdrucksenkung oder Lungenfunktionskapazitätsverbesserung und (intermediäre und finale) gesundheitliche Outcomes wie vermiedene Herzinfarkte, verhinderte Todesfälle oder gewonnene Lebensjahre berücksichtigen. Die Kosteneffektivitätsanalyse ist besonders geeignet, wenn ein

34 Zechmeister, I., Radlberger, P., 2009, S. 161.

eindeutig dominanter Effektparameter identifizierbar ist. Die Bedeutung von Effektparametern sollte in CEAs aus der Patientenperspektive eingeschätzt werden. Insofern sind finale gesundheitliche Outcomes besonders relevant. Klinische Parameter sind bedeutsam, wenn sich – basierend beispielsweise auf epidemiologischen Studien – von den klinischen Parametern auf finale Outcomes schlussfolgern lässt. Kosten- und Effektivitätsunterschiede der Interventionsalternativen werden in CEAs zu Kosteneffektivitätsrelationen aggregiert.[35]

Kosten-Nutzwert-Analyse (Cost Utility Analysis [CUA]): In Kosten-Nutzwert-Analysen können gleichzeitig mehrere Outcomes berücksichtigt werden. Die Ergebnisparameter werden durch eine Bewertungsvorschrift in Nutzeneinheiten überführt und sind damit aggregierbar. Im Allgemeinen werden die globalen Ergebnisparameter Gewinn an Lebenszeit und Lebensqualität während der verbleibenden Lebenszeit zu einem Index aggregiert, den sog. qualitätsadjustierten Lebensjahren (QALYs). Ein QALY ist rechnerisch ein zusätzliches Lebensjahr in optimaler Gesundheit. Mit der Kosten-Nutzwert-Analyse wird es möglich, Interventionen bei unterschiedlichen Indikationen zu vergleichen und insbesondere auch nicht lebenszeitverlängernde Interventionen einzubeziehen (z. B. Vergleich eines Rückenschulprogramms bei chronischen Rückenschmerzen mit einer Bypass-Operation nach akutem Herzinfarkt).[36]

Kosten-Nutzen-Analyse (Cost Benefit Analysis [CBA]): Bei Kosten-Nutzen-Analysen werden nicht nur die Kosten, sondern auch die Outcomes in monetären Einheiten bestimmt. Damit wird erreicht, dass – wie bei der Kosten-Nutzwert-Analyse – gleichzeitig mehrere Ergebnisparameter in die Analyse eingehen. Darüber hinaus lassen sich Kosten und Nutzen direkt miteinander vergleichen und es kann der Nettonutzen einer Intervention (gegenüber einer Alternativintervention) – als Differenz von Nutzen und Kosten – abgeleitet werden. Die CBA ermöglicht grundsätzlich, Investitionen in Gesundheit mit Investitionen in Bildung oder Umwelt zu vergleichen. Kosten-Nutzen-Analysen sind anspruchsvoll und insbesondere die Bewertung der Nutzenelemente ist teilweise problematisch.

Die Kosten-Nutzen-Analyse lässt sich aus der ökonomischen Wohlfahrtstheorie ableiten. Demgegenüber stellen Kosteneffektivitäts- und Kosten-Nutzwert-Analyse zunächst entscheidungsanalytische Ansätze dar. Sie lassen sich aber – unter restriktiven Annahmen – in Kosten-Nutzen-Analysen überführen und sind dann auch wohlfahrtsökonomisch basiert.[37]

---

35 Schöffski, O., Schulenburg, Graf von der, M. J., 2012, S. 43 ff.
36 Ebenda.
37 Ebenda.

Budget-Einfluss-Analyse (Budget Impact Analysis [BIA]): Die Budget-Einfluss-Analyse ist ein essenzieller Teil von umfassenden gesundheitsökonomischen Analysen von Gesundheitstechnologien und wird zunehmend im Vorfeld von formalen Zulassungs- und Erstattungsprozessen im Zusammenhang mit Kosteneffektivitätsanalysen gebraucht. In Deutschland ist dies zudem die am ehesten und meisten angewendete Form der gesundheitsökonomischen Evaluation. Das Ziel der BIA ist es, die finanziellen Konsequenzen einer Zulassung und Erstattung einer neuen Gesundheitsintervention abzuschätzen, die zudem für einen meist spezifischen Bereich und Versorgungskontext mit notwendigerweise eigenen Ressourcenbeschränkungen bestimmt ist. Es kann demnach zu der Situation kommen, dass eine Kosteneffektivitätsanalyse die Effizienz einer Technologie ausweist, während die BIA zu dem Ergebnis gelangt, dass diese Technologie für den Kostenträger nicht bezahlbar ist. Leider gibt es bisher keine wissenschaftlichen Leitlinien dazu, wie ein solches Dilemma gelöst werden könnte. Die mit dieser Methode angesprochene Zielgruppe sind Entscheidungsträger im Gesundheitswesen, die lokal, regional oder auch national über Budgets entscheiden. Andere können Interesse an einer BIA aus einer spezifischen Fragestellung heraus entwickeln, z. B. Wissenschaftler, die Versorgungsforschung für verschiedene Entscheidungsträger durchführen, Patientenvertretergruppen, Versorgungsmanagementorganisationen, Arzneimittelhersteller und Hersteller medizinischer Produkte sowie Akteure, die Leitlinien für ihr jeweiliges Fachgebiet erstellen.[38]

Für den analytischen Rahmen lassen sich spezifische Empfehlungen formulieren:

- Angemessenes Design des analytischen Rahmens:
  - Ein Krankheitsmodell, das konsistent mit dem KE-Modell ist (wobei das überwiegend nicht so genutzt wird).
  - Es sollte alle Budgetimplikationen erfassen, *nicht nur* die der evaluierten Technologie.
- Perspektive der Analyse:
  - sollte der Kostenträger sein.
- Basisfall Analyse:
  - meistens eine Finanzierungsentscheidung mit oder ohne Beschränkungen.
- Eingeschlossene Population:
  - alle Personen, die infrage kommen, die neue Technologie zu erhalten; beinhaltet auch die Nachfrageimplikation.

38 Mauskopf, J. A., 2007, S. 336.

- Zeithorizont der Analyse:
  - ein bis drei Jahre; längere Zeithorizonte, wenn dies für den Kostenträger interessant ist.
- Kosten:
  - Kostenträgertransaktionspreise, Kostenströme über den Zeithorizont.[39]

Von Experten werden derzeit sechs Schlüsselelemente als notwendige Input-Anforderungen für den Modellrahmen eines BIA-Modells empfohlen:

- Größe und Charakteristika der Zielpopulation:
  - Epidemiologie, natürliche Historie der Erkrankung und Datenbankannahmen.
- Derzeitiger Interventionsmix ohne die neue Intervention:
  - Kostenträgerdaten oder publizierte Marktforschungsdaten.
- Neuer Interventionsmix mit der neuen Intervention:
  - Marktvorhersage mit transparenten Annahmen darüber, wie sich ein Wechsel zu (Switch) oder eine Ergänzung (Add-on) um andere Therapien auswirkt.
- Kosten des gegenwärtigen und des neuen Interventionsmixes:
  - Akquisitions- plus Administrationskosten, Monitoring-Kosten, Kosten durch Nebenwirkungen, jeweils angepasst an die Therapietreue (Adherance), Produktrabatte und Zuzahlungen aus Kostenträgerdatenbanken oder durch Annahmen.
- Nutzung und Kosten anderer Gesundheitsversorgungsleistungen aufgrund des Gesundheitszustands und der Behandlungsanforderungen:
  - basierend auf den Daten aus klinischen Studien, den Daten, die in den Krankheitsmodellen Anwendung fanden und entwickelt wurden, um den Einfluss auf die Ressourcenbeanspruchung und die Kosten durch die jeweilige Population – nach jedem Jahr der Zulassung des Produkts – zu bestimmen.

Im Sinne des KVP des Versorgungsmanagements kann die gesundheitsökonomische Evaluation im Hinblick auf ihre Funktion und Position wie folgt in den erweiterten »Evaluationszyklus« eingefügt werden (siehe Abbildung 25.4) und stellt dabei drei leitende allgemeine Fragen:

39 Mauskopf, J. A., 2007, S. 336.

1) Kann es funktionieren (Wirksamkeit)?
2) Funktioniert es (Effektivität)?
3) Lohnt es sich (Effizienz)?

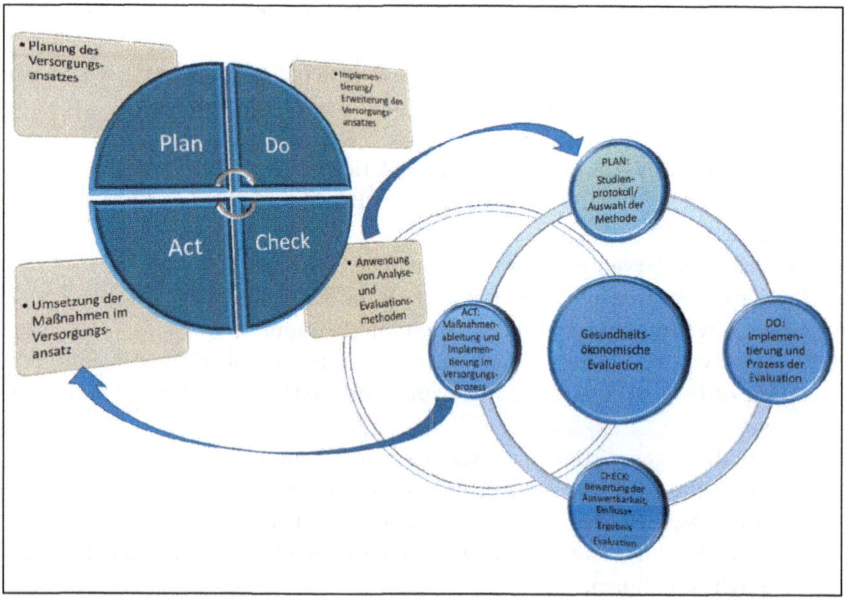

Abbildung 25.4 KVP der gesundheitsökonomischen Evaluation zur Evaluation eines Versorgungsmanagementansatzes (Eigene Darstellung D. Dröschel)

Qualitätsmanagement

Auf der Grundlage von Qualitätszielen sollen Anreizsysteme und Organisationsmodelle entwickelt werden, die besonders bei der Finanzierung von Gesundheitsleistungen eine systematische Bewertung der Qualität der medizinischen Versorgung möglich machen. Ziel des Qualitätsmanagements ist es, die Qualität der Leistungen zu verbessern und die Streuung der Qualität bei der Leistungserbringung zu vermindern.

Zur Definition des Begriffs können verschiedene Definitionen herangezogen werden.

Die allgemein geläufigste ist die allgemeine Definition nach Donabedian, der drei Ansätze zur Bewertung der Qualität unterscheidet:

- den Strukturansatz oder auch die Strukturqualität,
- den Prozessansatz oder auch die Prozessqualität und
- den Ergebnisansatz oder auch die Ergebnisqualität (Outcomes-Forschung).

»Qualität« im Zusammenhang mit Gesundheitsleistungen in der integrierten Versorgung und in Managed-Care-Ansätzen wird häufig durch die Definition des Institute of Medicine erklärt. Demnach ist Qualität der Grad, bis zu dem Gesundheitsleistungen für Individuen und Bevölkerungsgruppen die Wahrscheinlichkeit gewünschter Gesundheitsoutcomes steigern. Sie muss dabei auf dem aktuellen professionellen Wissen basieren.[40]

Im Rahmen eines Qualitätsmanagements bilden die gewonnenen Qualitätsdaten die Grundlage für die beabsichtigte Qualitätsverbesserung. Qualitätsmanagement bezieht nach einer neueren Definition mit ein, wie Führungskräfte im Gesundheitswesen (in Einzel- oder Gruppenpraxen, in einer Krankenhausabteilung oder als Verwaltungsleiter) ihre jeweiligen Organisationen verstehen, erklären und verändern, um die Qualität der Versorgung und die Gesundheit der Patienten in ihrer Umgebung zu verbessern.[41]

Da Managed-Care-Instrumente primär auf eine Reduktion der Kosten bei der Erbringung von Gesundheitsleistungen abzielen, erhält die Bewertung der Qualität eine wichtige Kontrollfunktion.

Al-Assaf führt die folgenden Merkmale als Bestandteile eines Qualitätsmanagementkonzepts auf:

- Qualität ist multidimensional und hat für die verschiedenen Beteiligten in der Gesundheitsversorgung eine unterschiedliche Bedeutung. Die Ziele des Qualitätsmanagements werden idealerweise gemeinsam durch die beteiligten Leistungserbringer festgelegt, um eine größtmögliche Akzeptanz zu erreichen. Da Qualität zweckgebunden ist, ergibt sich daraus die Forderung nach einer exakten Formulierung der Ziele des Qualitätsmanagements.
- Ein Qualitätsmanagement beruht auf Standards und einer geeigneten Datengrundlage. In jeder Phase des Qualitätsmanagements sind daher Daten zu erheben, mit statistischen Methoden auszuwerten und mit Referenzwerten zu vergleichen.
- Qualität entsteht im Zusammenspiel vieler Einzelprozesse einer Organisation. Die Schnittstellen dieser Prozesse verlangen daher besondere Aufmerksamkeit (Schnittstellenmanagement).

40 Vgl. Blumenthal, D., 1998, S. 2775–2778.
41 Vgl. Kelly, D. L., 2003, S. 3.

- Das Qualitätsmanagement ist mit dem Kostenmanagement abzustimmen. Eine mangelhafte Qualität zieht Folgekosten nach sich (Krankheitsfolgekosten, Verwaltungskosten). Andererseits setzen Qualitätsverbesserungen in der Regel erhöhte Kosten voraus (Investitionskosten, Kontrollkosten, finanzielle Anreize). Daher muss das Verhältnis von Qualität zu Kosten optimiert werden.[42]

Begriffliche Unterschiede betonen lediglich unterschiedliche Aspekte dieser Ansätze. So hebt der Begriff des Total Quality Managements (TQM) die Ganzheitlichkeit und die strategische Bedeutung des Qualitätsmanagements hervor. Das Konzept des Qualitäts- und Prozessmanagements (QPM) betont die Bedeutung des Schnittstellenmanagements, während das Continuous Quality Improvement (CQI) darauf verweist, dass das Qualitätsmanagement kein abgeschlossener Prozess ist, sondern als Regelkreis und Lernprozess interpretiert werden muss. Dieser Ansatz findet sich in Qualitätsmanagementmodellen wieder, zu denen die Normen der DIN-EN-ISO-9000-Reihe, das EFQM-Modell sowie »QEP« und KTQ zählen.

Angesichts zunehmender Komplexität und steigender Anforderungen in der vertragsärztlichen Versorgung sah es der Gesetzgeber in Deutschland als erforderlich und nutzbringend an, dass nach der bereits bestehenden Verpflichtung für Krankenhäuser auch für die ambulante GKV-Versorgung die Einführung eines einrichtungsinternen Qualitätsmanagements verbindlich gemacht wird. Zur Umsetzung dieser in den §§ 135a und 136 SGB V verankerten Anforderung wurde der Gemeinsame Bundesausschuss (G-BA) beauftragt, alles Nähere in Richtlinien zu regeln. Dieser Aufgabe ist der G-BA mit der Veröffentlichung der Richtlinien zum einrichtungsinternen Qualitätsmanagement in der ambulanten Versorgung am 1. Januar 2006 im Bundesanzeiger nachgekommen.

Instrumente des Qualitätsmanagements nach den Richtlinien des Gemeinsamen Bundesausschusses:

- Festlegen von konkreten Qualitätszielen für die einzelne Praxis, Ergreifen von Umsetzungsmaßnahmen, systematische Überprüfung der Zielerreichung und ggf. Anpassung der Maßnahmen;
- regelmäßige strukturierte Teambesprechungen;
- Prozess- und Ablaufbeschreibungen, Durchführungsanleitungen;
- Patientenbefragungen, nach Möglichkeit mit validierten Instrumenten;
- Beschwerdemanagement;
- Organigramm, Checklisten;

42 Vgl. Al-Assaf, A. F., 2001, S. 132 ff.

- Erkennen und Nutzen von Fehlern und Beinahefehlern zur Einleitung von Verbesserungsmaßnahmen;
- Notfallmanagement;
- Dokumentation der Behandlungsverläufe und der Beratung;
- qualitätsbezogene Dokumentation der Qualitätsziele und Überprüfung der Zielerreichung, z. B. anhand von Indikatoren.

Insbesondere die zuletzt aufgeführten Qualitätsindikatoren sind von besonderer Bedeutung, da sie als spezifische und messbare Elemente der Versorgung zur Bewertung von Qualität verwendet werden können. Es handelt sich hierbei um Kennzahlen, die durch die Existenz und den Abgleich von einem Soll- und einem Ist-Wert Steuerungsbedarf anzeigen und Handlungsoptionen anbieten.[43]

Hierbei kann es sich z. B. um

- konkrete Laborwerte, die Hinweise auf die Wirksamkeit der Behandlung geben können,
- die Anzahl der eingeführten Leitlinien,
- die Anzahl der durchgeführten Qualitätszirkel und ihrer jeweiligen Sitzungen,
- den Anteil der umstrittenen Arzneimittel an der Gesamtverordnungsmenge,
- die Anzahl der Dekubitusfälle pro 1 000 Entlassungen einer stationären Einrichtung

handeln.

Diese Zahlen ermöglichen bei entsprechender Implementierung einen Einblick in das Versorgungsgeschehen eines Netzes aus verschiedenen Perspektiven für unterschiedliche Adressaten (z. B. Kostenträger, interne Qualitätszirkel, Patienten). Es können strukturelle Gegebenheiten (z. B. Behandlungskapazitäten, Fortbildungsstatus, Prävalenzen im Versichertenbestand) ebenso konzentriert abgebildet werden wie Prozessparameter (z. B. Wartezeiten, Qualitätszirkelfrequenzen) und medizinische Ergebnisparameter (z. B. Hospitalisierungsraten, nachhaltig verbesserte Blutwerte).

Qualitätsindikatoren werden zu Indikatorensystemen zusammengefasst, die für bestimmte Zielrichtungen entwickelt werden und entsprechend der Perspektive passende Einzelindikatoren beinhalten. Weltweit existiert eine Vielzahl von Indikatorensets mit sehr unterschiedlichen Zielsetzungen, Inhalten und Adressaten. Tabelle 25.4 zeigt hier eine Auswahl.

---

43 Vgl. Zorn, U., Ollenschläger, G., 1999, S. 124.

Indikatorensysteme	Quellen
Übergreifende Sammlung von Indikatorensets mit verschiedensten Aufgabenstellungen: National Quality Measures Clearinghouse (NQMC)	Agency for Healthcare Research and Quality (www.qualitymeasures.ahrq.gov)
National Library of Quality Indicators and ORYX-Programme	Joint Commission on Accreditation of Healthcare Organizations (www.jcaho.org)
Health Plan Employer Data and Information Set (HEDIS)	National Commission for Quality Assurance (www.ncqa.org)
Performance Indicators for Coding Quality (PICQ)	Department of Human Services Victoria, Australia (www. health.vic.gov.au/hdss/picq/index.htm)
Quality Indicators for General Practice	National Primary Care Research and Development Centre, Marshall et al. (www.npcrdc. man.c.uk)
NHS Performance Indicators des Quality and Outcomes Framework (QOF)	Department of Health, GB (www.h.gov.uk/en/ Healthcare/Primarycare/PMC/Quality/OutcomesFramework/index.htm)
Ambulante Qualitätsindikatoren und Kennzahlen (AQUIK)	Kassenärztliche Bundesvereinigung (KBV) (www.kbv.de/aquik.html)
Qualitätsindikatoren der AOK für Arztnetze (QISA)	AOK Bundesverband, erarbeitet vom AQUA-Institut, Göttingen (www.qisa.de)

Tabelle 25.4 Übersicht über international verfügbare Indikatorensets (Quelle: Eigene Darstellung in Anlehnung an Ärztliche Zentralstelle Qualitätssicherung, 2005, S. 5)

Ein zentraler Punkt, der beim Einsatz von Indikatorensystemen nicht unterschätzt werden darf – speziell, wenn sie als Entscheidungsgrundlage für eine veränderte Ressourcenallokation verwendet werden –, sind die Anforderungen an die methodische Güte der Indikatoren.[44]

Für einen konkreten Einblick in ein Indikatorenset wird im Folgenden das AOK-Indikatorenset für Praxisnetze des AQUA-Instituts kurz dargestellt (siehe Abbildung 25.5). Das Set ist in drei Bereiche strukturiert, die gemäß der Zielsetzung Einzelindikatoren beinhalten:

- netzbezogene Indikatoren – Fluktuation, Zufriedenheit und Weiterempfehlung, Fehlermanagement und Leistungsvolumen;

44 Vgl. Ärztliche Zentralstelle Qualitätssicherung, 2005, S. 5.

- krankheitsbezogene Indikatoren für die Erkrankungen:
  - Hypertonie;
  - Diabetes mellitus Typ 2;
  - Asthma bronchiale;
  - koronare Herzkrankheit;
  - akuter Rückenschmerz;
  - Alkoholabusus;
  - Depression;
- leistungsbezogene Indikatoren – für Pharmakotherapie und Laborleistungen.

Fokus	Beispiele für Indikatoren (Auswahl, vereinfachte Darstellung)
Qualitätsmanagement: Aktivitäten des Ärztenetzes	- Qualitätszirkel: Häufigkeit und Teilnahmequoten - Implementierte Leitlinien - Bearbeitete Reklamationen
Entdeckung wichtiger Erkrankungen	- Entdeckte Hypertoniker - Dokumentierte herzkranke Patienten - Berücksichtigte Symptome für Rückenerkrankungen
Medizinischer Prozess	- Durchführung von Basisdiagnostik - Regelmäßige Messung wichtiger Parameter - Durchführung wichtiger Kontrolluntersuchungen
Rationale Pharmakotherapie	- Hauptmedikation bei wichtigen Erkrankungen - Anteil Medikation durch verschiedene Praxen - Polymedikation und Wechselwirkungen - Umstrittene und bedenkliche Arzneimittel
Fortbildung und Schulung	- Umfang der ärztlichen Fortbildung - Umfang der Fortbildung für Arzthelferinnen
Sicht von Patienten und Versicherten	- Durchgeführte Patienten-Schulungen - Anteil zufriedener Patienten und Versicherter - Anzahl der Reklamationen von Patienten

Abbildung 25.5 Fokus der Qualitätsindikatoren der AOK für Arztnetze (Quelle: Stock, J., Broge, B., 2007, S. 102)

Für Leistungserbringer stellt das Indikatorenset eine bereits für typische Fragestellungen entwickelte Sammlung dar, die als Basis zur Entwicklung eines individuellen Kennzahlensystems gut geeignet ist. Je nach Zielrichtung des Netzes und der Datenverfügbarkeit wird für eine reale Implementierung im ersten Schritt immer nur eine Teilmenge der 120 enthaltenen Indikatoren infrage kommen.

Utilization Review und Utilization Management

Im Rahmen des Utilization Reviews wird auf Grundlage individueller Fallbetrachtungen eine Überprüfung der Angemessenheit der induzierten Leistungen durchgeführt. Meistens bezieht sich diese Form der Leistungskontrolle auf die Leistungserbringer, sie kann jedoch auch bei Patienten, z. B. im Falle von auffälliger Kontakthäufigkeit im ambulanten Bereich, durchgeführt werden. Leistungserbringer werden im Falle eines Utilization Reviews angehalten, externen Gutachtern die Motive einer induzierten Leistungsinanspruchnahme darzustellen und sie somit nachvollziehbar zu machen. Sie verlieren damit teilweise ihre Diagnose- und Therapiefreiheit. Der unmittelbare Eingriff in die Art und den Umfang der Leistungserstellung stellt ein konstitutives Element von Managed Care dar. Das Utilization Review ist hierzu ein wesentliches Instrument.

Grundlegend enthält die Leistungskontrolle eine medizinische und eine ökonomische Dimension. Die medizinische Dimension bezieht sich auf die von Leistungserbringern oder Patienten induzierte Inanspruchnahme von Leistungen. Die induzierte Inanspruchnahme kann auch nach ökonomischen Kriterien kritisch betrachtet werden.

Dabei wird beispielsweise untersucht, ob die Symptome eines Patienten zu der Annahme veranlassen, dass bestimmte medizinische Leistungen (z. B. eine Kernspintomografie) erbracht werden sollten, oder ob ein Patient wirklich stationär behandelt werden muss oder es geeignete andere Formen gibt (Ort und auch Stufe der Leistungserstellung). Wenn ein stationärer Aufenthalt unvermeidlich ist, würde demzufolge auch überprüft, wie lange der Patient im Krankenhaus verweilen darf. Anhand der Fragen wird deutlich, dass der Fokus in der Praxis auf der Vermeidung von unangemessenen Leistungen und somit auf der Kostenkontrolle liegt, auch wenn vonseiten der Leistungsfinanzierer immer wieder hervorgehoben wird, dass es sich beim Utilization Review nicht ausschließlich um ein Instrument zur Kostenkontrolle handelt. Vielmehr soll durch die systematische Überprüfung der Angemessenheit von Untersuchungen die Qualität gesteigert werden.

Grundlegend kommen neben dem Utilization Review noch verschiedene andere Formen der Leistungskontrolle infrage, die hier kurz erwähnt, aber nicht näher betrachtet werden.

Andere Formen der Leistungskontrolle:

- Peer Review;
- gebührenrechtliche Rechnungsprüfung;
- formale Rechnungsprüfung.

Utilization Management ist demgegenüber keine fallindividuelle Betrachtung. Die aggregierten Leistungen, beispielsweise eines Arztes, werden vielmehr mit den Ergebnissen der besten Ärzte (Best Practice) oder dem statistischen Mittel verglichen. In den wesentlichen Zügen entspricht Utilization Management dem aus der Managementlehre bekannten Benchmarking.

Beiden ist gemein, dass die Leistungserbringer sich für ihre geplanten oder bereits durchgeführten Leistungen rechtfertigen müssen. Anstelle des Vertrauens steht nun die systematische Analyse seitens der Leistungsfinanzierer. Dies geht einher mit einer deutlichen Verschiebung der Kräfteverhältnisse von den Leistungserbringern hin zu den Leistungsfinanzierern.

Utilization Review und Utilization Management haben in der Praxis eine Vielzahl unterschiedlicher Formen und Ansatzpunkte hervorgebracht. Einen Überblick über die bedeutendsten Formen gibt Abbildung 25.6.

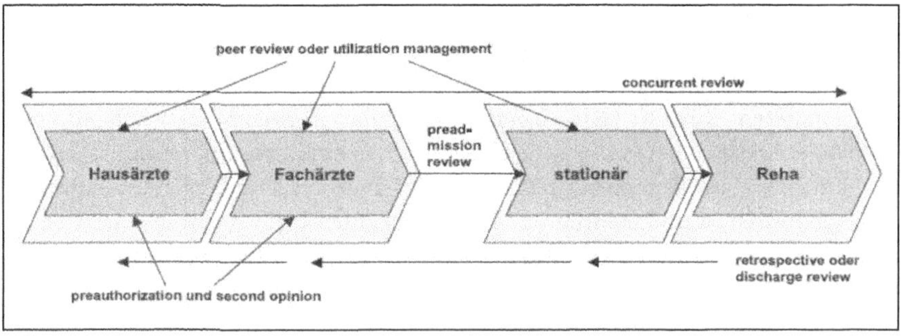

Abbildung 25.6 Utilization Review und Utilization Management in der Wertschöpfungskette (Quelle: Amelung, V. E. et al., 2012, S. 252)

Von ihrer praktischen Bedeutung her sind das Preadmission Review, das Preauthorization Review und Second Opinion sowie das Concurrent Review die vorherrschenden Review-Formen:

- **Preadmission Review:** Dieses Review, bei dem auch von Precertification Review gesprochen wird, ist in der Regel der stationären Einweisung vorgelagert. Der Leistungserbringer, in der Regel ein Fach- oder Allgemeinarzt, kann nicht eigenverantwortlich über eine Einweisung entscheiden, sondern muss sich beim Leistungsfinanzierer eine Genehmigung einholen. Die Anfrage wird dabei nicht von Ärzten entschieden, sondern meistens vom medizinischen Fachpersonal, das standardisierte Protokolle abarbeitet. Erst wenn es zu Konflikten kommt, wird auf der Seite des Utilization Reviews ein Arzt eingeschaltet, der den Fall individuell bearbeitet und entscheidet.

- **Preauthorization Review:** Dabei geht es um die Steuerung des Einsatzes von Diagnose- und Therapieformen sowie medizinischen Hilfsmitteln in der ambulanten Versorgung. Der Arzt kann auch hier nicht allein entscheiden, ob beispielsweise ein MRT/CT durchgeführt wird, sondern muss sich dieses vorher genehmigen lassen. Preauthorization Review konzentriert sich auf eine begrenzte Anzahl sehr teurer Behandlungsformen, z. B. den Einsatz von neuen bildgebenden Verfahren. Es betrachtet nicht zwangsläufig nur die ungerechtfertigte Leistungsausweitung, sondern kann auch eine Unterversorgung aufdecken.
- **Second Opinion:** Diese Programme sind dem Preauthorization Review inhaltlich sehr verwandt, jedoch wird anstelle eines klassischen Review-Prozesses die Einschätzung eines weiteren Fachkollegen eingefordert. Nur wenn beide zu einer einheitlichen Diagnose gelangen, darf die Behandlung durchgeführt werden. Second-Opinion-Programme sind folgerichtig nicht nur ein Kontrollinstrument, sondern gleichermaßen ein Instrument zur Qualitätssicherung.
- **Concurrent Review:** Dabei legen die Leistungserbringer einen Behandlungsplan vor und lassen dessen Angemessenheit überprüfen. Im Wesentlichen soll kontrolliert werden, ob beispielsweise die Länge des Krankenhausaufenthaltes angemessen ist und die währenddessen geplanten Untersuchungen notwendig sind. Eine wesentliche Funktion ist auch die konkrete Planung der Entlassung aus dem Krankenhaus (Discharge Planning) und die Organisation der nachfolgenden Behandlungsformen.

Weitere Formen sind das Retrospective oder Discharge Review, bei dem die jeweiligen Behandlungen oder Teile derselben nachvollzogen und auf ihre Wirtschaftlichkeit hin überprüft werden. Es ist Grundlage für Abmahnungen oder Vertragsauflösungen im Rahmen des selektiven Kontrahierens.

Darüber hinaus gibt es noch das sogenannte Peer Review, das sich vom Utilization Review und Utilization Management erheblich unterscheidet, da hier weniger Kontrollaspekte im Vordergrund stehen, sondern vielmehr Lerneffekte. Peer Review ist die Analyse individueller Fälle gemeinsam mit Fachkollegen. Die eigene Leistungserstellung wird unter Kollegen zur Diskussion gestellt, was einen konstruktiven Dialog fördern und einen kontinuierlichen Verbesserungsprozess initiieren soll.[45]

In Deutschland führen die Krankenkassen diese Form der Kontrolle nicht selbst durch, sondern beauftragen den Medizinischen Dienst der Krankenver-

45 Vgl. Amelung, V. E. et al., 2012, S. 252 ff.

sicherung (§ 282 SGB V). Die Krankenkassen beauftragen den Medizinischen Dienst der Krankenversicherung für eine Einzelfallbetrachtung, die sowohl Fallberatungen als auch Fallbegutachtungen beinhalten kann. In einigen Fällen wird ein Utilization Review in Deutschland sogar automatisch ausgelöst. Dies ist beispielsweise in der ambulanten Versorgung in Bezug auf die Verschreibung von Arzneimitteln der Fall. Sobald ein Arzt das ihm zugebilligte »Budget« (eigentlich: die individuelle Richtgröße) an verschriebenen Arzneimitteln um mehr als 25 Prozent überschreitet, wird automatisch eine Richtgrößenprüfung ausgelöst. Der betreffende Arzt wird gebeten, Gründe darzulegen (z. B. eine besondere Häufung von chronischen Krankheiten unter seinen Patienten), die eine Richtgrößenüberschreitung rechtfertigen. Sofern er dazu nicht in der Lage ist, wird ein Regress gegen ihn eingeleitet, der die Rückzahlung der ungerechtfertigten Überschreitung veranlasst. Auch eine private Krankenversicherung hat die Möglichkeit, einen Utilization Review zu initiieren.[46]

Literatur

Al-Assaf, A. F.: Managed Care Quality: A Practical Guide, Boca Raton, Fl.: CRC Press, 1998. In: Health Care Quality: An International Perspective, edited by Al-Assaf, A. F. MD, CQA, World Health Organization, Regional Office for South-East Asia New Delhi, WHO Regional Publication, SEARO, No. 35, 2001

Amelung V. E.: Managed Care. Neue Wege im Gesundheitsmanagement, 5. Auflage, Wiesbaden: Gabler Verlag, Springer Fachmedien Wiesbaden GmbH, 2012

Ärztliche Zentralstelle Qualitätssicherung: Qualitätsindikatoren in Deutschland. Positionspapier des Expertenkreises Qualitätsindikatoren beim Ärztlichen Zentrum für Qualität in der Medizin (ÄZQ), Berlin, 2005

Augustin, M., Zschocke, I., Vanscheidt, W., Schöpf, S.: Lebensqualität bei chronischer Veneninsuffizienz. Der Freiburger Fragebogen zur Erfassung der Lebensqualität bei Venenerkrankungen. In: Dt Ärztebl, 96, Heft 30, 1999, A-1971–1973

Blum, K.: Patientenzufriedenheit bei ambulanten Operationen: Einflussfaktoren der Patientenzufriedenheit und Qualitätsmanagement im Krankenhaus, Weinheim und München: Juventa, 1998

Blumenthal, D.: Total Quality Management and Physicians' Clinical Decisions, In: JAMA, 269, 1998, S. 2775–2778

Brouwer, W., Rutten, F., Koopmanschap, M.: Costing in Economic Evaluations. In: Drummond, M., McGuire, A. (eds.): Economic Evaluation in Health Care: Merging Theory with Practice, Oxford: Oxford University Press, 2001, S. 68–93

46 Vgl. Busse, R., Schreyögg, J., Stargardt, T., 2012, S. 48.

Busse, R., Schreyögg, J., Stargardt, T.: Management im Gesundheitswesen, 3. Auflage, Berlin und Hamburg: Springer-Verlag, 2012

Feuerhahn, J., Blome, C., Radtke, M. A., Augustin, M.: Validierung des Patient Benefit Index (PBI) zur Erfassung des patientenrelevanten Nutzens in der Psoriasistherapie. In: Dtsch med Wochenschr, 2012, 137–A74, DOI: 10.1055/s-0032-1323237

Grau, B., Jähnigen, J.: Die Patientenzufriedenheit als Einflussfaktor: Ein Bericht über die Befragung in der chirurgischen Ambulanz eines Krankenhauses, GRIN Verlag, 2007

Kelly, D. L.: Applying Quality Management in Healthcare: A Process for Improvement, Chicago: Health Administration Press, 2003

Klemperer, D.: Qualität in der Medizin. Der patientenzentrierte Qualitätsbegriff und seine Implikationen. In: Dr. med. Mabuse, Heft Januar/Februar, 1996, S. 22–27

Mauskopf, J. A., Sullivan, S. D., Annemans, L., Caro, J., Mullins, C. D., Nuijten, M., Orlewska, E., Watkins, J., Trueman, P.: Principles of Good Practice for Budget Impact Analysis: Report of the ISPOR Task Force on Good Research Practices – Budget Impact Analysis. In: Value in Health, 10, No. 5, 2007, 1098-3015/07/336 336–34

Neugebauer, B., Porst, R.: Patientenzufriedenheit. Ein Literaturbericht. In: Zuma Methodenbericht, 2001, www.gesis.org/fileadmin/upload/forschung/publikationen/gesis_reihen/gesis_methodenberichte/2001/01_07.pdf (Zugriffsdatum: 05. 01. 2016)

Pfaff, H.: Versorgungsforschung. Begriffsbestimmung, Gegenstand und Aufgaben. In: Pfaff, H., Schrappe, M., Lauterbach, K. W., Engelmann, U., Halber, M. (Hrsg.): Gesundheitsversorgung und Disease Management. Grundlagen und Anwendungen der Versorgungsforschung, Bern: Hans Huber, 2003, S. 13

Pfaff, H.: Wissens-Update (Teil 2): Effizientes Versorgungsmanagement, Vortrag auf dem BMC Fortbildungs-Workshop (Wissens-Update), 20. 09. 2010, Berlin

Rossi, P., Lipsey, M., Freeman, H.: Evaluation: A Systematic Approach, Thousand Oaks, CA: Sage, 2004

Schöffski, O., Schulenburg, Graf von der, M. J. (Hrsg.): Gesundheitsökonomische Evaluation, 3., vollständig überarbeitete Auflage, Berlin und Heidelberg: Springer-Verlag, 2008

Stock, J., Broge, B.: Qualitätsindikatoren der AOK für Arztnetze – erstes deutsches Indikatorensystem für die hausärztliche Versorgung. In: Stock, J., Szecsenyi, J. (Hrsg.): Stichwort: Qualitätsindikatoren, Bonn: KomPart, 2007, S. 97–118

Zechmeister, I., Radlberger, P.: Gesundheitsökonomische Evaluation. In: Wiener Medizinische Wochenschrift, 159, Heft 5, 2009, S. 160–168

Ziesche, A.: Patientenzufriedenheit im Krankenhaus: Maßnahmen zur Verbesserung, Salzwasser Verlag, 2008

Zink, M.: Faktoren der Patientenzufriedenheit am Beispiel der Leistenherniotomie nach Lichtenstein – Eine prospektive Erfassung, Inaugural-Dissertation zur Erlangung des Doktorgrades der Medizin an der Hohen Medizinischen Fakultät der Ruhr-Universität Bochum, 2011

Zorn, U., Ollenschläger, G.: Qualitätsbestimmung in der medizinischen Versorgung – ein universelles Entwicklungsschema für Qualitätsindikatoren. In: ZaeFQ, 93, 1999, S. 123–128

Internetquellen

DIN EN ISO 9000:2015, http://www.iso.org/iso/home/standards/management-standards/iso_9000.htm (07. 01. 2016)

GMDS-Arbeitsgruppe: »Qualitätsmanagment in der Medizin«. Begriffe und Konzepte des Qualitätsmanagements, 3. Auflage, Hannover, 2008, http://www.aezq.de/aezq/kompendium_q-m-a/2-definitionen-und-konzepte-des-qualitaetsmanagements/#6 (07. 01. 2016)

http://www.aezq.de/aezq/kompendium_q-m-a/15-glossar (07. 01. 2016)

http://www.aezq.de/aezq/kompendium_q-m-a/15-glossar (07. 01. 2016)

http://www.aezq.de/aezq/kompendium_q-m-a/2-definitionen-und-konzepte-des-qualitaetsmanagements/#6 (07. 01. 2016)

http://www.aezq.de/aezq/kompendium_q-m-a/2-definitionen-und-konzepte-des-qualitaetsmanagements/#6 (07. 01. 2016)

http://www.aok-bv.de/lexikon/w/index_00056.html (07. 01. 2016)

http://www.aok-bv.de/lexikon/w/index_00056.html (07. 01. 2016)

http://www.gesetze-im-internet.de/sgb_5/__12.html (07. 01. 2016)

http://www.leitlinien.de/leitlinienmethodik/leitlinien-glossar/glossar/barrieren-gegen-leitlinien/qualitaetsbegriff (07. 01. 2016)

VII. Kapitel

Projektmanagement im Versorgungsmanagement – Zwei Management-Elemente effektiv (be)nutzen

Vorbemerkung

26

John N. Weatherly

Will man Versorgungsmanagement tatsächlich in Projekten umsetzen, benötigt man dazu unbedingt allgemeines Wissen über Management, insbesondere im Bereich Konzept- und Projektmanagement. Ohne konkrete Erfahrung und das Wissen über die Tools des Projektmanagements und somit deren richtige Benutzung in der Praxis wird das Entwickeln von Projekten vielerorts in der Entwicklung stocken und nicht in den Transfer gelangen.

Deshalb folgt jetzt ein ausführlicher Diskurs durch das konkrete Konzept- und Projektmanagement, um die notwendigen Voraussetzungen für gelingende Projekte und deren nachhaltige Führung hoffentlich gleich mit diesem Buch mitzuliefern.

Viel Spaß bei der Umsetzung.

27 Projektmanagement generell

John N. Weatherly

Präambel

In dem komplexen, deutschen Gesundheitswesen sind eine große Menge innovativer Ideen und Gedanken »verbaut«. Viele Menschen arbeiten mit hohem Engagement und viel Idealismus an Verbesserungen von Bestehendem und ebenso enthusiastisch an Pilot- und Modellprojekten, die Innovation unter Verwendung der neuesten Evidenzen in das System einbringen.

In über vierzigjähriger Beraterarbeit habe ich aber immer wieder feststellen dürfen, dass viele Projekte mit zu viel Ressourcenaufwand arbeiten und/oder sehr Mitarbeiter (MA) zerschleißend gleichzeitig. Viele gute Projektideen bleiben mangels eines guten und gekonnten Projektmanagements letztendlich auf der Strecke und verkümmern. Dieser Zustand muss unbedingt und bald möglichst geändert werden, damit die innovativen Ideen auch zu konkret in der Realität funktionierenden Projekten und Einrichtungen werden und mithelfen, die Versorgung der Bürger deutlich zu verbessern und den realen Gegebenheiten anzupassen.

Ich möchte in diesem Kapitel zwei Dinge erreichen. Einmal, dass klar wird, wie Projektmanagement von der Theorie her umzusetzen geht und zum Zweiten, wo Projektmanagement im Gesundheitswesen Abweichungen oder eigene Besonderheiten erfordert, die unbedingt zu berücksichtigen sind. Projektmanagement ist etwas, das man – um es gut zu können – lernen muss und nicht einfach mal so nebenher mitmacht, wie es viele medizinische Berufe glauben.

27.1 Was bedeutet Projektmanagement?

Begrifflichkeiten

Zunächst möchte ich die Bedeutung der beiden Wörter, aus denen sich Projektmanagement zusammensetzt und anschließend die Bedeutung des zusammengesetzten Wortes erklären.

Projekt
»Nicht jede Tätigkeit ist ein Projekt«

Parameter für ein Projekt

- Vorhaben außerhalb des regulären Geschäftes, oft gänzlich neu
- Keine Regelprozeduren oder Anweisungen
- Fast immer zeitlich begrenzt
- Bei komplexeren Vorhaben werden zumeist mehrere Abteilungen und Disziplinen in die Projektarbeit eingebunden
- Klar formulierte Projektziele
- Eigene Projektorganisation
- Planmäßige und systematische Abwicklung muss gewährleistet sein
- Schnelles Eindenken in neue und ungewohnte Zusammenhänge
- Bestimmung der Ressourcen (Kostenmanagement),
- Qualitätsorientierung (Qualitätsmanagement).[1]

Management
»Management besteht differenziert betrachtet aus Planung, Handlung, Führung und Kontrolle.«

Es bedeutet die Koordination arbeitsteiliger und multipersonal zugeordneter Aktivitäten in Ausrichtung auf abgestimmte Ziele unter sparsamem Mitteleinsatz. Mit dem geringstmöglichen Aufwand das optimal mögliche Outcome schaffen unter strikter Achtung auf vorhandene Ressourcen und Einsetzung aller Fähigkeiten und Fertigkeiten des multiprofessionellen Personals.[2]

Projektmanagement
Projektmanagement ist laut DIN 69901 die »Gesamtheit von Führungsaufgaben, -organisation, -techniken und -mittel für die Abwicklung eines Projektes«. »Im

1 Weatherly, 2009.
2 Weatherly, 2009.

funktionellen Sinne kann das Management in die Bereiche Planung, Aktivitäten, Führung und Kontrolle unterteilt werden.«[3]

Im **institutionellen Sinne** übernehmen Manager die Tätigkeit des ›Managers‹, d.h. das ›an der Hand führen‹. In Gesundheitsprojekten ist es unabdingbar wichtig, dass einer die Verantwortung übernimmt, die Anderen ein Stück »führt« und die Diskussionsbeiträge bremst. Ansonsten wird alles, bis es nicht mehr geht, zerredet und die Handlungsfähigkeit sowie die Zielerreichung deutlich gefährdet. Sehr gut miterleben konnte man diesen Prozess im Bereich »Ärztenetze« in den 80er und 90er Jahren. Gegenstand des Projektmanagement ist somit die Planung und Ausführung von Projekten (im Gegensatz zum Routinemanagement, das wiederkehrenden Charakter aufweist).«[4]

27.2 Arten von Projekten

Projekte im Gesundheitswesen sind grundsätzlich individuell unterschiedlich

- in Bezug auf den dafür angesetzten Zeitaufwand,
- die Prozesskosten,
- in der Bedeutung für die Betriebsziele (Prioritäten),
- in den fachlichen Anforderungen an die Projektmitarbeiter und
- der Anzahl der am Projekt zu beteiligenden Stellen.

Je nach Häufigkeit der Durchführung und der Art des angestrebten Zieles werden Projekte im allgemeinen Management auch klassifiziert in:

Einmal-, Serien- oder Pilotprojekte

Einmalprojekte
(z.B. Die Ausstattung von Büros mit Internetanschlüssen oder das Sommerfest der Klinik)

Serienprojekte
(z.B. eine regelmäßige Durchführung von Kundenzufriedenheitsuntersuchungen oder einen jährlichen Tag der offenen Tür)

Für Serienprojekte werden wiederkehrende Abläufe benötigt und es ist sehr sinnvoll, wenn diese in Form von Anweisungen und Checklisten (siehe 6.2 Me-

3 Staehle, 1991.
4 Diethelm, 2000.

thoden/Hilfsmittel/Tools) dokumentiert werden. Achten Sie darauf, dass nach jedem Projektabschluss die Dokumentation zu den Abläufen und die Checklisten aktualisiert und gut verwahrt werden, um ein wiederholtes Auftreten der gleichen Probleme zu vermeiden und einen relativ reibungsloses Projektmanagement zu gewährleisten.

Pilot-Projekte
Pilotprojekte sind häufig Testläufe für größere Vorhaben, z. B. die Inbetriebnahme eines neuen psychosozialen Projektes oder die Einführung neuer Behandlungs- oder Versorgungsmodule in einem bestehenden Projekt.

Mit den Erfahrungen des Pilotprojektes werden im Anschluss – bei Erfolg des Pilotprojektes – die Vorgehensweisen und Ergebnisse in die reguläre, alltägliche Firmentätigkeit aufgenommen.

Bei Pilotprojekten sollte zusätzliche Zeit für regelmäßige Reflexion eingeplant werden.

- Was läuft gut?
- Warum?
- Was sollte besser laufen?
- Warum?

Zum Projektabschluss soll eine schriftliche Zusammenfassung der Empfehlungen für die zukünftig geplanten Folgeprojekte erstellt werden.

Materielle und ideelle Projekte

Um die ökonomischen Parameter und Möglichkeiten eines Projektes besser transparent zu machen und firmenintern klar zu stellen, ist es sehr sinnvoll Projekte auch danach zu unterscheiden, ob primär Materielles oder Ideelles zugrunde liegt.

Materielle Projekte
Ob als Serien-, Einmal- oder Pilotprojekt produzieren materielle Projekte Ergebnisse wie: z. B. neue technische Ausstattung, den Neubau einer Kirche oder die Einrichtung einer Beratungsstelle. Bei diesen Projekten ist es vergleichsweise einfach, den Erfolg und den Nutzen im Verhältnis zu der getätigten Investition nachzuweisen.

Ideelle Projekte
Ob als Serien-, Einmal- oder Pilotprojekt produzieren sie immaterielle Ergebnisse: z. B. eine Kampagne gegen Ausländerhass oder für mehr Gesundheitsbewusst-

sein oder mehr Bürgerorientiertheit. Bei diesen Projekten fällt es oft sehr schwer, die tatsächlichen – materiell messbaren – Erfolge nachzuweisen. Hat sich im Bewusstsein der Zielgruppe wirklich etwas geändert? Liegt es am Projekt oder an anderen Faktoren?

Bei ideellen Projekten ist das Risiko, eine Fehlinvestition zu tätigen, besonders groß. Deshalb müssen hierbei die Erfolgskriterien sehr viel sorgfältiger vorab vereinbart werden als bei materiellen Projekten. Bei ideellen Projekten müssen mit der Zieldefinition unabdingbar messbare Erfolgskriterien vereinbart werden; am besten auch mit Zwischenzielen, so dass auch ein frühzeitiger Projektabbruch (bei mangelndem Erfolg) sachlich unterlegt werden kann.

Werden in einem Unternehmen mehrere Projekte (egal ob materiell oder ideell) gleichzeitig durchgeführt, empfiehlt es sich, als Werkzeug für die Visualisierung und Planung der Projekte eine Kombination aus Portfoliotechnik und ABC-Priorisierung zu nutzen (siehe 6.2 Methoden/Hilfsmittel/Tools).[5]

Interne/Externe Projekte

Eine weitere, wichtige Unterscheidung im Projektmanagement liegt bei der Einschätzung, ob es sich um interne und/oder externe Projekte handelt.

Interne Projekte

Beinhalten die Beauftragung von **innerbetrieblichem** Personal mit projektbezogener Arbeit. Auftraggeber und Auftragnehmer des Projektes gehören hier der gleichen Organisation an, und die gesamte projektbezogene Arbeit einschließlich der Festlegung von Standards der Projektqualität obliegt ausschließlich den der eigenen Organisation zugehörigen Mitarbeiterinnen und Mitarbeiter. Dies weist einen hohen Grad an Flexibilität hinsichtlich der Auftragselemente auf, kann aber im Extremfall dazu führen, dass betriebsinterne Projektarbeit von vorneherein zum Scheitern verurteilt ist, da sie nicht über die üblichen formaljuristischen Vorgehen gegen den Willen von oberen Organisationseinheiten erzwungen werden kann. Es fallen insbesondere keine durchsetzbaren Regressansprüche im betriebsinternen Verhältnis an. Zu vergleichen ist diese Leistungsart mit der Erbringung von innerbetrieblichen Leistungen zwischen verschiedenen Kostenstellen eines Unternehmens. Folgende interne Projekte kommen beispielsweise in Frage.[6]

- Qualitätsverbesserungsprojekte
- Logistische Projekte

5 Beides: Weatherly, 2009.
6 Mikkelsen, H., 2000.

- Erneuerung einer Organisationsstruktur
- Produktentwicklung
- Produktionsplanung
- Einführung von Produkten in neue Märkte
- Verkürzung der Produktentwicklungszeit

Externe Projekte
Völlig anderer Natur ist dagegen Projektarbeit, die einen außerbetrieblichen Auftraggeber oder Auftragnehmer aufweist. Im Sinne eines juristisch abgesicherten Kaufvertrages bzw. Dienstleistungsvertrages handeln die Projektpartner ihre Leistungsbedingungen aus und müssen für die Erfüllung der versprochenen Leistungen einstehen. Dies kann im Extremfall bei nicht einwandfreier juristischer Diktion und Definition zu Missverständnissen bei der Interpretation der jeweilig zu erbringenden Leistung führen. Nicht beizulegende Konflikte können hier Regressansprüche nach sich ziehen, die die Projektarbeit hemmen oder anderweitig beeinträchtigen können. Der Stellenwert der Wahrnehmung von Regressansprüchen kommt in dem Unterelement der Projektarbeit, des »**Claim Managements**«, zum Ausdruck, das sich mit der professionellen Abwehr von Regressansprüchen finanzieller Art gegenüber dem jeweiligen Projektvertragspartner befasst. Im Gesundheitsbereich ist dies besonders problematisch da häufig die erbrachte Leistung gegen einen dritten Anderen, wie z. B. die Krankenkasse abgerechnet werden muss. Sind die Leistungen aber nicht korrekt oder z. B. mit nicht geeignetem, unqualifiziertem Personal erbracht, so ist man schnell im Bereich des Betrugs.

Technische/nichttechnische Projekte

Auch die nachfolgende Unterscheidung in technische und nichttechnische Projekte hat bei gutem Projektmanagement durchaus ihre Sinnhaftigkeit.

Technische Projekte	Nichttechnische Projekte
Ingenieur im Vordergrund	Kaufmann im Vordergrund
Naturwissenschaftlich orientiertes Vorgehen	Kaufmännische Überlegungen im Vordergrund
Komplexe Struktur	Weniger komplexe Struktur
Deterministisches Vorgehen	Nichtdeterministisches Vorgehen
Zielerreichung als Funktion der Kosten	Zielerreichung als Funktion des Risikos

Tabelle 27.2 Technische Projekte – nichttechnische Projekte (Quelle: Diethelm, 2000)

Technisch einzustufende Projekte bedürfen

a) spezieller MA mit genau dieser technischen Qualifikation und erlauben
b) häufiger sachlich-fachlich versierte Diskussionen, ohne großen Platz für die üblich und gerne diskutierten »soft skills«.

Nichttechnische Projekte dagegen sind oft stark auf »**soft skills**« ausgerichtet, die die Akzeptanz und Motivation der in dem Projekt arbeitenden Menschen betreffen. Der Leiter muss mehr im Bereich der Vertrauensbildung, Überzeugung und Motivation arbeiten Kundenorientierung muss als Prinzip der Unternehmensphilosophie gelten.[7]

Groß-/Kleinprojekte

Die mit **Großprojekten** verbundenen Arbeiten fallen überproportional viel in die Bereiche Koordination, Planung und Durchführung. So müssen Meilensteine (= Zwischenstationen) für Großprojekte wesentlich mehr Volumen einnehmen als für kleinere.[8] Auch werden im Bereich der Terminplanung und Steuerung von Großprojekten deutlich höhere Ansprüche an Planungsquantität und Planungsqualität gestellt. Ebenso können Störquellen und die dann erforderlichen Steuerungsmaßnahmen bei Großprojekten wesentlich umfangreicher ausfallen als bei Kleinprojekten. Im Hinblick auf eine Eingewöhnung des Projektpersonals ist es ratsam, zunächst kleinere Projektaufgaben zu übertragen, um dann eine Einbindung in höhere Aufgaben und verantwortliche Leitung von größeren Projekten anzugehen.

Große Projekte sind im Gesundheitswesen oft auch als kollektivvertragliche Projekte über viele Regionen und/oder sogar Bundesländer hinweg angelegt. Das Projektmanagement großer Projekte ist flexibler, aber auch grobgearteter anzulegen, um ebendiesen Anforderungen überhaupt gerecht werden zu können.

Kleinere Projektplanungseinheiten sind im deutschen Gesundheitswesen oft als selektiv-vertragliche Projekte angelegt. Nur bezogen auf eine Region, schöpfen sie dadurch wesentlich besser die vorhandenen Ressourcen aus. Häufig sind sie auch wesentlich besser, in die Regionsmatrix zu vernetzen und last but not least auch in Hinsicht auf die ökonomische Bilanz zumeist vorteilhafter. Ganz zu schweigen von der Arbeitszufriedenheit und der Motivation der in diesen Projekten beschäftigten Mitarbeiterinnen und Mitarbeiter.

---

7 Fahlen, 1990.
8 Stelter, W./Bartel, S., 1989.

Regionale Versorgungsstrukturen in der Bundesrepublik Deutschland sind kaum vergleichbar (Region, Ressourcen, Menschen, Institutionen, Infrastruktur, Mobilität), was bei überregionalen Planungen ganz eigene Problemfelder schafft.

Spezielle Projektformen:
Regionale Budgets werden dazu führen, dass man sich mit seiner jeweiligen ausgestanzten Fachlichkeit und seiner regionalen Gegebenheit in der Region einigelt. Regionale Budgets werden neue Randgruppen und Versorgungsprobleme schaffen. Die Psychiatrie, die sehr unehrlich mit sich, den Patienten und Angehörigen aber auch dem Staat umgeht, indem sie sich relativ strikt weigert, sich Effizienz- und Effektivitätscontrolling auszusetzen, immer mit der Argumentation gerade psychiatrische Arbeit sei, von Dritten schon gar nicht zu beurteilen.

Damit wird versucht über ein ganzes Bündel von Dilemmas hinweg abzulenken. Es beginnt schon bei der Facharztweiterbildung. In einer Fachdisziplin wo immer weniger freiwillig hin wollen, entsteht eine Negativselektion von Facharztaspirantinnen und Facharztaspiranten für die Psychiatrie. Später wollen auch immer weniger Ärzte und Ärztinnen in diesem Felde dauerhaft arbeiten. In der gesamten BRD sind mehrere einhundert Arztstellen in den Budgets. nicht mit Ärzten besetzt – Tendenz zunehmend. Kompensiert wird hier mit Diplom Psychologen oder Psychotherapeuten.

Dann geht es weiter mit Leitlinien, hier wird mit zum Teil seit Jahren veraltetem Material gearbeitet. Die Tagesabläufe in den Kliniken sind personal- und institutionsbezogen organisiert und offenbar sehr wenig diseases- oder klientelbezogen.

Für **Kleinprojekte** müssen bestimmte Grundarbeiten, wie Planung und Durchführung, ebenso geleistet werden, da es für Projekte kein allgemeingültiges Patentrezept geben kann, sondern für jedes Projekt individuell der entsprechende Weg zur Planung und Realisierung gefunden werden muss.[9] Somit sind alle Psychosozialen Träger und Initiativen nicht von den Erfordernissen freizustellen, Kenntnisse im Projektmanagement zu erwerben. Sie müssen hier genauso selbstverständlich angewendet werden wie die inhaltlichen Methoden, Techniken und Hilfsmittel.

Für **innovative Projekte** müssen folgende Anforderungen und Kriterien aufgestellt werden:

- Projekte als offene Systeme
- Minimierung bürokratischer Vorgänge
- häufige und mehrseitige Kommunikation

---

9 Huber, 1989.

- Bewältigung von Konflikten als Chance
- Eingliederung von kreativem, konfliktfähigem Personal in das Projektteam
- Gemeinsam getragene Kompetenz und Verantwortung ohne Rücksicht auf hierarchische Position der Projektmitglieder

Innovative Projekte sollten Kreativität als Hauptmerkmal ihrer Arbeit sehen.

27.3 Der Sinn von Projektmanagement

Projektmanagement verfolgt das primäre Ziel, die Planung und Konzeptionierung, Umsetzung, Führung und Kontrolle eines Projektes so zu gestalten, dass der größtmögliche Erfolg (Outcome) bei möglichst niedrigem Kosten- und Zeitaufwand (Input) erreicht wird. Grundsätzlich soll so auch die Qualität und die Effizienz des Projektes (Ökonomie) optimiert werden. Im Gesundheitswesen gehört dazu noch regelmäßig die geordnete oder bei neuen Projektinhalten unabdingbare Evaluation. Der Aufwand dafür ist oft vergleichbar mit dem Aufwand, das Projekt selbst durchzuführen.

27.4 Grundlagen

Kommen wir nun zu den Grundlagen eines Projektes und damit auch des Projektmanagements. Wenn man ein neues Projekt plant, tut man dies in der Regel, weil man damit etwas erreichen möchte. Man hat also ein Ziel. Im Projektmanagement reicht es aber nicht nur ein Ziel zu »haben«, sondern es geht vielmehr darum, dieses Ziel konkret und messbar festzulegen und anschließend eine Strategie bzw. das passende Projekt zu entwickeln, um dieses zu erreichen. Das Ziel stellt jedoch die Grundlage eines jeden Projektes dar, ohne dieses wird es nutzlos.

Ziele

Vision, Mission, Leitbild und Strategie einer Organisation sind übergeordnete Elemente für die Projektziele. Das Projektziel ist die Basis des Projektes. Ungenügend scharf formulierte Ziele führen zu Konfusion und stellen oft die Ursache für Projektfehlschläge dar.

Eine Form von Ziel ist ein angestrebter, zukünftiger Zustand, es beinhaltet weder direkte Lösungen noch den Lösungsweg. Gute Projektziele sind:

- richtig (wird das Gewünschte getroffen?),
- machbar (sind die Ziele erreichbar?),
- akzeptiert (stehen das Team und die Betroffenen dahinter?),
- motivierend (sind die Ziele herausfordernd?),
- operativ (sind die Ziele eindeutig und verständlich?)

Die Projektziele werden beim Projektauftrag definiert.

In der Projektplanung werden die Ziele bezüglich des Vorgehens und der Umsetzung detailliert.

Bei größeren Projekten wird die eigentliche Projektarbeit weiter aufgeteilt in klar definierte Projektphasen mit Abschlusspunkten in Form von Meilensteinen und mit Freigaben für darauf folgende Phasen.

Der Projektabschluss umfasst neben der Zielerreichung auch die Sicherung des entstandenen Wissens. Häufig ist es sinnvoll, in Post-Projektreviews den Zielerreichungsgrad zu reflektieren und daraus für zukünftige Projekte zu lernen.

Der Projektleiter muss zu Projektbeginn die Ziele mit dem Auftraggeber abklären.

Ein klarer Projektauftrag mit eindeutigen und gut überprüfbaren Zielen ist eine der wesentlichsten Voraussetzung für den Projekterfolg. Zu oft lassen sich Projektleiter mit vagen Aussagen abspeisen, die typischerweise zu Moving Targets werden.

Projektleiter haben die Projektziele zu definieren, gegebenenfalls zu delegieren, zu entscheiden, zu kontrollieren, Feedback zu geben und zu fördern.

Für Ziele sorgen

Viele Projektleiter versäumen es, sich einen klaren Projektauftrag zu besorgen, geschweige denn organisieren sie sich überprüfbare Ziele, die mit ihrem Auftraggeber abgesprochen sind.

Die Motivation der am Projekt beteiligten Mitarbeiterinnen und Mitarbeiter ist so nicht gut erreichbar, geschweige denn steigerungsfähig.

»Arbeiten ohne transparente Zielstellung – ist wie behandeln ohne Diagnose«

Zielschiene

Um sich die eigene Zielstellung und ihre Hintergründe bewusst zu machen, können die folgenden Fragen der »Zielschiene« genutzt werden. Sie symbolisiert die sinnvolle, zielführende Bewusstmachung der Gründe für die Zielsetzung. Man fängt bei der untersten Frage an und folgt »der Schiene« bis zum Ziel. Anschlie-

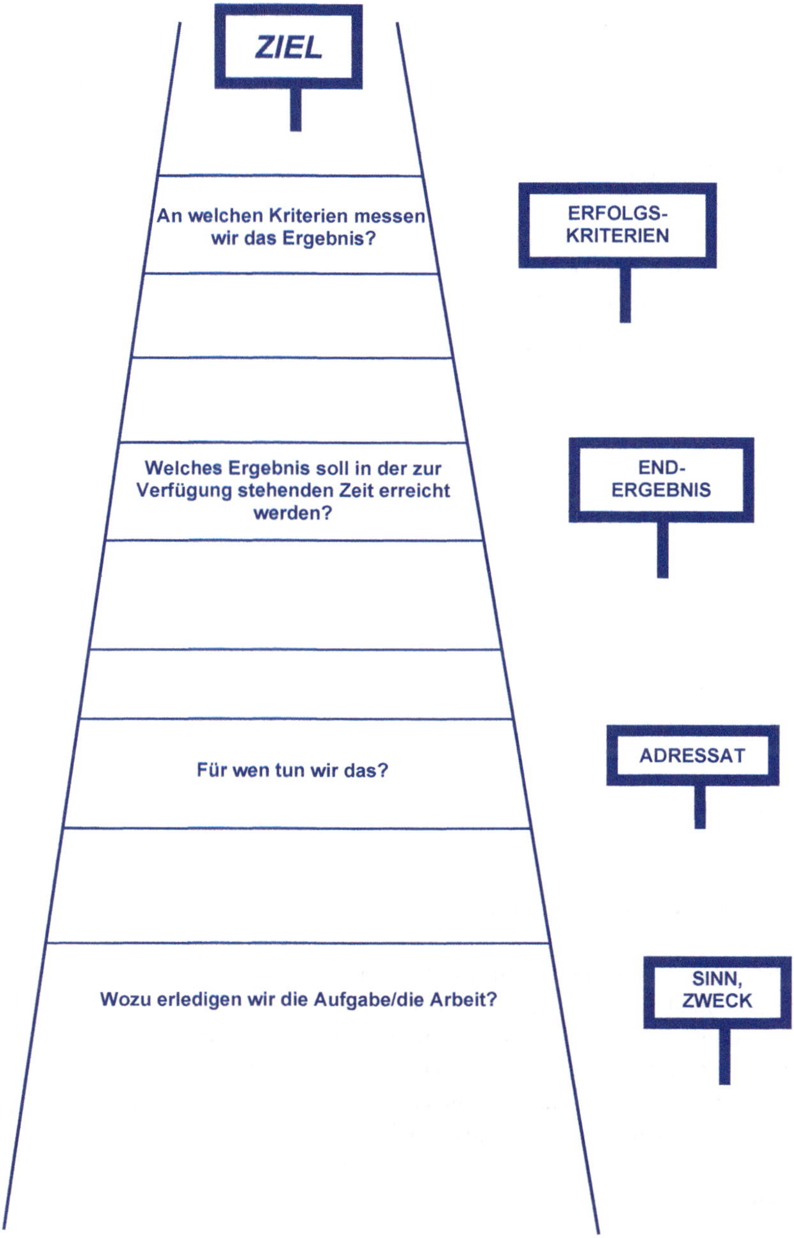

Abbildung 27.1 Zielschiene (Weatherly, 1988)

ßend sollte klar sein, wie und warum man das Ziel erreichen will und was dabei als Erfolg gilt. Diese Klarheit hilft, sich zu motivieren.

Ich möchte ihnen hier noch ein weiteres Schema vorstellen, um sinnvolle Ziele zu definieren:

»S.M.A.R.T.-Schema«

Es muss darauf geachtet werden, dass Projektziele spezifisch, messbar, aktionsorientiert, realistisch und termingebunden sind. Das unten aufgeführte »S.M.A.R.T.-Schema« liefert dafür gute Anhaltspunkte.

S	spezifisch	Konkrete und präzise Formulierung des Endzustandes
M	messbar	Ein Ziel und dessen Erreichungsgrad müssen überprüft werden können (if it can be measured, it can be done)
A	aktionsorientiert	Ansatzpunkte für eine positive Veränderung/vom Beteiligten aktiv beeinflussbar
R	realistisch	Hoch gesteckt, aber immer noch erreichbar
T	terminiert	Angemessener zeitlicher Bezug zum Endzeitpunkt

Tabelle 27.1 S.M.A.R.T.-Schema (Gassmann, 2005)

Auch als Checkliste lassen sich die wichtigen Kriterien für die Zielsetzung festhalten:

Checkliste für Zielentwicklung

- Besteht ein **echter Bedarf** für das Projekt, z. B. hinsichtlich Verkaufsvolumen, Marktanteil, EDV-System, bezahlender Kunde?
- Ist der erwartete **Nutzen hoch genug?** Ist ein klarer Business Case erarbeitet worden? Ist die Kosten-Nutzen-Relation gewährleistet?
- Sind die **Grundlagen hinreichend abgeklärt?** Welche sind noch zu erarbeiten? Lässt sich die technische Komplexität beherrschen?
- Wie lassen sich die angestrebte **Leistung und Qualität präsentieren und messen?**
- Sind die **Marktrisiken kalkulierbar?**

- Sind die **Projektziele realistisch** angesichts der Rahmenbedingungen bezüglich Zeit, Kosten und Ressourcen?
- Sind die **Projektziele robust**, d. h. halten diese auch neuen Rahmenbedingungen stand?
- Stehen **genügend Ressourcen** für die Zielerreichung zur Verfügung?
- Werden die **Ziele** durch das Management und Team **mitgetragen?**
- Wurde mit dem **Auftraggeber vereinbart,** wie mit neuen Prioritäten und Anforderungen im Projektverlauf umgegangen wird?
- Sind die **Ziele eindeutig, konsistent und erreichbar?**
- Sind die **Ziele konkret genug** und **klar messbar?**
- Wie verläuft der **Net Present Value** (= zukünftige Einnahmen: zukünftige Ausgaben, abdiskontiert auf den Gegenwartszeitpunkt)?«[10]

Zielgrößen

Um sein Projektziel zu erreichen, muss man sich auch der verschiedenen Zielgrößen und ihrer Abhängigkeit untereinander bewusst sein. So kann ein Ziel materieller Art sein und soll dann häufig gewissen Qualitätsansprüchen gerecht werden. Es kann sich aber auch um ein numerisches Ziel handeln, also beispielsweise eine bestimmte Gewinnsumme oder Einsparung, die realisiert werden soll. Hier sind die Kosten die entscheidende Zielgröße. Die dritte Zielgröße ist die Zeit, besonders häufig entscheidend bei zeitkritischen Projekten. Die meisten Projekte haben für alle drei oder zumindest zwei Zielgrößen gewisse Vorgaben und es muss eine Lösung gefunden werden, die alle Kriterien möglichst gut erfüllt. Um diese Lösung zu finden, ist es unabdingbar, die wechselseitigen Wirkungen der Zielgrößen aufeinander zu kennen.

Das magische Dreieck: Qualität, Termine und Kosten

»Die Änderung eines Zieles im Projekt hat fast immer mindestens eine Auswirkung auf eine der anderen Zielgrößen.« Werden zwei Ziele drastisch erhöht, muss an der dritten Zielgröße nachgegeben werden (daher ›magisches‹ Dreieck). Sämtliche Zielgrößen wirken sich auf die Ökonomie aus.

Ziele müssen radikal sein, da zumeist weniger erreicht wird, als in der Planungsphase angestrebt wurde. Intelligentes Planen berücksichtigt dies und kalkuliert den ›Drift nach unten‹ mit ein. Zeitreserven sind notwendig, da sich kurz vor Projektabschluss die unvorhersehbaren Ereignisse häufen: Marktanforderungen verändern sich, technische Barrieren entstehen, Teamstörungen unter hohem

10 Gassmann, 2005.

Druck treten auf. Eine Zeitreserve ist wichtig. Dieses wird besonders bei Gesundheitsprojekten missachtet und führt regelmäßig zu völlig unnötigem Endzeit-Stress, der dann Mitarbeiter verzweifeln lässt, Ergebnisse schmälert oder schlechter macht und mittelfristig den ausführenden Mitarbeiterinnen und Mitarbeiter Motivation für weitere Projekte raubt.

Das Gleiche gilt für Kostenziele.

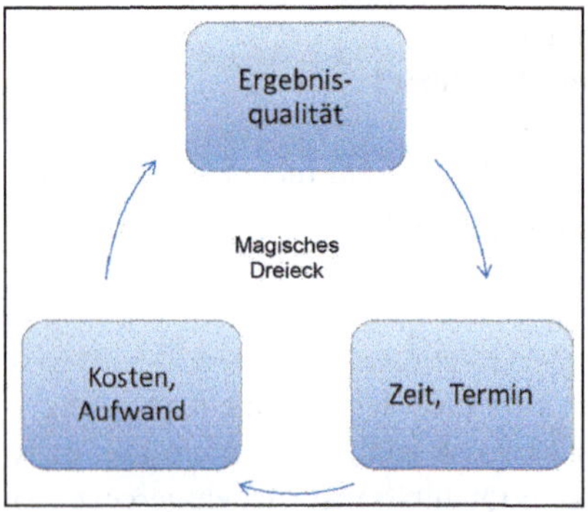

Abbildung 27.2 Magisches Dreieck (Quelle: https://upload.wikimedia.org/wikibooks/de/thumb/8/80/Magisches_Dreieck_Kzahl.jpg/300px-Magisches_Dreieck_Kzahl.jpg)

Moving Target

Anforderungen und Zielprioritäten ändern sich in Projekten oft ständig. Auch wenn man dies grundsätzlich vermeiden sollte, wird im Zweifelsfall ein hartes Änderungsmanagement erforderlich.[11]

Folgende Fragen sind zu stellen:

- Gibt es einen Einfluss der neuen Anforderungen auf die Zielkosten?
- Wie hoch ist die Kostensteigerung?
- Verbessert sich durch die neue Anforderung die Qualität?
- Rechtfertigen die Qualitätsverbesserungen die Kostensteigerung?
- Ist die Änderung absolut erforderlich?
- Welchen Einfluss hat die Änderung auf den Zeitplan?

11 Gassmann, 2005.

27.5 Aufbau und Strukturen

Eine klare Struktur ist für den Erfolg unabdingbar, ohne dieselbe ließe sich der Erfolg in einigen Fällen nicht einmal bemessen. Wer also Wert auf ein gutes Ergebnis legt, sollte nicht an Struktur, Organisation und Planung sparen. Dies sind die essentiellen Inhalte des Projektmanagements.

Der grobe Aufbau und die Struktur des Projektes ergeben den Rahmen für die Organisation und Planung. Sie werden meist anhand der Ziele und der Möglichkeiten zu deren Erreichung entwickelt. Es handelt sich hierbei weniger um einen konkreten Arbeitsplan »Wann was gemacht wird« (Planung) oder »Von wem« (Organisation), als um die Überlegung »wie wird gearbeitet?« und »über welchen Weg wollen wir unser(e) Ziel(e) erreichen«.

Ein gutes Mittel, um diese Maximen, Werte und Herangehensweisen festzuhalten, ist ein Konzept.

Konzept

»Konzepte gehören im Gesundheits- und Sozialwesen zu jedem Projekt und jeder Institution.«[12]

Ein Konzept ist »ein schriftlich festgehaltenes, gemeinsam erarbeitetes Verfahrensprinzip, welches ein von Mitarbeitern getragenes, positives Gesamtklima in der Einrichtung ermöglicht«.[13]

Ein Konzept sollte …

… für die im Projekt arbeitenden Menschen gemacht sein,
… die Arbeitsweise und die besonderen inhaltlichen Behandlungs- und Betreuungsangebote des Projektes transparent beschreiben,
… die Grundlage für ein gemeinsames qualifiziertes und kontrollierbares Handlungsspektrum der Mitarbeiter bieten.

Festgelegt werden Methoden, Techniken, Therapien, Verfahren und Ziele, sowie ein Rahmen für das gemeinsame Miteinander- und Zusammenarbeiten. Dabei werden die verschiedenen Handlungsschritte und Ebenen, die nacheinander zu bearbeiten sind, beschrieben und somit geordnet und erfolgreiche Projektverläufe (Ablauforganisation) ermöglicht.

12 Weatherly, 2009.
13 Kreckl, 1986.

Die geplanten Projektprozesse werden vorher gedanklich auf ihr Wirkungsspektrum analysiert und dann auch die tatsächliche Wirkung/Auswirkung wiederum kontrolliert (gewollter und ungewollter Outcome).

Darüber hinaus ist der realistische Bedarf für die Idee am und im Markt zu klären und mit dem Aufwand und den Kosten zu vergleichen. Oft scheitern Projekte schon an diesem Punkt, da sich kein verhältnismäßiger Bedarf und/oder die Bereitschaft der Zielgruppe das notwendige Kapital aufzuwenden für die Idee am Markt eruieren lässt.

Nach einiger Zeit ist fortlaufend mit verlässlichen, objektiven Instrumenten und Methoden zu überprüfen, ob das Vorgedachte des Konzepts auch real eintritt.

Aufgrund dieser Überprüfung ist das Konzept beizubehalten oder an die realen Gegebenheiten anzupassen. Eine solche Anpassung sollte jährlich stattfinden und so, das Konzept zu einer lebenden Prozessbeschreibung machen.[14]

Das ganze erfolgt nach dem Prinzip der Analyse, Disaggregation und Aggregation.

27.6 Führungen

Wer die Projektleitung innehat, hat einen sehr großen Einfluss auf die Entwicklung des Projektes und ist somit sorgfältig auszuwählen. Auch wenn oder gerade weil die Person im Gegensatz zu Linienvorgesetzten keine hierarchische Macht über die anderen Mitarbeiter hat, muss sie über hervorragende Fähigkeiten in den Bereichen Koordination, Motivation und Leitung verfügen. Sie muss sich aufgrund ihrer fachlichen Kompetenz und Anerkennung bei den Mitarbeitern durchsetzen können und das Projekt verantwortungsvoll gegenüber den Initiatoren vertreten.

Auswahl der Projektleitung

Der Arbeitsauftrag und die wichtigsten Parameter für die Zielerreichung müssen bereits klar umrissen sein, um eine adäquate Arbeitsplatz-/Tätigkeitsbeschreibung erstellen zu können und anhand dieser eine den Aufgaben gewachsene Projektleitung mit den erforderlichen Fertig- und Fähigkeiten auszuwählen.

Die spezifischen Anforderungen können je nach Art des Projektes selbstverständlich stark variieren. Es gibt aber einige Anforderungen die von den meisten Projektleitern unbedingt erfüllt werden sollten:

14 Weatherly, 2009.

- Überzeugung von der Idee des Projektes
- Bereitschaft, Energie in das Projekt zu investieren
- Fähigkeit, die anderen Mitarbeiter zu motivieren und zu steuern (ohne durch eine dauerhafte Führungsfunktion und damit einhergehende Befugnisse gestützt zu sein)
- Hohe kommunikative Kompetenz
- Beherrschung von Kreativitäts- sowie Moderationstechniken
- Akzeptanz, dass die temporäre Projektleitung später keinen Anspruch auf eine Führungsfunktion rechtfertigt
- Eher breitgefächerte Kenntnisse, als spezialisiertes Wissen
- Kostenbewusstes und unternehmerisches Denken
- Wissen um andere Projekte/Bereiche und klare Abgrenzung davon

Auch die weiteren Projektmitarbeiter sollten über ähnliche Fähigkeiten und Fertigkeiten verfügen und je nach ihren Stärken und Schwächen passend zum Projekt und den einzelnen Aufgaben ausgewählt werden. Diese Auswahl kann erfolgen, wenn das Anforderungsprofil hinreichend konkret ausgearbeitet ist. Je nach Ausrichtung des Projektes, werden meist hierbei die auf einem oder einigen wenigen Gebieten spezialisierten Mitarbeiter eingesetzt.[15]

Aufgaben delegieren

Delegieren ist eine Schlüsselfunktion der Projektleitung und der sinnvolle und sorgsame Umgang damit von höchster Bedeutung. Im Projektmanagement von Gesundheitsprojekten besteht darin häufig ein Problem.

Viele Projektmanager wissen nicht wie dieses qualifiziert geht und nutzen es viel zu wenig. Oft kann man auch außenstehende Institutionen, Ämter, Institute etc. einbinden, die aufgrund ihrer Auskunftspflicht uns kostenlos Delegiertes bearbeiten.

Wie »delegieren« geht, sehen sie anhand der nachfolgenden Tabelle:

Was heißt delegieren?

- Übertragen von Aufgaben und Kompetenzen
(unmittelbar zwischen einem Chef und seinen Mitarbeitern)

15 Weatherly, 2009.

Warum delegieren?

- Entlastung des Chefs von Routine- und Detailaufgaben
- Ausschöpfen der Fachkenntnisse und Erfahrungen der Mitarbeiter
- Motivation der Mitarbeiter
- Förderung und Entwicklung der Leistungsfähigkeit, Selbständigkeit und Initiative der Mitarbeiter

Was delegieren? (vgl. Eisenhower-Prinzip)

- Routinearbeiten bzw. Normalfälle
- Spezialistentätigkeiten
- echte Detailfragen
- Aufgaben zur Mitarbeiterförderung

Nicht delegierbar sind:

- echte Führungsfunktionen
- Aufgaben von größter Tragweite (A-Aufgaben)
- außergewöhnliche Sonderfälle
- etc.

An wen delegieren?

- grundsätzlich nur an die direkt unterstellten Mitarbeiter
- nicht nur an die fähigsten (und beschäftigsten) Mitarbeiter, sondern auch an jene,
  - die über freie Arbeitszeit verfügen
  - die mehr Erfahrung brauchen
  - deren Fähigkeiten geprüft werden sollten

Kriterien für eine positive Delegation

- Delegation entsprechend den Fähigkeiten der Mitarbeiter
- möglichst dauerhafte Delegation gleichartiger Aufgaben an bestimmte Mitarbeiter
- Delegation vollständiger Aufgaben und nicht nur von isolierten Teilaufgaben
- möglichst umfassende Instruktion und Information der Stelleninhaber, an die Aufgaben delegiert werden
- klare Zuteilung und Abgrenzung nicht nur von Aufgaben, sondern auch der entsprechenden Kompetenzen

Regeln für eine mündliche Auftragserteilung

- Geben Sie den Auftrag direkt an den verantwortlichen Mitarbeiter.
- Geben Sie klare Erledigungstermine an (es gibt kein dringend, eilig, schnell, sofort etc.), setzen Sie ggf. Zwischentermine.
- Überwachen Sie die fristgemäße Erledigung mit Hilfe einer Delegationsliste (s. u.), Erledigungskartei o. ä.
- Erläutern Sie präzise den Inhalt des Auftrages, und stellen Sie fest, ob der Auftrag genau verstanden wurde.
- Erklären Sie den Sinn des Auftrages (Zielsetzung, Motivation!)
- Entbinden Sie keinen Mitarbeiter von der Pflicht, Aufträge anständig auszuführen. Geben Sie eine fehlerhafte bzw. unvollkommen geleistete Arbeit an den Mitarbeiter zurück, anstatt sie selbst zu erledigen (dies nur in Ausnahmefällen!).
- Vermeiden Sie strikt alle Versuche zur Rückdelegation.

Das Delegieren ist eine Kernaufgabe jedes Projektleiters. Delegation zergliedert die Vielzahl an Arbeitspaketen in kleinere Abschnitte und verteilt so die Arbeit. Sie erfüllt im Projekt drei Funktionen:

Zum einen entlastet sich der Leiter, indem er nicht alle Aufgaben selber erledigen muss. Zum Zweiten schafft er Commitment dadurch, dass sich die Projektmitglieder mittels ihrer Teilaufgaben mit dem Gesamtergebnis identifizieren können. Zum Dritten kann der Leiter die fachliche Kompetenz der Projektmitarbeiter durch Delegation anspruchsvoller Aufgaben fördern. Somit kommt dem Delegieren eine besondere Bedeutung zu.

Fraglich ist, welche Aufgaben der Projektleiter selber übernehmen muss und welche delegierbar sind. Der amerikanische Management-Guru Peter Drucker[16] beantwortet diese Frage so: »*Führungskräfte zeichnen sich vor allem dadurch aus, dass sie die richtigen Dinge tun, anstatt die Dinge richtig zu tun.*« Nun ist Druckers Aussage nicht als Plädoyer für Nachlässigkeit zu interpretieren. Vielmehr geht es darum, sorgfältig abzuwägen, welche Aufgaben für das Projekt besonders erfolgskritisch und dringlich sind und welche etwas weniger. Grundsätzlich sind die Präsentationen des Projektfortschritts im Lenkungsausschuss, das Führen von Einzelgesprächen mit Projektmitarbeitern, die Budgetplanung und ähnlich wichtige Vorgänge vom Projektleiter selber zu erledigen.

Neben der Grundfrage, welche Aufgabe überhaupt delegierbar ist, gilt es zu klären, welchem Mitarbeiter welche Aufgabe übertragen werden kann. Naturgemäß fällt eine allgemein gültige Antwort darauf schwer. Im Projektalltag gibt es

16 Drucker, 2000.

jedoch Indikatoren, die dazu geeignete Hinweise liefern. An erster Stelle steht die fachliche Kompetenz der Projektmitarbeiter. In interdisziplinären Projekten werden Juristen die Vertragsprüfung übernehmen.

27.7 Organisationen

Neben der Auswahl der Leitung und der Mitarbeiter, trägt auch deren Organisation zum Erfolg oder eben Misserfolg des Projektes bei. Je nach den speziellen Anforderungen des Projektes wird meist eine der drei klassischen Organisationsformen oder aber auch eine alternative Form bzw. eine Mischung gewählt.

Alle drei Projektformen Stabs-, Matrix- und reine Projektorganisation sind in der Tagespraxis im Gesundheitsbereich stark vertreten und bedürfen je nach Größe des Projektes auch professioneller Führungen.

Wenn ein Projekt zu Beginn nicht richtig organisiert und strukturiert wurde, dann lassen sich rückblickend oft die folgenden sieben Phasen identifizieren:

1) Zu viel Anfangsenthusiasmus
2) Desillusionierung durch schlechte Planung
3) Panik weil die Kosten davonlaufen
4) Suche nach den Schuldigen/kein Projektmanagement
5) Bestrafung der Unschuldigen
6) Auszeichnung und Belohnung der Nichtbeteiligten
7) Vernichtung aller noch brauchbaren Dokumente

Um dieses zu vermeiden, müssen die zur Organisation und Planung ausgewählten Methoden und Maßnahmen und die Auswahl der Projektmitarbeiter aufeinander abgestimmt sein und ein funktionierendes Ganzes bilden.

27.8 Planung

Die Planung ist häufig der arbeitsreichste Schritt. Sie schließt sich an die grobe Konzeptionierung und Besetzung des Projektes an. Dieser Schritt nimmt oft sehr viel Zeit in Anspruch, ist aber unabdingbar und nur bei sorgfältiger Ausführung effektiv.

Planungsformen

Zunächst sollte man sich über Umfang und Komplexität des Projektes bewusst werden und nach diesen Kriterien entweder die simplere Standardplanung oder bei komplexeren Projekten den systematischen Planungsprozess wählen. Auch zeitkritische Projekte bedürfen oft des systematischen Planungsprozesses. Intuitive Planung kann nur für die einfachsten Projekte angewandt werden und ist nicht die vom Projektmanagement angestrebte Planungsform.

Standardplanung

Es hat sich bewährt bei wiederkehrenden Projektarten mit Standardplänen zu arbeiten. Die erarbeiteten und als realistisch erprobten Planungen vergangener Projekte werden als Schablone für neue Projekte herangezogen und durch die Methode des »Lernens aus Erfahrung« vorbesprochen. Das bewährt sich bei kleineren und risikoarmen Projekten. Es ergeben sich folgende Arbeitsschritte:

- Auswahl des passenden Standardprojekttyps,
- Modifikation des Ablaufs entsprechend der neuen Gegebenheiten,
- Ermittlung der aktuellen Rahmenwerte (Kapazität, Endtermin),
- Anpassung der Planwerte der einzelnen Arbeitspakete,
- Verabschiedung der Planung durch alle Beteiligten.[17]

Systematischer Planungsprozess

Bei schwierigen, zeitkritischen Projekten muss immer ein individueller und umfassender Planungsprozess durchgeführt werden. Wichtig ist, dass die Mitarbeiter des Projektteams über das gesamte, für das Projekt erforderliche inhaltliche Know-how verfügen müssen. Jedes Teammitglied kann die Vorgaben und Restriktionen seiner Fachabteilung einbringen. Durch die gemeinsame Planung können Fehlerquellen leichter und früher erkannt werden.

Der Planungsprozess muss umso intensiver sein, je komplexer, länger und unsicherer die Projektaufgaben sind.

Projekte werden im Regelfall in einer Multiprojektumgebung abgewickelt. Es ist jedoch nicht sinnvoll, eine integrierte Planung aller Projekte für alle Ressourcen aufzubauen, da Änderungsdynamik und Schätzfehler dann möglicherweise eine Instabilität der gesamten Planung erzeugen.[18]

---

17 Gassmann, 2005.
18 Gassmann, 2005.

Es ist sehr anzuraten, die unabdingbare und notwendige **Planung auf 3 Ebenen** durchzuführen!

Programmplanung:
Grobplanung mit längerem Zeithorizont, grober Planstruktur, und Ressourceneinteilung, um einen generellen Überblick über das Projektprogramm zu bekommen.

Projektplanung:
Planung einzelner Arbeitspakete unter Einbeziehung der Ressourcen und der Termine, um eine realistische Planung des Einzelprojektes zu erhalten.

Mikroplanung:
Detaillierte Personal- und Kapazitätsplanung mit kurzem Zeithorizont. Alle Störungen oder Einschränkungen werden nun beachtet. Es soll eine optimale Anpassung aller Anforderungen an einen Mitarbeiter erreicht werden.

Methoden/Hilfsmittel/Tools

Mit der Zeit wurden im Projektmanagement eine Fülle von Hilfsmitteln, Methoden und Tools entwickelt, um die Planung zu vereinfachen oder übersichtlicher zu gestalten. Einige der Gängigsten, die teils auch schon erwähnt wurden, möchte ich nun vorstellen.

PSP (Projektstrukturplan)
Bei der Erstellung eines Projektstrukturplanes wird das gesamte Projekt in Teilaufgaben und diese wiederum in Arbeitspakete eingeteilt. Ein Arbeitspaket ist hierbei die kleinste Einheit und stellt z. B. die Aufgabe eines Mitarbeiters bzw. einen Prozess dar. Durch den Projektstrukturplan werden die einzelnen Aufgaben, die für das Projekt nötig sind, eingeteilt und miteinander in Beziehung gesetzt. Es werden sozusagen alle zu erfüllenden Aufgaben festgehalten und geordnet.

Salami-Taktik
Man unterteilt große, komplexe Aufgaben in kleinere, übersichtlichere Teile. Dadurch hat man bei Abschluss einer jeden kleineren Teilaufgabe ein Erfolgserlebnis und erhält so fortlaufend neue Motivationsschübe.

Arbeitspakete

- Haben ein definierbares und überprüfbares Ziel und Endergebnis
- Werden einer Person oder einer Projekteinheit zugeordnet
- Direkte Kopplung von Zielerreichung und Verantwortung
- Gesamtheit aller Arbeitspakete = Gesamtaufwand der im Projekt zu leistenden Arbeit
- Zeitdauer kann von Paket zu Paket variieren
- Umfang sollte realistisch an Fertig- und Fähigkeiten der Person/Gruppe und die Ressourcen angepasst sein
- Soll fordernd, aber nicht überfordernd sein.
- Ein Arbeitspaket braucht Inputinformationen und liefert weiteren Paketen wiederum Inputinformationen
- Die Arbeitspakete werden in Planungstools entsprechend logisch miteinander vernetzt
- Es ist hilfreich, mit Projektformularen für die Beauftragung der Durchführung von Arbeitspaketen zu arbeiten

Meilensteine zur Projektzäsur
Bei der Planung werden Projektaktivitäten dem Ende der Projektzeit zu systematisch kleingesehen und damit unterschätzt, der Projektfortschritt hingegen wird systematisch überschätzt. Dies führt dazu, dass oft 80 % der Projektarbeit in den verbleibenden 20 % der verfügbaren Zeit stattfinden müssen (Pareto-Prinzip). Klare Meilensteine, auch in den frühen Projektphasen, können verhindern, dass diese Probleme überhaupt auftreten!

Meilensteine

- beschreiben ein überprüfbares Ergebnis mit definierten Kosten zu einem bestimmten Termin,
- müssen eine wesentliche Zäsur beinhalten und eindeutig im Voraus festgelegt sein,
- beinhalten logische Abschnitte, bei denen inhaltliche Entscheidungen getroffen werden und oft Verantwortlichkeiten wechseln,
- ermöglichen eine »Stop-or-go«-Entscheidung durch den Auftraggeber.

Meilensteine ermöglichen damit eine logische Ablaufstrukturierung und die Koordination von Zwischenergebnissen. Nach der Erreichung eines Meilensteines erfolgt im Allgemeinen eine Projektfreigabe bis zum nächsten Meilenstein durch den Auftraggeber oder ein definiertes Steuergremium. Das Team bekommt an einem Meilenstein ein strukturiertes Feedback zur geleisteten Arbeit. Oft ist die zusätzlich entstehende Motivation ein willkommener Nebeneffekt.[19]

Checklisten

Checklisten dienen der Verifizierung, ob alle relevanten Aspekte oder Materialien für ein Projekt berücksichtigt bzw. besorgt wurden. Sie strukturieren dabei übersichtlich und praktisch alle Punkte untereinander und durch Haken setzen oder Durchstreichen kann der aktuelle Fortschritt stets übersichtlich und unkompliziert dokumentiert werden.

ABC-Priorisierung

Diese Methode dient dem effektiven Einsatz der Ressourcen und zur Wertanalyse der Zeitverwendung. Sie empfiehlt sich also, wenn man der Pareto-Verteilung nach, den größtmöglichen Erfolg mit möglichst geringem Aufwand erreichen will. Hierzu klassifiziert man die zu bearbeitenden Aufgaben nach ihrer Wichtigkeit und Dringlichkeit (Eisenhower-Prinzip). Die wichtigen und dringlichsten A-Aufgaben, die den größten Ertrag erbringen, werden zuerst erledigt. Anschließend widmet man sich den nächstwichtigen B-Aufgaben und schließlich den weniger wichtigen und oft sehr zeitintensiven C-Aufgaben. Zu klassifizieren sind die Aufgaben nach ihrem Beitrag zur Zielerreichung der festgelegten Jahres-, Monats-, Wochen- oder Tagesziele und einer möglichen Erfüllung gleich mehrerer Ziele bei Bearbeitung nur einer Aufgabe. Neben den dienstlichen Belangen spielt aber auch der persönliche Nutzen für den Bearbeitenden eine Rolle. Kann durch die Bearbeitung oder das Ausbleiben dieser Tätigkeit eine besonders positive oder negative Folgewirkung erreicht werden, so ist dies ebenso zu berücksichtigen.

Pareto Verteilung

Während 20 % der Gesamtmenge der Tätigkeiten rund 80 % des Gesamtwertes erzeugen, erzeugen die übrigen 80 % der Tätigkeiten nur rund 20 % des Gesamtwertes. Man kann also mit 20 % Aufwand 80 % Ergebnis erreichen, demnach ist es sinnvoll in stressigen Situationen Aufgaben anzuarbeiten (20 %) und anschließend zu delegieren, bei bereits 80 % gesicherter Ergebnislage. Theoretisch kann man so die bis zu 5-fache Menge erledigen und erhält dennoch ein vertretbares Gesamtergebnis.[20]

---

19 Gassmann, 2005.
20 Weatherly, 2009.

Portfoliotechnik
Diese Technik wurde ursprünglich in der Finanzwirtschaft entwickelt und dient zur Erstellung von guten Produkt-Markt-Strategien. Es werden also Marktwachstum und -anteil aller Produkte oder Leistungen eines Unternehmens berechnet, sowie deren zukünftige Entwicklung abgeschätzt, und diese anschließend verglichen. Es ergibt sich so ein Überblick über die unterschiedlichen Erfolgschancen und Investitionsbedürfnisse. Man kann das Modell auch auf andere Parameter anwenden. Die jeweiligen Parameter werden auf die Achsen eines Koordinatensystems verteilt und meist in »hoch« und »niedrig« oder »mehr« und »weniger« bemessen. Trägt man die Produkte oder Leistungen im Koordinatensystem ab, dann entsteht eine Vierfelder Matrix, anhand derer sich das tatsächliche Potenzial und das Risiko der Produkte/Leistungen vergleichen lassen.

Planungsergebnis

Bei abgeschlossener Planung sollten Aufwand, Kosten, Termine und Ressourcen für das Endergebnis und alle Zwischenergebnisse realistisch und unter Beachtung von Risiken und Unsicherheiten festgelegt und in einheitlicher Form dokumentiert worden sein.

Das Ergebnis sollte folgende Elemente enthalten

- Projektstrukturplan (alle zu bearbeitenden Arbeitspakete)
- Inhalte der einzelnen Arbeitspakete
- Eindeutige Termine für die Arbeitspakete
- Ermittlung zeitlich kritischer Arbeitspakete
- Risikoanalyse und »Notfallplan«
- Kalkulation der benötigten Ressourcen und ihrer Verfügbarkeit
- Ermittlung der Kosten (Kostenarten, Leistungserbringer, Zeitintervalle)

Bei einer guten Projektplanung sind alle Elemente vollständig aufeinander abgestimmt und eventuell noch vorhandene Unsicherheiten in den einzelnen Elementen klar erkennbar.

27.9 Durchführung

Ist schließlich die gesamte Planung abgeschlossen und sind alle notwendigen Vorbereitungen zur Durchführung des Projektes getroffen worden, kann die tatsächliche, praktische Durchführung beginnen. Nun wird der vorher erarbeitete Ablauf im Idealfall nur noch »abgearbeitet«. In der Realität kommt es jedoch fast immer zu einigen Störungen und Abweichungen. Bei einem guten Projekt- und Risikomanagement können schon viele dieser Zwischenfälle vermieden oder nach einem bereits entwickelten Plan umschifft werden. Dennoch bleiben meist einige »Probleme« über, für die noch eine Lösung gefunden werden muss. Dazu sind mehrere Dinge von Nöten: Zunächst einmal ist es essentiell, ein gutes Controlling durchzuführen, um mögliche Probleme und Abweichungen frühzeitig zu bemerken und nicht erst dann, wenn sie möglicherweise schon großen Schaden angerichtet haben. Anschließend sind die Auswirkungen auf andere Elemente und das gesamte Projekt abzuschätzen, was nur möglich ist, wenn genaue Kenntnisse der Bedeutungen und Beziehungen der einzelnen Elemente des Projektes vorhanden sind. Schließlich muss das eigentliche Problem durch geeignete Maßnahmen gelöst werden und der Projektablauf den neuen Gegebenheiten nötigenfalls angepasst werden.

Kontrolle/Steuerung

Für die Projektkontrolle und Projektsteuerung gibt es einfache aber wirkungsvolle Techniken und Hilfsmittel. Die Gebräuchlichsten werden im Folgenden beschrieben.

PERT-Diagramm und kritischer Pfad

Das **PERT-Diagramm** ist ein probates Hilfsmittel für langfristige Zeitplanung.

Um ein derartiges Diagramm zu zeichnen, schreiben sie die zur Fertigstellung eines Projektes erforderlichen Schritte auf eine Liste und schätzen Sie die Zeit ab, die für die Durchführung jedes einzelnen Projektschrittes notwendig ist.

Anschließend verbinden sie die Schritte (durch Nummern vertreten) in einer logischen Reihenfolge und tragen die benötigte Zeit zwischen den einzelnen Schritten ein. Hierbei ist unbedingt zu beachten, ob Schritte parallel oder hintereinander ablaufen (können).

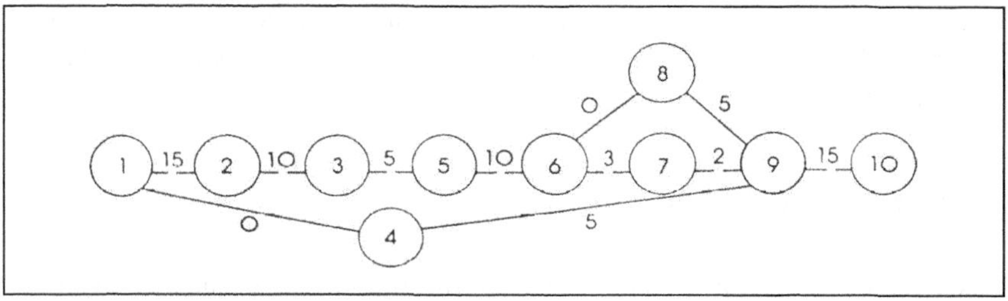

Abbildung 27.3 PERT-Diagramm und kritischer Pfad (Quelle: http://www.pl-conseil.net/IMG/png/pert2.png?100/f39a7925ecc96ddcf058b3a661dc2c00579ff5c4)

Der **kritische Pfad** (gestrichelte Linie) ist, zeitlich gesehen, der längste Weg durch das Projekt und lässt die wesentlichen Schritte erkennen, die rechtzeitig fertiggestellt sein müssen, um nicht den Abschluss des gesamten Projektes zu verzögern.

Beispiel: Ziel: Publikation eines Fachbuches über Arbeitsplanung (Beginn 1. April – Fertigstellung bzw. Auslieferung bis 31. Mai) Schritte und geschätzter Zeitaufwand:

- Entwurf schreiben 15 Tage
- Entwurf tippen 10 Tage
- Korrektur lesen 5 Tage
- Deckblatt zeichnen 5 Tage
- Endversion tippen 10 Tage
- Korrektur lesen 3 Tage
- Korrektur durchführen 5 Tage
- Abbildungen zeichnen 5 Tage
- Druck 15 Tage
- Auslieferung der Bücher

GANTT-Diagramm

Das GANTT-Diagramm dient ebenfalls der Visualisierung der zuvor beschriebenen Verkettungen und zeigt die Abhängigkeit der einzelnen Prozesse zueinander.

Es ist dem Milestone-Diagramm sehr ähnlich, wobei das GANTT-Diagramm meist mit entsprechender Software dargestellt wird und seltener von Hand, wie es beim Milestone-Diagramm durchaus üblich ist. Es ist so gesehen die moderne EDV-Version, die häufig auch noch weitere Funktionen bietet und sich dank schnellen Neuberechnungen des Computers jederzeit gut an den aktuellen Stand des Projektes anpassen lässt.

Zur Erstellung des Diagramms wird je ein Prozess in eine Zeile eingetragen, die Spalten stellen jeweils einen Zeitabschnitt dar (z. B. eine Woche). Anschließend werden die Prozesse als Balken mit der Dauer entsprechender Länge dargestellt. Ein Prozess, der erst nach Abschluss des Vorhergehenden beginnen kann, wird auch so zeitlich versetzt eingetragen, ebenso andere interprozessuale Beziehungen.

Die verschiedenen Abhängigkeitsbeziehungen werden durch entsprechende Pfeile gekennzeichnet. Man kann nun leicht die Gesamtdauer des Projektes und die untereinander geltenden Beziehungen erkennen.

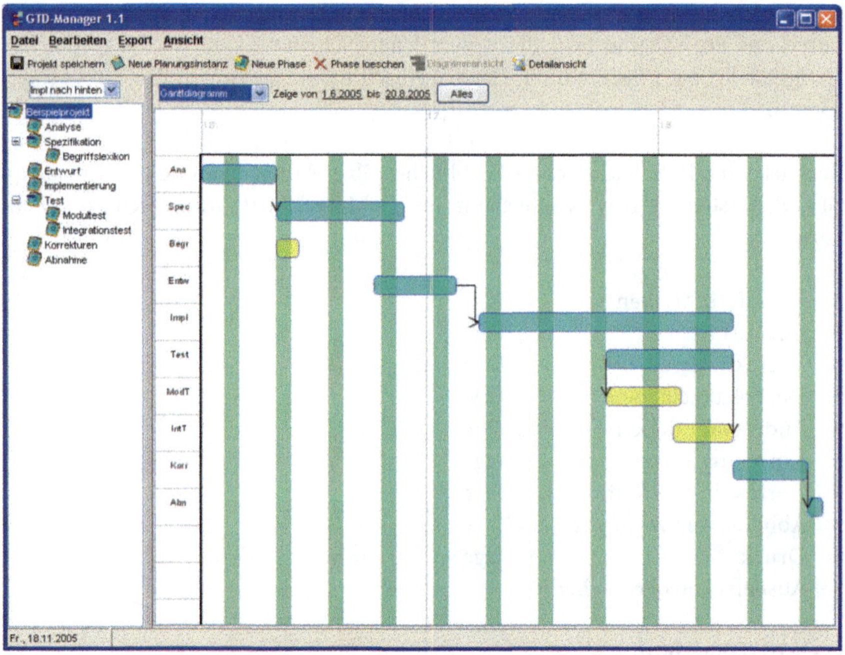

Abbildung 27.4 Computeranimation eines GANTT-Diagrammes mit entsprechender Software (Quelle: http://projektnachwuchs.de/wp-content/uploads/2015/01/infografik-w5.2.1-balkenplan3-600x266.jpg)

Steuerungsmaßnahmen

Die Beste der vorbeugenden Steuerungsmaßnahmen ist eine gute Planung!

Ein bereits gestaltetes, geplantes und begonnenes Projekt entwickelt eine Eigensteuerung und jeder weitere Steuerungseingriff ist schwierig und bringt immer Nebenwirkungen mit sich (magisches Dreieck).

Bevor Steuerungsmaßnahmen eingesetzt werden, ist also eine intensive Ursachenanalyse nötig. Dabei hat sich die Methode des sogenannten Problemnetzes bewährt.

Kommt es zu übermäßig großen Abweichungen eines Ist-Wertes vom dazu gehörigen Soll-Wert, werden Steuerungsmaßnahmen notwendig. Allerdings gilt es zu beachten, dass es durch die Korrekturmaßnahme meist zu einer Überreaktion kommt und der Wert sich erst verspätet wieder »einpendelt« auf der geplanten Höhe.

Steuerungsmaßnahmen greifen entweder auf der Ebene der Kosten, der Zeit und/oder der zu erwartenden Qualität.

Um einen Projektabschluss doch noch zu erreichen, muss mindestens einer der drei Parameter angepasst werden, manchmal, wenn die Abweichung sehr groß ist, auch alle.

Mögliche Maßnahmen innerhalb der drei Parameter sind beispielsweise:

- Fertigstellungstermin bzw. sonstige Termine werden verschoben (meist nach hinten)
- Überstunden
- Beschäftigung zusätzlicher Mitarbeiter
- Outsourcing
- Ankauf von Zwischenprodukten
- Entlastung der Mitarbeiter von anderen zeitraubenden Aufgaben
- Budgeterhöhung
- Akzeptanz einer minderen Qualität
- Abänderung des geforderten Ergebnisses
- Umverteilung der Aufgaben
- Bessere Nutzung des Know-hows der Mitarbeiter

Fortlaufend muss selbstverständlich jetzt kontrolliert werden, ob die Maßnahme den gewünschten Effekt erzielt und das Problem so gelöst werden kann.

Falls die Zielerreichung in weite Ferne gerückt ist und jede Fortführung nur eine sinnlose Ressourcenverschwendung und Mitarbeiterbelastung darstellen würde, kann in Extremfällen auch der geplante Projektabbruch die einzige, noch geeignete Maßnahme darstellen. Hierzu ist es aber unabdingbar erforderlich, dass ein kontinuierliches Controlling kurz- bis maximal mittelfristig die vorgegebenen Projektkennzahlen evaluiert und gegebenenfalls Alarm gibt.

Das spezielle Projektmanagement

Ein gutes Versorgungsmanagement ist ohne exzellente Kenntnisse über das Projektmanagement und dessen Techniken, Methoden und Hilfsmittel schlicht unmöglich.

Deshalb sollte bei allen staatlich geförderten Projektausschreibungen unabdingbar darauf geachtet werden, dass die ausgewählten Projektträger über qualifizierte Fachkräfte oder Berater für Projektmanagement verfügen.

Was wir hier in der alltäglichen Praxis im deutschen Gesundheitswesen an »Murks« erleben müssen, ist unvorstellbar und kaum zu beschreiben. Die damit verbundene exorbitante Ressourcenverschleuderung schreit zum Himmel.

Auch hier wird deutlich, dass genügend Geld im System ist, es aber zum Teil schaudererregend genutzt wird.

27.10 Einbau von Bürgerorientierung

In den letzten Jahren hat Bürgerorientierung entscheidend an Bedeutung gewonnen. Immer öfter versucht man den mündigen Bürger teilhaben zu lassen und ihm Zugang zu allen nötigen Informationen zu verschaffen. Auch an medizinischen Projekten sollten Bürger mehr beteiligt werden, egal ob es um ihre eigene Gesundheit oder Pläne der Kommune zur Gesundheitsversorgung geht. Hierzu muss zunächst eine Grundlage in den Konzepten geschaffen werden und diese anschließend auf organisatorischer Ebene umgesetzt werden.

In die Konzepte

Befähigen – Bilden – Beteiligen
Bürgerorientierung muss man wollen und sich damit auseinandersetzen. Der Arzt muss weg von paternalistischem Denken und Handeln. Es ist vorbei mit dem Neurose pflegenden »Hr. Doktor in Weiß«. Der Arzt muss zum auf Augenhöhe und mit Geduld und Langmut arbeitenden Fachmann werden, der mit dem zum Teil in medizinischen Fragen sehr unwissenden Patienten kommuniziert. Es muss der Wert eines erarbeiteten Krankheitszuganges und -verständnisses begriffen werden. Bürgerorientierung kann nur über 3 Ebenen step by step laufen:

1) Den Bürger überhaupt befähigen, sich an seiner Gesundheit und ihrer Aufrechterhaltung oder Verbesserung zu beteiligen.
2) Ihn weiterhin zu befähigen, sich zur Krankheit weiterzubilden und adäquate und notwendige theoretische Zusammenhänge zu verstehen in den Bereichen:
   - Ernährung,
   - Medizin,
   - sonstige zu ändernde Gewohnheiten und
   - Umweltfaktoren.
3) Jetzt kann der Bürger/Patient an den dritten Schritt herangeführt werden: An seine Prozessbeteiligung sowohl bei der Behandlungs- wie auch bei der Versorgungsleistung. Beteiligen geht über alle Bereiche und der Bürger/Versicherte und/oder Patient kann mündig mitreden. Das wiederum kann der Arzt nur dann zulassen, wenn ihm diese »kommunikative Zeit« auch mit mindestens dem durchschnittlichen Behandlungsmindeststundensatz vergütet wird.

In die Ablauforganisation des Projektes

In der Organisation eines Projektes muss immer genügend Zeit für alle notwendigen Schritte eingeplant werden, sowohl beim Patienten selbst, als auch beim Arzt. Transparente Informations- und Entscheidungshilfen und -zeiträume müssen fester Bestandteil der Organisation und Planung sein und dem Patienten klar aufgezeigt werden. Dem Arzt muss für diesen Mehraufwand eine entsprechende Vergütung gewährt werden. Nur so wird dieser tatsächlich bereit sein, seine Haltung zu ändern und die Abläufe anzupassen. Diese Aufwände und Mehrausgaben sollten sich später durch eine verbesserte Kommunikation aller Beteiligten, eine erhöhte Zufriedenheit und compliance des Patienten und nicht zuletzt mögliche Kosteneinsparungen auf lange Sicht für das Gesundheitssystem bezahlt machen.

Abschluss

Auch wenn ein Projekt, hoffentlich erfolgreich, beendet worden ist, ist das Projektmanagement noch nicht abgeschlossen. Die Nachbereitung ist ein nicht zu vernachlässigender Bestandteil effektiven Projektmanagements. Erst hier greift man einen Großteil »der gesäten Früchte« ab, da man erst in der Auswertung den Erfolg des Projektmanagements und den Grad der Zielerreichung bemessen kann. Auch ob Motivation, Kommunikation und Teamgeist über die Dauer des Projektes positiv gewirkt bzw. funktioniert haben, lässt sich nun endgültig feststellen und auswerten.

Jetzt sieht man auch, ob die Beteiligung der Betroffenen geglückt ist, ob sie das Projekt und sein Management annehmen und ob sie bereit sind die im Projekt vorgesehenen Maßnahmen und Events mitzuleben. Dann, wenn dieses erfolgreich umgesetzt ist, ist der Anspruch der Teilhabe am Leben im jeweiligen Sozialraum geglückt. Nicht vorher!

27.11 Ergebnisprüfung

Die Endergebnisprüfung erfolgt aufgrund der zu Anfang des Projektes festgelegten, objektiven Kriterien, die die Zielerreichung messbar machen. Der Soll- und der Ist-Wert der Planung und der Realität werden gegenüber gestellt und daraus ein Urteil gebildet, ob das Ziel erreicht wurde. Manchmal ist der Zielerreichungsgrad nicht 100 % sondern kleiner, was bei bestimmten Zielen durchaus auch gewollt sein kann.

27.12 Auswertung

Im Zuge dieses letzten Schritts wird der gesamte Projektverlauf mit Hilfe der Methode »Rückblende« ausgewertet. Dabei werden besonders markante Erfahrungen, sowohl hilfreicher als auch hinderlicher Natur, als Grundlage für zukünftige Projekte gesichert. Aufgrund hinderlicher Erfahrungen versucht man Verbesserungsvorschläge (Lernen aus Erfahrung) für zukünftige Projekte zu entwickeln, um die Fehlerdoppelung zu vermeiden. Besonders positive Erfahrungen sollten als mögliche Vorlage für ein ähnliches Vorgehen beim nächsten Projekt abgelegt werden.

So erhält man, mit jeder erneuten Durchführung eines solchen Projektes, einige neue Erfahrungen, die sich dokumentieren lassen und den idealen Ablauf des Projektes immer weiter konkretisieren.

Auch die allgemeine Stimmung und eventuell ungeklärte Konflikte im Team, die idealerweise natürlich gar nicht vorhanden sein sollten, können hier noch einmal Beachtung finden und gelöst werden, bevor sie in den Routinebetrieb verschleppt werden und dort möglicherweise zusätzlichen Schaden anrichten.

Literatur

Diethelm, Gerd: Projektmanagement. Band 1: Grundlagen. Herne/Berlin: Verlag Neue Wirtschafts-Briefe 2000 (Betriebswirtschaft in Studium und Praxis)

Fahlen, L.: The Role of The Managing Director in a Project, in: Gareis, R. (Hrsg.): Handbook of Management by Projects, Wien 1990, S. 298

Gassmann, Oliver: Praxiswissen Projektmanagement. Bausteine – Instrumente – Checklisten, München, Wien: Carl Hanser Verlag 2005

Huber, L./Dworatschek, S.: Herausforderung des Mittelstandes bei Anwendung von PM, Ergebnisse einer EG-Befragung 1989, in: GPM: Projektmanagement – Beiträge zum Projektmanagement – Forum 89, München, 1989, S. 16

Mikkelsen, H.: Management of International Projects, in: Gareis, R. (Hrsg.): Handbook of Management by Projects, Wien, S. 231

Staehle, W. H.: Management – Eine verhaltenswissenschaftliche Perspektive, München 1991, S. 65

Stelter, W./Bartel, S.: Terminplanung und -Steuerung eines Großprojektes der öffentlichen Hand, in: GPM: Projektmanagement – Beiträge zum Projektmanagement – Forum 89, München 1989, S. 400

Weatherly, Johny N.: Handbuch Systemisches Management. Eine Anleitung für Praktiker, Berlin: Medizinisch Wissenschaftliche Verlagsgesellschaft 2009

28 Projektmanagement und Konzepterstellung im Versorgungsmanagement

John N. Weatherly

»Als wir das Ziel aus den Augen verloren hatten, haben wir unsere Anstrengungen verdoppelt.«

28.1 Von der Zeitbeherrschung hin zum organisierten Projektmanagement mit Konzepten!

Selbst- und Zeitmanagement lässt sich ideal bei der Arbeit in Projekten erlernen, in denen gerade die Zeit knapp ist und die Anwendung von SALZ – Systematik zur Aufgabenlösung und Zielerreichung – ein erheblicher Erfolgsfaktor ist.

… Mehr oder weniger, kleine und große Projekte bewegt jeder Mensch täglich. Häufig ist uns nicht klar, dass wir gerade ein Projekt durchführen.

> Zitat: »Adventure is the result of poor planning.«
> Colonel Blatchford

Was sind Projekte, Projektplanung und Projektmanagement?

Management wird als Koordination arbeitsteiliger und multipersonal zugeordneter Aktivitäten in Ausrichtung auf abgestimmte Ziele und unter sparsamem Mitteleinsatz verstanden.

Management besteht im Einzelnen betrachtet aus Planung, Handlung, Führung und Kontrolle.

Wir werden in diesem Kapitel das Thema Projekt- und Konzeptmanagement in zwei Abschnitten behandeln, wobei es viele Überschneidungen und inhaltliche Redundanzen zwischen den beiden Themen gibt.

Was ist Projektmanagement?

Von einem **Projekt** kann man dann sprechen, wenn folgende Parameter vorliegen:

Projekte sind Vorhaben eines Unternehmens außerhalb des regulären Geschäftes, zumeist handelt es sich um Vorhaben, die für das Unternehmen gänzlich neu sind, oder unregelmäßig durchgeführt werden, so dass dafür keine Regelprozeduren und Anweisungen bestehen. Fast alle Projekte sind zeitlich begrenzt. Bei komplexeren Vorhaben werden zumeist mehrere Abteilungen und Disziplinen in die Projektarbeit eingebunden.

Die Tatsache, dass Projekte im Allgemeinen keine Regelvorgaben oder -prozeduren besitzen, bedeutet grundsätzlich auch, dass für die Planung und Durchführung des konkreten Projektes keine klaren Vorgaben im Voraus bestehen. Die Auftraggeber/Initiatoren des Projektes müssen zusammen mit dem Projektleiter dafür sorgen, dass klar formulierte Projektziele bestehen, eine eigene Projektorganisation vorhanden ist und eine planmäßige und systematische Abwicklung gewährleistet wird. Projekte werden temporär für ganz bestimmte begrenzte Vorhaben gegründet und nach Erledigung der Aufgabe wieder aufgelöst. Typisch für die Projektarbeit ist es, dass sich die Mitarbeiter sehr schnell in neue und ungewohnte Zusammenhänge hineindenken müssen.

Die Projektarbeit stellt hohe Anforderungen an die Mitarbeiter hinsichtlich ihrer Teamfähigkeit, Flexibilität und Lernbereitschaft!

Projektmanagement beschreibt den Prozess, wie im Idealfall das Procedere und der geordnete Verlauf eines erfolgreichen Projektes sein sollten.

Projektmanagement und projektbezogene Arbeit sind im Bereich der kommerziell arbeitenden Unternehmen üblich. Zunehmend wird auch im Non-Profit-Bereich die Notwendigkeit erkannt, so zu arbeiten.

Wozu dient Projektmanagement?

Projekte besitzen aus ihrer Natur heraus eine höhere Wahrscheinlichkeit des Scheiterns. Projektmanagement soll dazu dienen, das projektimmanente Risiko möglichst weit zu begrenzen und spart Ressourcen. Des Weiteren sichert es die Qualität der Arbeit und führt in überschaubarer Zeit zu einem Ergebnis. Auch vermittelt es dem Mitarbeiter Arbeitszufriedenheit und erhöht die Innovationskraft des Unternehmens.

Arten von Projekten

Projekte sind grundsätzlich individuell unterschiedlich in Bezug auf den dafür angesetzten Zeitaufwand, die Prozesskosten, in der Bedeutung für die Betriebsziele (Prioritäten), in den fachlichen Anforderungen an die Projektmitarbeiter und der Anzahl der am Projekt zu beteiligenden Stellen.

Je nach Häufigkeit der Durchführung und der Art des angestrebten Zieles werden Projekte auch klassifiziert in:

Einmalprojekte
(z. B. die Ausstattung von Büros mit Internetanschlüssen oder die 800-Jahrfeier einer Gemeinde)

Serienprojekte
Beispielsweise eine regelmäßige Durchführung von Kundenzufriedenheitsuntersuchungen oder eine jährliche Messeteilnahme.

Für Serienprojekte werden feste Abläufe benötigt und in Form von Anweisungen und Checklisten dokumentiert. Achten Sie darauf, dass nach jedem Projektabschluss die Dokumentation zu den Abläufen und die Checklisten aktualisiert werden.

Pilot-Projekte
Pilotprojekte sind häufig Testläufe für größere Vorhaben, z. B. die Inbetriebnahme einer neuen Fertigungsstrasse oder die Einführung neuer Produkte im Markt.

Mit den Erfahrungen des Pilotprojektes werden im Anschluss bei Erfolg des Pilotprojektes die Vorgehensweisen und Ergebnisse in die reguläre Firmentätigkeit aufgenommen.

Bei Pilotprojekten sollte zusätzliche Zeit für regelmäßige Reflexion eingeplant werden. Was läuft gut? Warum? Was sollte besser laufen? Warum? Zum Projektabschluss soll eine schriftliche Zusammenfassung der Empfehlungen für die geplanten Folgeprojekte erstellt werden.

Materielle Projekte
Ob als Serien-, Einmal- oder Pilotprojekt produzieren materielle Projekte Ergebnisse wie: z. B. neue technische Ausstattung, der Neubau einer Kirche oder z. B. die Einrichtung einer Beratungsstelle. Bei diesen Projekten ist es vergleichsweise einfach, den Erfolg und den Nutzen aus der Investition in das Projekt nachzuweisen.

Ideelle Projekte

Ob als Serien-, Einmal- oder Pilotprojekt produzieren sie immaterielle Ergebnisse: z. B. eine Kampagne gegen Ausländerhass oder z. B. für mehr Gesundheitsbewusstsein. Bei diesen Projekten fällt es oft sehr schwer, die Erfolge nachzuweisen. Hat sich im Bewusstsein der Zielgruppe wirklich etwas geändert? Liegt es am Projekt oder an anderen Faktoren?

Bei ideellen Projekten ist das Risiko einer Fehlinvestition besonders groß. Deshalb müssen hierbei die Erfolgskriterien sehr viel sorgfältiger vorab vereinbart werden als bei materiellen Projekten. Bei ideellen Projekten müssen mit der Zieldefinition messbare Erfolgskriterien vereinbart werden.

Werden in einem Unternehmen mehrere Projekte gleichzeitig durchgeführt, empfiehlt es sich, als Werkzeug für die Visualisierung und Planung der Projekte eine Kombination aus Portfoliotechnik und ABC-Priorisierung zu nutzen (siehe Abbildung 28.1).

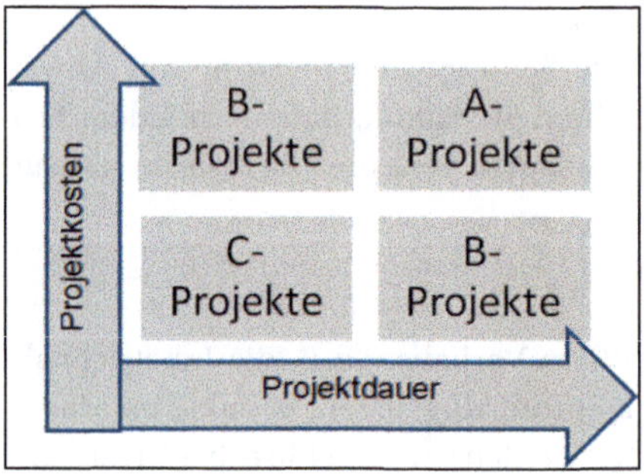

Abbildung 28.1 Portfolio und ABC-Priorisierung von Projekten nach Dauer und Projektkosten (Quelle: Schulz-Wimmer, 2007)

Projektarbeit im Bereich Gesundheit und Soziales

Projektarbeit im Gesundheits- und Sozialbereich unterscheidet sich inhaltlich jedoch erheblich von der Projektarbeit in kommerziellen Unternehmen. Nicht so sehr im Einsatz der Methoden, Techniken und Hilfsmittel oder in der Art des Projektmanagements, aber im inhaltlichen Ablauf. Probleme im Non-Profit-Bereich sind häufig viel komplexer und bedürfen der Beachtung unterschiedlichster Parameter, wie der Ethnologie, Traditionen, besondere Bedingungen in der Region und innerhalb der Prozessabläufe.

Durchführung von Projekten

Projektauftrag

Die Entscheidung, ein bestimmtes Projekt anzugehen, wird durch das Management gefällt. Hier sind die Ziele des Projektes und die Kriterien für die Zielerreichung festzulegen, eventuell auch Kriterien und Szenarien, bei deren Erreichung das Projekt auf alle Fälle abgebrochen werden soll. Die weitere Planung des Projektes wird nun entweder ebenfalls durchgeführt, bevor ein Projektleiter mit dieser Funktion betraut wird, oder der Projektleiter plant auf der Grundlage seiner Vorgaben das Projekt selbst. Je nach Vorgehensweise ist der dem Projekt zugrunde liegende Projektauftrag mehr oder weniger detailliert beziehungsweise umfangreich (siehe Abbildung 28.2).

Projektauftrag

Projektname: ____________ Projektnummer: ________

Auftraggeber: ____________ Projektleiter: ________

Projekt am: ____________

Inhaltliche Ziele: Anlage

Termine / Meilensteine: Anlage

Budget: Anlage

Personalressourcen: Anlage

Rahmenbedingungen: Anlage

Kostenverteilung: Anlage

Weitere Vereinbarungen: Anlage

Abbildung 28.2 Formular Projektauftrag (Quelle: Weatherly, 2009)

Auswahl der Projektleitung

Die Projektleitung ist nach den in diesem Projekt erforderlichen Fertigkeiten und Fähigkeiten auszusuchen. Deshalb müssen vorher der Arbeitsauftrag – die Arbeitsaufgabe – und die wichtigsten Parameter für die Zielerreichung klar umrissen sein. Ohne diese Vorarbeit ist es meist nicht möglich, eine adäquate, ihren Aufgaben gewachsene Projektleitung einzusetzen.

Ein Projekt besteht in der Regel aus mehreren Mitarbeitern, die jetzt neu zusammengesetzt miteinander arbeiten müssen, und zwar unter Zeit- und Erfolgsdruck. Dieses erfordert eine Führungskompetenz- und Qualität bei der Projektleitung, die diesen Prozess steuern und qualitativ beeinflussen muss.

Ein nicht sinnvolles Kriterium zur Auswahl einer Projektleitung ist das nach Verdienst im Unternehmen oder Dauer der Zugehörigkeit zum Unternehmen. Solche Gefälligkeiten können dem Unternehmen teuer zu stehen kommen. Erschwerend kommt hinzu, dass ein Projektleiter bei bereichsübergreifenden Projekten zumeist keine hierarchische Leitungsgewalt innehat, sondern sich ausschließlich durch fachliche und kommunikative Kompetenz auszeichnen muss.

Für die Projektleitung und die für das Projekt abgestellten Mitarbeiter gelten besondere Anforderungen:

- Projektleitung ist eine Führungsaufgabe. Da die Projektleitung nicht durch offizielle Kompetenzzuweisung wie bei einer Führungsfunktion gestützt ist und nur temporär auf Mitarbeiter zugreifen kann, ist sie besonders anspruchsvoll.
- Die Projektleitung muss andere mit der eigenen Begeisterung anstecken und ein leistungsorientiertes Klima im Team schaffen können. Erforderlich ist dazu der eigene Erfolgswille.

Das sind Pionierqualitäten. Darüber hinaus ist die Beherrschung von Kreativitäts- und Moderationstechniken eine wichtige Grundvoraussetzung.

Einmaligkeit:
Projektleiter und Mitarbeiter können sich nicht routiniert an bekannten Arbeitsabläufen orientieren. Sie müssen sich stattdessen schnell und selbständig in die für sie neue Materie hineindenken.

Mitarbeiter mit der Einstellung »Kann ich nicht, weiß ich nicht, habe ich noch nie gemacht!« sollten Sie auf keinen Fall ins Projekt-Team nehmen.

Temporäre Struktur:
Das Projektteam verliert nach Abschluss der Arbeiten seine Funktion und wird wieder aufgelöst. Weil das so ist, läuft Projektarbeit fast immer zusätzlich neben den Aufgaben des Tagesgeschäfts, die weiterhin anfallen.

Mitarbeiter mit der Einstellung »Ich mache keine Überstunden!« können Sie ebenfalls im Projekt nicht gebrauchen. Sie können auch niemanden gebrauchen, der aus der Projektmitarbeit bestimmte Anrechte für die berufliche Zukunft ableitet, wie z. B.: »Jetzt bin ich Projektleiter und habe ab sofort Anspruch auf eine dauerhafte Führungsfunktion.«

Komplexität:
Projekte beziehen oft unterschiedliche Sachgebiete ein. Es müssen sich daher die Spezialisten verschiedener Fachrichtungen zusammentun und unterschiedliche Techniken und Verfahren anwenden.

Aus diesem Grund empfiehlt es sich, nicht den besten Fachprofi, sondern einen Generalisten mit hoher kommunikativer Kompetenz zum Projektleiter zu machen.

Klare Nutzungserwartungen:
Ein Projekt ist eine Investition, die sich lohnen muss. Auch Projekte, die etwa wegen z. B gesetzlicher Vorgaben durchzuführen sind, müssen wirtschaftlich ablaufen. Ein Projekt braucht demnach sein eigenes Budget und seine festen Termine für Start und Ende mit Aufwandsrechnung.

Achten Sie deshalb unbedingt darauf, dass Ihr Projektleiter kostenbewusst und unternehmerisch denkt.

Messbare Ziele:
Für das Erreichen der Ziele ist der Projektleiter verantwortlich.

Er muss diese Ziele wirklich wollen und sich kämpferisch dafür einsetzen. Die Einstellung »Man hat mir dieses Projekt aufs Auge gedrückt!« zeugt nicht von ausreichendem Erfolgswillen.

Klares Aufgabengebiet:
Das Projekt muss unmissverständlich zu anderen Projekten und Bereichen abgegrenzt werden. Sonst besteht die Gefahr von kostspieligen Doppelarbeiten oder Ergebnissen, die am Ende nicht zu gebrauchen sind.

Mit der Einstellung »Ich weiß nicht, was die anderen machen. Ich kümmere mich um meinen Job« kann niemand Projektleiter sein.

Praxis-Tipp:
Halten Sie sich bei der Berufung eines Projektleiters und der Teammitglieder an die afrikanische Weisheit: »Ein Freiwilliger schafft mehr als zehn Gezwungene.« Wer positiv zu den Zielen des Projektes steht, wird sich nachhaltig auch dafür engagieren und andere begeistern.

Die erlebte Freiheit im Kontext der Projektarbeit fördert das erforderliche Engagement, das die Projektarbeit belebt und ökonomisch fruchtbar macht. Daher ist es wichtig, dass Mitarbeiter freiwillig, mit Begeisterung, Motivation und Kreativität an Projektarbeiten herangehen und nicht gegen ihren Willen dazu abkommandiert bzw. gezwungen werden.

Personalentwicklungsgespräche und Zielvereinbarungen sind auch bei der Projektarbeit Mittel der Wahl zur Personalsteuerung.

Bei den Projektmitarbeitern gilt ähnliches wie bei der Leitung. Sie sollten der zu erledigenden Aufgabe angepasst über die notwendigen Fähigkeiten und Fertigkeiten verfügen. Um eine solche Mitarbeiterauswahl für das Projekt treffen zu können, ist es unabdingbar, die Stärken (Stärkeprofil) und Schwächen sowie die verfügbaren Ressourcen der Mitarbeiter zu kennen. Die Auswahl der einzelnen Projektmitarbeiter kann im Verlauf der Planung erfolgen, wenn deren Anforderungsprofil hinreichend konkret ausgearbeitet ist.

Projektplanung

Für die Projektplanung hat sich folgende Vorgehensweise als sinnvoll erwiesen:

- Festlegung aller geplanten im Projekt abzuarbeitenden Ziele und Inhalte (Inhaltsplanung)
- Festlegung der aufeinander folgenden, nach logischen Gesichtspunkten zusammengestellten Arbeitsschritte (Arbeitspaketplan, zum Begriff des Arbeitspaketes siehe den nachfolgenden Text).
- Festlegen nach der 5-W-Regel – wer, wann, was, wie, mit welchen Ressourcen bearbeitet (Ablaufplan) (Personal-Ressourcen-Plan)
- Festlegen der benötigten Einzelzeiten für die im Ablaufplan festgelegten Arbeitsschritte (Gesamt-Zeit-Raster). Feststellen, welche Ressourcen für die Bewältigung der einzelnen Arbeitsschritte mit welcher zeitlichen Verfügbarkeit benötigt werden (Ressourcenplan)
- Erstellen eines voraussichtlichen Kostenplanes, um zu einer Budgetierung des Projektes zu gelangen und ein fortlaufendes Controlling der Kosten zu gewährleisten (Kostenplan)

- Einsetzen eines Langzeit-Planungstools aus dem Zeitmanagement, wie Pert- oder Milestone-Diagramm
- Daraus ergibt sich der optimale zu organisierende Projektverlauf mit Zwischenrückblenden und definierten Szenarien, bei Eintritt welcher Voraussetzungen das Projekt abzubrechen ist.
- Ermittlung und Bewertung der Projektrisiken und Organisation von Gegenmaßnahmen und Vorgehensweisen, wenn ein solches vorgedachtes Risiko sich einstellt (Risikoplan)
- Nach Abschluss dieser Planungsschritte: Vorstellung der Planung beim Projektauftraggeber und Ergänzung des Projektauftrages.

In der Planung des Projektes müssen unbedingt für das Berichtswesen und die Dokumentation (Projektordner) des Projektes Ressourcen geplant und vergeben werden. Bei Pilotprojekten sind die exakte Dokumentation von Problemen sowie ihre Bewältigung essentiell für die spätere Umsetzung. Zum Abschluss des Projektes sind eine gesonderte Gesamtberichterstattung/Präsentation und eine kritische konstruktive Reflexion einzuplanen.

Planungstools für das Projektmanagement

Die Ablaufplanung erfolgt auf der Basis von Arbeitspaketen. Diese stellen wir hier kurz vor:

Arbeitspakete

Das Arbeitspaket hat ein definierbares und überprüfbares Ziel und Endergebnis.

Das Arbeitspaket wird einer Person oder Projekteinheit zugeordnet. Damit wird eine direkte Kopplung von Zielerreichung und Verantwortung erreicht.

Die Gesamtheit aller Arbeitspakete ergibt den Gesamtaufwand der im Projekt zu leistenden Arbeit. Einzelne Arbeitspakte können von kurzer Zeitdauer sein, andere können sich über die gesamte Zeit des Projektverlaufs hinziehen.

Der Umfang von Arbeitspaketen sollte die realistisch bei der Person oder Gruppe zur Verfügung stehenden Fähigkeiten und Fertigkeiten sowie Ressourcen beachten. Ein Arbeitspaket soll fordern, aber nicht überfordern.

Jedes Arbeitspaket braucht Input-Informationen und liefert ein Ergebnis, das wiederum Input für andere Arbeitspakete ist.

Bei der Segmentierung des Projektes in Arbeitspakete gibt es Arbeitspakete, die sicher von den Projektmitarbeitern beherrscht werden und solche, die sachliche Unsicherheiten oder neu zu gehende Wege erfordern.

Hilfreich ist es dann, wenn mit Projektformularen für die Beauftragung der Durchführung von Arbeitspaketen gearbeitet wird (siehe Abbildung 28.3).

Formblatt Arbeitspaket		
Projekt:		
Unterprojekt:		
Arbeitspaket- Titel:		
Verantwortlich:		
Datum:	Version:	Status:

Kurzbeschreibung:

Voraussetzungen:

Ergebnis:

Aktivitäten:

Risiken und Maßnahmen:

Abnahme durch:

Folgearbeitspaket / Folgeprozeß:

Ressourcen:

Personal:	Material:	Kostenstelle:	Datum:

Bemerkungen:

Abbildung 28.3 Arbeitspaket-Formular (Quelle: Weatherly, 2009)

Die Arbeitspakete werden in den Planungstools entsprechend miteinander logisch vernetzt.

Ist die Projektplanung erfolgreich abgeschlossen und mit den Projektauftraggebern abgestimmt, kann nun die Umsetzung des Projektes erfolgen.

28.2 Der Projektablauf

Der Kick-off-Workshop als Start für Projektleiter und Team

Das Kick-off ist ein wichtiges Instrument der Teambildung. Das Kick-off dient neben der sachlichen Auseinandersetzung mit dem Vorhaben auch dem »Beschnuppern« untereinander. Entsprechend sollte Raum für Diskussionen gegeben werden. Kick-offs werden genutzt, um Mitarbeitern und Projektleitung ein gemeinsames Verständnis von Aufgaben und Vorgehensweise zu vermitteln. Im Sinne des Teammanagements muss der Projektleiter spätestens jetzt alle Mitarbeiter »ins Boot holen« und die wesentlichen Projektinhalte, Ziele und Milestone im Konsens festlegen/kommunizieren.

Klima und Atmosphäre im Projekt, Inhalte und Ziele des Projektes sind nun durch den Kick-Off Workshop angelegt worden.

In einem nächsten Schritt geht es darum, die während der Projektarbeit einzunehmenden Rollen und die in der Management-Vorgehensweise zu vergebenden und zu besetzenden Funktionen zu klären.

Transparent für alle muss auch werden, welchen Stellenwert das Projekt im Gesamtkontext innerhalb der Firma und im Umfeld der Realität einnimmt.

Unabdingbar wichtig für die Arbeit im Projekt ist es, klare Spielregeln, Umgangsweisen und daraus folgend eine gewisse Projektkultur bzw. Projektphilosophie zu installieren.

Im Rahmen dieses Vorgehens ist auch festzulegen, wie mit Frustrationsphasen und Rückschlägen gemeinsam umgegangen werden kann.

Möglichst bald nach dem Kick-off sollten Auftraggeber und Projektleitung die Termine festlegen, an denen sie oder externe Fachleute den Projektfortschritt kontrollieren. Dies geschieht, indem Zwischenabnahmen durchgeführt werden. Schon manches Projekt hat zu Enttäuschungen geführt, weil diese Zwischenabnahmen unterblieben sind. Zu leicht entwickelt sich ein Projekt in die falsche Richtung oder läuft bezüglich der Arbeitsqualität, der Kosten oder Termine aus dem Ruder.

Projektverlauf und Steuerung

Jede noch so differenzierte Planung des Projektverlaufs kann durch unzureichende Steuerung während des Projektverlaufs zunichte gemacht werden. Das Ergebnis ist dann Zielverfehlung oder nur bedingte Zielerreichung.

Da diese Auswirkungen im Projektmanagement nicht erwünscht sind, ist es notwendig, Planung und Steuerung gleichwertig mit hoher Qualität durchzuführen.

Die in der Planungsphase festgelegten einzelnen inhaltlichen Parameter sind jetzt von der Projektleitung und den Mitarbeitern fortlaufend zu »controllen«, damit das Erreichen der Projektziele trotz aller in der Realität auch bei bester Planung auftretenden Störungen im Projektverlauf ermöglicht werden kann.

Unvermeidbare Abweichungen und vorher nicht planbar auftretende Ereignisse müssen kreativ und flexibel in den Projektablauf integriert werden. Das geht nur, wenn allen Beteiligten visualisiert die einzelnen Prozesse innerhalb des Projektmanagements transparent sind, um Abweichungen und nicht geplant Auftretendes sofort zu erkennen. Hierzu ist eine organisierte Besprechungs- und Kommunikationskultur erforderlich.

Wird die Steuerung überbetont und ist die notwendige Projektplanung nicht ausreichend vorher getätigt worden, dann führt das zu Hektik und Stress im Prozessverlauf sowie zu Qualitätseinbußen und Unzuverlässigkeiten.

Für die Dokumentation des Projektstatus empfiehlt sich der Einsatz eines Projektstatusberichtes (siehe Abbildung 28.4).

PROJEKT - STATUSBERICHT

Projektthema: ______________________ Projektleiter: ____________

Projektzwischenbericht Projektendbericht

Fachliche Ergebnisse	Termine	Kosten
planmäßiger Ablauf	planmäßig	planmäßig
Schwierigkeiten	schneller	Ist > Plan
	langsamer	Plan > Ist

Projektergebnisse:

Schwierigkeiten / Probleme	Maßnahmen / Lösungen

Datum: Verfasser:

Abbildung 28.4 Projektstatusbericht (Quelle: Weatherly, 2009)

Dokumentation: Der Projektordner

Ein/e sachgerechte/r Projektordner/Prozessmappe enthält folgendes:

1) Inhaltsverzeichnis (Register)
2) Projektorganisation (aus wem besteht das Projekt, welche Ressourcen sind zur Verfügung gestellt)
3) Projektaufträge – konkret schriftlich ausgearbeitet **alle** Aufträge und Aufgaben
4) Planungsunterlagen
    - Ziele/Erfolgskriterien
    - Inhaltsplanung
    - Ablaufplanung
    - Zeitmanagement
    - Risikoplan
    - Ressourcenplan
    - Kostenplan
    - Projektsteuerungsplan
5) Berichte
6) Sitzungsprotokolle
    - Projektteam
    - Auftraggeber
    - Gremien
7) Sonstiger Schriftverkehr

Projektmeetings und Projektworkshops

Natürlich erfordert gerade Projektarbeit viel Informationsaustausch und somit Kommunikation. Um die Übereinstimmung aller hoch zu halten, sind die Zeitabstände dieser unabdingbar notwendigen Meetings eng anzulegen. D.h. pro Woche mindestens ein Jour fixe von genügender Zeitlänge, um alle zuvor ermittelten Tagesordnungspunkte ohne Redundanz und Prosa qualifiziert abarbeiten zu können.

Bei jeweiligem Erreichen eines Milestones (ein Abschnitt im Pert- oder Milestone-Diagramm) sollte ein Projektworkshop einberufen werden, um gemeinsam unter Konsensherstellung festzustellen, dass tatsächlich dieser Schritt erfolgt ist.

Eventuell notwendige Fehlerkorrekturen, Kritik, daraus entspringende Delegationen oder neue Zielvereinbarungen werden hier dann gemeinsam erledigt und ausgeführt (Lernen aus Erfahrung!)

Ebenso ist hier der Ort für Anmerkungen und Lob für die Qualität der Arbeit und/oder die Schnelligkeit der Erledigung etc.

Im Rahmen solcher Veranstaltungen ist auch immer wieder das »WIR«-Gefühl zu initiieren. Es sind motivationsschaffende Methoden-Szenarien einzubringen.

Public Relation intern und extern

Auf keinen Fall darf im »Projekt« die innerbetriebliche und genauso relevant die externe Kommunikation unterschätzt oder vergessen werden. »Tue Gutes (für deine Firma) und rede darüber (mit deinen Kollegen und den Mitbewerbern)«. Zu achten ist hier nur darauf, dass keine Informationen fließen, die letztendlich den Umkehreffekt erzeugen, geschäfts- oder projektschädigend sind.

Sie sollten im Rahmen der Kommunikation auch immer ihre internen (eventuell externen) »Sponsoren« mit einbeziehen. Unter Sponsoren sind nicht nur die im klassischen Sinne genannten Geldgeber, sondern auch die geistigen und politischen Förderer gemeint, welche häufig bei Erfolg leider vergessen werden.

Projektabschluss

Bei Erreichen der Projektziele oder beim Abbruch des Projektes ist darauf zu achten, dass die Dokumentation des Projektes und seiner Ergebnisse angemessen präsentiert und für das Unternehmen/den Auftraggeber nutzbar gemacht wird. Gerade auch ein Scheitern eines Projektes kann wertvolle Hinweise geben, welche Fehler in Zukunft zu vermeiden sind oder unter welchen Umständen das Projekt erfolgreich verlaufen wäre.

Präsentation

Hier sei nur kurz erwähnt und noch einmal darauf hingewiesen, dass der letzte Schritt in der Projektarbeit die Präsentation und der Erfolg dieser ist. Ein noch so gutes Ergebnis kann durch eine schlechte Präsentation völlig entwertet, ein schlechtes Ergebnis dagegen durch hervorragende Präsentation etwas gebessert werden.

Denken Sie daran, genügend Zeit, Ressourcen und Kreativität für die Vorbereitung und Durchführung der Präsentation zu planen.

Benefit

Die Projektleitung und letztendlich auch die darüber stehende Firmenleitung (Fürsorgepflicht!) sind verantwortlich dafür, dass jeder Projektbeteiligte auch den ihm zustehenden Benefit für seine zusätzlich geleistete Arbeit erhält. Benefit setzt sich zusammen aus immateriellem Benefit (Anerkennung, öffentliche Darstellung, Beförderung etc.) und eventuell zusätzlich materiellem Benefit (Gratifikationen, Sonderurlaub, höheres Gehalt etc.).

In vielen Projekten »kassieren« die Vorgesetzten den ganzen oder weitestgehend ganzen Benefit und die Mitarbeiter, die den größeren Teil des Erfolges des Projektes ausmachen, erhalten nichts oder nur wenig. Dies ist für zukünftige Projekte, das Engagement und die Motivation dort nicht besonders förderlich. Denken Sie als Leitungskraft daran!

Sofern ein Projekt gescheitert ist, sollte auch bedacht werden, dass die teilnehmenden Mitarbeiter das Stigma dieses Scheiterns nicht unverdient tragen. Die Unternehmensleitung muss gerade beim Scheitern eines Projektes diese Mitarbeiter vor Stigmatisierung schützen und sich den Wert beziehungsweise die erreichten Ziele des Projektes im Unternehmen zu Eigen machen. Erfolgt dieses nicht, werden sich beim nächsten Projekt vermutlich keine Mitarbeiter mehr beteiligen wollen.

Projekte und Projektmanagement stellen an die Beteiligten, aber insbesondere an die Projektleitung, erhöhte Anforderungen. Hier ist Erfahrung im Projektmanagement besonders hilfreich. Diese Erfahrung kann man zum Teil nur dadurch erwerben, indem man auch das Scheitern eines Projektes erlebt hat. Einige typische Fehler und Probleme beim Projektmanagement können wir Ihnen jedoch schon aus unserer Erfahrung mitteilen:

28.3 Typische Probleme bei der Entwicklung und Realisierung von Projekten

Projektziele und Projektaufgaben

Ein Kernproblem des Projektmanagements sind unklare oder laufend sich ändernde Ziele und Lösungsanforderungen. Eine einseitige Projektsteuerung über Termine ohne die Wahrnehmung der Zusammenhänge zwischen den Zielen gefährdet die Konsistenz des Projektergebnisses. Ebenfalls problematisch ist eine mangelhafte Problemanalyse bei der die Systemabgrenzung und die Schnittstellendefinition infolge Zeitdrucks vernachlässigt werden. Lösungen müssen unter laufender Abstimmung und unter Mitverantwortung der später davon Betroffenen entwickelt werden, um benutzergerecht zu sein. Persönliche Widerstände gegen Kontrollen behindern die projektbegleitende Kontrolle der Projektergebnisse in sachlicher, zeitlicher und finanzieller Hinsicht.

Projektbeteiligte und Projektorganisation

Häufige Risiken bestehen bei den Projektbeteiligten selbst. Die fehlende Unterstützung des Projektes durch die übergeordneten Leitungsstellen bzw. Projektinitiatoren, die sich zu wenig mit den Projektproblemen beschäftigen, kann den Projektfortschritt lähmen. Projektleiter, die über keine spezifischen Leitungs- und Führungsqualifikationen verfügen, sind durch die Projektarbeit überfordert, was zu Fehlentscheidungen und Frustration führt. Doppelbelastungen von Projektleiter und Projektmitarbeitern, die in nicht ausreichendem Maße für das Projekt freigestellt werden, gefährden ebenfalls das Projekt, da die Projektarbeit und damit Planung und Ergebnisse leiden.

Wenn über einen längeren Zeitraum Erfolgserlebnisse fehlen, muss darauf geachtet werden, dass die Projektmitarbeiter nicht demotiviert werden.

Projekt und Zielgruppe

Insbesondere dort, wo die Projektergebnisse anschließend von den Mitarbeitern des Unternehmens angewendet werden sollen, besteht das Risiko, dass die Projektergebnisse nicht akzeptiert werden. Wenn Mitarbeiter in den Fachabteilungen nur unzureichend in das Projekt eingebunden sind, ergeben sich Angst und Widerstände gegen Neuerungen, deren Auswirkungen bis hin zur bewussten Sabotage des Projektergebnisses reichen können.

Information und Kommunikation

Für das Projekt überlebenswichtig ist die umfassende Abstimmung zwischen dem Projekt, den Fachabteilungen und den Initiatoren. Dazu muss beim Projektmanagement selbst die Übersicht über die Arbeitsfortschritte vorhanden sein, damit Projekttransparenz gewährleistet wird.

Eine unvollständige, personenabhängige Dokumentation (Dokumentationsstandards!) gefährdet bei Fehlen der Personen den Projektbestand und überdies die Brauchbarkeit des Projektergebnisses, da die Erfahrung und das Wissen der Projektbeteiligten nicht mehr verfügbar gemacht werden können.

Methoden und Techniken

Projektarbeit verlangt eine höhere Flexibilität der Leitung und Mitarbeiter und einen hohen kommunikativen Aufwand. Insbesondere bei Arbeit in Gruppen müssen Methoden und Techniken (Moderation, Visualisierung) eingesetzt werden, die diesen Umständen Rechnung tragen und auch dokumentierbar sind. Eine nachvollziehbare Untergliederung des Vorgehens in Teilschritte mit definierten Zwischenergebnissen und Entscheidungspunkten erleichtert die Koordination. Ein zu starres, unflexibles Vorgehen, indem ein Standardvorgehensmodell nicht auf das jeweilige Projekt zugeschnitten wird, ist der Zusammenarbeit abträglich.

28.4 Konzepterstellung

> *»Wir leben alle unter dem gleichen Himmel, aber wir haben nicht alle den gleichen Horizont«*
> Konrad Adenauer

Konzepte gehören im Gesundheits- und Sozialwesen zu jedem Projekt und jeder Institution.

Ein Konzept ist *»ein schriftlich festgehaltenes, gemeinsam erarbeitetes Verfahrensprinzip, was ein von den Mitarbeitern getragenes, positives Gesamtklima in der Einrichtung ermöglicht«*.[1]

Ein Konzept sollte für die im Projekt arbeitenden Mitarbeiter gemacht werden.

Es sollte die Arbeitsweise und die besonderen inhaltlichen Angebote des Projektes transparent beschreiben. Es muss die Grundlage für ein gemeinsames qualifiziertes Handlungsspektrum der Mitarbeiter bilden können.

Unterschiedlich ausgebildete Fachkräfte einigen sich z. B. auf bestimmte Methoden, Therapien, Verfahren und Ziele sowie auf ein abgestimmtes Zusammen- und Miteinanderarbeiten. Die üblicherweise sinnvolle Teamarbeit findet im Rahmen des Konzeptes statt.

Zur Konzepterstellung gehört, dass die geplanten Projektprozesse gedanklich vorher analysiert und auf ihre Wirkung/Auswirkung kontrolliert und überprüft werden. Da es sich hier um ein theoretisch vorgedachtes Konstrukt handelt, ist es unerlässlich, nach einer bestimmten Zeit mit verlässlichen objektiven Instrumenten und Methoden zu überprüfen, ob das Vorgedachte des Konzeptes auch real eintritt.

Danach ist dann das Konzept beizubehalten bzw. neue Ziele zu formulieren oder bezüglich der festgestellten nicht funktionierenden Bedingungen zu verändern bzw. umzuschreiben.

Eine regelmäßige weitere Kontrolle der Wirksamkeit der im Konzept formulierten Bedingungen ist in beiden Fällen (wenn zutreffend/wenn nicht zutreffend) erforderlich.

1 Kreckl, 1986.

Konzepte sollten lebende mit dem Projekt sich entwickelnde und einmal jährlich angepasste Prozessbeschreibungen (Projektfahrpläne) sein.

»Es ist nicht gesagt, dass es besser wird, wenn es anders wird. Wenn es aber besser werden soll, muss es anders werden«
G. C. Lichtenberg

Ein **Konzept** beschreibt die verschiedenen Handlungsschritte und Ebenen, die nacheinander zu bearbeiten sind, um geordnete und erfolgreiche Projektverläufe zu gewährleisten.

Für die Idee ist der realistische Bedarf am und im Markt zu klären.

Hier liegt schon häufig die erste Problematik, die viele Projekte scheitern lässt, weil kein realistischer Bedarf am Markt zu eruieren ist und damit natürlich dann auch die Finanzierung infrage gestellt ist.

Hier sind die Prozesse nur grob und überschauend und nicht differenziert abgebildet.

Ein **Grobkonzept** dient in erster Linie dazu, mit eventuellen Kostenträgern (Bund, Land, Kommune, Krankenkassen etc.) erste Gespräche zu führen bzw. bei der finanzierenden Bank ein erstes Statement zu deren Einschätzung bezüglich der Realisation und Finanzierung zu erhalten.

Nur wenn dieses Statement positive Anzeichen hat, ist es sinnvoll, weiter in die Entwicklung des Konzeptes und Projektes Zeit, Geld und sonstige Ressourcen zu investieren.

Das nachfolgend dargestellte Projekt- und Konzeptmanagement-Raster ist in sechs Bereiche eingeteilt:

- Die Vorklärungsphase
- **Wer** macht es?
- **Was?**
- Mit **welcher** Zielgruppe und **welchen** Ressourcen?
- Wie sehen die Perspektiven des Projektes aus?
- Wie ist die Vergleichsgrundlage?

Die einzelnen Themenbereiche sind differenziert und aussagekräftig auszuformulieren.

Konzeptraster exemplarisch

Projekt- und Konzeptmanagementraster

I.	-	Idee
	-	Bedarf
	-	Grobkonzept
II.	-	Träger (Wer) mit welcher Betriebsphilosophie
	-	Präambel (Gesamt wozu)
III.	-	Zielgruppe (mit wem)
	-	Angebot (was)
	-	Ziel des Projektes (wie wirken) Wirkungsspektrum/Methoden
	-	Qualitätsbeforschung (Wohin/wozu ← Wirkung)
IV.	-	Räume
	-	Personal/Qualifikation/Mitarbeiterauswahl
	-	Vernetzung/Kooperation
	-	Finanzen
	-	Realisierungszeitraum (Diagramm)
V.	-	Ausblick
	-	neue Perspektiven
	-	Anschrift Träger/Projekt
VI.	-	Wissenschaftliche Theorie aufarbeiten
	-	Literatur/Referenzen

Abbildung 28.5 Das NEWSTAND-Projekt- und Konzeptraster (Quelle: Weatherly, 2009)

Besonderer Wert ist auf die Themen Wirkungsspektrum und Methoden des Angebotes für die Zielgruppe zu legen. In diesem Bereich ist darzustellen, welches Produkt oder welche Dienstleistung der Zielgruppe angeboten bzw. entgegengebracht wird und auf welchen Grundlagen die Verbesserungen dadurch entstehen sollen. Die Wirksamkeit muss anhand von nachvollziehbaren und messbaren Erfolgskriterien für dritte Unabhängige überprüfbar sein. Dies ist auf der Ebene von Qualitätskriterien zu beschreiben, so dass dieses dann folgend durch Qualitätsevaluation auch nachvollziehbar und feststellbar wird.

Um an einem Beispiel hier konkret zu werden, nehmen wir einmal exemplarisch den oft in Konzepten verwendeten Begriff der »Verselbständigung«, wo suggeriert wird, dass es im Rahmen des Projektes Methoden und Techniken auf Evidenz-basierter Ebene gibt, die, wenn beim Betroffenen angewendet, nach einiger Zeit zur erhöhten Selbständigkeit führen.

In kaum einem Konzept wird dann aber folgend ausgeführt, welche Parameter im Einzelnen gemeint sind, die jetzt verbessert werden und wie dieser Vorgang durch einen dritten außenstehenden Qualitätsmanager verifiziert werden kann. Häufig wird auch keine Grundeinschätzung des bei Projektarbeit bestehenden Selbstständigkeitsstatus erhoben, so dass dann im Projektverlauf darauf aufbauend die erzielten Zugewinne im Bereich Selbstständigkeit nicht dargestellt werden könnten.

Last but not least sollten in einem Konzept die notwendigen postalischen Daten des Trägers und des zukünftigen Projektes Platz finden.

Sofern der Träger über Vergleichsprojekte oder nach eigener Einschätzung hilfreiche Referenzen für das Projekt verfügt, sollten diese aufgeführt werden.

Konzepte haben immer zwei Ebenen: die Leistungs- und die ökonomische Ebene (siehe Abbildung 28.6).

Konzept und Finanzen

(Beispiel für Betreutes Wohnen - unvollständig)

Projekt/Leistung	Kosten/Zeit				
tägliche Einzelbetreuung	täglich 60 Minuten BAT	____	=	________	€
tägliches Wecken (telefonisch)	Telefoneinheit/1 Minute BAT	____	=	________	€
tägliche Medikamentengabe (3x)	3 x 5 Minuten BAT	____	=	________	€
Pflegedokumentation täglich	5 Minuten täglich BAT	____	=	________	€
Qualitätsbeforschung täglich	5 Minuten täglich BAT	____	=	________	€
Team-Supervision (14-tägig, 2 Stunden)	3 Minuten täglich BAT	____	=	________	€
Team-Besprechung	BAT	____	=	________	€
Begleitung zum Arzt	BAT	____	=	________	€
Begleitung zu Ämtern	BAT	____	=	________	€
Haushaltshilfe	BAT	____	=	________	€
Kochgruppe	BAT	____	=	________	€
lebenspraktische Gruppe	BAT	____	=	________	€
Musiktherapie BT/Ergo.	BAT	____	=	________	€
Angehörigengruppe	BAT	____	=	________	€
etc. ...	BAT	____	=	________	€

Dies ist eine mögliche Grundlage für Leistungsverträge, Qualitätsbeforschung, Stellenbeschreibungen, Finanzverhandlungen, Fach- und Teamdiskussionen.

Abbildung 28.6 Konzept und Finanzen (Quelle: Weatherly, 2009)

Wenn auf der Leistungsseite etwas wegfällt, so bedeutet das Preisreduktion und wenn die Preise/Entgelte reduziert werden im Umkehrschluss Leistungsreduktion.

Im Bereich der Kooperationen sind alle relevanten Schnittstellen und Partner aufzuführen. Dies gilt ebenso für den Bereich der bestehenden Vernetzungen.

Im Finanzbereich ist ein ordentlich ausgeführter Kostenplan vorzuhalten, der getrennt nach Einnahmen und Ausgaben alle relevanten Positionen aufführt.

Ein exemplarisches Raster für Projekte, die bei gesetzlichen Pflegekassen eingereicht werden können, fügen wir ebenfalls ein (siehe Abbildung 28.7).

Exemplarisches Raster für Pflegekassenkonzepte

1. Der Träger (Unternehmensleitbild, Unternehmens-Vernetzungsorganigramm)
2. Kurzdarstellung des Planungsvorhabens
3. Die Tagespflegestätte (Pflegekonzepte, Pflegemodell, Pflegephilosophie)
4. Zielgruppe/Personenkreis/Ziele
5. Aufnahmeverfahren (Aufnahme und Ausschlusskriterien)
6. Leistungsspektren (Grundpflege, Behandlungspflege, soziale Betreuung, hauswirtschaftliche Versorgung, Unterkunft und Verpflegung, Zusatzleistungen, Fahrdienst)
7. Aufbauorganisation (Verantwortung, Kompetenzen, Stellenbeschreibungen der verantwortlichen Pflegefachkraft, der Stellvertretung und weiterer Pflegepersonen, Verhältnis zum Träger, Organigramm, Führungsgrundsätze)
8. Tagesablauf/Ablauforganisation/Wochenplanung/Tagesplanung/Notfallplanung
9. Organisation der Pflege
10. Qualitätssicherung (intern/extern) Fachreferenten, Fachgruppentreffen, Supervision, Teamarbeit, Projekttage, externes und internes Linienmanagement, Klausuren, Qualitätsbeforschungsliteratur-Datenbank, Rotationen und Hospitationen, Fortbildungen, Pflegedokumentation)
11. Personelle Ausstattung (Pflegepersonal, sonstiges Personal, Auswahlkriterien, Personalberechnung)
12. Räume und Ausstattungsprogramm
13. Finanzierung (Preiskalkulation)
14. Regionale Versorgung/Vernetzung im Bezirk
15. Verträge (Betreuungsvertrag)
16. Betreuungsträger
17. Projektanschrift
18. Literatur

Abbildung 28.7 Raster für Pflegekassen/Anlageverzeichnis (Quelle: Weatherly, 2009)

Präsentationen

Sind all diese Punkte erfüllt, so müsste die Präsentation des Konzeptes relativ einfach zu leisten sein und auch erfolgreich verlaufen.

Bei der Präsentation ist zu realisieren, dass dieser letzte Schritt im Rahmen der Projekterstellung der wichtigste ist. Sie können noch so gute Konzepte erstellen, wenn die Präsentation nicht professionell und gut ist, scheitern viele dieser.

Manchmal werden leider auch inhaltlich nicht so gute Konzepte hervorragend präsentiert und das führt dann häufig auch zum »Zuschlag«.

Bei der Präsentation ist auch auf Mimik, Gestik, Körperhaltung und Authentizität zu achten.

Inhaltlich sollten Sie sich mit den neuesten vorliegenden Statistiken zum Bedarf, zu vergleichbaren Projekten und Problemlagen wappnen.

Bei Kostensatzverhandlungen sollte eine klar formulierte Deadline – bis wohin ist das Konzept in reduzierter Form vertretbar und ab welchem Punkt nicht mehr – vorgeklärt und den Verhandlungspartnern des Trägers klar sein. Die Überschreitung der Deadline würde zum Verhandlungsabbruch führen. Man bedenke aber bitte, dass zum Verhandeln immer ein gewisser Spielraum gehört. Dieser ist also einzuplanen.

Es ist von Vorteil, wenn Konzept-Präsentationen von zwei Mitarbeitern vorgenommen werden. Das nimmt einerseits den Druck weg und schafft andererseits die Möglichkeit, besser die Übersicht zu wahren und Argumenten der Gegenseite zu begegnen.

Findet die Präsentation in eigenen Räumen statt, sollte für eine angenehme Atmosphäre und Ungestörtheit gesorgt werden.

Übersichtlich angelegte Flipcharts zu Einzelbereichen und les- und verstehbare Grafiken professionalisieren und erleichtern eine Präsentation ungemein.

Sofern Sie unsere Ausführungen in Ihren Konzepten berücksichtigen, sollte Ihnen das Anfertigen eigener Konzepte nun leichter fallen.

Literatur

Bohinc, Tomas: Projektmanagement: Soft Skills für Projektleiter«, Gabal Verlag, 2. Auflage 2006, ISBN 10:33897496291

Braehmer Uwe: »Projektmanagement für kleine und mittlere Unternehmen. Schnelle Resultate mit knappen Ressourcen« Hanser Wirtschaft; 1. Auflage, 2005, ISBN 10:3446229183

Boy, Jacques; Heunisch, Hans-G.; Lehmann, Linda: »Checklisten Projektmanagement«, TüV Media Verlag 1997, ISBN 10:3824903830

Kellner, Hedweig »Zeitmanagement im Projekt«, Hansa Wirtschaft Verlag; 1. Auflage 2003, ISBN 10:3446220941

Kellner, Hedwig: »Projektmeetings professionell und effizient«, Hanser Wirtschat Verlag; 1. Auflage 2003, ISBN 10:3446222502

Kerzner, Harold: »Projektmanagement: Ein systemorientierter Ansatz zur Planung und Steuerung« mitp Verlag, 2. Auflage 2008, ISBN 10:3826616669

Kraus, Georg; Westermann Reinold: »Projektmanagement mit System. Organisation, Methoden, Steuerung« Gabler Verlag, 3. Auflage, 1998, ISBN 10:3409387587

Litke, Hans-Dieter: »Projektmanagement: Methoden, Techniken, Verhaltensweisen. Evolutionäres Projektmanagement«, Hanser Verlag, 5. Auflage 2007, ISBN 10:3446409971

Peipe, Sabine; Kärner, Martin: »Projektberichte, Statusreports, Präsentationen: Die besten Muster und Textbausteine für alle Projektphasen« Mit Berichtsmustern auf CD-ROM, Haufe Verlag, 1. Auflage 2005, ISBN 10:3448062111

Schulz-Wimmer, Heinz: »Projekte managen« HaufeVerlag, 2. Auflage 2007, ISBN 10:3448081558

Staehle, Wolfgang H., Conrad, Peter; Sydow, Jörg: »Management. Eine verhaltenswissenschaftliche Perspektive«

Vahlens Handbücher der Wirtschafts- und Sozialwissenschaften, Verlag Vahlen, 8. Auflage 1999, ISBN 10:3800623447

Weatherly, John N.: »Handbuch Systemisches Management« – Eine Anleitung für Praktiker, Medizinisch Wissenschaftliche Verlagsgesellschaft, 2009, ISBN 978-3-939069-53-9

VIII. Kapitel

Die Deutsche Gesellschaft für bürgerorientiertes Versorgungsmanagement e. V. im Kontext zum Versorgungsmanagement in Deutschland

29 Schlussbemerkung: Die Deutsche Gesellschaft für bürgerorientiertes Versorgungsmanagement e.V. im Kontext zum Versorgungsmanagement in Deutschland

John N. Weatherly

29.1 Prognose

In den kommenden zehn Jahren wird sich die aktive und mitverantwortliche Einbindung der Bürger zu einer tragenden Säule des gesundheitlichen Versorgungsmanagements entwickeln. Gründe dafür sind die Zunahme chronischer verhaltens- und verhältnisabhängiger Volkskrankheiten, eine zu erwartende demografisch bedingte Verknappung der Ressourcen (personell und finanziell) sowie der Wunsch vieler Versicherter und Patienten nach mehr Souveränität und Information.

Die Entwicklung zu einem insofern mehr bürgerorientierten und von Bürgern mitgetragenen Gesundheitswesen bietet die Chance, weiterhin individuelle und kollektive Gesundheitsziele auf einem hohen Versorgungsniveau zu erreichen und finanzieren zu können. Erforderlich sind dazu neben der konsequenten Ausrichtung der Infrastruktur am Bedarf und den Bedürfnissen der Bürger eine Veränderung der Sichtweisen aller Beteiligten im Sinne einer bürgerorientierten Haltung, die Förderung der Gesundheitskompetenz der Bürger, deren Befähigung zum eigenverantwortlichen gesundheitlichen Handeln sowie ihre Beteiligung an sie betreffenden Entscheidungen auf allen Systemebenen.

29.2 Wir über uns und gemeinsame Ziele

Die Deutsche Gesellschaft für bürgerorientiertes Versorgungsmanagement (DGbV) hat sich die schwere Aufgabe gestellt, das deutsche Gesundheitswesen an mindestens zwei Stellen ändern zu wollen.

Zum einen wollen wir mit vielfältigen Methoden und Techniken dazu beitragen, dass sich der »gemeine« Bürger im Krankheitsfall im Gesundheitswesen und seinem vielfältigen und zum Teil sehr unübersichtlichen Überangebot zurechtfindet.

Wir wollen dem Bürger helfen, sich in diesem komplizierten System zu orientieren (Bürgerorientierung), wenn er vorübergehend oder dauerhaft zum Patienten wird.

Zum anderen sind in den letzten Jahren in den Behandlungs- und Versorgungsprozessen viele Qualitätsaspekte und vor allem Transparenz verloren gegangen.

Die Prozessschritte sind für den Bürger schwierig nachzuvollziehen, intransparent, ökonomisch getriggert, zu vielfältig und dadurch oft verwirrend.

Hier wollen wir eingreifen und mithelfen, die einzelnen Prozessschritte entweder transparenter und/oder offener zu gestalten.

Das kann über PatientenCoaching und für die chronischen Krankheiten durch persönliche Patientencoaches passieren, die mit ihrer Arbeit »Licht ins Dunkle« bringen können.

Die Versorgungskette, die wir als DGbV im Blick haben, geht von der Prävention und Früherkennung über die Behandlung bis hin zur Nachsorge und letztendlich bis zum Sterben zu Hause oder im Hospiz.

Um diese Ansprüche und Sichtweise in das bestehende Gesundheitssystem einbauen zu können, benötigen wir jede erdenkliche Hilfe und Unterstützung von allen Playern im Gesundheitswesen.

Jeder kann hier mithelfen, diese große Aufgabe zu »stemmen« und dazu beitragen, dass, wenn er als Bürger selbst zum Patienten wird das es ihm besser geht weil er das Behandlungs- und Hilfeangebot übersehen und dann auch zielgerecht für sich und seine **Gesundung** nutzen kann.

Das Subsidiaritätsprinzip muss wiederbelebt werden! Jeder Bürger muss lernen, Mitverantwortung für sich und andere zu tragen, die derzeitige Situation ernst zu nehmen und für das Wohlergehen Anderer auch einzustehen.

29.3 Fünf Forderungen der Deutschen Gesellschaft für bürgerorientiertes Versorgungsmanagement (DGbV)

… für eine Neujustierung des deutschen Gesundheitswesens und weg vom aktuellen Versorgungsmanagement – hin zum bürgerorientierten Versorgungsmanagement

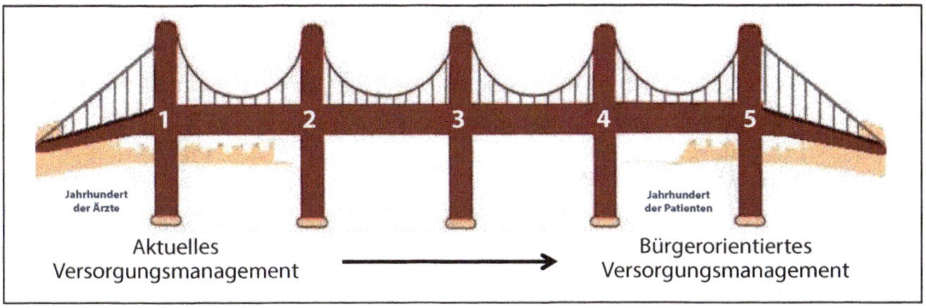

Abbildung 29.1 Wichtige Pfeiler für den Übergang zur Neu-Justierung (Quelle: Ralf Pourie – 4sigma/4. DGbV Zukunftskongress)

1. Einführung des Unterrichtsfaches Gesundheitskunde

Das Unterrichtsfach »Gesundheitskunde« muss vom ersten Schuljahr an in die Lehrpläne aufgenommen werden, zum Beispiel auch als regelmäßiger Bestandteil des Faches Biologie, wie dies beispielsweise in Baden Württemberg bereits der Fall ist.

2. Vergabe von öffentlichen Fördermitteln nur an bürgerorientierte Gesundheitsprojekte

Öffentliche Mittel dürfen nur an solche Gesundheitsprojekte fließen, in welchen Bürgerorientierung verankert ist. Gemeint mit Bürgerorientierung ist eine an den Bedürfnissen der Bürger orientierte Haltung der Akteure, die Förderung der Gesundheitskompetenz der Bürger und ihrer Befähigung zum eigenverantwortlichen gesundheitlichen Handeln, sowie die Beteiligung von Bürgern an Entscheidungen auf allen Systemebenen (siehe auch Ausführungen in der Präambel).

3. Recht der Bürger auf valide Gesundheitsinformationen

Die Bürger sollen in ihrem Recht unterstützt werden, über grundlegende Tatsachen zur Erhaltung ihrer Gesundheit oder über ihre Krankheit informiert zu werden, damit sie informierte Entscheidungen über ihre Gesundheit auf der Grundlage der besten verfügbaren Evidenz treffen können.

4. Recht auf Förderung der Gesundheitskompetenz für chronisch Kranke
Gesetzlich muss allen Bürgern mit chronischen Erkrankungen das Recht auf umfassende Information und ein qualifiziertes Verhaltenstraining eingeräumt werden. Die Diagnostik und Therapie akuter und notfallbedingter medizinischer Ereignisse bleibt davon unberührt.

Die gesundheitliche Mitverantwortung der Versicherten ist bereits Bestandteil des § 1 SGB V. Da aber nicht alle Bürger in der Lage sind, diese Forderung ohne Hilfe zu erfüllen, sollen sie ergänzend ein Recht auf Förderung erhalten. Dies könnte sich zunächst auf die zehn wichtigsten chronischen Volkskrankheiten beziehen. Grundlage sollten evidenzbasierte und für Laien verständliche strukturierte Behandlungspfade und Behandlungsalternativen sein.

Die Förderung der Patientenrolle kann beispielsweise in Modellversuchen mit routinemäßiger Inanspruchnahme einer Zweitmeinung (gefördert z. B. mit einem entsprechenden Gutschein) und qualifiziertem Coaching oder Case Management durch dafür ausgebildete Fachkräfte erfolgen. Dabei sollten auch die Möglichkeiten moderner elektronischer Kommunikationstechnologien genutzt werden. Ein Controlling und die Evaluation derartiger Maßnahmen sind dabei zwingend vorzusehen.

5. Schulung der Gesundheitsberufe in Bürgerorientierung
Die Angehörigen der Gesundheitsberufe sollen systematisch in Bürgerorientierung geschult werden. Die DGbV entwickelt dazu einen Vorschlag für einen Schulungstag (»DGbV Führerschein zur Bürgerorientierung«).

29.4 DGbV-Mitgliederstruktur

Unser Ziel: Multiprofessionelle Akteure

Unser Bestreben ist, aus allen relevanten Bereichen (u. a. Leistungserbringer und ihre Verbände, Industrie, Versicherungen, Dienstleister im Gesundheitswesen, Politik, Verbandsverbände, Vereine und allen sonstigen interessierten Bürgern) des Deutschen Gesundheitssystems Mitglieder zu haben. Dieses bereichert die themenzentrierten Arbeitsgruppen, weil Argumente aus allen Bereichen bei den Problemlösungsstrategien gleich mitdiskutiert und in die Ergebnisse miteingebaut werden können. Je mehr dieser multifunktionellen themenzentrierten Arbeitsgruppen laufen, desto besser ist der Outcome für das Gesundheitswesen.

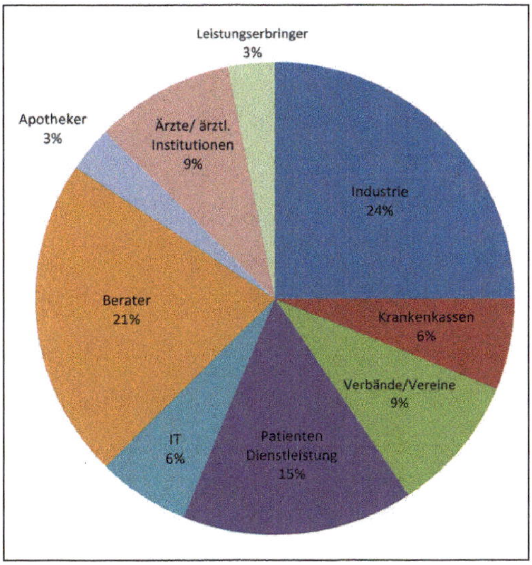

Abbildung 29.2 DGbV-Mitgliederstruktur (Quelle: Eigene DGbV-Daten)

Sektionen

1) Patienten, Verbraucher, Versicherte
2) Ambulanter Sektor
3) Stationärer Sektor
4) Rehabilitation
5) Pflege (ambulant, stationär)
6) Pharmazie
7) Infrastruktur, Versorgungspartner
8) Krankenkassen, Versicherungen
9) Industrie: Pharma-, MedTech-Unternehmen
10) Berater/Management/Medien
11) Zweiter Gesundheitsmarkt
12) Wissenschaft

Literatur

Versorgungsmanagement konkret – DGbV Fachzeitschrift für Bürgerorientierung im Gesundheitswesen/2.Jahrgang 2015/Ausgabe 4

www.dgbv-online.de/Zugegriffen am 04. Januar 2016

Anhang

Glossar

30

Zum Versorgungsmanagement im Gesundheitswesen in Deutschland

John N. Weatherly

Abgrenzung zwischen Case Management und Patientencoaching Case-Management ist ebenso wie Disease-Management ein Managed-Care-Instrument, das die Patienten im gesamten Versorgungssystem begleitet. Demgegenüber ist Patientencoaching ein Werkzeug des Disease-Management-Instruments, das Patienten nachhaltig in die Lage versetzt, ihre individuellen Gesundheitsziele zu erkennen und zu erreichen, indem sie lernen, eigene Fähigkeiten und Fertigkeiten zum Selbstmanagement der Erkrankung zu entwickeln sowie Angebote und Strukturen zielgerichtet auszuwählen und zu nutzen und damit ihre Lebensqualität zu steigern.

Ablauforganisation Die Ablauforganisation beschreibt die konkreten Vorgänge und Prozesse einer Organisationseinheit z. B. in Form eines Ablaufdiagramms. Dazu gehören auch Eigenschaften wie Arbeitszeit, Informationsflüsse und Entscheidungswege. Ziel der Ablauforganisation ist die optimale Nutzung von Ressourcen.

Ablaufplan Ein Instrument zur Abarbeitung einer Aufgabenstellung. Enthält Personen, Tätigkeitsbeschreibungen, Ortsangaben und Angaben zum Informationsfluss

Abschreibungen Buchmäßige Erfassung des Buch- und Marktwertverlustes eines dem Unternehmen zur Verfügung stehenden Vermögenswertes durch Zeitablauf.

Added Value Wertzuwachs, der durch Einbringung von Management-Knowhow und Betreuung des Unternehmens erzielt wird.

Adherence Eigenschaft von Patienten, die Therapieanweisungen auch eigenständig und lang andauernd einzuhalten.

Aktivum, Aktiva Einem Unternehmen zur Verfügung stehende Vermögenswerte, bestehend aus Umlaufvermögen und Anlagevermögen.

Angehörige Dritte Personen (zumeist Verwandte oder Lebensgefährten), die sich um den Patienten in seinem häuslichen sozialen Umfeld kümmern. In der Psychiatrie kommt den Angehörigen eine besondere Stellung zu, da sie für die Patienten stabilisierend wirken und das soziale Umfeld außerhalb stationärer Einrichtungen sicherstellen.

Anlagevermögen Vermögenswerte, die sich aus Gebrauchsgütern zusammensetzen und der mehrmaligen, sukzessiven oder dauernden Nutzung dienen.

Anreiz Vorteil meist wirtschaftlicher Art, welcher Akteuren im Gesundheitswesen gewährt wird, wenn sie sich in definierter Weise verhalten.

Anschubfinanzierung Allgemein die Kapitalausstattung von Unternehmen zum Ausgleich von Anlaufverlusten bis zum Erreichen des Break-even. Im Gesundheitswesen die Bezeichnung für eine Sonderumlage von Krankenhäusern und Arztpraxen in Höhe von 1 % des Umsatzes zur Finanzierung von Programmen der integrierten Versorgung.

Behandlungspfad Auf die jeweilige Diagnose abgestimmte standardisierte Behandlungspläne, in denen die typischerweise zu erbringenden Prozesse und Maßnahmen festgelegt sind.

Benchmarking Ein Verfahren zum Vergleich eines Angebotes mit den besten anderen (benchmarks = Höhenmarken) nach einem festgelegten Vergleichsschemas. Verglichen werden können Prozesse, Systeme, Produkte und Dienstleistungen bezüglich der Kriterien, Kosten, Qualität, Zeit, Kundenorientierung, Zufriedenheit etc.

Bezugsperson Person,, die für einen psychisch erkrankten Menschen eine Vertrauensposition besitzt und die auf den erkrankten Menschen Einfluss ausüben kann. Für die Behandlung sind die Bezugspersonen Partner und Vermittler.

Bürgerorientierung Bürgerorientierung heißt: Die Menschen als aktive und mitverantwortende Partner und Handelnde im Rahmen ihrer individuellen und kollektiven Bedarfe, Bedürfnisse du Möglichkeiten in das Versorgungsgeschehen einzubinden. Es bedeutet »den Bürgern Orientierung zu geben«!

Wesentliche Schritte zu diesem Ziel sind:

- Informieren
- Befähigen
- Beteiligen
- Individuell handeln

Capitation Vergütung der Leistungserbringer über Kopfpauschalen. Die Leistungserbringer erhalten für einen definierten Zeitraum (Monat, Quartal, Jahr) eine im Voraus bestimmte Summe für die Versorgung eines Versicherten im Rahmen eines definierten Leistungskatalogs, unabhängig von der Leistungsinanspruchnahme. Der Anbieter ist für die Erbringung der erforderlichen Leistungen der versicherten Personen unter Berücksichtigung und Einhaltung der vereinbarten Konditionen im Vertrag verantwortlich und trägt somit das volle Morbiditätsrisiko.

Case Management Case Management ist eine Verfahrensweise in Humandiensten und ihrer Organisation zu dem Zweck, bedarfsentsprechend im Einzelfall eine nötige Unterstützung, Behandlung, Begleitung, Förderung und Versorgung von Menschen angemessen zu bewerkstelligen. (Definition der Deutschen Gesellschaft für Care und Case Management e. V.)

Das Case Management (ein(e) CasemanagerIn) leitet einen Patienten durch einen Versorgungsprozess, organisiert ein integratives Schnittstellenmanagement aller am Versorgungsprozess beteiligter Akteure und stellt einen zielgerichteten, strukturierten, koordinierten und effizienten Mitteleinsatz sicher. (Definition der DGbV)

Case Management Case Management zielt darauf ab, abgestimmte Versorgungsstrukturen zu implementieren, um insbesondere bei komplexen gesundheitlichen Problemen, die verbunden sind mit hohen Risiken für Betroffene und mit erheblichen Kosten für Leistungsträger, sektoren- und disziplinübergreifend Versorgungsabläufe zu rationalisieren.

Dabei geht es zum einen um die Vermeidung von Unter-, Über- und Fehlversorgung durch eine systematisch aufeinander bezogene Diagnostik, Behandlung und Pflege sowie zum anderen um ein besseres Zusammenwirken der professionellen Expertise, was evidenz- und erfahrungsbasiert wirksame Interventionen mit den individuellen Versorgungspräferenzen, die chronisch kranke Menschen mit Blick auf ihre Ressourcen/Potentiale und Beeinträchtigungen äußern, im konkreten Fall sind.

Case-Manager Ein speziell geschulter Betreuer, beispielsweise eine Krankenschwester, Arzt oder Sozialarbeiter, der mit Patienten, Anbietern und Versicherten zusammenarbeitet, um dem Patienten die für eine angemessene Gesundheitsversorgung nötigen erforderlichen Leistungen zu Verfügung zu stellen und zu koordinieren.

Case-Mix Die Vielzahl der in der Einrichtung anfallenden Diagnosen und Behandlungsmethoden, die nach DGR abgerechnet werden. Ein Akutkrankenhaus der Regelversorgung hat einen hohen Case-Mix, eine Spezialklinik demgegenüber einen vergleichsweise niedrigen Case-Mix.

Case-Mix-Index (CMI) Der Case-Mix-Index gibt die durchschnittliche Relativgewichtung der Behandlungsfälle eines Krankenhauses wieder. Die Relativgewichtung verändert den individuellen Abrechnungssatz, den das Krankenhaus für die Behandlung abrechnen kann. Ein hoher CMI spiegelt also einen durchschnittlich hohen Abrechnungssatz wieder.

Chronifizierung Prozess, innerhalb dessen sich eine Erkrankung von einer vorübergehenden Verlaufsform zu einer ständigen oder ständig wiederkehrenden Verlaufsform entwickelt. Je weiter die Chronifizierung fortschreitet, desto ungewisser ist ein Heilungserfolg.

Co-Morbidität Eigenschaft von Personen oder Personengruppen neben einem speziellen Krankheitsbild weitere Krankheitsbilder aufzuweisen. Bei Alkoholismus treten beispielsweise neben den neurologischen Krankheitsbildern auch somatische Krankheitsbilder (Erkrankungen der Leber, Magen) auf, die z. B. eine medikamentöse Behandlung verkomplizieren.

Compliance Die Bereitschaft des Patienten, seinen Gesundheitszustand realistisch wahrzunehmen, zu akzeptieren und notwendige Konsequenzen zu ziehen.

Concordance Deutsch: Konkordanz, ist die Übereinstimmung zwischen Arzt und Patient in Bezug auf die Aspekte der Krankheit und die daraus zu schließenden Folgerungen. Konkordanz kann nur erreicht werden durch umfangreiche Information und gleichberechtigte Entscheidungsfindung zwischen Patient und Arzt/Coach. Konkordanz ist eine wesentliche Voraussetzung für alle Aspekte der Compliance.

Coping Strategie Coping bezeichnet die Bewältigung von Krisen bzw. die erfolgreiche Auseinandersetzung mit widrigen Umständen, beispielsweise Krankheitsfolgen im täglichen Leben. Coping-Strategien sind Bestandteil des Empowerments von Patienten.

Cost Shifting Kostenverlagerung auf andere Leistungsbereiche (z.B. zur Schonung von Budgets) oder auf andere Patientengruppen.

Demenz Bezeichnung für ein Krankheitsbild, das von dem Verlust des Gedächtnisses, von kognitiven Fähigkeiten sowie des Sprach- und Denkvermögens geprägt ist. Bei fortschreitender Demenz entwickeln sich auch Unruhezustände und Aggressivität. Prominenteste, aber nicht einzige Form der Demenz ist die Alzheimersche Krankheit.

Demographie Lehre von der Bevölkerungsentwicklung. Die Demographie gibt Hinweise darauf, wie sich die Verteilung der Altersgruppen in welchem Zeitraum entwickeln wird.

Diagnose Prozess der Erkenntnis, welche Erkrankung beim Patienten vorliegt.

Diagnosis Related Groups (DRGs) Fallgruppenbezogenes Zuordnen und abrechnen der in Anspruch genommenen Leistungen in Behandlung, Pflege, Verwaltung etc. im Rahmen der stationären Krankenhausversorgung (Fallpauschalen). Die Fallgruppenbildung soll nach medizinisch sinnvollen Kriterien (Krankheitsart) erfolgen. Grundlage der Entgelte sind Daten der Kosten- und Leistungsrechnung und der medizinischen Dokumentation.

Disease Management Disease Management ist die strukturierte, kontinuierliche und sektorenübergreifende Versorgung chronisch kranker Patientengruppen nach wissenschaftlich anerkannten Methoden. Die aktive Einbindung der Patienten ist ein wesentlicher Bestandteil des Konzepts. Im Sinne eines lernenden Systems schließt Disease Management die regelmäßige Evaluation der Programme ein. (Definition von Prof. Amelung im Gabler Wirtschaftslexikon)

Disease-Management besteht aus einem System koordinierter Gesundheitsversorgungsmaßnahmen und Informationen für Patientenpopulationen mit Krankheitsbildern, bei denen eine aktive Beteiligung der Patienten an der Behandlung zu substanziellen Effekten führen kann. Disease-Management unterstützt die Arzt-Patientenbeziehung und das Behandlungsschema zielt auf die Prävention von Krankheitsverschlechterungen und Komplikationen durch die Verwendung Evidenz-basierter Behandlungsleitlinien und Patienten-Empowerment-Strategien prüft fortlaufend die klinischen, humanitären und ökonomischen Behandlungsergebnisse mit dem Ziel, die Gesundheitslage zu verbessern. (Disease Management Association of America, DMAA)

Disease Management Programme (DMP) Programme mit dem Ziel der Verbesserung der Qualität und Wirtschaftlichkeit der Versorgung von Patienten mit vorwiegend chronischen Erkrankungen. Dazu werden auf der Grundlage wissenschaftlicher Erkenntnisse Vorgaben für Prävention, Diagnostik, Therapie und Rehabilitation sowie Pflege erarbeitet. Die Vorgaben können übergreifend über die Sektoren von ambulanter und stationärer Versorgung sein.

Disease-Education US-amerikanische Bezeichnung für die krankheitsbezogene Information und Schulung von Patienten zur Verbesserung des Empowerment und der Coping-Strategien

Effektivität Das Erreichen von Zielen, indem man die richtige Vorgehensweise wählt. Effektivität ist ein Inhalt strategischer Vorgehensweisen und Planungen. Kurzwort. »Die richtigen Dinge tun«. Eine medizinische Leistung ist effektiv, wenn sie den intendierten Behandlungserfolgt bewirkt.

Effizienz Das Erreichen von Zielen, indem man die vorgegebenen Vorgehensweisen optimal umsetzt. Kurzwort: »Die richtigen Dinge tun«. Eine medizinische Leistung ist effizient, wenn sie medizinische effektiv ist, zu den geringst möglichen Kosten erstellt wird und in dem Sinne von Patienten/Versicherten gewünscht wird, so dass sie bereit wären, die Kosten dafür zu übernehmen.

eHealth Unter dem Begriff eHealth versteht man den Einsatz und die Anwendungen elektronischer Geräte zur medizinischen Versorgung und anderer Aufgaben im Gesundheitswesen.

Empowerment Mit Empowerment bezeichnet man Strategien und Maßnahmen, die geeignet sind, das Maß an Selbstbestimmung und Autonomie im Leben der Menschen zu erhöhen und sie in die Lage zu versetzen, ihre Belange (wieder) eigenmächtig, selbstverantwortlich und selbstbestimmt zu vertreten und zu gestalten. Empowerment bezeichnet dabei sowohl den Prozess der Selbstermächtigung als auch die professionelle Unterstützung der Menschen, ihre Gestaltungsspielräume und Ressourcen wahrzunehmen und zu nutzen. Wörtlich aus dem Englischen übersetzt bedeutet Empowerment Ermächtigung oder Bevollmächtigung.

Entlassungsmanagement Entlassungsmanagement bezeichnet den Übergang von der stationären Krankenhausversorgung in eine weitergehende medizinische, rehabilitative oder pflegerische Versorgung.

Dabei geht es um die Identifizierung von Patienten mit poststationärem Unterstützungsbedarf sowie die Einschätzung des Unterstützungsbedarfs zu einem möglichst frühen Zeitpunkt der Klinikbehandlung.

Ziel ist eine individuelle Steuerung der Entlassungsplanung möglichst zur optimalen Wiedereingliederung in die gewohnte Umgebung.

Ergebnisqualität Ergebnisqualität bezieht sich auf das Behandlungsergebnis. Die Beurteilung von Ergebnisqualität hängt in hohem Maße davon ab, ob deren Zielsetzung erreicht wurde. Wichtig dabei ist die Patientenzufriedenheit in Bezug auf die Behandlung und das erreichte Ergebnis. (Definition G-BA)

Unter der Ergebnisqualität werden die Veränderungen des gegenwärtigen und zukünftigen Gesundheitszustandes des Patienten, die dem vorausgegangenem medizinischen, d.h. ärztlichen, pflegerischen und administrativen Handeln zuschreibbar sind, verstanden. Meist wird die Ergebnisqualität von den Patienten bewertet, Zufriedenheit und Lebensqualität sind dabei wichtige Qualitätsaspekte. Aber auch der Grad der Zielerreichung und Einhaltung von Zielvereinbarungen dienen in vielen Unternehmen als Synonyme für Erfolg. Jedoch können auch Kriterien wie die Zunahme an wahrgenommenen Ressourcen, z.B. besserer Zusammenarbeit nach innen und außen, als Kriterien der Ergebnisqualität dienen.

Evaluation Bewertung der Wirkungen von Maßnahmen oder Verfahren (z.B. Auswirkungen auf die Patientenversorgung, auf das Wohlbefinden, auf das ärztliche Selbstverständnis usw.) hinsichtlich vorher festgelegter Kriterien.

Evidenz (Evidence) Im Kontext der evidenzbasierten Medizin aus dem Englischen stammender Begriff (evidence = Nachweis, Beweis) für Informationen aus wissenschaftlichen Studien, die einen Sachverhalt erhärten (»evident« machen) oder widerlegen. Die Qualität der Evidenzlage hängt dabei wesentlich von der methodischen Güte der zugrundeliegenden Studien ab.

Evidenzbasierte Medizin (Evidenz-based-medicine (EbM) Technik, individuelle Patienten gemäß der besten zur Verfügung stehenden Evidenz zu versorgen. Diese Technik umfass die Suche der relevanten Evidenz in der medizinischen Literatur für ein konkretes medizinisches Problem, den Einsatz einfacher wissenschaftlich abgeleiteter Regeln zur kritischen Beurteilung der Validität der Studie und der Größe des beobachteten Effekts sowie die Anwendung dieser Evidenz auf den konkreten Patienten mit Hilfe der klinischen Erfahrung.

Fallpauschalen Deutscher Begriff der Diagnosis Related Groups (DRGs). Bei Fallpauschalen werden sämtliche Behandlungsleistungen pro Fall mit festgelegten Sätzen vergütet.

Gatekeeper Leistungserbringer (Hausarzt oder Grundversorger), der, abgesehen von Notfällen, obligatorische erste Anlaufstelle der Versicherten ist, die ärztliche Hilfe in Anspruch nehmen wollen. Der Gatekeeper steuert damit den Zugang zur nachgelagerten ambulanten und stationären Versorgung. Versicherte, die sich verpflichten, diese Regel einzuhalten, profitieren durch Bonusregelungen (z. B. Hausarztmodelle).

Gemeinsamer Bundesausschuss (G-BA) Der Gemeinsame Bundesausschuss (G-BA) ist das oberste Beschlussgremium der gemeinsamen Selbstverwaltung der Ärzte, Zahnärzte, Psychotherapeuten, Krankenhäuser und Krankenkassen in Deutschland. Er bestimmt in Form von Richtlinien den Leistungskatalog der Gesetzlichen Krankenversicherung (GKV) für mehr als 70 Millionen Versicherte und legt damit fest, welche Leistungen der medizinischen Versorgung von der GKV erstattet werden. Darüber hinaus beschließt der G-BA Maßnahmen der Qualitätssicherung für den ambulanten und stationären Bereich des Gesundheitswesens.

Gerontopsychiatrie Teil der Psychiatrie, der sich speziell mit den Krankheitsformen und -bildern befasst, die im höheren Alter auftreten.

Gesundheitsfonds Organisationsform, die den Einzug der Beiträge zur gesetzlichen Krankenversicherung sowie die Verteilung dieser Zahlungen nach bestimmten Schlüsseln auf die Krankenversicherungen zentral übernimmt. Wird vom Bundesversicherungsamt geleitet.

Hausarztmodelle Vertragsmodell der Gesetzlichen Krankenversicherung, in denen die jeweiligen Versicherer Hausärzte benennen, die innerhalb der Modelle größere Reche und Pflichten erhalten. Die Patienten erhalten für die Einschreibung in solche Modelle durch die Krankenversicherungen Anreize.

Integrierte Versorgung Durch den Gesetzgeber in § 140a SGB V definierte Versorgungsform, innerhalb derer Anbieter aus unterschiedlichen Sektoren patienten-, erkrankungs- oder regionsorientiert die medizinische Versorgung zu einheitlichen Kosten anbieten können.

Intervention Intervention bezeichnet generell eine/n therapeutischen Eingriff/ Maßnahme mit dem Ziel, eine Verbesserung des Zustandes, eine Verhaltensänderung oder einen Erkenntnisgewinn beim Patienten zu erreichen.

Intervision Gegenseitige Hilfe analog der Supervision, hier aber nicht durch externe Supervisor, sondern durch die Gruppenteilnehmer selbst wechselseitig.

IQWIG Institut für Qualität und Wirtschaftlichkeit im Gesundheitssystem

KHG Krankenhaus-Finanzierungsgesetz

Kognition Die Fähigkeit, Informationen aufzunehmen, zu verarbeiten und für einen Erkenntnisprozess oder Handlungen verfügbar zu machen. Typische Kognitive Fähigkeiten sind u. a.: Gedächtnis, Sprache, Wahrnehmung, Aufmerksamkeit, Wille.

Kombinierte Budgets Gemeinsame Budgets für ambulante und stationäre Leistungen sowie für Arzneimittel.

Kundennutzen Vorteil eines Produktes, welchen der Kunde als Gegenleistung für den von ihm bezahlten Preis zu erhalten wünscht.

Lebensqualität Grad des Wohlbefindens eines Individuums bzw. einer Gruppe von Individuen. Das Wohlbefinden ist abhängig vom Bestehen positiver Aspekte und dem Fahlen negativer Aspekte. Aspekte von Belang sind hier beispielsweise Morbiditätsrate, Coping-Strategien. Empowerment.

Leitlinien Ärztliche Leitlinien sind systemisch entwickelte Hilfen zur Entscheidungsfindung für Ärzte und Patienten über die angemessene ärztliche Vorgehensweise bei speziellen gesundheitlichen Problemen. Sie stellen den nach einem definierten, transparenten Vorgehen erzielten Konsens mehrerer Experten aus unterschiedlichen Fachbereichen und Arbeitsgruppen zu bestimmten ärztlichen Vorgehensweisen dar. Sie sind wissenschaftlich begründete, praxisorientierte Handlungsempfehlungen. Leitlinien sind Orientierungshilfen im Sinne von »Handlungskorridoren«, von denen in begründeten Fällen abgewichen werden kann oder sogar muss. Sie werden regelmäßig auf ihre Gültigkeit hin überprüft und ggf. fortgeschrieben.

Managed care Managed Care umschreibt ein Versorgungsprinzip, das auf eine effiziente Allokation von Mitteln und Ressourcen zielt, so dass jeder Patienten die »Richtige« Art und Menge an präventiven und kurativen medizinischen Leistungen erhält.

Das zu Grunde liegende Managed Care Modell bedient sich in der Umsetzung verschiedener Managed Care Instrumente. Die wesentlichen sind dabei:

- Selektives kontrahieren
- Integrierte Versorgung
- Case Management
- Disease Management
  (Schwartz/Wismar 2003)

Management Management ist abgeleitet von manum agere – »mit der Hand führen«. Die Grundaufgabe von Management ist die Verantwortung für die weitere Existenz eines Gutes.

Wäre nun das Umfeld, in dem und mit dem der Manager zu arbeiten hat, konstant, wäre der Erhalt seines ihm anvertrauten Gutes kein allzu großes Problem. In einer sich beständig verändernden Umwelt bedeutet Management jedoch, sich permanent darüber Gedanken zu machen, wie die aktuelle Situation ist, welche Ziele sich daraus für den Erhalt ergeben und wie diese Ziele zu erreichen sind.

Nach klassischem Verständnis ist Management also ein Prozess der Steuerung, das heißt im Einzelnen Planung, Organisation, Führung und Kontrolle. Die besonderen Voraussetzungen für ein erfolgreiches Management sind: Charakter, Kenntnisse und Erfahrungen.

Managementgesellschaft Trägergesellschaft eines Verbundes von Leistungserbringern, die zumeist mit der Koordinierung und Planung sowie der Erlösverteilung innerhalb der Leistungserbringer befasst ist.

MDK Medizinischer Dient der Krankenversicherungen; eine Arbeitsgemeinschaft der Krankenversicherungsgesellschaften auf Landesebene, die diese in fachmedizinischen Fragen berät, Kontrollen bei den Leistungserbringern durchführt und in festgelegten Fällen Gutachten erstellt.

Medizinische Versorgungszentren Durch § 95 SGB Va zugelassener Kooperationsverbund von ärztlichen und/oder nichtärztlichen Leistungserbringern unter einheitlicher Trägerschaft, der speziellen Voraussetzungen unterliegt.

Morbidität Krankheitsereignisse einer definierten Einwohnerzahl pro Zeit. Die Morbiditätsrate gibt also die Anfälligkeit und das tatsächliche Auftreten von Krankheiten wieder.

Mortalität Todesfälle einer definierten Einwohnerzahl pro Zeit.

Motivation Der Zustand und dessen Erzeugung der willentlichen Gerichtetheit und der Bereitstellung psychischer Energie auf ein bestimmtes Ziel hin. Anderes Wort: Verhaltensbereitschaft.

Multimorbidität Bezeichnung für das parallele Vorliegen mehrerer Krankheitsbilder bei einem Patienten. Multimorbidität ist besonders problematisch, wenn sich die Krankheitsbilder gegenseitig bedingen und fördern bzw. wenn Therapien bspw. durch ungünstige Nebenwirkungen erschwert werden.

Eine Depression bspw. hat stets auch Auswirkungen auf den somatischen Zustand eines Patienten, schwerwiegende körperliche Beeinträchtigungen können sich auch psychisch auswirken.

Neurologie Teil der Medizin, der sich speziell mit Erkrankungen der Nerven und des Nervensystems befasst.

Organ Teil eines Systems, das als Bestandteil des Systems eine spezifische Ordnung, eigene Funktionen oder Kommunikation besitzt. Die Vernetzung von Organen ist wesentlich für das Funktionieren eines Systems.

Organisation Bewusstes, zielgerichtetes Erstellen und Zuordnen von Regeln für ein System. Organisation unterteilt sich in Ablauforganisation und Aufbauorganisation. Der Prozess der Selbstorganisation verläuft häufig unbewusst, ist aber ebenfalls erfolgsrelevant.

Passiva Beschreibung der Kapitalquellen und der damit verbundenen Verbindlichkeiten eines Unternehmens.

Patientencoaching Patientencoaching ist ein Werkzeug, das Patienten nachhaltig in die Lage versetzt, ihre individuellen Gesundheitsziele zu erkennen und zu erreichen, indem sie lernen, eigene Fähigkeiten und Fertigkeiten zum Selbstmanagement der Erkrankung zu entwickeln sowie Angebote und Strukturen zielgerichtet auszuwählen und zu nutzen und damit ihre Lebensqualität zu steigern. (Definition der DGbV)

Patientenzentriert Patientenzentriert oder klientenzentriert bezeichnet einen Ansatz, eine Vorgehensweise, bei der ein Betroffener (Patient) im Mittelpunkt (Zentrum) von Bemühungen steht. Der Begriff, der überwiegend als Adjektiv verwendet wird entstammt ursprünglich der Psychotherapie, wird heute als Paradigma aber auch in anderen Sachzusammenhängen verwendet.

Der Begriff klientenzentriert geht auf den US-amerikanischen Psychologen und Psychotherapeuten Carl Rogers (1902–1987) zurück, der seit den 1940er-Jahren von der Client-Centered Therapy (CCT) sprach. Daraus entwickelte sich die klientenzentrierte Psychotherapie (auch nicht-direktive Beratung/Gesprächspsychotherapie). Zunächst nannte er die Vorgehensweise auch non-direktiv, weil Rogers die Auffassung vertrat, dass der Therapeut »seinen« Klienten nicht führen solle. Vielmehr sollte er den Klienten unterstützen, während dieser sich selbst erforscht und selbst den Fortschritt der Therapie bestimmt. Heute wird der Begriff im Deutschen auch außerhalb der Psychotherapie verwendet. Oft jedoch im Zusammenhang mit anderen Therapieformen um klarzustellen, dass eine Herangehensweise gewählt wird oder werden sollte, bei der nicht die Vorstellungen des Therapeuten, sondern die Wünsche und Möglichkeiten des Patienten/Klienten im Mittelpunkt der Bemühungen stehen. Der Patient wird dabei vom Therapeuten als gleichberechtigter Partner, als Experte für seine eigene Person aufgefasst.

Pflege Medizinische Leistungen zur Aufrechterhaltung der Funktionen und Aktivitäten des täglichen Lebens.

Pharmaceuticel Benefit Management (PBM) Unternehmen oder Konzerne, die sich auf die Optimierung der Arzneimittel-Therapie spezialisieren. PBMs kaufen von Arzneimittelherstellern in großem Umfang zu günstigen Bedingungen Arzneimittel ein; sie erstellen für Kunden wie integrierte Versorgungssysteme, HMOs oder Ärztewerke, individuelle Arzneimittellisten und führen Drug Utilization Reviews durch.

Pharmazie Wissenschaft, die sich mit der Beschaffenheit, Wirkung und Herstellung von Arzneimitteln befasst.

Phase Zusammenfassung von Projektaktivitäten nach zeitlichen, inhaltlichen, technischen oder organisatorischen Kriterien.

Placebo-Effekt Als Placebo-Effekt bezeichnet man die Beobachtung, dass Patienten auch auf die Verabreichung eines Arzneimittelpräparatees ohne pharmakologisch wirksamen Wirkstoff mit einer messbaren Verbesserung ihres Gesundheitszustandes reagieren. Wirkungsvoll sind die psychischen Begleitumstände der

Medikamentengabe. Im Rahmen des »Nocebo-Effektes« können ebenso die erwarteten Nebenwirkungen des (nicht vorhandenen) Wirkstoffes auftreten.

Prävention Maßnahmen zur Vorbeugung einer Erkrankung oder Verschlechterung eines Zustandes. Man unterscheidet Primärprävention, Sekundärprävention und Tertiärprävention. Prävention wird als Verhaltensprävention (gesundheitsförderndes Verhalten) und Strukturprävention (bspw. Vorhalten einer definierten Anzahl von Krankenhausbetten) durchgeführt.

Primärprävention Maßnahmen der Prävention, die das Risiko von Erkrankungen senken und die abgesetzt werden, ohne dass ein konkreter Krankheitsverdacht vorliegt, bspw. Impfungen.

Priorisierung Das Setzen von Beziehungen zwischen mehreren Aspekten eines Projektes mit dem Ziel, knappe Ressourcen effizient einzusetzen. Die Priorisierung erfolgt nach mehreren Kriterien, die möglichst quantifizierbar und offen kommuniziert sein sollten.

Private Equity Beteiligungsfinanzierung; d.h. Beteiligung von Eigenkapitalgebern an privaten, nicht börsenorientierten Unternehmen.

Projekt Ein Projekt ist ein Vorhaben, das in vorgegebener Zeit und beschränktem Aufwand ein eindeutig definiertes Ziel erreichen soll, wobei der genaue Lösungsweg weder vorgegeben noch bekannt ist. Im Unterschied zum Prozess macht ein Projekt ständig veränderte Lösungsansätze notwendig, da die gestaltenden Parameter (Ziel, Umfeld, Ressourcen) stetem Wandel unterliegen.

Prozess Ein Prozess ist die Gesamtheit von in Wechselbeziehungen stehenden Abläufe, Vorgängen und Tätigkeiten, durch welche Werkstoffe, Energien oder Informationen transportiert der umgeformt werden.

Prozessqualität Prozessqualität beschreibt sämtliche diagnostische und therapeutische Maßnahmen innerhalb eines Versorgungsablaufes, die unter Berücksichtigung der individuellen Krankheitsmerkmale eines Patienten ergriffen werden oder nicht. Bei der Prozessqualität stellt sich somit die Frage nach dem »Wie« der Behandlung. Wie wird diagnostiziert/therapiert? Wie läuft der Behandlungsprozess ab? Prozessqualität bezieht sich direkt auf medizinische Fragen. (Definition G-BA)

Die Qualität der Prozesse bezieht sich auf die Art und Weise wie Leistungen erbracht werden und beschreibt somit die Gesamtheit aller Aktivitäten, die im

Verlauf der tatsächlichen Erstellung des Produkts vollzogen werden. Sie umfasst damit alle ärztlichen, pflegerischen und administrativen Tätigkeiten, die entweder direkt oder indirekt an dem unmittelbaren Versorgungsprozess beteiligt sind. Sie beinhaltet die Durchführung von Beratungen, den Ablauf der medizinischen Versorgung, die Handhabung von Pflegestandards und Vorschriften, das Aufnahmeverfahren, die Betreuungsplanung und -umsetzung sowie Wartezeiten.

Psychiatrie Als Bestandteil der Medizin die Lehre von der speziellen Gesundheit des Geistes beziehungsweise der Seele und ihrer Erkrankungen.

Psychiatrische Fachpflege Ambulante oder stationäre Pflege psychisch kranker Menschen durch psychiatrisch speziell ausgebildetes Fachpflegepersonal.

Psychoedukation Als Psychoedukation wird eine spezielle Schulung von Menschen bezeichnet. Ziel ist, Krankheiten besser zu verstehen und besser mit ihnen umgehen zu lernen, z. B. indem persönliche Erfahrungen mit der eigenen Erkrankung mit dem gegenwärtigen Wissen über die Erkrankung verbunden werde, Auch sollen eigene Ressourcen und Möglichkeiten kennen gelernt werden, um mögliche Rückfälle zu vermeiden und selbst langfristig zur eignen Gesundheit beizutragen. Die Aufklärung des Patienten über die Entstehungs- und Aufrechterhaltungsbedingungen der Störung schließen sich weitere Schritte zur Vermittlung von Bewältigungsstrategien an.

PsychPV Verordnung über Maßstäbe und Grundsätze für den Personalbedarf in der stationären Psychiatrie.

Qualitätsindikator Ein Qualitätsindikator ist ein quantitatives Maß, welches zum Monitoring und zur Bewertung der Qualität wichtiger Leitungs-, Management- und unterstützender Funktionen genutzt werden kann, die sich auf ein Ergebnis (Dienstleistungs-, Produktions- oder Versorgungsprozess) auswirken. Ein Indikator ist kein direktes Maß der Qualität. Es ist mehr ein Werkzeug, das zur Leistungsbewertung benutzt werden kann, das Aufmerksamkeit auf potentielle Problembereiche lenken kann, die einer intensiven Überprüfung innerhalb einer Organisation bedürfen könnten. Vielfach synonym zum Begriff Qualitätsindikator wird der Begriff Kennzahl verwendet.

Medizinische Qualitätsindikatoren messen Eigenschaften der Gesundheitsversorgung (z. B. von Strukturen, Prozessen und Ergebnissen), die im Rahmen eines Qualitätsmanagements bewertet werden sollen.

Rehabilitation Beseitigung der Krankheitsfolgen und Wiedereingliederung der Patienten in ihr soziales Umfeld du in das Erwerbsleben.

Rezidiv Wiederholtes Auftreten der Symptome einer Erkrankung

Risikofaktor Ein Umstand in der Person, dem Umfeld oder dem Verhalten eines Patienten, der mit hoher Wahrscheinlichkeit allein oder in Kombination mit anderen Umständen das Auftreten einer Krankgeit verursacht bzw. fördert. Risikofaktoren sind bspw. Stress, Umweltverschmutzung, Rauchen, Bewegungsarmut, aber auch genetische Veranlagungen.

Risikostrukturausgleich (RSA) Jährlich vorgenommener Finanztransfer (bis 2008) zwischen den Krankenkassen, der die finanziellen Auswirkungen der von den Krankenkassen nicht beeinflussbaren Unterschiede ihrer Risikostrukturen ausgleichen soll. Krankenkassen, die aufgrund des Alters, des Geschlechts oder des Einkommens ihrer Versicherten, der Zahl der beitragsfrei versicherten Familienangehörigen oder der Erwerbsminderungsrentner ungünstige Risikostrukturen hatten, wurden dadurch finanziell entlastet.

Risikostrukturausgleich, morbiditätsorientierter (Morbi-RSA) Neue Form des RSA, die durch die besondere Berücksichtigung schwerwiegender und kostenintensiver chronischer Krankheiten dem unterschiedlichen Versorgungsbedarf der Versicherten einer Krankenkasse Rechnung tragen soll. Dieser weiterentwickelte, morbiditätsorientierte RSA wurde – zeitgleich mit dem Gesundheitsfonds – ebenfalls zum 1. Januar 2009 eingeführt

Sektor Ein Feld der medizinischen Leistungserbringung. Als Sektoren definiert werden die ambulante ärztliche Versorgung, die stationäre Versorgung durch Krankenhäuser sowie die Rehabilitation.

Sekundärprävention Maßnahmen der Prävention zur Verhinderung eines konkreten Krankheitseintritts, bspw. Aktives Senken von Bluthochdruck.

Selbstorganisation Das unreflektierte Herausbilden von Regeln der Ablauf- und Aufbauorganisation aus einem System heraus. Im Wege der Selbstorganisation werden häufig unternehmensfremde Ziele der beteiligten Personen in das System integriert.

Shared Decision Making Gemeinsame Entscheidung von Arzt und Patient über die Therapie und das weitere Vorgehen bei einer Erkrankung. Shared Decision Making setzt voraus, dass der Patient über seine Situation ausreichend informiert ist und vom Arzt als gleichberechtigter Mitentscheider akzeptiert wird.

Sozialpsychiatrie Fachbereich der Psychiatrie, der sich mit der Art und Weise der Eingliederung der Patienten in ihr soziales Umfeld befasst.

SpiBu Abkürzung für den GKV-Spitzenverband Bund der Krankenkassen, der Interessenvertretung der gesetzlichen Kranken- und Pflegekassen.

SPsD/SPD Abkürzung für den »Sozialpsychiatrischen Dienst«, eine kommunale Organisationseinheit, die sich speziell mit den Belangen psychisch kranker Menschen befasst.

Strukturqualität Strukturqualität beschreibt die Qualität der Leistungserstellung und umfasst die personellen Voraussetzungen, d. h. den Facharztstandard, die technische Ausstattung einer Institution, die räumlichen Gegebenheiten und die Ablauforganisation. Die Teilnahme an Qualitätssicherungsmaßnahmen, Qualitätszirkeln und Weiterbildungsveranstaltungen sind weitere Indikationen für eine Strukturqualität. (Definition G-BA)

Unter Strukturqualität werden die Beschreibung der Rahmenbedingungen, die für die medizinische Versorgung im Einzelfall gegeben sind, und die zur Produkterstellung notwendigen Fähigkeiten der Institution, verstanden. Zum einen umfasst die Strukturqualität dabei die relativ stabilen Charakteristika der eingesetzten personellen und materiellen Ressourcen, die dem Leistungsanbieter zur Verfügung stehen. Materielle oder sachliche Rahmenbedingungen beziehen sich auf die technische Ausrüstung, die bauliche Einrichtung, die Infrastruktur sowie die Räumlichkeiten und Arbeitsmittel. Unter personellen Ressourcen lassen sich die Kenntnisse, Fähigkeiten, Kompetenzen, Qualifikationen sowie der Aus-, Weiter- und Fortbildungsstand des Personals subsumieren. Zum anderen sind auch die organisatorischen und finanziellen Gegebenheiten, z. B. Arbeitskonzepte und rechtliche/vertragliche Bestimmungen, unter denen sich der medizinische Versorgungsprozess vollzieht, gemeint. Darüber hinaus zeigt sich die Strukturqualität in den Zugangs- und Nutzungsmöglichkeiten des Produkts durch den nachfragenden Kunden.

Sucht Körperliche und/oder psychische Abhängigkeit zumeist von zu konsumierenden Substanzen. Die Suchtmittel bewirken zusammen mit dem individuellen Missbrauch sowohl körperliche als auch seelische Schäden.

Telemedizin Die Telemedizin ist ein Teilbereich der Telematik im Gesundheitswesen und bezeichnet Diagnostik und Therapie unter Überbrückung einer räumlichen oder auch zeitlichen (»asynchron«) Distanz zwischen Arzt, Apotheker und Patienten oder zwischen zwei sich konsultierenden Ärzten mittels Telekommunikation.

Telemotoring Das Telemonitoring ist ein Teil der Telemedizin.

Mit Hilfe von Telemonitoring werden über Sensoren Vitalparameter eines Individuums gemessen und die Ergebnisse werden von qualifizierten Mitarbeitern überwacht.

Ziel des Telemonitoring ist es, für den Patienten jederzeit eine optimale Versorgung zu gewährleisten und dennoch die Kosten im Gesundheitswesen zu minimieren, beispielsweise in dem die Zahl der Klinikaufenthalte, die einer stationären Beobachtung des Patienten dienen, mit Hilfe von Telemonitoring-Systemen ersetzt werden können.

Tertiärprävention Maßnahmen der Prävention von zusätzlichen Komplikationen bzw. Erkrankungen während und nach einer Behandlung zur Infektionsverhütung oder auch Nachsorgeuntersuchung bei Operationen.

Therapie Einzelne oder mehrere, miteinander verbundene Maßnahmen zur Behandlung eines Krankheitsbildes

Transparenz »Durchsichtigkeit« bezeichnet die Eigenschaft eines Systems, nach außen hin seine Funktionsweise erkennbar zu machen. Transparenz in Märkten bedeutet, dass die für das Funktionieren wesentlichen Aspekte von Angebot, Nachfrage und Preisbildung offen liegen und nachvollziehbar sind, um Steuerungen vornehmen zu können.

Versorgungsindikatoren Versorgungsindikatoren sind auf Sekundärdaten operationalisierbare dimensionsbehaftete (z. B. Kosten pro Versicherter) und dimensionslose (z. B. prozentualer Anteil) relative Kenngrößen, mit deren Hilfe man die aus Krankenkassensicht relevanten Bereiche medizinische Qualität, Morbidität, Leistungsgeschehen sowie Wirtschaftlichkeit abbilden kann. (Definition der Elsevier Health Analytics Germany, 2015)

Versorgungsmanagement Das Management der Organisation, der Planung und Durchführung mit Controlling und Evaluation der Prozesse im Gesundheitswesen, die mit dem Bürger durchgeführt werden. Also alle Versorgungsprozesse, in denen der Bürger Beteiligt ist, dazu zählt z. B.: auch die Primär- und Sekundärprävention.

Versorgungsprozess Ein Versorgungsprozess ist die aufeinander abgestimmte Folge von mittelbaren und unmittelbaren Aktivitäten zur Versorgung von Bürgern mit definiertem Start, Ende und Zielen. (Definition DGbV)

ZNS Zentrales Nervensystem

Autorinnen und Autoren

Dr. John N. Weatherly

CEO und Senior Manag. Trainer der NEWSTAND Management Akademie Berlin

Ltd. Geschäftsführer von VITA e. V. Berlin, Präsident der Deutschen Gesellschaft für bürgerorientiertes Versorgungsmanagement

Dr. John N. Weatherly, Jahrgang 1953, promovierter Philosoph, studierte Geistes- und Erziehungswissenschaften, Psychologie und Management an verschiedenen Hochschulen im In- und Ausland. Er war langjährig Mitarbeiter am Zentralinstitut für Seelische Gesundheit (mental health center for europe) in Mannheim und der Freien Universität, Fachbereich Sozialpsychiatrie, in Berlin.

Er ist als Organisations- und Unternehmensberater im nationalen und internationalen Projektmanagement tätig. Schwerpunktgebiete sind u.a. Vernetzte und Integrierte Versorgung, Personalentwicklung und Re-engineering in Industrie, Mittelstand, Verbänden und Gesundheitseinrichtungen.

Bei den Gesundheitseinrichtungen liegt der Schwerpunkt bei Krankenhäusern, Rehabilitationsinstitutionen, ambulant und komplementär arbeitenden Institutionen wie z. B. Sozialstationen, Rettungsdiensten, Tageskliniken und Tagespflegeeinrichtungen.

Dr. John N. Weatherly arbeitete als Lehrbeauftragter in den Fachbereichen Gesundheitsökonomie, Management und Verwaltungswissenschaft an verschiedenen Hochschulen.

Er ist Herausgeber und Publizist verschiedener Fachschriften und Bücher im Themenbereich der Gesundheit, des Managements Medizinischer Versorgungszentren und Integrierten Versorgung.

Prof. Dr. med. Dr. rer. nat. Dr. h. c. mult. Dieter Adam

Prof. Adam war nach seinem Studium der Pharmazie und Medizin als Apotheker, Facharzt für Kinderheilkunde, Facharzt für Mikrobiologie und Infektionsimmunologie und Facharzt für klinische Pharmakologie tätig. 1980 erfolgte seine Ernennung zum Professor für Kinderheilkunde.

Prof. Adam übernahm zahlreiche verantwortungsvolle Funktionen wie z. B. als Leiter der Abteilung für Antimikrobielle Therapie und Infektionsepidemiologie an der Universitätskinderklinik München, Mitglied des Vorstandes und der Delegiertenversammlung des Ärztlichen Kreis- und Bezirksverbandes München, Delegierter Bayerns zu den Deutschen Ärztetagen, Mitglied im Vorstand der Bayerischen Landesärztekammer, Mitglied der Ethik-Kommission der Bayerischen Landesärztekammer, ab 1999 deren Vorsitzender und Mitglied der Arzneimittelkommission der Deutschen Ärzteschaft, Mitbegründer des Vereins für integrative Patientenversorgung (ViP) e. V., später Deutsche Gesellschaft für bürgerorientierte Gesundheitsversorgung e. V. (DGbG), heute Deutsche Gesellschaft für bürgerorientiertes Versorgungsmanagement e. V. (DGbV). Er ist Gründer und Gesellschafter der Gesellschaft Ärzte für Ärzte (GÄFÄ) GmbH und Gründer und Gesellschafter der PaediaCRO GmbH für Klinische Studien und Arzneimittelprüfungen bei Kindern.

Außerdem war er von 1993 bis 1999 Prorektor der Ludwig-Maximilian-Universität München.

Prof. Adam ist Ehrendoktor von verschiedenen internationalen Universitäten und Träger des Bundesverdienstkreuzes am Bande.

Monika Knetsch

Abschluss der privaten Schule für Pharmazeutisch Technische Assistenten in Lüneburg. 1988 Übernahme der Leitung einer Drogerie mit ausgerichtetem Schwerpunkt für freiverkäufliche Arzneimittel. Im Pharmazeutischen Unternehmen Lindopharm GmbH von 1990 bis 2000 tätig im Vertrieb, Marketing und Coaching. Für den Konzern Eli Lilly folgten 2 Jahre als Fachreferent ZNS.(Entwicklung von ambulanten und stationären Compliance-Konzepten speziell im Bereich Schizophrenie) Seit 2002 im Unternehmen Pfizer Deutschland GmbH, erst im Vertrieb, ab 2005 Market Access Manager. (Vertragsmanagement, Marktzugang und Erstattung, Gesundheitspolitik, Projektmanagement) Mitgründerin und Leiterin der Kompetenzgruppe Schmerzfrei an der Management-Akademie Berlin. Abschluss der Berufsbegleitenden Weiterbildung zur Gesundheitsmanagerin. Mitglied (Pfizer Deutschland GmbH) seit 2010 in der DGbV. Leitung der AG Versorgungsprozesse der DGbV. Gründung und Leitung gesundheitspolitischer Foren, FGHB in Berlin, Potsdamer Forum GP und GF MV in Mecklenburg-V. Berufsbegleitende Tätigkeiten als Referentin und Moderatorin zu Themen des Gesundheitswesens. Mitautorin des Buches Patientencoaching Band II aus der Schriftenreihe der DGbV e. V.

Ralf Pourie

Ralf Pourie ist aktuell als Geschäftsführer bei der 4sigma GmbH beschäftigt und verantwortet die Bereiche Projekt- und Produktmanagement und Vertrieb. Seit 2003 arbeitet Herr Pourie bei der 4sigma GmbH.

Er gilt als einer der Experten für Patientencoaching und Managed Care im deutschen Gesundheitsmarkt. Darüber hinaus hat er als Projektleiter und Konzeptentwickler mehrere Gesundheitsprojekte u. a. zum Patientencoaching und zur Telemedizin in der operativen Umsetzung begleitet. Neben der Verbandsarbeit übt er Tätigkeiten als Dozent, Autor, Referent und Moderator zu Themen des Gesundheitswesens aus.

Rainer Seiler

Rainer Seiler war über 15 Jahre in verschiedenen Leitungsfunktionen in internationalen Pharma- und Medizintechnikunternehmen (Vertrieb, Marketing, Key Account Management, Business Development, Market Access, Gesundheitsmanagement). Zuletzt als Geschäftsführer bei der Schweizer Zur Rose Gruppe und als Vertriebsleiter der ratiopharm.

Derzeit ist Rainer Seiler Partner der Schweizer Strategieberatung GENEVA Consulting & Management Group und geschäftsführender Gesellschafter der solutions Beratung.

Rainer Seiler ist Autor mehrerer Fachbücher zu den Themen Pharma Key Account Management, neuen Versorgungsformen und Customer Centricity im Gesundheitsmarkt.

Uwe Imkamp

Uwe Imkamp ist Geschäftsführer der Mamedicon GmbH, einer bundesweit tätigen Managementgesellschaft im Gesundheitswesen. Der klassische Netzwerkaufbau ist ebenso sein Schwerpunkt wie die IT-Vernetzung, der Aufbau sektorenübergreifender Versorgung und Realisation von Managed Care Konzepten.

Neben der klassischen Ausbildung zur Krankenpflegekraft erwarb Imkamp einige Zusatzqualifikation wie der Anästhesie- und Intensivpflege, der Abteilungsleitung, des Projektmanagements und Key-Account Managements. Neben vielen Leitungsfunktionen erwarb er seine jetzige Profession durch jahrelange Tätigkeiten in medizinprodukteherstellenden Firmen im Rahmen des Projekt- und Kassenmanagements.

In verschiedenen Vereinen, die die Verbesserung der Lebensqualität von Menschen mit chronischen Wunden zum Ziel haben, ist er in den Beirat berufen. In diesem Zusammenhang ist er auch Mitglied der bundesweiten Konsensuskonferenz »Ergebnismessung und Nutzenbewertung in der Versorgung chronischer Wunden«. Weiterhin führen ihn Referenten- und Dozententätigkeiten, bezogen auf unterschiedliche Themen der Gesundheitsversorgung, durch ganz Deutschland.

Maik Stendera

Als examinierter Krankenpfleger und Diplompflegewirt (FH) sammelte Maik Stendera im Krankenhausbereich und hier insbesondere in der intensivmedizinischen Pflege und in der Pflegedienstleitung Erfahrungen zu den Notwendigkeiten vernetzter interprofessioneller Strukturen. Infolge dessen beteiligte er sich auch ehrenamtlich bei der Entwicklung regionaler ambulanter Hospizstrukturen. Nach dem Wechsel zur Medizinprodukte herstellenden Industrie im Jahre 2007 begleitete er in zahlreichen Projekten die Entwicklung regionaler Versorgungsnetzwerke insbesondere zur Versorgung von Menschen mit chronischen Wunden.

Mit der Gründung der mamedicon GmbH 2009 erweiterte sich dieser Erfahrungsbereich durch die Erarbeitung und Umsetzung von Selktivverträgen mit Fokus auf das indikationsspezifische Versorgungsmanagement als Erfolgsfaktor in komplexen ambulanten Behandlungsprozessen.

Dr. Eva Jacob

Dr. med. Eva Jacob ist Fachärztin für Allgemeinmedizin. Nach ihrem Studium der Medizin an der Universität Leipzig, Universität Ulm und der Ludwig-Maximilians-Universität in München erfolgte die Weiterbildung im stationären Bereich in den Abteilungen Diabetologie/Angiologie und Geriatrie im Klinikum Neuperlach-München sowie im ambulanten Bereich in chirurgischer sowie hausärztlich internistischen Praxis. Seit 2015 ist Frau Dr. Jacob im medizinischen Projektmanagementteam der 4sigma GmbH tätig und betreut insbesondere die Themengebiete obstruktive Lungenerkrankungen, Geriatrie/Pflege und Tabakentwöhnung.

Dr. Gabriele Stumm

Dr. med. Gabriele Stumm arbeitete nach dem Studium der Humanmedizin und der Promotion an der Philipps-Universität Marburg am Biozentrum der Universität Basel und den Universitätskliniken Heidelberg, Regensburg und erneut Marburg. Neben neurowissenschaftlicher und onkologischer Forschung war sie klinisch als Stationsärztin in der Akutpsychiatrie tätig. Seit 2000 lebt und arbeitet sie in München, zunächst 7 Jahre in der präklinischen Medikamentenentwicklung als Leiterin der Abteilung Neurobiologie und Schmerz eines Biotechnologieunternehmens. Seit 2007 beschäftig sie sich nun als ärztliche Projektmanagerin und ärztliche Leiterin der 4sigma GmbH mit Patientenberatung und Patienten-Empowerment im Rahmen der Prävention und des Krankheitsmanagements, insbesondere in den Indikationsgebieten Stoffwechsel- und Herzkreislauferkrankungen.

Daniel Dröschel

Daniel Dröschel ist spezialisiert im Bereich Management des Gesundheitswesens (Health Care Management) und der Gesundheitsökonomie. Derzeit arbeitet er als Gesundheitsökonom für MArS – Market Access & Pricing Strategy GmbH. Bevor er bei MArS GmbH begonnen hat, arbeitete er als freier wissenschaftlicher Berater und Dozent für verschiedene Unternehmen und Institute im Feld Gesundheitsökonomie, unter anderen für AHEAD – Agency for Health Economic Assessment and Dissemination and Assessment-in-Medicine (AiM) in Lörrach. Zuvor arbeitete er als Gesundheitsökonom und Projektmitarbeiter in der Gruppe Gesundheitssysteme und Gesundheitsökonomie (»Health Systems and Economics Unit«) des Zentrums für Internationale Gesundheit (»Swiss Centre for International Health«), einer Abteilung des Schweizerischen Tropen und Public Health Instituts (»Swiss Tropical and Public Health Institute – Swiss TPH«). Bevor er am Swiss TPH begonnen hatte, arbeitete er als freier Berater für das Sektorvorhaben Soziale Sicherheit der Gesellschaft für Internationale Zusammenarbeit (GIZ) – 2008/2009 war er Mitarbeiter in der Stabsstelle Unternehmensentwicklung, der Agaplesion gAG (gemeinnützige Krankenhausaktiengesellschaft) in Frankfurt am Main. Er arbeitete mit bei der Entwicklung von medizinischen Versorgungszentren und in der Erschliessung neuer Geschäftsfelder. 2001 bis 2008 war er freiberuflich Tätig als Rettungsassistent bei verschiedenen Rettungsdienstorganisationen in Deutschland. Daniel Dröschel hat einen Abschluss als Bachlor of Arts in Health Care Management und Gesundheitsökonomie. Er unterrichtet an der SRH Fernhochschule Riedlingen, Managed Care und Gesundheitsökonomie.

Tim Konhäuser

Leiter Patientenmanagement GPS – Grosch Patienten Service, eine Business Unit der Dr. Grosch Consulting GmbH.

1991–1993 Studium der Humanmedizin bis zum Physikum in Tübingen, dann Abbruch.

1993–1996 Krankenpflegeausbildung an den Universitätskliniken Tübingen.

2002–2002 Fachweiterbildung zum Krankenpfleger für Psychiatrie an der Psychiatrischen Klinik Tübingen.

2004–2006 Ausbildung zum Fachwirt für Organisation und Führung, Schwerpunkt Sozialwesen.

2007–2009 Aufbau des Belegungsmanagements und des onkologischen Casemanagements an der Universitätsfrauenklinik Tübingen.

Seit 2009 Leiter Patientenmanagement bei der Dr. Grosch Consulting GmbH

Sprecher der Regionalgruppe Süd der Bundesinitiative Ambulante Psychiatrische Pflege (BAPP e. V.).

Gründungsmitglied der Sektion Psychiatrische Pflegeforschung der Deutschen Gesellschaft für Pflegewissenschaft e. V. (DGP).

Mitglied der DGPPN-Fachreferate Gemeindepsychiatrie und Psychiatrische Pflege.

Mitglied in der Deutschen Fachgesellschaft Psychiatrischen Pflege.

Verschiedene Vortrags- und Dozententätigkeiten in nationalen und internationalen Kongressen, Autor verschiedener Veröffentlichungen.

Dipl.-Ing. Thomas Ryll

Thomas Ryll ist Geschäftsführer und Senior Consultant der Thomas Ryll KG.

Nach seinem Abschluss an der Universität Magdeburg in Elektrotechnik 1991 war er als Entwickler im Bereich der Automatisierungstechnik mit dem Schwerpunkt Datenanalyse sowie Verfahren und Werkzeuge zum Einsatz künstlicher Intelligenz tätig. Von 1996 bis 1997 arbeitete er als Privat-Dozent an der FH Magdeburg (Lehrstuhl Fuzzy-Logik). Ab 1998 bis 2006 war er als Gründer, Vorstand und Aufsichtsrat der CODIXX AG tätig. (Entwicklung, Produktion und Vermarktung von Glaspolarisatoren). Seit 2007 arbeitet er als Senior Consultant im Gesundheitswesen und der Industrie auf folgenden Gebieten: Organisationsberatung, Coaching, Projekte im technischen und betriebswirtschaftlichen Bereich, Controlling, Marketing, Personalentwicklung, Einkaufsorganisation und Entwicklung, Implementierung von Informationssystemen.

Petra Riesner

Petra Riesner ist examinierte Krankenschwester und Fachkrankenschwester für Neurologie und Psychiatrie. Sie arbeitete mehrere Jahre sowohl im stationären als auch im ambulanten Bereich mit verschiedenen Schwerpunkten bevor sie 1997 als medizinische Fachberaterin im Case Management bei der AOK Berlin einstieg. Mit Einführung der Disease Management Programme (DMP) verantwortete sie als Teamleitung ab 2003 die Einführung, Umsetzung und Etablierung der operativen Prozesse im DMP. Im parallel laufenden Abendstudium schloss sie ihre Studiengänge zur Gesundheits- und Sozialökonomin 2003 und 2004 als Diplom-Betriebswirtin ab. Seit 2007 arbeitete sie als Referentin für Qualitätssicherung im DMP und wechselte im Zuge der Fusionen zur AOK Nordost in den Unternehmensbereich Versorgungsmanagement. Seit 2010 lag der Schwerpunkt ihrer Arbeit in der strategischen Entwicklung indikationsbezogener Versorgungsangebote, hier insbesondere im Bereich der Diabetologie. Seit Jahresbeginn 2014 übernahm sie dort die Teamleitung des Teams Indikationen im UB Versorgung – Strategie, Programme und Verträge. Sie engagiert sich seit Jahren für die Optimierung der Versorgung von Diabetikern. Seit 2014 ist sie Teilnehmerin in der AG »Versorgungsprozesse und Patientencoaching Plus« der DGbV.

Dr. Sandra Feldt

Dr. Sandra Feldt studierte Pharmazie an der Humboldt Universität Berlin. Sie promovierte in der Arbeitsgruppe Herz-Kreislaufforschung an der Franz-Volhard-Klinik in Berlin. Im Geschäftsbereich der ABDA war sie Referentin für Pharmakoepidemiologie am Deutschen Arzneiprüfungsinstitut (DAPI) in Eschborn und freie Mitarbeiterin im Zentrum für Arzneimittelinformation und Pharmazeutische Praxis (ZAPP) in Berlin. 2011 schloss sie ihr Masterstudium Public Health an der Berlin School of Public Health ab. Seit 2010 arbeitet sie bei der AOK Nordost im Unternehmensbereich Versorgungsmanagement mit dem Fokus auf Versorgungsanalysen und der Evaluation von Selektivverträgen. Schwerpunktthemen sind die Indikationen Diabetes mellitus, chronische Wunden und Schmerz.

MIX
Papier aus verantwortungsvollen Quellen
Paper from responsible sources
FSC® C105338

Printed by Books on Demand, Germany